WHY IS GOOD
IS GOOD
THE SOURCES OF MORALITY

WHY GOOD
IS GOOD
THE SOURCES OF MORALITY

선이 좋은 이유
도덕성의 근원

ROBERT A. HINDE 지음
김태훈 옮김

글로벌콘텐츠

서문

선과 악 혹은 옳음과 그름을 구별하는 일이 항상 쉬운 것만은 아니다. 우리는 성장하면서 그것들의 차이점을 많이 알게 되지만, 막상 실제 상황에 부딪히게 되면 그렇게 선명하게 인식되지 않는다. 우리는 서로 갈등하는 '당위' 가운데 어떤 하나를 결정해야 하고, 의무를 추상적인 가치와 견주어 보아야 하며, 서로 상치하는 '권리'를 비교해서 평가해야 한다. 그렇게 내린 결정은 자기 자신뿐만 아니라 타인이나 자신의 가족에게 많은 영향을 미칠 수 있으며, 때로는 그 여파가 사회 전체에 미칠 수도 있다. 옳고 그름을 구분할 수 있는, 구분해야 하는 혹은 구분하는 기준은 무엇인가? 그것은 우리가 합리적으로 고려해야 하는 기준의 문제인가, 아니면 우리가 단순히 그 문제에 대해 갖는 견해에 불과한 것인가, 아니면 둘 다인가? 모든 옳은 행동에는 어떤 공통적인 특징이 존재하는가? 그리고 그 기준은 또 어디에서 유래하는가? 사실 이러한 문제들은 어제오늘에 생긴 것이 아니라 이미 오랜 세월 동안 논란이 되어 왔다. 하지만 지금은 두 가지 이유에서 점점 더 어려워지고 있을 뿐만 아니라 더욱 첨예해지고 있다.

첫째, 과거에는 종교가 도덕률의 주요 근원이었다. 그래서 많은 사회에서 도덕률은 초월적인 존재로부터 부여된 것으로 인식되었다.[1] 도덕률과 사회 규범은 서로 밀접하게 결합하여 있었으며, 딜레마에 봉착한 개인은 보통 목사나 다른 전문 종교인으로부터 그에 대한 답을 얻었

4   선이 좋은 이유 —

고, 여의치 않을 때는 최소한 조언이라도 구했다. 적어도 유럽 사회에서는 교회가 두 가지 방식에서 도덕률을 준수하도록 권장하였다. 한 가지는 직접적 방식에 해당하는 것으로, 이승이나 다른 삶에서 신의 보상이 있다고 약속하거나 신의 보복이 뒤따른다고 위협하는 것이었다. 또한 가지는 간접적 방식으로, 교회에서 정한 '고결한 인격'으로부터 사소한 일탈도 다 알려진다는 이야기를 은연중 알리는 것이었다.[2] 오늘날 유럽과 북아메리카의 전통적인 교회들은 세속화가 진행되면서 사람들에게 그동안 미쳐 왔던 영향력을 점차 상실해 가고 있다. 그들을 대체하는 일부 종교 단체는 21세기의 많은 사람이 받아들일 수 없는 신념이나 의식, 종교적 체험에 초점을 맞추고 있다. 많은 사람은 자신이 살아왔던 사회의 도덕률이 권위와 더불어 구속력을 잃었다고 생각한다. 그리고 영향력 있는 일부 세계 종교 지도자들조차 종교적 믿음 없이도 도덕적 삶을 사는 것이 가능하다고 하거나[3] 종교적 전통에 대한 믿음을 다른 사람들에게 행복을 가져다주는 특성으로 정의되는 '영성'과 구별하는 것이 가능하다고 말하고 있다.[4] 이것은 도덕적 가치를 유지하는 데 있어서 과거 우리 사회에서 종교가 지녔던 중요성을 과소평가하는 것이 아니라,[5] 도덕 계율이 그동안 의지해 왔던 종교적 보상과 제재의 효과가 예전보다 힘을 잃고 있다는 것을 의미한다.

도덕성의 문제를 긴급히 재검토해 보아야 할 두 번째의 이유는 더욱더 일반적인 사회의 변화에서 기인한다. 사회의 규모가 커지고 더욱 복잡해짐에 따라 개인의 이동 또한 그만큼 증가하게 되었고, 이로써 개인적인 관계를 유지하는 데 어려움이 생기고 근본적으로 다른 문화적 배경을 가진 이웃들이 함께 생활하게 되었다. 지금은 대부분의 사람이 다문화 사회에서 살고 있다. 빈부 격차가 확대되고 소비지상주의가 증가하면서 전통적인 도덕적 관점도 변화의 과정을 겪고 있다.[6] 그리고 과학과 기술의 진보는 (적어도 선진국에서는) 많은 사람에게 건강과 행복을 안겨 주고 있긴 하지만, 그 자체의 윤리적 문제 또한 유발하였다. 여기서 말하는 윤리적 문제란 핵무기의 비도덕성, 유전 공학이 초래할 수 있는 결과, 값비싼 의료 서비스의 불평등, 환경 파괴 등등이다. 이러한 문제는 어느 한 사회가 해결하기에 너무 벅차다. 세계화가 진행됨에 따라 서로 다른 철학적, 종교적 전통을 가진 사람들이 모두 받아들일 수 있는 해결책을 찾는 일은 점점 더 중요해지고 있다.

이 책이 그러한 문제에 대한 해결책을 제공한다고 할 수는 없을 것이다. 그러나 이런 문제는 도덕률의 토대가 무엇인지, 어떻게 발달하는지 그리고 사회에서 어떤 기능을 하는지에 대한 탐구를 요구한다. 그리고 이런 논점에 대한 이해는 급변하는 사회에서 그에 적합한 도덕적 관점의 연속성을 보장하는 데 도움이 될 것으로 기대한다. 이는 도덕성을 주제로 다룬 또 하나의 책을 내놓는 것에 대한 나의 변명이기도 하다.

여기에 한 가지 변명을 덧붙이자면, 도덕적 문제는 오랫동안 철학과 신학 혹은 사회 과학의 영역으로만 여겨져 왔고, 자연 과학은 그런 문제와 특별히 관련이 없다는 인식이 지배적이었다. 사실, 많은 자연 과학자가 이런 관점을 유지하고 있다. 예컨대, 나처럼 생물학자로 훈련을 받은 도킨스Dawkins[7]는 인간은 그저 이기적 존재로 태어나며 과학은 도덕성에 어떠한 공헌도 할 수 없다는 관점을 취한다. 그에 따르면, 과학은 '사실에 바탕을 둔' 것[8]에 대해서만 관심을 가지며 그 경우에 '어떻해야 한다'에 대해서는 할 말이 없다. 나는 우리가 그저 이기적으로 태어난다는 관점에 동의하지 않는다. 타인(적어도 몇 사람들)과 협력할 수 있고 도와줄 수 있으며, 일반적으로 '친사회적인' 행동을 보여 줄 수 있는 우리의 잠재력은 우리의 이기성과 자기주장성만큼 중요하다. 또한 나는 자연 과학이 다른 학문과의 융합을 통해 이바지하기는 하지만, 도덕성에 관하여 아무런 할 말이 없다는 것에 대해서도 동의하기 어렵다.

이와 관련하여, 우리가 지금 묻고 있는 질문을 더욱 명확히 하는 것이 중요하다. 나는 사람들이 '마땅히' 지니고 있어야 하는 도덕적 가치 혹은 사람들이 내면화한 그런 가치와 계율이 어떻게 그들의 행동에 영향을 미치는지에 대해서는 별로 관심이 없다. 도킨스의 말을 빌려 다시 언급하자면, 내가 관심이 있는 것은 '사실에 바탕을 둔' (혹은 그렇게 보이는) 문제와 관련이 있는 것으로, 사람들이 자신이 소유한 가치를 어떻게 습득하게 되는가이다. 나는 우리가 이 접근방식을 통해 도덕적 신념이 어디에서 유래하는지를 통찰하여 특정한 사회에서의 도덕적 가치와 계율의 변화가 그 사회 구성원들에게 적절하고 수용 가능한지를 밝혀낼 수 있기를 바란다. 아울러, 이 접근방식이 우리가 현재 직면하고 있는 새로운 윤리적 문제들과 관련하여 범문화적인 이해를 갖추는 데 도움이 되길 바란다. 그리고 그 과정에서 독자들은 도덕과 관련하여 끈질기게 논란이 되어 왔던 문제 중 적어도 일부는 불필요하다는 것을 확신했으면 하는 바람이다.

하지만 한편으로는, 왜 사람들이 자신이 가지고 있는 도덕적 가치를 유지하는지에 대한 문제에는 여러 측면이 내포되어 있음을 강조하고자 한다. 거기에는 사람들이 자신이 성장해 온 사회나 집단의 도덕 계율을 어떻게 습득하는지에 관한 물음이 포함되어 있다. 또한, 문화적 가치가 어디에서 유래하는지 그리고 그것이 시간이 지나면서 어떻게 정교화되고 변화하는지에 관한 물음도 그에 해당한다. 이것들이 이 책의 주제를 이룬다. 도덕성을 보다 완전하게 이해하기 위해서는 도덕적 지식과 도덕적 행동 사이의 관계에 대한 지식도 필요할 것이다. 우리가 도덕률에 따라 행동하지 않을 수도 있고, 도덕과 무관한 이유(예컨대 좋은 인상이나 처벌에 대한 두려움을 불러일으키는 것과 같은 이유)에서 도덕률에 따라 행동할 수도 있기 때문에 이는 매우 중요한 문제이다. 하지만 도덕적 지식과 행동 사이의 관계에 대해서는 그저 스쳐 지나가는 정도만 다룬다. 우리는 도덕적 지식과 그에 근거하여 행동을 '선택하는 것'은 별개의 문제임을 알게 될 것이기 때문에 이 문제는 여기에서 주요 관심사가 아니다.

여기에서는 도덕률이 선사 시대와 역사 시대에 걸쳐 어떻게 도래하게 되었는지에 초점을 맞춘다. 우리는 기본적인 원리 — 그의 일부는 타인을 도와주고 협력하는 것과 관련이 있고, 또 다른 일부는 우리 자신의 이익을 주장하는 것과 관련이 있다 — 에 의해 안내될 뿐만 아니라 본능적으로 우리의 태도, 가치, 행동을 조직화하는 경향이 있는 존재임을 알게 될 것이다. 나는 모든 인간에게 존재하고 있는 이러한 성향이 범문화적이지만, 그로부터 기인한 사회에서 삶을 유도하는 도덕 계율과 관습은 역사의 과정에서 특정한 형식을 갖추게 되었음을 주장할 것이다. 이는 부분적으로 사람들이 마땅히 해야 할 일과 실제로 하는 일 사이의 상호 영향으로 인해 빚어진 결과이다. 이러한 접근방식은 우리가 도덕성의 근원을 초월적인 차원에서 찾을 필요가 없다는 것을 암시해 준다. 물론 그렇다고 해서 도덕성이 초월적인 존재에서 비롯되었다고 믿는 게 많은 사람에게 도움이 된다는 사실마저 부인하는 것은 아니다.

많은 과학자가 도덕성의 생물학적 기반과 관련한 글을 발표하고 있다.9 그리고 나는 그들의 연구를 광범위하게 검토하였다. 우리는 행동 유전학과 게임 이론의 발전으로 도덕적 문제와 관련한 진화론적 관점이 근본적으로 진보할 것이라고 기대하고 있다. 하지만 내 생각은 그와 다르다. 도덕성과 관련하여, 진화론적 관점의 생물학적 접근방식은 오히려 심리학적, 사회 과학적 접근방식과 통합해야 할 필요가 있다고 본다. 여기에서 나는 그러한 접근방식을 취하면서 현재의 진화론적 관점을 네 가지 방식으로 확장한다. 첫째, 생물학자들의 연구는 주로 친사회성과 협력에 관심이 있었다. 하지만 이것은 도덕성과 관련된 유일한 논제가 아니다. 둘째, 진화론적 접근방식이 지금까지는 주로 범문화적인 도덕 원리에 관심을 가져왔지만, 나는 도덕 원리를 문화마다 특유한 도덕 계율, 덕, 가치와 구분하며 그 둘 간의 관계를 논의한다. 셋째, 나는 사회 내에서 도덕성이 진화하는 것과 역사를 통해 도덕성이 정교화되는 것은 개인의 발전과 관련하여 이해되어야 한다고 강조한다. 마지막으로, 마지막 장에서 다룬 '존재'와 '당위'의 관계와 관련하여 보통의 관점과 다르게 도덕률이 궁극적으로 인간의 본성과 문화의 상호작용으로 구성된다면, '당위'에 대한 어떤 다른 근원을 찾을 필요가 없다고 제안한다. 물론, 이것은 하나의 과학적 논쟁거리가 될 수 있음을 부인하지 않는다.

다음으로, 도덕성을 이해하기 위해서는 절충적 방법론이 요구된다는 것을 가정한다. 추상적인 문제를 완성하기 위해서는 사람들이 실제 일상에서 어떻게 행동하는지에 대한 자료가 필요하다. 사람들이 도덕적 문제에 대해 어떻게 생각하는지는 그들이 어떻게 느끼고 또 어떻게 행동하는지와 함께 다루어져야 한다. 즉, 통합할 수 없을 것 같은 것을 통합할 필요가 있다. 물론, 완전한 이해는 내게 그림의 떡일지도 모른다. 그러나 제한된 조건이긴 하지만 왜 우리가 어떠한 가치를 지니게 되었고 그것을 유지하는지를 이해하려면, 우리는 개인 심리학, 발달 심리학, 사회인지 심리학, 생물학, 인류학 및 사회학, 역사와 철학으로부터 나오는 정보가 필요하며, 더 나아가 가장 위험하긴 하지만 '흔히 겪는 경험'으로부터 나오는 정보도 필요하다. 이 가운데 어느 하나의 학문에 정통한 전문가가 볼 때는 나의 이러한 통합적 접근법의 시도가 매우 부적절하게 보일 수도 있겠지만, 나는 그 사람이 나의 의도에 공감해 주길 바란다.

이 책은 3부로 구성된다. 1부에서는 배경지식을 소개한다. 1장은 학문 분야 간의 불일치로 인해 오랫동안 논란이 있어 온 도덕성의 한계 문제를 규정하는 것과 관련이 있다. 2장에서는 이 책에서 취하는 접근방식의 개요를 설명한다. 여기에는 내가 말하는 '인간 본성'과 더불어 도덕성의 기반을 제공하는 것으로 보이는 '범문화적인 심리적 특성'에 대한 간략한 논의가 포함된다. 이러한 개념들은 종종 그것의 속성으로 여겨지기도 하는 경직성과는 거리가 있다. 본성 아니면 양육이라는 이분법의 무익함을 지적하며 개인의 행동과 사회 문화적 구조 사이에 일어나는 상호 영향을 강조한다. 3장에서는 '도덕성'의 일반적인 특성과 관련하여 다음과 같은 두 가지 질문을 제기한다. 도덕성은 하나의 범주로 보아야 하는가? 그리고 인간은 정말 도덕감moral sense을 '타고'나는가? 아니면 사람들이 성장 과정에서 이를 구성하는가? 4장에서는 도덕률이 때로는 절대적이자 불변적인 것으로 보이지만 시간이 지나면서 맥락에 따라 변화하는 사례를 통해 이에 대해 의문을 제기한다. 우리는 도덕률이 변하기 쉽다는 생각을 잘 받아들이지 않는 경향이 있다. 이는 부분적으로 우리가 추종하는 도덕 계율을 통해 우리 자신을 보기 때문이다. 도덕 계율은 개인의 '자기체계'의 일부가 된다. 5장에서는 자기체계의 의미에 대해 간략히 논의하고, 도덕률은 자기체계에 통합됨으로써 회복 탄력성의 일부 특징을 공유한다는 점을 보여 준다.

2부에서는 도덕성의 근원과 관련한 중심적인 논거가 제시된다. 6장은 개인의 도덕성 발달과 관련이 있다. 도덕률은 문화에 따라 어느 정도 차이가 있다. 그래도 7장부터 11장에서는 도덕률의 궁극적인 근원을 범문화적인 심리적 성향에 두고, 이러한 인간 본성의 기본적인 측면이 문화에 따라 다소 차이가 있는 도덕률과 어떻게 관련되는지를 논의한다. 연이은 장에서는 친족과의 관계, 비친족과의 관계, 지위 및 권리, 성과 관련된 논점 그리고 사회 및 종교 체계의 유지를 중점적으로 다룬다. 이어 12장에서는 불가피하게 추리에 근거한 사변적인 논의를 통해 도덕 체계가 시간이 지나면서 어떻게 변화하는지를 검토한다.

3부는 도덕률에 대한 이전 논의와 관련된 일반적인 논점을 다루는

3개의 장으로 구성된다. 도덕 계율의 근원에 대한 논의는 개인과 사회가 직면하는 문제를 너무 지나치게 단순화하여 제시하는 경향이 있는데, 사실 그런 문제의 대부분은 원리 간의 갈등이나 다른 세계관으로부터 발생하고 있다. 그래서 13장에서는 도덕적 갈등에 초점을 맞춘다. 14장에서는 사람에 따라 앞선 논의들에서 그의 핵심이라 할 논점 — 즉, 생물학에서 인간 행동의 기반을 추적하려는 시도는 필연적으로 생물학적 결정론을 암시하는가? 그리고 우리가 자유 의지를 갖고 있다는 생각과는 양립할 수 없는가? — 을 고찰한다. 끝으로, 마무리 장에서는 이전의 장들로부터 몇 가지 결론을 도출한다. 특히, 도덕률이 어디에서 유래하는지에 대한 이해가 도덕적 결정을 내리는 데 얼마나 도움이 될 수 있는지를 논의한다.

감사의 글

ACKNOWLEDGEMENTS

이 책은 여러 학문을 전공하는 동료들의 도움과 충고가 없었다면 세상에 나올 수 없었을 것이다. 나는 원고의 초안을 세밀하게 검토해 주고 비판적인 의견과 독창적인 제안을 건설적으로 제시해 주며, 몇 가지 핵심 논점과 관련하여 토론에 임해 준 엘리자베스 슈Elizabeth Shu에게 감사한다. 헬레나 크로닌Helena Cronin도 원고를 꼼꼼히 읽고 이메일로 나누는 대화에 기꺼이 참여하여 내가 논점을 명확히 하는 데 큰 도움을 주었다. 제시카 로슨Jessica Rawson은 많은 제안을 해주었는데, 그녀의 관점은 나에게 특히 무척 유익하였다. 아울러 나에게 건설적인 제안을 많이 해준 주디 던Judy Dunn과 캠브리지 세인트 존 칼리지의 제인 힐Jane Heal, 마누차 리스보아Manucha Lisboa, 울린카 루블랙Ulinka Rublack에게도 감사의 말을 전한다. 또한, 나에게 아이디어를 주고 참고적인 언급과 비판을 아끼지 않았던 세인트 존 칼리지의 동료들, 특히 존 크룩John Crook, 가이 도이쳐Guy Deutscher, 던칸 도머Duncan Dormor, 데이비드 폭스David Fox, 잭 구디Jack Goody, 피터 리네한Peter Linehan, 말콤 쇼필드Malcolm Schofield, 조 맥더모트Joe McDermott, 사이먼 슈레터Simon Szreter에게도 감사한다. 사실, 이 책을 쓰면서 학문적으로 탁월할 뿐만 아니라 학문 간 융합을 추구하는 분위기의 대학에 엄청난 빚을 졌다. 끝으로, 원고에 대해 세심한 비판과 자극적인 생각으로 끊임없이 의견을 주었던 조안 스티븐슨 하인드Joan Stevenson-Hinde에게 특별히 고마운 마음을 전한다.

선이 좋은 이유 —

역자 서문

TRANSLATOR PREFACE

역자는 그동안 대학에서 도덕 심리학을 근간으로 학생들의 도덕성을 함양할 수 있는 교육적 방안을 연구하고 그에 대한 실천 방안을 강의해 왔다. 그런 과정에서 자연스럽게 역자의 뇌리를 줄곧 자극했던 궁금증은 도덕성이 언제, 어떤 과정을 통해 인간의 마음속에 자리하게 되었느냐는 것이었다. 그래서 역자는 몇 년 전부터 연구와 강의 도중에도 짬을 내어 틈틈이 그런 궁금증을 해소해 줄 수 있는 선행 연구들을 찾기 시작하였다. 역자가 접할 수 있었던 연구물들은 주로 20세기 후반 사회 생물학의 두각과 함께 그동안 철학 등 인문학을 중심으로 공고화되어 있던 시각과는 다른 진화 생물학적 관점에서 인간의 도덕성을 설명하고 있었다.

그러한 접근은 새롭고 흥미가 있긴 하였으나, 역자의 궁금증을 해소하기에는 뭔가 아쉬움이 있었다. 그것은 인문 사회 과학 중심의 사변적 시각에서 인간의 도덕성을 설명할 때 오는 자연주의의 결여에 기인한 아쉬움과 정반대일 뿐, 그 허전함은 여전히 여운으로 남아 있었다. 인문 사회 과학과 자연 과학의 통합적 시각에서 도덕성의 근원을 탐색하고자 한 접근은 찾아보기 힘들었다. 나름의 노력 끝에 역자는 하인드의 책*Why good is good: the sources of morality*을 발견할 수 있었다. 아쉽게도 저자는 몇 년 전에 타계하였지만, 역자는 이 책에 논리 정연하게 남아 있는 그의 생각 줄기를 따라가면서 비로소 도덕성에 대해 갖고 있던 궁금증을 조금씩 해소해 나갈 수 있었다.

도덕성의 근원과 관련하여 역자가 품고 있었던 궁금증은 크게 두 가지였다. 하나는 도덕성의 개념적 근거에 관한 것이었다. 인간의 도덕성은 어디에서 나오는 것인가? 인간의 본성인가, 사회인가? 아니면 초월적 존재인가? 도덕성은 애초에 선한 특성이 지배하는가 아니면 악한 특성이 지배하는가? 인간의 도덕성은 백지상태에서 출발하는 것인가, 아니면 선천적 잠재력을 갖고 태어나는가? 도덕성은 어떤 시대, 사회나 보편적인 것인가, 아니면 특정 시기와 사회에 따라 특수적인 것인가?

도덕성과 관련한 또 다른 궁금증은 도덕성의 실용적 성격에 관한 것이었다. 도덕성은 우리가 삶을 살아가며 지켜야 할 지침인가, 아니면 인간관계의 상황에 따라 요구되는 사회적 기술의 일종인가? 도덕성은 다른 사람들이 어떻게 생각하든 상관없이 개인적으로 지니고 있어야 하는가, 아니면 싫든 좋든 다수의 사람이 공유하는 것을 따라야 하는가? 도덕성은 우리가 인생을 살아가는 데 어떤 긍정적인 힘을 제공해주는가, 아니면 결국 손해만 안겨주는 것인가? 도덕성은 사람들의 마음속에서 어느 정도의 비중을 차지하고 있는가?

하인드는 역자의 뇌리에 거미줄처럼 얽혀 있던 이런 궁금증들을 마치 들여다보기라도 한 듯, 이를 집약하여 우리에게 심층적인 질문을 던진다. '선은 왜 좋은가?', '우리는 왜 선에, 그리고 도덕성에 관심을 가져야 하는가?', '인간에게 도덕성은 어떤 의미인가?' 역자는 평소 갖고 있던 궁금증을 하인드의 이런 질문과 오버랩시키며 이 책을 차근차근 읽어 나갔다. 그 과정에서 역자는 한동안 경험해 보지 못했던 지적 설렘 같은 것을 느낄 수 있었다. 그 질문에 대한 답을 찾는 여정은 이 책의 궁극적인 목표인 도덕성의 본질과 관련한 이해에 이르는 길임을 시사해주고 있었다.

선이 좋은 이유 —

우리는 하인드가 이 책의 제목이 암시하는 문제에 대한 대답이 세 가지라고 말한 바를 곱씹어 볼 필요가 있다. 자연 선택, 인간의 심리적 특성과 문화적 요소의 상호작용 그리고 우리가 삶의 과정에서 맺는 인간관계를 천착해 보면 선이 왜 좋은지를 알 수 있다는 것이다. 다시 말하면 이 세 가지로 인하여 선은 우리에게서 사라지지 않고 남아 있으며, 앞으로도 인간이 다른 사람들과 함께 사회를 형성하며 살아가는 한 엄연히 존재할 가능성이 크다. 수많은 세월 동안 켜켜이 쌓인 자연 선택의 정보에는 인간의 생존과 생식에 선이 필요함이 담겨 있고, 우리의 본성에 내재하는 이타성과 이기성의 심리적 특성이 문화적 요소와의 상호작용에서 이타성의 우위론적 존재를 보여 주며, 우리가 다른 사람과 관계를 맺다 보면 무엇이 진정으로 필요한지 누구나 체득할 수 있기 때문이다. 이 책의 제목이 함축하는 바는 결국 우리에게 선이 존재하고 존재할 수밖에 없는 이유가 바로 인문학 및 사회 과학과 자연 과학의 통합적 관점에서 꿰뚫어 본 도덕성의 근원이요, 그건 다름 아닌 위의 세 가지라는 것이다.

하지만 오늘날의 현실은 우리에게 도덕성을 엄중하게 다시 성찰해 보라고 요구한다. 우리 사회 구성원들의 사고 중심에는 도덕성보다 경제성이 우위를 점하고 있는 것이 뚜렷해 보인다. 신세대 부모들은 자녀 명의 주식 계좌를 트고, 유치원에서는 시장놀이를 빌어 투자 교육이 활발히 이루어지고 있다. 이런 경향은 우리나라의 정치 문화에도 그대로 반영되어 나타난다. 사회 지도자가 갖추어야 할 필수 덕목에서 도덕성은 설 자리가 없어지고 있다. 나이가 어린 세대로 갈수록 그 현상은 더욱 뚜렷하게 나타난다. '도덕성이 밥 먹여 주나'라는 말은 우리 주변 사람들의 도덕성에 대한 현실적 인식을 잘 드러내 준다. 이는 팍팍해진 우리 사회의 민낯을 보여 주는 것일 수도 있지만, 내면적으로는 이 땅에 사는 우리가 고개 들어 무엇을 진정으로 갈구해야 하는지를 묻는다.

이 책은 우리에게 어디에서부터 그 출발의 실마리를 풀어 나가야 할 것인지를 성찰하게 해준다.

엊그제 딸아이가 말 그대로 떡두꺼비 같은 외손자를 낳았다. 살이 찢기고 핏줄이 터지는 기쁨으로 새 생명 '아인'이를 안은 딸아이 가족에 따스한 기운이 늘 함께하길 이 책의 정신으로 기원한다. 역자는 ㈜글로벌콘텐츠출판그룹의 홍정표 사장님과 김미미 이사님에게 늘 고마움을 느낀다. 도덕성을 주제로 다룬 책이 출판 시장에서 독자들의 관심 영역으로 비집고 들어가는 일이 녹록지 않음을 누구보다 잘 알면서도 번역을 격려해 주며 기꺼이 출판을 맡아 주셨다. 역자로서는 그저 감사할 따름이다. 그리고 에디터 하선연 선생에게도 역자의 속마음을 전하고 싶다. 하 선생의 꼼꼼한 시선은 투박한 글솜씨를 보이는 나를 늘 감동하게 한다. 이 책의 가독성이 높아졌다면, 그것은 전적으로 그녀의 도움 때문일 것이다.

경제성이 도덕성을 압도하는 시대이지만, 후자에 애정 어린 눈길을 거두지 않는 독자들의 마음 씀을 기대해 본다.

2021년 늦가을
양재천 변 집에서 역자 씀

목차

PART 1

__논의__를 위한
__배 경 지 식__

PART 2

__도덕 계율__은
__어 디__에 서
__오 는 가 ?__

PART 3
몇   가   지
실 제 적 및
이론적 문제

논의를 위한
배경지식

WHY is GOOD
THE SOURCES OF MORALITY

SETTING THE STAGE

선이 좋은 이유

도 덕 성 의 근 원

PART 1 논의를 위한 배경지식

1부에 속한 장들은 이후의 논의에 기초가 되는 몇 가지 개념적 논점을 언급하고 있다. 이 가운데에서 특히 접근방식의 개요를 밝히고 있는 2장과 도덕성의 본질을 이해하는 데 중요한 논점인 자기체계의 개념을 다루는 5장이 중요하다.

1

도덕성에는 무엇이 포함되는가?

우리는 무엇보다 우선 주제를 구체화할 필요가 있다. 그런데 이 일은 우리가 언뜻 생각한 것보다 훨씬 더 복잡하다. '도덕성morality'은 선과 악의 구분과 관련이 있고, '도덕moral'은 일반적으로 사람들이 마땅히 해야 할 일과 하지 말아야 할 일에 대한 규칙을 지칭하는 데 사용된다. 그러나 우리가 '도덕적' 가치나 행동에 대하여 말할 때는 보통 우리가 '선'으로 여기는 가치나 '마땅히' 처신해야 한다고 생각하는 것을 모두 포함한다. 사람들이 도덕적 가치(선한 것으로 보이는 가치의 의미에서)를 받아들이고 도덕적 방식에서 행동하는 구조는 여러 측면에서 비도덕적(악의 의미에서) 가치와 행동이 습득되는 구조와 유사하지만, 여기에서 우리가 주로 관심을 두는 것은 전자이다.

이외에도 도덕성은 여러 학문 분야에서 등장하는데, 그 범위 — 혹은 그것을 논의하는 데 사용되는 용어 — 에 대해서는 일반적인 합의가 거의 없는 것 같다. 대부분의 사람에게 있어서 관습과 권리, 도덕과 윤리는 그 범주에 명확한 경계가 없으며, 일상생활에서 별 구분 없이 자유롭게 사용된다. 사전류도 도덕과 윤리를 명확하게 구분해 놓지 않는

논의를 위한 배경지식 PART 1 —

다. 일반적으로 도덕이란 말은 특히 타인을 어떻게 대해야 하는지와 관련이 있는 반면에, 윤리는 흔히 지적 성실성과 같은 그런 문제를 포함하여 더욱 광범위하게 사용된다. 하지만 일부 사람들은 윤리를 지역 집단의 일련의 가치를 언급하는 데 사용하고, 도덕을 모든 집단에 적용할 수 있는 문제로 간주한다. 또한, 어떤 사람들은 도덕과 관습을 구분하지만 어떤 사람들은 구분하지 않는다. 대부분의 사람은 도덕성이 주로 친사회적 행동, 협력, 정의와 관련이 있다는 데 동의한다. 하지만 어떤 사람들에게 도덕성과 관련이 있다고 생각하는 많은 문제가 다른 사람들에 의해 무시되기도 한다. 이러한 견해 차이를 연구한다는 것은 어떤 면에서 보면 참 따분한 일일 수 있지만, 이들 중 일부 두드러진 측면을 간략히 참조해 보고 여기에서 취한 접근방식을 설명할 필요가 있다.

신학

———

도덕성과 관련한 신학적 접근방식도 매우 까다롭다. 세계 주요 종교의 도덕률은 여러 측면에서 서로 다르다. 그 까닭은 부분적으로 종교를 유지하는 데 도움이 되고 지지자들이 도덕적 문제로 간주하는 규칙이 종교마다 다르기 때문이다. 예컨대, 외부 사람들에게는 사람들이 대화할 때 신의 이름을 부르는 것과 같은 그저 단순히 관습으로 보일 수 있는 규칙이 그 체계 내에 있는 사람들에게는 도덕적 문제로 여겨질 수 있다. 또한, 무엇이 규칙을 종교적 규칙으로 만드는가에 대해 같은 종교 집단 안에서조차 이견이 존재한다. 예를 들어 기독교 신학자들은 도덕 계율의 근원으로 전통, 이성, 성서를 들지만, 그 가운데 어떤 것을 강조할 것인지에 대해서는 서로 상당한 이견을 드러낸다. 어떤 사람은 신의 권위를 언급하는가 하면, 어떤 사람은 모범적인 종교인이나 성서 혹은 더 큰 신학적 틀에서 규칙의 지위를 말한다.1 일부 현대 기독교 신학자는 도덕 계율이 권위에 의해 주어진다는 관점을 버리고 보다 절충적인 방식을 채택한다. 예컨대, 한 성공회 주교는 "도덕성은 믿음, 불합리한 고정관념이나 선호가 아닌, 관찰된 결과에 기반을 두고 있다. 잘못된 행위는 다른 사람들 혹은 그들의 이익에 명백히 해를 끼치고, 그들의 권리를 침해하거나 불의를 유발하는 행위이다."2라고 말한다. 이러한 관점은 다른 학문들의 대표적인 경향과 일치하지만, 많은 종교인에게 중요하다고 여겨지는 신에 대한 존중과 관련된 문제에 대해서는 언급을 생략한다.

철학

———

도덕성에 관한 많은 문헌은 주로 철학자들에게서 나온다. 철학자들 대부분은 도덕 계율이 반드시 이성에 의해 설정될 필요는 없으나 이성으로 방어를 할 수 있어야 한다는 데 동의한다. 따라서 철학자들은 일차적으로 (오로지 이것만은 아니지만) 도덕 원리나 계율을 행동으로 옮기는 문제보다 도덕적 판단에 대해 숙고하는 문제에 더 많은 관심을 가진다.3 일부 사람들은 도덕성을 계율의 내용 측면에서 정의하는 것에 동의하지 않지만,4 대부분은 기본 덕목이 일종의 친사회적 행동(개략적으로 말해서, 타인에게 긍정적으로 하는 행동)5과 협력, 정의로 이끈다는 데 동의한다. 다시 말하면, 도덕성은 개인과 집단이 서로 어떻게 살아야 하는가와 관련이 있다. 이런 관점에서 보면, 도덕성은 인류의 안녕 혹은 규칙과 의무의 체계 혹은 개인의 자아실현 증진 혹은 노예 제도로부터의 해방 수단과 같은6 어떠한 객관적인 선이나 가치에 관심을 기울이는 것으로 여겨진다. 어떤 사람들은 '살인하지 말라'와 같은 도덕 계율을 그 자체로 목적으로서 간주하며, 그 가치가 외부 결과에 대한 유용성에서 파생되지 않는다고 주장한다.7 반면에 또 다른 사람들은 그와 다른 관점을 취한다. 요컨대 롤스Rawls8는 도덕 체계와 관련하여 두 가지 원리를 언급하였다. 모든 개인은 다른 사람의 유사한 자유와 충돌하지 않는 범위 내에서 최대한 기본적인 자유에 대한 평등한 권리를 가져야 한다는 것과 개인 간의 불평등은 공동의 이익을 위한 것이어야 하며 기회의 평등에 영향을 주지 않아야 한다는 것이다.

철학자들 사이에서는 도덕 계율이 어느 정도 절대적이며 보편적인 구속력을 가지는지에 대해서도 의견이 일치하지 않는다. 예를 들어, 윌리엄스Williams9는 도덕적인 문제를 근본적인 것으로 느껴야 한다고 강조한다. 도덕적 문제에 대한 이견이 있을 수 있지만, 그런 불일치는 심각하게 받아들여야 한다는 것이다. 사람들은 도덕에 관하여 '마땅히' 공통적인 관점을 가져야 한다는 생각이다. 이 관점에 따르면, 도덕적 진술은 단순히 태도를 표방하는 것과는 다르다. 우리는 도덕적 문제에 대해 우리의 생각을 바꿀 수 있다. 그때 생각을 바꾼다는 것은 대체로 '기본 계율'을 당면한 문제에 어떻게 적용할 것인지, 혹은 각각 모두 중요해 보이면서도 명백하게 상충하는 고려사항들에 상대적 가중치를 어떻게 부여할 것인지와 관련된다. 어떤 철학자들은 보편적인 구속력을 지니는 도덕 규칙과 제한된 수의 작은 집단에서 수용되는 도덕 규칙을 구별한다. 스트로슨Strawson의 입장은 이의 다소 극단적인 사례에 속한다.10 그는 인간의 특정한 이익과 미덕(예컨대, 상호 원조, 정직)이 생각할 수 있는 모든 도덕 공동체에 필요하다는 것을 인정하면서도 사람들이 삶을 살아가는 이상이 개인 간에도 현저하게 다를 수 있음을 강조한다.

대부분의 철학자는 도덕 원리가 인간의 성장 과정에서 내면에 깊이 뿌리박히게 됨으로써 '발각되면 어떻게 하지?' 하는 두려움 때문에 그에 따라 행동하는 것은 아니라고 본다. 밥을 먹을 때 나이프와 포크를 사용하는 것처럼, 사람들은 매우 습관적으로 행동하는 것이 사실이다. 대부분의 철학자는 어떤 행위가 의도적일 경우에만 도덕적이라고 주장한다. 우연은 인정되지 않는다. 극단적으로 해석할 경우, 무의식적인 행위는 도덕적일 수 없음을 암시한다. 이런 관점에 대해서는 많은 사람이 동의하지 않을 것이다. 어떤 사람들은 여기서 훨씬 더 나아가서 어떤 행위가 도덕적이려면 그 행위가 다른 어떤 것도 고려하지 않고 오로지 도덕적으로 옳다는 그 하나만을 고려하여 행해져야만 한다고 말한다. 실제로는 인간의 동기가 매우 다층적이고 많은 행동에는 예측 가능한 여러 여파가 있어서, 이를 명확히 구분하기가 매우 어려울 것이다.

그러나 도덕 계율이 협력과 정의와 같은 친사회적 행동과 관련이 있다고 하더라도, 어떤 종류의 행동이 친사회적인지, 어떤 행동이 협력이고 정의인지에 대해 여전히 불일치를 보이며 문화적으로도 차이가 있을 수 있다. 따라서 도덕이나 도덕성의 내용과 관련하여 일반적인 합의에 이르기가 매우 어렵다. 그 문제를 다룬 책의 편집자들은[11] 제안되었던 많은 특성을 다음과 같이 정리하고 있다. (1) 도덕 계율은 보편적이다(적어도 하나의 문화적 집단 내에서는), (2) 규범적이거나 금지적이다, (3) 다른 계율보다 더 중요하고 우선한다, (4) 그것과 관련된 특별한 형식의 제재를 갖추고 있다, (5) 그의 내용을 참조하여 정의된다. 그들은 이 가운데 어느 것도 도덕 원리의 충분조건이 될 수 없으며, 또한 모두 필요조건으로서 어려움이 있다고 지적한다.

그리고 보통 공공 정책 문제를 다룰 때 유용성 차원에서 사적 도덕성과 공적 도덕성을 구분한다. 워녹M. Warnock[12]은 사적 도덕성을 관련된 사람에게 의무감을 느끼게 하는 원리와 감정의 혼합에 근거를 둔 것으로 보며, 공적 도덕성을 공적으로 받아들일 만하며 적절하다고 널리 알려진 것과 관련된 것으로 본다. 사적 도덕성은 타인도 자기 자신만큼 똑같이 중요하다는 인식에 기초하고 있다. 이는 보통 타인의 안녕과 관련된 진실이나 충성과 같은 원리를 준수하기 위해 자신의 당면한 소망을 뒤로 미루는 것을 포함한다.13 따라서 축구에 높은 열정을 갖고 있으나 친구를 돕기 위해 시합을 포기하는 선수는 사적 도덕성을 보여 주는 것이다. 공적 도덕성은 우리가 소속된 집단 구성원의 이익을 위해 이동이나 언론의 자유에 대한 권리와 같은 것을 지키며 옹호할 것을 요구한다.

공적 도덕성과 사적 도덕성을 구분하는 또 다른 방식은 익명의 사람들이 존재하는 공적 세계와 개인적 인간관계의 사적 세계를 대비하는 것이다.14 이러한 관점에 따르면, 현대 사회의 공적 세계에서는 흔히 자기 계발이나 권력과 소비를 가치 있게 여기는 경향이 있으며, 타인은 목적에 대한 수단인 경우에만 가치가 있다. 반면에 사적 세계에서는 개인이 특별한 가치와 감정의 보고이며, 우정은 그 자체를 위해 추구된다. 공적 영역의 경우 법정은 도덕의 수호자이다. 사적 영역의 경우 우리는 (보통은) 강요나 의무감에서가 아니라 (이상적인 경우로) 우리가 원하기 때문에 다른 사람을 돕거나 친구를 위한 행동을 한다. 즉, 우리 자신의 행복은 우리의 가족이나 친구의 행복이다. 많은 사람이 이렇게 구별하는 것을 받아들이지 않을 수 있고 이를 수용하도록 압박할 수도 없는 일이지만, 사적 세계에 적용되는 도덕 계율로 공적 세계에서의 행동을 판단하는 것은 부적절하다는 견해가 있을 수 있다. 하지만 그것은 실용적인 이유로 다른 기준들이 공적 영역에서 사용되어야 하는지, 아니면 도덕성의 기본적인 기준들이 '마땅히' 달라야 해서 그런 것인지에 대해서는 의문이 제기된다.

페미니스트 철학자들

대부분의 철학자는 예상한 대로 특별한 문제에 대해 정의, 공정, 개인의 이익 측면에서 따져볼 수 있는 추상적인 원리에 근거하여 자신의 논의를 전개하는데, 최근 페미니스트 철학자들은 이와는 사뭇 다른 관점을 제시한다. 그들은 개인적인 관계, 배려, 양육의 문제를 정의와 공정의 문제보다 더 우선시한다. 그들은 정의에 초점을 맞추는 대신, 타인의 필요에 적절하게 반응하고 인간관계를 증진하는 일에 관심을 기울인다. 페미니스트들이 인식하고 있듯이, 자신에 대한 배려가 다른 사람에 대한 배려와 함께 고려되는 것임에도 남성적·여성적 영역에서 배려를 정의와 대조하는 것은 여성을 전통적인 역할에 위임하는 위험을 초래할 수 있다. 그러므로 여성과 남성의 행동 양식이나 적절한 행동에 어떤 차이가 있는지가 아니라 남성과 여성이 무엇을 중시하는지를 강조하는 것이 중요하다.

어쩌면 도덕적 추론에서의 성차가 과장되었을 수도 있겠지만, 그 논쟁은 다른 중요한 문제를 제기하였다. 인간관계에서 배려를 지나치게 강조하다 보니 그럴 수 있을지는 모르지만, 많은 페미니스트는 특정한 관계에 대한 이해와 더불어 각 사례의 세부사항에 대해 주의를 기울여야 한다고 강조하면서 보편적으로 적용되는 옳고 그름에 관한 원칙에는 상대적으로 관심을 덜 기울인다. 그들은 맥락을 매우 중요하게 여긴다. 그래서 어떤 상황에서 특정한 방식으로 행동하는 것이 옳다고 하더라고 다른 상황에서는 그렇지 않을 수 있다고 생각한다. 여기서 중요한 것은 현실의 사람들과 함께 일상생활에서 내려야 하는 결정이다.

도덕 계율의 공평성과 보편성에 관해서는 관심이 적지만, 그렇다고 그들이 추상적인 원리를 적용하지 않는다는 것을 의미하는 것은 아니다. 그보다는 원리가 특정 경우의 맥락에서 해석되어야 한다는 것이다. 그들은 사람들을 공통된 인간성을 지니고 있지만 서로 다른 역사와 성격을 소유한 개인으로 인식한다. 결정을 내리다 보면 종종 관련된 사람과의 관계에 대한 책임과 개인 자신의 온전함 사이에서 갈등을 경험하게 되는데, 여기서 형식적인 규칙은 좋은 것과 나쁜 것을 구별하는데 거의 도움이 되지 않는다. 개인적인 필요, 상대에 대한 충성, 도덕원리가 서로 갈등할 경우 도덕적 결정을 내리는 일이 매우 어렵거나 심지어 불가능하다는 점이 인정되며, 결정이 심사숙고하여 내려지기보다는 불가피하게 직관에 의지하는 경우도 많은 것으로 여겨지고 있다.

많은 페미니스트는 정의와 배려가 무조건 공존할 수 없다고 생각하지는 않는다. 어떤 사람들은 정의를 공적 관계에 더욱 적절한 것으로, 배려를 가족, 친구, 면식이 있는 사람들과 같은 관계에 적절한 것으로 이해하는 반면에, 또 어떤 사람들은 정의와 배려가 상호 의존적이어서 다른 하나에 너무 지나치게 집중되는 것을 견제해 준다고 주장한다.[15]

심리학

___

도덕성은 신학자와 철학자만의 영역이 아니며, 다른 학문에도 그와 관련하여 그 학문 나름의 관심 영역이 있다. 심리학자는 도덕성의 습득이나 도덕 계율과 행위 간의 관계에 관심이 있고, 무엇이 옳은지에 대해서는 별로 깊은 관심을 보이지 않는다. 대부분의 서양 심리학자는 대인관계의 조화와 사회에 도움이 되는 행동에 관심을 둔다. 따라서 그들은 타인의 안녕과 정의를 중요한 문제로 강조하는 경향이 있다. 앞으로 보게 되겠지만, 물론 일부 사람들은 개인의 자율성과 권리의 문제에 관심이 있다. 도덕성을 정의할 때, 대부분의 심리학자는 많은 철학자가 접근하는 방식과 달리 동기가 복잡하다는 것을 받아들여 저변의 의도에 그리 많은 비중을 두지 않는 경향이 있다. 실제로 도덕적 행동은 고려된 계산의 산물이라기보다는 저절로 일어나는 것으로 간주하는 경우가 많다.

하지만 심리학자가 도덕성에 접근하는 방식은 다양하다. 서구 사회의 많은 발달 심리학자는 침해로 야기된 감정적 반응의 강도에 기초하여 도덕적인 문제와 관습적인 문제를 구별한다. 또 다른 사람들은 도덕적 계율이 (세속적인) 권위, 동의, 합의, 혹은 제도적 관습 이외의 기준에 의해 결정되며, 정의와 타인의 권리 및 안녕에 관심을 두는 경향이 있다고 주장하면서 도덕과 관습을 절대적으로 구분한다. 관습은 도덕적 문제와 달리 사회 체계의 규칙이나 규범과 관련되며, 지역적 맥락에서만 타당성을 지닌다. 반면에, 도덕 계율은 의무적이며 도덕적 일탈은 관습을 무시하는 행위보다 훨씬 더 심각한 것으로 평가된다. 관습을 위반하는 자는 대중의 분노를 일으키거나 어리석은 사람으로 여겨지기도 하지만, 사악하거나 '나쁜' 사람으로 치부되지는 않는다. 도덕 규칙은 규정이나 법이 없을 때 무엇이 옳고 그른지를 알려줄 수 있는 것과 같은 것이며, 다른 문화에서 준수되지 않는다고 하더라도 그 타당성은 유지될 수 있다. 일부 사람들은 도덕성이란 타인의 권리와 관련해서만 오로지 의미가 있다고 주장하기도 한다.

도덕과 관습의 차이가 광범위함을 보여 주는 수많은 증거가 있다.16 도덕적 문제와 관습적 문제는 독특한 개념적 영역에 기초한다는 주장이 제기되어 왔다. 즉, 도덕적 문제에 관한 판단의 정당화는 복지, 정의, 공정, 권리, 진실과 충성 등을 증진하고 해악을 방지하는 것을 포함한다. 반면에, 관습에 관한 판단의 정당화는 사회적 조화의 중요성과 함께 사회적 권위와 관습의 본질을 포함하여 사회 조직에 대한 이해를 요구한다.17 그러나 실제로는 모든 기준에서 예외가 발견된다. 예를 들면, 도덕 계율이 항상 상황과 독립하여 적용되지는 않는다. 왜냐면 사람에 따라 '살인하지 말라'는 계율을 완화하고자 할 상황이 있기 때문이다. 종교인은 도덕 원리가 권위에 기초한다고 주장할 것이다. 관습은 흔히 타인의 권리나 복지와 관련되어 있다. 관례를 벗어나는 행동이 사회적 거부로 이어질 수 있다는 점에서, 관습은 정서적으로 중요할 수 있다. 아무튼, 어떤 문제들은 두 영역을 포함할 수 있다는 것 그리고 침해는 그것을 받아들이는 다른 사람들에게 심리적 공격을 유발하기 때문에 관습적인 규칙은 도덕적 규칙으로도 평가될 수 있는 것으로 알려져 있다.18 따라서 그것은 때에 따라 관점의 문제가 되기도 한다. 즉, 유대인의 음식 금지 규정은 제삼자에게는 다른 사람에게 직접적인 영향을 미치지 않는 하나의 사회적 관습으로 보일 수 있지만, 신자의 처지에서 볼 때는 그들의 전체적인 세계관에서 차지하는 위상 때문에 도덕적 문제를 내포하고 있는 것으로 여겨진다. 도덕적 행동의 발달에 관한 최근의 연구들은 도덕적 문제와 관습적 문제의 차이를 거의 언급하지 않고 있는데, 실제로 보면 대부분의 행동이 정의와 타인의 권리 그리고 복지와 관련이 있다.19

심리학자들이 '삶의 의미'에 관하여 수행했던 몇몇 연구는 그것이 도덕성과 밀접한 관계가 있음을 시사하고 있다.20 요컨대 도덕성은 주로 타인에 대한 행동과 관련이 있으며, 여러 조사 연구는 사회적 관계가 개인의 삶에서 가장 중요한 의미의 원천을 제공한다는 것을 보여 준다. 애들러Adler21는 인생의 세 가지 주요 의무, 즉 개인과 집단의 생존 보장, 사회적 존재로 사는 생활, 이성과의 관계에서 적절한 행동에 대해 언급한다. 이러한 문제에 대해서는 나중에 논의된다.

인류학

문화적 다양성에 관심이 있는 인류학자는 훨씬 더 해결하기 어려운 개념 정의의 문제에 직면하게 된다.[22] 어떤 문화는 추상적 개념인 도덕성에 해당하는 단어조차 갖고 있지 않다.[23] 일부 경우에는 '규칙'과 '도덕'을 구별하는 것이 실용적이며,[24] 어떤 인류학자는 '광범한' 윤리와 '협소한' 윤리의 구별을 주장하는데, 후자는 주로 책무나 의무의 개념을 강조한다. 그러나 '도덕성'이 서구 사회 특유의 개념이라는 주장이 제기되기도 한다. 왜냐면 도덕성이 서구 사회와 다른 문화를 구별하는 데 상대적으로 유용할 수 있기 때문이다. 다른 사회에서는 '올바른' 행동에 대한 규범이 서구 사회보다 문화의 다른 측면과 더 복잡하게 얽혀 있다.[25] 아마 놀랄 일은 아니겠지만, 인류학자들은 흔히 도덕성을 사회적인 것과 거의 같은 개념으로 이해한다.

도덕성은 종종 내용 측면에서 정의되는데, 도덕 계율의 내용이 문화에 따라 서로 달라 어려움이 뒤따른다. 미즐리Midgley[26]는 행동의 결과에서 행동의 배후에 대한 추리, 즉 '도덕적 사고'로 초점이 변화하는 것을 지지하였다. 이것은 근래에 호웰Howell이 도덕 민족지학에 대해 조명하는 책*The ethnography of morality*을 발간하면서 제시하였던 기고 범위와 잘 들어맞는다.[27] 호웰은 기고가들에게 '추상적 이상과 경험적 실제의 역동적인 상호작용을 고려해 달라'고 요청하였다. 즉, 가치가 선택과 실행을 결정하는 동시에 실제 선택과 실행의 결과로 가치가 변하고 적응하는 방식을 고려하여 기고해 달라는 것이었다. 결과적으로, 그 책에는 외부인에 대한 마을 현지인들의 태도, 아르헨티나 축구 선수들의 기술, '존경심의 표방'에 내포된 중요성 등 광범위한 문제에 관한 연구가 포함되었다. 제이콥슨-위딩Jacobson-Widding[28]은 그 책에서 도덕성을 '이 행동이 행위자 자신이 아닌 다른 사람의 복지에 영향을 미치는 한, 선한 행동의 규범'과 관련이 있는 것으로 정의했다. 그리고 아르케티 Archetti[29]는 도덕성과 도덕 분석의 분야를 '사회적 관계를 알리고, 생성하고, 의미를 부여하는 역동적인 문화 규칙'으로 간주하였다. 이러한 정의에는 분명히 여러 심리학자가 도덕뿐 아니라 관습으로도 여길 수 있는 많은 것이 내포되어 있다. 또한 정의들은 도덕 계율이 그저 단순히 행동을 통제하는 데 그치는 것이 아니라, 사회적 관계의 형성과 본질에 영향을 미치는 문화적 가치와 관련이 있다는 것을 강조한다.

일부 인류학자는 약간 다른 접근방식을 취한다. 예를 들어, 제임스 James[30]는 민족지학(문화 기술학)적 측면에서 도덕성의 개념에 대한 연구가 너무 이루어지지 않고 있으며, '경험하는 사람보다는 체계적 형태의 사회적 규칙과 관습'에 지나치게 치우쳐 있다고 못마땅해한다. 또한, 제임스는 도덕적 지식을 '개인으로서든 집단으로서든 사람들이 자신의 곤경, 자신의 조건, 인간으로서의 자기 자신을 판단하는 기준'으로 정의하는 것을 선호한다. 이는 도덕 계율의 적용이 실제로 절대적인 경우가 드물고, 맥락에 따라 상당히 달라질 수 있으며, 논쟁이 일어날 소지가 있다는 것을 시사한다. 그러한 접근방식은 한 사회 내에서조차 도덕성의 개념이 다양하고, 맥락에 따라서는 개인 내에서 도덕성의 갈등이 일어날 뿐만 아니라 공동체 내에서도 도덕성의 차이와 갈등(예컨대 남성과 여성 간 갈등)이 일어날 수 있다는 것을 암시한다. 그리고 더 나아가 이러한 갈등은 서양에서 강조하는 인권과 힌두교 카스트 제도 간에 충돌이 일어나는 것처럼, 두 도덕적 질서의 만남에서도 일어날 수 있다는 것을 받아들일 필요가 있음을 강조한다.

따라서 대부분의 철학자가 도덕 규칙은 보편적으로 적용될 수 있다고 가정하는 경향이 있는 것과 달리, 사회의 다양성에 직면해 있는 인류학자들은 도덕 규칙이 문화와의 관계로 인하여 매우 다양하다는 것을 강조한다. 여기에는 분명히 도전이 따른다. 만약 어떤 도덕 계율이 변화하는 사회에 적절할 것인지를 미리 생각하고 고려해야 한다면, 우리는 사회가 기능을 발휘하기 위해서 어떤 것이 기본적으로 요구되는지 그리고 무엇이 문제의 사회에 특수하거나 독특해야 하는지를 구별할 필요가 있다.

현재 논의의 범위

이후부터 나는 타인의 복지, 권리와 정의 그리고 그와 연관된 가치와 즉각적으로 관련된 문제 외에 일부 문제를 포함하여 도덕성을 광범위하게 다룰 것이다. 여기에서 논의된 문제는 철학자, 인류학자와 심리학자들이 주로 도덕성의 측면으로 간주하는 것이다. 하지만 나는 그 외에도 흔히 '도덕'으로 여겨지는 몇 가지 더 많은 행동과 가치를 다룬다. 예컨대, 근친상간의 문제도 분명히 포함되어야 한다. 물론 그에 관한 정확한 의미는 사회마다 차이가 있을 수 있지만, 근친상간은 대부분의 사회에서 도덕적 문제로 여겨진다. 그리고 우리는 '주님의 뜻대로하라'를 하나의 도덕적 가르침으로 삼아야 한다는 계율 또한 배제할 이유가 없다. 왜냐면 신자에 따라 그것은 결정적인 행위 판단의 기준으로 작용하며 그에 따른 결정은 살인하지 말라는 명령만큼이나 양심의 문제로 여겨지기 때문이다(흥미롭게도, '주님의 뜻대로 하라'는 다른 세계관을 가진 사람이 비도덕적인 것으로 여겨질 수 있는 행위에 대한 기준의 근거로도 사용되고 있다). 이와 함께, 도덕 계율은 가치나 덕과 밀접하게 연관되어 있다. 예를 들어, 아리스토텔레스는 '용기'를 미덕으로 평가하였으며, 번

논의를 위한 배경지식 PART 1 —

연Bunyan은 기독교도의 용기를 확실히 도덕적으로 옳은 것으로 간주하였다. 많은 사람에게 있어서 겸손, 인내, 충성 등등을 보여 주는 행위는 도덕적인 것으로 평가되고 있다. 그러한 계율과 가치는 내면의 확신에 기초하고 있으며, 그를 위반하는 것은 양심을 모독하는 것이고 흔히 타인에게서 도덕적 분노를 유발한다. 그러므로 가치나 덕은 분명히 넓은 의미에서 '도덕'으로서 자격을 갖추고 있다.

나는 서양 문화에서 도덕과 관습의 구분이 갖는 유용성에 대해 이의를 제기하지 않는다. 하지만 나는 그런 구분에 따른 도덕에 국한하여 논의하지는 않을 것이다. 그런 구분은 보통 한 문화권 내에서의 연구에는 의미가 있겠지만, 범문화적으로 적용하기에는 무리가 따른다.

넓은 관점을 취하는 또 다른 이유가 있다. 현재의 도덕적 논쟁 가운데 낙태나 체외수정 같은 일부 문제에서 반대편에 있는 사람들 또한 기본적인 도덕 원리를 고수한다는 면에서 비슷하게 도덕적으로 판단될 수 있다. 도덕 원리를 적용하는 그들의 세계관이 달라 그러한 차이가 나타나는 것이다. 이러한 세계관은 종교적이지 않더라도 그 자체로 도덕적 문제로 간주할 수 있다. 따라서 도덕성에 관한 연구를 너무 협소하게 제한하지 않는 것이 현명하다.

요약

도덕성에 관한 논의의 범위는 학문 영역별로 현저하게 다르다. 그 차이는 제기되는 의문이나 자료의 범위에서 부분적으로 드러난다. 계율은 많은 신학자에게 중요한 것으로 여겨지지만, 세속 철학자는 이에 대

해 거의 논의를 하지 않으며, 인류학자는 그러한 두 집단보다 훨씬 더 광범위한 관점을 취한다. 이는 아마도 도덕 계율이 산업화 이전의 많은 사회에서 문화의 다른 측면과 명확하게 구분되지 않았기 때문일 것이다. 도덕과 관습의 구분은 한 문화권 내의 연구에서 여러 목적상 중요할 수 있지만, 범문화적으로 이를 적용하기에는 많은 어려움이 있다. 그렇기 때문에 이후 장들에서는 도덕성의 범위를 넓게 잡고 접근할 것이다.

2
접근방식

몇 가지 용어 소개

도덕성의 본질에 관한 중심 문제에서 잠시 벗어나더라도, 이후 장에서 사용되는 이론적 접근방식을 개관하는 것은 의미가 있다. 심리적 잠재력, 심리적 특성, 도덕 원리와 도덕 계율moral precepts의 용어에 대한 구분이 그의 한 부분을 이룬다. 모든 인간은 어떠한 잠재력potentials을 지니고 태어나며, 그 잠재력은 환경과의 상호작용에 따른 경험을 통해 심리적 특성characteristics을 유발한다. 심리적 특성은 관찰될 수 있다. 하지만 잠재력은 일정한 환경에 따라 심리적 특성이 발달한다는 사실로부터 추론될 뿐이다. 심리적 특성은 어떤 방식에서 행동하는 성향과 어떤 것을 다른 것보다 더 쉽게 학습하는 경향을 포함한다. 그런 성향 중 한 가지를 예로 들자면, 친구에게 이기적인 차원에서 자기 본위로 행동하기보다는 동의하고 지지하는 긍정적인 방식에서 행동하는 것이다. 그리고 그런 경향 중 한 가지를 예로 들자면, 사회에서 일반적으로 통용되는 언어를 배우는 능력일 수 있다. 다른 예들은 곧 언급될 것이다.

(사실상) 모든 문화에서 발생하는 기본적인 도덕의 중심 내용은 '도덕 원리'로 일컬어진다. 부모가 자녀를 돌봐야 한다는 것은 그러한 (아마도 보편적인) 원리의 한 예이다. 이 경우에 그 원리는 분명히 범문화적인 심리적 특성과 밀접하게 연관된다. 즉, 대부분의 부모 중 적어도 엄마는 그들의 자녀를 돌보길 '원한다'. 또 다른 원리의 예를 들면 '남에게 대접을 받고자 하는 만큼 남을 대접하라'라는 '황금률'인데, 이에 대해서는 나중에 좀 더 자세히 논의할 것이다. '남의 희생을 감수해서라도 자기 이익을 챙겨라'('자신의 온전함을 해치지 말라' 혹은 '너답게 행동하라'와 관련된)의 원리 또한 보통 도덕적이라고 여겨지는 다른 원리와 유사한 방식으로 행동에 영향을 미친다. 나는 이런 원리들을 중심으로 논의를 할 것이다. 그러나 다른 원리들 또한 관련된 맥락에서 논의될 것이다. 예컨대 '자신의 온전함을 해치지 말라'라는 원리는 타인의 복지에 직접 또는 결과적으로 공헌하는 행동으로 이어지지 않는다고 하더라도, 많은 사람이 이를 하나의 중요한 도덕 원리로 여긴다. 그리고 '집단에 충성하라'라는 원리는 특정한 맥락에서는 중요할 수 있다. 아마도 이 모든 원리가 이전에는 의식의 수준 아래에서 공유된 이해의 형태를 취했을 수도 있지만, 나는 결국 모든 원리가 이후에는 행동을 결정하는 데 사용되는 원리로 구체화하였을 수 있다는 점을 뒤에서 제안할 것이다.

도덕 계율(그리고 가치)은 행동에 대한 보다 구체적인 안내로, 명시적이거나(유대 기독교의 십계명처럼) 혹은 사람들의 행동에서처럼 암시적일 수 있다. 그것은 규정(사람이 해야 할 일)이나 금지(사람이 해서는 안 되는 일)의 형식을 취할 수 있으며, 문화에 따라 다를 수 있다. 이것은 계율이 원리에서 파생되며, 원리는 다양한 계율의 요약으로 간주할 수 있다는 것을 암시한다. 이 문제는 나중에(3장) 논의될 것이다. 특정 문화(혹은 그 문화 내의 특정 개인)의 도덕 계율들은 총괄하여 도덕률_moral code_이라고 일컬어진다. 하나의 도덕률에는 다양한 수준의 도덕 계율들이 연관되어 있다.

도덕률은 어디에서 오는가?

우리의 관심은 사회에서 생활하는 사람들이 받아들이는 도덕 계율이 어디에서 오며 어떤 지위를 갖는지에 있다. 도덕 계율은 어딘가로부터 나오는 것이 분명한데, 세 가지 가능성이 있다. 어떤 사람들은 도덕 계율이 초자연적인 권위로부터 전해져 내려온다고 주장한다. 이 주장은 내가 고려하지 않을 가능성이다.[1] 또 다른 사람들은 도덕률이 문화에 따라 다르고, 시간이 지남에 따라 도덕적으로 옳다는 생각이 변화한다는 점에 초점을 두어 오로지 문화의 산물로 이해한다. 그러나 이 주장은 '문화는 어디에서 오는가?'라는 추가적인 질문이 필요해 보인다. 그 질문은 여기에서 채택된 세 번째 가능성과 연결되는 것으로, 문화와 도덕성은 모두 궁극적으로 인간이 진화적, 역사적 시기에 경험해 왔으며, 각 개인이 일생에서 경험하는 물리적, 생물학적, 사회적 환경과의 상호작용에서 자연적, 문화적 선택으로 형성되어 온 '인간의 본성'에서 비롯된다는 것이다. 여기에서 중요한 단어는 '궁극적으로'이다. 도덕 계율이 단순히 우리의 생물학적 유산이나 우리의 경험에서 나온다는 어떠한 암시도 없다. 하지만 두 가지 모두 중요하다. 따라서 도덕률은 인간이 서로 교감하며 상호작용함으로써 구성되고, 유지되고, 전달되고, 수정되기 때문에 인간의 본성(아래에서 논의된 제한된 의미에서)과 성장 과정에서 직면하는 물리적, 심리적 및 문화적 환경의 경험에 달려 있다고 주장될 것이다. 만약 이 논지가 받아들여진다면, 초월적인 원천에 대한 호소는 불필요하게 된다.

도덕 원리의 근원이 무엇이고, 그런 원리가 어떻게 계율과 연관되며, 또 그런 계율이 어떻게 실생활에 적용되는지를 추적하는 시도는 학제적 접근을 요구한다. 그러나 앞에서 언급했던 바와 같이, 일반 학계, 특히 자연 과학과 사회 과학은 도덕성에 대해 우리에게 말해 줄 수 있는 것이 거의 없다고 매우 빈번하게 가정되어 왔다. 예를 들면, 호웰2은 도덕 민족지학에 관한 중요한 책을 안내하면서 "어느 곳에 살든 인간은 인지적으로나 감정적으로 도덕적 민감성을 지향하는 성향이 있다." 리고 내비쳤지만, 그녀는 그러한 성향이 "우리에게 도덕적 민감성의 내용과 관련해서는 그 어떤 것도 알려줄 수 없다."라고 가정하였다. 하지만 나는 이 관점에 반대할 것이다. 어떤 사회에서든 생활을 원활하게 해주는 관습과 도덕 계율이 그 사회의 역사로부터 등장하고 어느 정도는 그 사회에 고유하다는 것 그리고 그것들이 권력을 가진 자에 의해 조작될 수도 있다는 것에 동의하지만, 생물학적 지향은 인간의 본성적 측면에 있는 공통점에서 파생된 도덕 계율에는 공통점이 존재한다는 것을 시사해 준다.3

더 확실하게 말하면 자신의 이익을 추구하고자 하는 인간의 성향이 광범위하게 인정되기는 하지만, 여러 증거는 협력하여 행동하고 친사회적인 행동을 보여 주는 그와 똑같은 유력한 성향에 의해 제한되는 방식으로 자연 선택이 작동한다는 것을 보여 주고 있다.4 사회적 경험과 정서적 과정은 개인에게서 친사회적 행동뿐만 아니라 이기적으로 주장하는 행동 양식의 발전을 더욱 촉진하지만, 친사회적 행동과 이기적 행동 사이의 균형은 사회마다 그리고 개인마다 차이가 있다. 친사회적 성향은 집단에서 생활하는 개인에게 생물학적 이득을 가져다주기 때문에 진화해 왔다(8~9장, 11장). 각 사회에서 사람들이 습득한 도덕 계율은 기본적인 성향에 의해 영향을 받지만, 사람들이 하는 일과 해야 하는 일 사이의 상호 영향과 그 사회 내에서 영향력을 가진 개인과 집단에 의해 형성된다. 따라서 여기에서 채택한 접근방식은 도덕 체계의 공통성과 문화적 다양성을 모두 인정한다. 이는 내가 보여 주고 싶은 것이기도 한데, 그 접근방식은 발달 심리학자나 인류학자의 접근방식과 양립할 수 없는 것이 결코 아니다. 그러나 그것은 발달 심리학자들이 관심을 두는 개체 발생의 의문과 인류학자들이 관심을 두는 문화 간 차이의 의문이 궁극적으로 인간의 본성에 관한 기본적인 측면과 여러 세대에 걸쳐 반복된 개인의 경험 사이의 상호작용과 관련이 있다는 것을 암시한다. 따라서 여기에서는 도덕 계율이 외부의 원천이나 사회에서 오는 것이 아니라 사람들이 하는 일과 해야 하는 일 사이의 지속적인 상호작용에서 등장한다고 주장할 것이다. 그러한 상호작용의 결과는 사회마다 그리고 심지어는 개인마다 다소 차이가 있을 수 있다.

나는 도덕규범의 진화적 기반과 역사적 정교함을 이해하는 것이 결론 장에서 '당위'에 대해 우리에게 어떤 것을 말해 줄 수 있는지의 문제로 눈을 돌릴 것이다. 현재로서는 사람들이 자신이 가진 도덕 계율을 어떻게 유지하는지에 초점이 있다고 말하는 것으로 충분하다.

'인간의 본성'이 의미하는 바는 무엇인가?

'인간의 본성'에 대한 언급은 이미 그 자체로 많은 사회 과학자에게 골칫거리일 수 있다.5 그래서 나는 '본성'과 '문화'가 서로 반대되는 개념을 내포한 용어로 이해되지 않도록 빠르게 부언하고자 한다.6 '문화'의 일부인 도덕률은 인간의 심리적 특성 — 애초에 이 가운데 많은 것은 다른 맥락에서 진화하였다 — 과 집단 문화 사이의 상호작용을 통해 인간의 진화와 역사의 과정에서 정교해졌다는 것이다. 이를 좀 더 검토해 보자.

보엠Boehm은 '인간의 본성'이라는 용어에 어울리는 인간의 특성을 구체화하기 위해 다양한 기준을 검토하였다.7 보엠은 이를 '모든 성인 인간이 가지고 있는 더 강력하고 더 잘 규정된 행동 성향'으로 정의하지만, '유전자에 의해 자극되거나 전달되는 경향성'에 의존한다고 덧붙임으로써 성향의 유전적 결정요인을 강조한다. 나의 정의는 그와 약간 다른 데, 심리적 특성 발달에서 본성이나 양육의 상대적 중요성에 대해서는 언급하지 않는다. 나는 인간의 본성을 (정도의 차이는 있지만) 사실상 모든 인간 혹은 모든 성인이 가지고 있는 범문화적인 심리적 잠재력이나 특성으로 언급하고자 한다. 아마도 내가 종교나 불을 지피는 것과 같은 보다 복잡한 문제가 아니라 비교적 기본적인 심리적 특성을 언급하고 있다는 것을 덧붙여야 할 것이다.8

이런 방식으로 인간의 본성을 정의하는 것은 본성과 양육의 상대적 중요성에 대한 무익한 논란을 회피하는 하나의 방책이다.9 모든 인간의 특성은 신체적인 것이든 심리적인 것이든 상관없이 성장 과정의 물리적, 사회적, 문화적 환경에서 유전자와 경험이라는 두 가지 요소에 의해 결정된다.10 주어진 특성의 발달에서 유전자와 경험 중 어느 것이 더 중요한지 논의하는 것은 들판의 면적이 너비와 길이 중 어느 것으로 결정되는지 묻는 것처럼 아무런 의미가 없다. 즉, 그 둘 모두에 의존한다. 마찬가지로, 모든 인간의 특성은 유전자와 환경 두 요소에 의존한다. 주어진 품성의 개인 간 혹은 집단 간의 차이가 유전자에서의 차이 때문인지 혹은 경험에서의 차이 때문인지 아니면 그 둘 다인지를 묻는 것은 의미가 있지만, 이는 또 다른 문제이다. 거의 모든 특성에서 보이는 보편성은 유전자뿐만 아니라 성장 환경의 공통점에 기인할 수 있다. 예컨대, 모든 사람은 중력을 경험하고, 거의 모든 사람이 다채로운 색깔의 환경에 노출되고, 엄마 젖꼭지나 공갈 젖꼭지를 빨았으며, 다른 사람으로부터 보살핌을 받아 왔다. 내가 인간 본성의 일부로 포함하는 심리적 특성은 그게 무엇이든 모든 사람에게 공통으로 보이는 경험으로 인하여 영향을 받아온 것이다. 경험한 환경에서의 문화적 차이는 이들 특성의 발달에서 단지 작은 부분을 차지할 것이다. 분명히 범문화적 심리 특성은 그 범주의 경계가 명확하지는 않지만, 그런 접근방식은 경험적으로 유용하다. 어린아이들이 배우는 언어는 그들의 환경에서 어떤 말을 듣느냐에 따라 결정되겠지만, 어린아이들이 공동체에서 언어적 의사소통을 발달시키는 잠재력은 인간 본성의 일부에 속한다.

본성 대 양육의 문제는 중요하다. 왜냐면 유전자와 성인의 품성 간에는 직접적인 연관이 있음을 암시하는 것처럼 오해의 소지가 있는 글이 문헌에 자주 등장하기 때문이다. 예를 들면, 섬세한 진화 심리학자인 네스Nesse11조차도 "유전자가 미래 세대에 그러한 유전자의 복제품을 얻기 위해 최선을 다하도록 개개인을 유도하는 두뇌를 형성한다는 것은 의심할 여지없이 옳다. 이러한 원칙은 자연 선택이 작용하는 논리를 따르는 것이지 어떤 경험적인 문제가 아니다."라고 말하고 있다. 분명히 네스가 의도하는 바는 아니라고 하더라도, 이 문장은 이와 관련하여 특별한 지식이 없는 사람들에게 경험이 뇌 발달에 아무런 영향을 미치지 않는다는 암시로 받아들이게 할 수 있다.

인간의 범문화적 심리 특성을 열거하려고 시도하는 것은 무익한 일이다. 그 목록이 너무 길 뿐만 아니라 그 항목 가운데 많은 것은 현재 우리의 관심과 관련이 없는 것일 수 있기 때문이다. 그러나 그중에는 (원숭이한테서도 발견되는 것처럼) 유아가 젖꼭지를 찾고, 두 발로 걷고, 미소를 짓는 것과 같은 기본적인 운동 양식이나 형상과 지면의 구분, 지각의 기본적인 게슈탈트적 특징, 뮐러-리어Müller-Lyer의 착시와 같은 인식의 측면, 인간의 얼굴처럼 특정 자극 구성에 대한 반응 등이 있을 것이다. 그리고 우리의 현재 관심과 더욱 관련이 있는 것으로는 먹고, 마시고, 잠자고, 성행위를 하는 등 자신의 온전함을 보존하고 다른 사람과 관계를 유지하고자 하는 경향과 같은 동기의 측면이 포함될 것이다.12 마지막으로, 그 범주에는 배울 수 있는 것에 대한 제약과 특정한 것을 배우려는 경향13을 포함하는 기본적인 인지적 과정14이 내포될 것이다. 물론 도덕률의 정교화와 가장 관련이 있는 것은 동기, 정서, 인지적 과정 및 학습과 관련된 특징이다.

이 가운데 마지마에 언급한 하습에 대한 제약과 성향의 범주는 특히 중요하다. 왜냐면 전문화된 학습 기제는 개인이 단순한 시행착오를 통해서 얻는 것보다 훨씬 더 효율적인 방식에서 처리 방법, 신념, 가치를 습득하도록 해주기 때문이다. 사실, 학습은 어떠한 초기 성향이 없다면 전혀 이루어지지 않을 것이다. 인간이 아닌 대상을 중심으로 시행된 많은 연구에서 한 가지 예를 든다면, 되새(작은 새의 일종)는 성장 과정에서 같은 종이 내는 지저귐에 노출될 때에는 종 특유의 지저귐 소리를 내지만, 다른 종이 내는 소리의 장면에 노출될 때에는 그런 소리를 내지 못한다.15 나는 이미 인간의 경우 언어의 학습과 관련한 명백한 사례를 언급하였다. 다시 말해, 모든 인간은 음성 언어로 의사소통을 하는 것을 학습하고자 하는 성향을 타고 났지만, 그 언어는 학습되어야 한다는 것이다. 학습은 인간이라는 종 특유의 타고난 성향에 의존한다. 인간이 키운 침팬지는 인간의 언어를 배우지 못한다.16 그리고 다른 사람들과 거의 고립된 상태로 성장한 아이의 경우처럼 만약 학습이 지체된다면, 그 아이는 보통 사람들의 언어를 따라잡기가 어렵거나 이를 구사하는 것이 불가능할 수 있다.17 아이는 일어서고자 하는 성향을 타고 났지만, 직립은 상당한 노력을 기울인 이후에만 가능해진다. 인간은 다른 어떤 종보다 자신이 살아가는 사회의 태도, 관습, 풍습, 상징

체계 등을 습득하고자 하는 강하고 정교한 성향을 지니고 있다. 특히 중요한 것은 그들 대부분이 자신이 속한 집단의 사람들과 협력하여 살아가는 것을 배운다는 것이다. 우리는 나중에 남성과 여성이 그들의 심리적 발달에 영향을 미치는 성향에서 차이가 있다는 수많은 증거가 있음을 보게 될 것이다. 그리고 사람들은 경쟁 사회나 협력 사회에 적합한 심리적 특성을 개발하는 것과 같이 자신이 성장하는 상황과 어울리는 적절한 행동을 발달시키는 경향이 있을 수 있다.

　주어진 특성이 모든 인간에게 존재한다는 것을 증명하는 것은 현실적으로 불가능하다. 그러므로 나는 단지 내가 언급할 특성과 관련하여 그러한 견해가 합리적이라고 주장할 뿐이다. 모든 사람이 똑같은 얼굴은 아니지만 두 눈과 두 귀, 하나의 코를 갖고 있다고 가정하는 것이 합리적인 것처럼, 나는 실질적으로 모든 사람에게 어떤 심리적 특성이 있다고 가정하고자 한다. 그러나 그런 특성에서의 개인적 차이는 아주 흔하다. 사실상 모든 사람 또는 특정한 나이와 성별의 사람에게 존재한다고 가정하는 특징은 개인에 따라 어느 정도 차이를 보이며, 성장 과정에서 겪는 경험으로 인해 영향을 받을 수 있다. 그리고 우리는 아이들이 쉬이 말하기를 배우는 것을 '자연적인' 것으로 생각하지만, 사실은 아이들이 언어 환경에서 태어나 성장하는 것과 밀접한 관련이 있다. 따라서, 본성이나 양육에서의 특이성 때문에 언어적으로 의사소통을 할 수 없는 특별한 아이가 있다고 하더라도, 그것이 곧 일반화를 무효화시키지는 않는다.

　이것은 성장과 관련하여 중요한 문제를 제기한다. 타인에게 공감하는 능력과 같은 여러 심리적 특성은 그 자체의 발달 이력을 가지고 있으며, 원래 다른 맥락에서 후유증의 여파로 선택되었을지도 모르는 구성 과정에 따라 결정될 수 있다. 이후 6장에서 언급되겠지만, 공감하는 능력은 도덕적 행동을 구성하는 많은 요소 가운데 단지 하나일 뿐이다.

시행착오에 따른 경험에 비추어 보면, 복잡한 과정을 통합하여 다룰 필요가 있다. 우리는 이 책에서 수많은 사례를 발견할 것이다. 그러나 그렇게 하는 데에 내포된 위험을 잊어서는 안 된다. 아직 복잡한 능력의 발달과 관련된 세부적인 과정이 전혀 이해되지 않고 있으며, 아울러 우리는 구성 기제의 아래에 놓여 있는 복잡성, 그들의 개체발생 그리고 다른 맥락에서 그들의 기능을 잊고 싶은 유혹에 젖는다.

지금까지 언급된 것보다 더 복잡하긴 하지만, 범문화적인 것으로 보이는 인간 행동의 다른 특성에는 불의 사용, 일부 친족체계의 형식, 근친상간의 금기, 종교 등 어디에나 있거나 거의 어디에나 있는 것들이 포함된다. 그러나 이러한 복잡한 특성의 발달에 필수적으로 요청되는 환경, 경험 혹은 전통의 측면을 갖추지 않은 문화가 발견될 가능성 또한 항상 존재한다.18 이러한 특성들은 개인이 경험하는 환경의 맥락에서 발달할 수 있지만, '기본적인 심리적 특성'으로 포함되어서는 안 된다.

도덕성과 자연 선택
—

도덕성과 다윈의 진화론 사이에는 어떤 관계가 있는가? 아마도 나는 여기에서 근접proximate과 궁극ultimate이라는 두 가지 인과관계 유형 사이의 생물학적 차이를 강조해야 할 것이다. 행동의 근접 인과관계를 논의할 때, 생물학자들은 문제의 행동을 일으킬 가능성을 증가시키는 개체에 작용하는 생리적 요소와 심리적 요소를 언급한다. 생물학자들은 자연 선택이 유기체의 목록에서 행동을 유지하기 위해 작동한 행동의 결과를 궁극 인과관계로 언급한다. 따라서 우리는 성행위와 관련하여 몇 가지 근접 심리적 요소(쾌락의 기대 같은 외적 자극)와 근접 생리적 요소(예컨대, 호르몬)를 구체화할 수 있다. 이것들은 종의 생식이나 영속화를 말하는 궁극 원인과는 아주 다르다. 근접 원인과 궁극 원인 간의 관계는 진화 과정에서의 자연 선택으로 설정되었다. 즉, 성교를 추구했던 개체들의 종은 그렇지 않았던 종보다 다음 세대에 더 잘 나타나는 경향이 있었다. 하지만 이 경우에 사람들이 아이를 갖기 위해 성관계를 할 때와 같이 때로는 근접 요소와 궁극 요소가 함께 섞이기도 한다. 다음 장들에서 나는 근접 요소와 궁극 요소에 대해 간혹 논의할 것이다. 예를 들면, 지위를 추구하는 궁극 원인은 자원에 대한 접근일 수도 있지만, 지위가 항상 자원을 얻으려는 의도에서 의식적으로 동기를 부여하는 것은 아니다. 오히려 그보다는 지위 추구가 우리의 조상에게 자원에 대한 접근을 가져다주었기 때문에 자연 선택이 지위 추구를 인간 본성의 일부로 보장하였으며, 그에 따라 개인은 지위를 추구하도록 강요받는 것이다.

근접 인과관계와 관련이 있는 기본적인 범문화적 심리 과정은 다윈 선택을 통해 발생하였고, 생물학적 의미에서 적응하거나 적응해 왔다는 강한 추정이 있다. 즉, 그런 과정이 개인이나 그의 가까운 친척의 생존과 생식에 이바지하거나 이바지해 왔다는 것이다. 하지만 그 추정이 현재의 논지에 꼭 필요한 것은 아니다. 현재 논지에서의 초점은 기본적인 범문화적 특성이 (대부분) 어디에나 존재한다는 편재성에 있다.[19] 더 중요한 것은 도덕률의 발달과 유지에 있어서 그런 과정의 역할이 적응적이라는 어떠한 필연적인 암시도 없다는 점이다. 또한, 그러한 기본적인 특성은 도덕성 이외의 인간 심리와 행동 측면에도 적극적으로 관여한다. 유전자는 성장 과정에서 맞이하는 환경과 상호작용을 통해 이러한 범문화적인 심리적 특성을 초래하며, 그러한 특성은 대체로 생존과 생식의 성공을 돕는다. 하지만 반드시 모든 경우에 매번 그런 것은 아니고, 도덕성에 미치는 영향에 있어 그럴 수도 있고 그렇지 않을 수도 있다. 그러나 이후의 장들에서 인간이 진화한 환경에 적응할 수 있었던 도덕 계율과 행동 사이의 유사점들이 강조될 것이다. 이것은 초기 인류가 어떤 특정한 환경 유형에서 진화했다는 것을 의미하지 않는다.20 사실 지역의 환경적 조건에 대한 적응성은 탁월한 인간의 특성이다.21 그러나 인류가 진화 역사상 초기에 살았던 환경에는 어떠한 공통된 특징이 분명히 있었을 것이며, 그 가운데 가장 확실한 것 중 하나는 다른 사람들이 존재했다는 것이다. 발달을 유도하는 근접 요인이 모든 환경에서 적절하게 작동하지 않을 수는 있지만, 인간은 자신이 사는 사회적·환경적 조건에 따라 자신의 포괄적응도inclusive fitness22를 적절히 향상하는 태도와 행동 양식을 습득하고자 하는 경향이 있었다고 가정하는 것이다.

따라서 도덕성의 발달이나 성취에 그러한 특성이 관여한다고 해서 도덕적 행동이나 도덕 계율이 반드시 개인의 생존이나 생식을 증가시킨다는 의미는 아니다. 기본적인 심리적 성향과 도덕률의 관계는 매우 간접적일 수 있으며, 모든 도덕률이나 개별적인 계율이 필연적으로 생식 성공에 이바지한다고 가정할 필요는 없다. 축구 애호가가 보이는 여러 행동처럼, 인간 행동의 많은 복잡한 측면은 의심의 여지없이 범문화적인 심리적 특성에 의존하지만, 그렇다고 그런 행동이 반드시 생물학적으로 유리하다는 것을 의미하지는 않는다. 마찬가지로, 도덕률의 모든 측면이 그에 동의하는 개인에게 반드시 적응적이지만은 않다. 지나친 자비심과 마찬가지로 노골적인 이기심은 대부분의 경우에 집단 멸종으로 이어질 수 있겠지만, 노골적인 이기심을 조장하는 특정한 도덕률이 더 적응적일 뿐만 아니라 개인적인 생존과 생식 성공을 증가시키는 상황도 있다. 우리는 나중에 기본적인 도덕 원리가 대부분 집단 조화를 촉진하고, 집단 구성원의 생물학적 안녕에 이바지한다는 것을 보게 될 것이다. 그러나 그런 도덕률에는 아마도 권력자의 위치에 있는 사람들이 부과하는 그리고 모든 개인의 생물학적 안녕에 전혀 도움이 되지 않는 계율이 포함되어 있을 수 있다. 따라서 나는 자연적인 것이 선하다고 주장하는 것이 아니라 오히려 우리가 선하다고 생각하는 것의 토대를 자연적인 것에서 추적할 수 있다고 제안하는 것이다. 서로 다른 역사와 환경을 지닌 사회에서 사는 사람들의 성향은 세부적으로 차이가 있긴 하지만 기본적인 성향은 비슷하며, 이러한 성향은 어느 정도의 기본적인 유사성을 지닌 도덕률을 발생시켰다.

친사회성과 이기적 자기주장성

———

나는 논의 과정에서 다양한 수준의 복잡한 심리적 성향을 언급할 텐데, 그중에서도 이기적 자기주장[23]의 행동 성향과 친사회적[24] 행동 성향을 자주 언급할 것이다. 이 두 가지에 초점을 맞춘 것은 주장을 단순화하기 위한 경험 법칙에서 우러난 것이며, 그것들이 단일화되는 정도는 다음 장에서 논의될 것이다. 여기에서 강조하는 요점은 그 두 가지 성향이 존재한다는 것이다. 인간은 기본적으로 자기주장이 강하며 이기적이고, 경쟁은 인간 사회에서 일반적이며, 선한 의지와 협동에 관해서는 설명이 좀 더 필요하다는 주장이 너무 자주 제기되고 있다. 우리는 신문이나 뉴스를 통해 인간의 이기적 자기주장성과 그것이 수반하는 공격성, 폭력, 소유욕 등에 대해 많이 접한다. 그러나 그것들은 인간의 다른 행동 측면과 비교했을 때 예외적이고 두드러지기 때문에 자주 거론된다는 것을 인식하는 것이 중요하다. 만약 절도가 일상적인 사건이 된다면, 절도는 뉴스거리가 안 될 것이다. 따라서 오로지 이기적 자기 주장성에 초점을 맞추는 것보다는 친사회적 행동을 보여 주는 인간의 성향 역시 그와 똑같이 강조하는 것이 타당하다. 대부분의 사람은 대부분의 시간 동안 행복하게 잘 산다. 그들이 얼마만큼 행복하게 사는지는 그들이 생활하고 있는 조건에 상당 부분 달려 있다. 어떤 사회에서는 폭력이 매우 드물고 전쟁이 거의 일어나지 않는다.25 사람들이 타인과 맺는 관계는 거의 모든 경우에 그들의 삶에서 중요한 부분을 차지하며, 그런 관계성은 친사회적 행동, 협력, 호혜성에 따라 결정된다. 대부분 사람은 타인이 고통받는 것을 보거나 그런 고통을 주는 것을 싫어하며, 이기적인 것과는 무관한 이유로 그의 고통을 완화하려고 노력할 것이다.26 대부분의 사람은 타인의 희생을 바탕으로 자신의 이익을 증진할 기회가 무수히 많지만, 실제로는 대부분 그렇게 행동하지 않는다.27 모든 사람은 분명히 이기적인 자기주장에 따른 행동을 보이기 쉽지만,28 이와 마찬가지로 적어도 단기적으로는 타인보다 자신에게 더 불리할 수 있음에도 이기적이지 않은, 친사회적인 행동을 보일 수 있다는 것 또한 분명하다. 물론 어떤 사람은 다른 사람들보다 더 많이 불리할 수도 있을 것이다. 그러나 전체적으로 볼 때, 우리의 이기심은 보다 긍정적인 성향에 의해, 즉 인간 본성의 친사회적 측면에 의해 억제된다. 인간 본성의 친사회적 측면이 왜 궁극적으로 개인에게 생물학적 이점에 되는지는 나중에 논의할 또 다른 문제이다.

대다수 사람에게는 인간 본성의 긍정적인 측면을 이렇게까지 강조할 필요는 없을 것이다. 그런데 다윈주의는 자연을 '몰인정한, 치열한 다툼'으로 묘사하고 있다는 오해를 받고 있고, 경제학과 사회 과학은 '합리적 이기심'에 의존하는 인간 행동 모델을 너무나 과도하게 신뢰하고 있다. 하지만 학문적 분위기는 이제 일반적인 경험과 일치하는 방향으로 전환하고 있으며, 여러 실험 연구는 인간이 개인주의와 경쟁심

뿐만 아니라 협력, 공정, 관대함 또한 내포하고 있음을 입증해 주고 있다.29 물론, 여기에서 행동의 근접 동기와 생식 성공에 대한 장기적인 생물학적 결과를 구분하는 것은 중요하다. 단기적으로 보면 이기적인 자기주장적 행동은 친사회적 행동과 달리 개인에게 유리할 수 있다. 그러나 이후 우리는 단기적으로 비용이 많이 드는 친사회적 행동이 장기적으로는 생물학적 이득을 가져올 수 있다는 것을 검토할 것이다.

몇 가지 주의사항: 생물학과 사회 과학의 통합
—

나는 여기에서 매우 조심스럽게 접근할 것이다. 이는 세 가지 이유 때문이다. 첫째, 인간 본성에 관한 과거의 논의는 개인의 심리적 수준에 있는 특성이 아니라 흔히 종교와 같은 사회 문화적 구조의 수준에 있는 특성이나 불의 사용과 같은 다소 복잡한 행동 양식에 초점을 맞춰 왔기 때문에 더 진척이 없었다.30 내가 언급하는 기본적인 심리적 특성은 개인적이거나 거의 개인적이라고 할 수 있는 수준에 있다. 하지만 앞서 말한 요점을 반복하자면, 이러한 기본적인 특성의 발달은 환경적 영향이나 심지어 한 사회 집단 내에서 이루어지는 학습과 무관하지 않다.

주의해야 하는 두 번째 이유는 다른 종에 관한 연구에서 도출된 행동 진화의 원리를 사용하는 것과 관련한 오해에서 비롯된다. 인간이 아닌 일부 종의 행동이 인간과 무관한 문화나 원시 문화에 관해 말해 주는 사례가 있기는 하지만, 어떤 동물도 인간의 도덕성에 필적할 만한 것을 갖고 있다는 암시는 없다. 진화 원리는 오직 도덕성의 기초를 제공해 주는 — 나는 그렇게 주장할 것이다 — 인간의 심리적 특성을 설명할 때에만 활용된다. 사실 사람들은 가끔씩 동물들에게도 도덕성이 있는지 그리고 현재 우리의 도덕성은 인류 이전의 우리 조상의 도덕성에 근원을 둔 것은 아닌지 묻곤 한다. 인간의 도덕성은 주로 (온전히 그러하지는 않더라도) 갈등이 없는 사회에 도움이 되는 방식의 행동 방향과 관련이 있으며, 인간이 아닌 일부 영장류의 행동도 실제로 유사한 결과를 가져오는 요소를 내포하고 있다. 예를 들면, 플랙과 드 발Flack and de Waal[31]은 침팬지가 먹이 분배, 동정, 갈등 상황에서 제삼자의 개입과 중재, 싸움 후의 화해에 도움이 되는 행동 등에서 어느 정도 호혜성을 보여 준다고 보고한다. 그에 기초하여, 그들은 침팬지가 '공동체에 관한 관심community concern'을 보여 주며 '자기들의 집단 내에서 이익과 관련한 갈등을 해결하고, 조정하고, 예방하는 방법'을 갖고 있다고 주장한다. 그러나 여기서 우리는 주의해야 한다. 침팬지가 우리의 조상과 연관이 있고, 우리 진화 조상의 그러한 행동(혹은 오히려 그런 행동을 보여 줄 수 있는 능력)이 어쩌면 인간의 도덕성에 일부 구성 요소를 제공했을지도 모르지만, 이것이 침팬지가 인간의 도덕성에 필적할 만한 것이나 도덕감moral sense이라고 부를 수 있는 무언가를 지니고 있다는 증거는 아니다. 인간의 도덕성은 공유된 이해를 포함한다. 그러나 그런 이해가 없는 침팬지는 집단의 계율을 따른다는 점에서 도덕적일 수는 있겠지만 친사회적일 수는 없다.[32] 친사회성은 인간의 의식과 자의식 그리고 언어 역량에 의존한다. 어떤 사람들은 자의식과 언어가 유인원 같은 일부 동물에게 가장 기본적인 형태로 나타난다고 주장하지만, 도덕성을 논의할 때는 동물과 인간의 차이를 너무 좁게 생각하지 않도록 주의하는 것이 최선이다. 그렇기 때문에 나는 동물에 관한 연구로부터 도출된 진화 과정의 원리를 다음에 사용하긴 하겠지만, 동물의 행동 측면과 인간의 도덕성 사이에 있을 수 있는 관계에 대해서는 논의하지 않을 것이다.

내가 조심스럽게 접근하는 이유 중 세 번째는 이 부분이 사회 과학자, 심리학자, 생물학자가 갈등을 겪는 무대이기 때문이다. 극단적인 경우, 사회 과학자들은 윤리적 문제를 포함하여 문화33를 그들만의 고유한 영역으로 간주하면서, 생물학자들은 그런 문제에 대해 유용한 어떤 것도 말해 줄 수 없다고 생각하였다. 반면에, 다윈 선택이 갖는 설명력에 매료된 일부 생물학자34는 그의 간단한 적용이 모든 복잡한 인간의 삶을 설명해 줄 수 있다고 주장해 왔다. 기본적으로 그런 갈등은 생물학자와 사회 과학자가 관심을 두는 문제의 차이에서 비롯된다. 대부분의 사회 과학자는 사회나 문화 간의 차이, 연령 집단이나 사회 계층 간의 차이, 시간의 흐름에 따른 차이 등 주로 차이에 관심을 둔다. 그래서 사회 과학자들이 볼 때 범문화적인 일반론에 관심이 있는 생물학자들이 그런 차이에 관하여 자신들에게 말해 줄 수 있는 것이 아무것도 없을 것이라고 단정하는 것은 어쩌면 자연스러운 일일 수도 있다. 반면에, 자연 선택에 따른 진화론 같은 강력한 이론으로 무장한 생물학자들은 인간 발달의 곡절과 더불어 인간 행동의 복잡성이나 문화적 차이를 간과하기 쉬웠다. 최근에 이르러서야 그러한 문제가 그들의 연구에서 관심의 대상이 되었다. 여기에서는 이 두 관점의 연계를 시도하는 접근 방식을 택하였다. 이 접근방식은 문화가 개인에게 영향을 미치는 것을 기정사실화하는 어떤 암시도 부적절하다고 가정한다. 그보다는 문화, 개인 간의 관계 그리고 개인들이 서로 주고받는 상호 영향을 강조하며, 사람들은 단순히 문화적 영향을 수동적으로만 받는 것이 아니라 그들 자신의 세계관을 능동적으로 구성하는 가운데 자신을 형성해 나가는 존재로 가정한다. 이는 문화의 모든 다양성이 궁극적으로 '인간 본성'을 부여받은 인간에 의해 형성된다는 관점이다.

내가 유용하다고 생각한 모델은 모든 인간 행동의 복잡성이 개인 안에 있는 심리적 기제, 개인 간의 상호작용, 관계, 집단, 사회 그리고 신념, 가치, 제도의 사회 문화적 구조와 물리적 환경이 서로 영향을 주고 받는 양방향 영향에 기반을 둔 것으로 본다(그림 2.1). 이러한 복잡성의 각 수준(물리적 환경뿐만 아니라)은 다른 수준에 영향을 미치고 영향을 받는다. 상위 수준에서의 복잡성은 궁극적으로 개인의 본성에 달려 있으며, 개인의 특성은 성장 과정에서 직면하는 사회적 및 사회 문화적 영향의 맥락에서 정교화되고 변화한다. 양방향 영향은 단기간(공시적)으로도 작동하고 세대 간(통시적)에도 작동한다. 그러므로 어떤 사회의 도덕률을 이해한다는 것은 세 종류의 질문을 포함하게 된다. 첫째는 사람들이 그들의 사회 문화적 환경과의 상호작용에서 도덕률을 어떻게 습득하는지에 관한 것이다. 둘째는 인간 본성의 기반과 그것이 인간의 진화 과정에서 어떻게 정교해졌는지에 관한 것이다. 그리고 셋째는 도덕 계율이 문제의 사회에서 시간의 흐름에 따라 어떻게 정교해졌는지에 관한 것이다. 행동 측면의 발달에서 유전과 환경의 역할에 관한 논란이 아무런 소득이 없었던 것과 같이, '본성'의 영향 결과이냐 '문화'의 영향 결과이냐에 관한 논의 또한 그러할 것이다. 다시 말하면, 그것들은 서로 영향을 미치고 영향을 받는다.

사실 이 책에서 말하는 도덕성에 관한 논의는 자연 과학과 사회 과학 간의 틈을 줄이고자 하는 보다 넓은 기획이긴 하지만, 그렇다고 환원주의적인 것은 아니다. 상호작용에 있어서 기본적인 범문화적 인간 성향의 역할이 여기서 처음에 강조되기는 하지만, 인간 문화의 복잡성은 그림 2.1에 제시된 바와 같은 사회적 복잡성 수준 간의 변증법적 상호작용으로부터 등장하는 것으로 여겨진다. 더 구체적으로 말한다면, 어떤 심리적 특성이 모든 인간에게서 나타나는 것으로 보인다고 하더라도(그 정도가 다르다고 하더라도) 도덕 계율이 우리의 본성에 애초부터 들어 있었던 것은 아니며, 그것은 시간이 지나면서 수준 간의 변증법적 상호작용을 통해 나타나는 것으로 보인다.

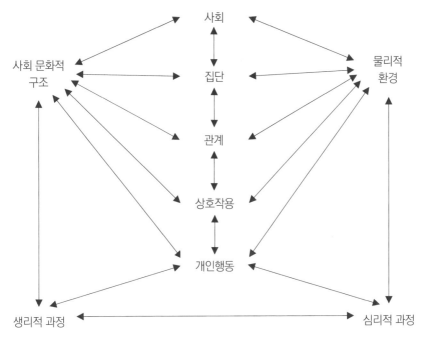

그림 2.1 사회적 복잡성의 수준을 단순화시킨 그림

주: 각 수준은 지속적으로 다른 수준들뿐만 아니라 신념, 가치, 관습, 제도의
사회 문화적 구조에 영향을 미친다(그리고 영향을 받는다). 그 영향은 사
건과 상황에 기인하는 의미에 의해 조정되고 영향을 받는 개인의 행동
적, 정서적, 인지적 과정을 수반한다. 따라서 개인적 수준을 포함한 각 수
준은 하나의 독립체로서가 아니라 수준 간 그리고 수준 내의 변증법적
관계를 통해 창조, 유지, 퇴화의 과정을 수반하는 것으로 보인다.

아울러, 이 접근방식은 도덕 계율을 절대적이고 어느 곳에서나 적용
가능한 것으로 여겨야 하는지 아니면 문제의 사회에 상대적이고 특수
한 것으로 여겨야 하는지에 관한 어떠한 논쟁도 부적절한 것으로 만든
다. 한편으로는 범문화적 유사성이 예상된다. 논쟁이 제기될 수는 있
겠지만, 도덕 계율은 범문화적인 인간의 특성에 기인하기 때문이다.

다른 한편으로, 도덕 계율은 사회마다 약간씩 차이가 있고 사회 내에서도 맥락에 따라 차이가 있을 것으로 예상한다. 왜냐하면 도덕 계율이 개인들의 성장 과정을 통해 기본적인 심리적 특성으로부터 정교화가 이루어진다는 점을 감안하면, 개인들의 성장 과정은 개인과 다른 사람들 간의 상호작용과 관계에 의존하고 또그에 영향을 미친다. 이는 차례로 그 사회 특유의 오랜 역사를 통해 형성되어 온신념, 규범, 가치, 제도의 사회 문화적 구조에 영향을 미치고 또 그에 의존하기 때문이다.35

그러나 도덕률이 이런 방식으로 형성되고 사회마다 서로 약간씩 다르다면 어떻게 정당화될 수 있을까? 나는 이 책의 마지막 장에서 이 문제를 다시 논의할 것이다. 현재로서는 중재자 또는 외부 기준을 암시하는 정당화 가능성이 지금처럼 도덕률이 존재하는 이유와 문화마다 다른 이유에 대한 질문과 어떤 의미에서 무관하다는 견해를 취하는 것으로도 충분하다. 여기서 중요한 것은 주어진 사회 구성원들이 도덕률을 어떻게 받아들이게 되었는지에 대한 문제이다. 물론, 사회는 생태적·역사적 요소에서 서로 매우 다르다. 잠시 '사회'를 의인화한다면, 사회라는 자가 할 수 있는 일은 그저 도덕률을 제시하고 사람들이 그것을 받아들이는지를 살펴보는 것뿐이다. 많은 사람이 수용하지 않는 사회의 경우, 그 계율은 사람들이 하는 일과 해야 하는 일 혹은 해야 한다고 생각하는 일 사이에 지속적인 변증법을 통해 조정되기 시작할 것이다. 하지만 이런 식의 표현은 당연히 상당한 단순화를 수반한다. '사회'에 따라 성공의 정도는 다양하지만, 우리는 현재의 도덕률을 수용하도록 후속 세대들을 사회화하는 일에 관심이 있다. 사람들이 도덕률을 받아들이는 정도는 그 도덕률의 생명력과 불가분리의 관계에 있을 것이다. 그런 점에서, 어떤 사회든 그 사회에 존재하는 도덕률은 높은 비율의 사람들에 의해 정서적으로, 이성적으로 받아들여진 게 틀림없다. 간혹 일부 사람들이 어떤 도덕률이 개선될 것으로 생각하거나 느낄 수는 있겠지만, 모든 혁신은 부분적으로 수용 가능성에 따라 평가될 것이다. 특히, 급속하게 변화하는 현대 사회에서는 개인이나 소규모 집단이 도덕적·법적 문제에 대한 어떠한 결정(예컨대, 체외수정의 허용 가능성에 관한)을 내려야 한다. 그런 경우, 논의에서 여러 측면이 고려되지만 아마 사회가 수용할 수 없는 규정은 분명히 어려움에 부딪힐 것이다.

요약

이 장은 이후 장들에서 채택된 접근방식의 개요를 밝히고 있다. 주요 논지는 다음과 같다.

1. 논의의 기본은 심리적 잠재력, 심리적 특성(모든 사람 혹은 인류의 대다수에게 공통적인 것으로 여겨지는 기본적인 심리적 요소)의 개념이다. 도덕 원리(도덕 계율들에 기본적인 것 또는 그것들을 개괄한 것)와 도덕 계율(어느 정도의 문화적 특수성을 반영한 규정과 금지) 그리고 주어진 사회에 있는 계율들의 집합체인 도덕률은 아마도 모든 문화에 존재할 것이다.
2. 문화와 도덕성은 궁극적으로 자연 선택과 문화 선택으로 형성되었고, 또 형성되고 있는 인간의 본성에서 기인한다. 도덕 원리와 계율은 사람들이 하는 일과 해야 하는 일로 느끼는 것 사이의 상호 영향에 의해 그리고 그 사회의 사람들과 권력 집단에 의해 형성되었다.
3. 기본적인 심리적 특성은 범문화적이다. 그것은 성장 과정에서의 경험으로 영향을 받으며, 개인에 따라 정도에서 차이가 있을 수 있다. 그러한 심리적 특성은 때때로 간접적일지라도 다윈 선택의 산물이었

을 가능성이 있지만, 그것은 현재의 논의에 필수적인 것은 아니다.

4. 도덕률은 사회와 그 사회 구성원의 존립 가능성과 양립할 수 있어야 한다. 그러나 도덕률이 모든 개인의 복지나 생물학적 성공에 반드시 유리하지만은 않다.

5. 인간은 친사회적 성향과 함께 이기적인 자기주장의 성향 또한 갖고 있다.

6. 다른 여러 종으로부터 도출된 원리가 우리 인간을 이해하는 데 매우 유용할지라도, 다른 종과의 비교는 조심스럽게 다루어져야 한다.

7. 자연 과학의 적합성과 관련한 자연 과학자와 사회 과학자 간의 불일 치는 주로 그들의 기본적인 지향 차이에 기인한다.

8. 개인과 '문화'의 관계는 사회적 복잡성 수준 간의 통시적인 변증법 적 상호작용의 관점에서 이해되어야 한다(그림 2.1).

3
개념적 도구들에 대한 주석

한 가지 개념적 문제는 처음부터 분명히 해야 한다. 이는 '도덕성'과 '도덕감'이라는 용어와 어떤 행동의 범주를 일컫는 용어가 공통의 기본 과정을 함축한 것으로 이해해야 하는지 아니면 현상을 편리한 방식으로 분류하는 데 사용하는 사후적인 것으로 이해해야 하는지에 대한 문제와 관련이 있다. 용어의 문제는 따라서 개념적, 동기적, 발생적 쟁점을 포함한다. 이러한 문제는 지금까지 다소 소홀히 취급되어 왔다. 하지만 도덕성의 기원을 이해하고자 하는 시도라면 이를 절대 무시해서는 안 된다.

도덕성

—

수많은 철학적 논의는 '선'의 본질과 관련된 것이었으며, 어떤 사람들은 '선'한 모든 것에는 즉시 파악될 수 있는 공통점, 특성 그리고 어쩌면 본질이 있다고 주장한다. 철학자 무어G. E. Moore는 "선은 좋음이며 그게 문제의 끝이다."1라고 하였다. 이 관점에서 보면, 두 행위 과정을 놓고 하는 도덕적 결정은 어느 것이 최고의 '선'을 가져올 것인가에 달려 있다. 무어는 쾌락, 지식, 덕이 자명한 '선'이며, 관련된 모든 사람에게 선한 결과를 극대화하는 행동이 좋은 것이라고 주장하였다. 사람은 도덕감을 갖고 있다고 했다. 그러한 견해는 무어의 개성을 반영하고 있긴 하지만 무엇이 쾌락, 지식, 덕을 구성하는지에 대해 의견이 서로 엇갈릴 여지가 많고, 즉각적인 쾌락을 가져오는 행위는 결국 해로울 수 있다는 명백한 가능성 때문에 별로 도움이 되지 않는다. 하지만 그것은 '선'으로 인식되는 행동 사이에 실제로 어떤 공통점이 있는지 그리고 우리가 그러한 행동을 직관적으로 알아볼 수 있다는 것이 무엇을 의미하는지에 대한 중요한 의문을 제기한다.

좀 더 구체적으로 말하자면, 이른바 '도덕감'이라고 불리는 것이 먼저 발달하고 이미 존재하는 옳고 그름에 관한 감각에 기초하여 어떤 행동이 옳고 어떤 행동이 그른지를 후속적으로 학습하게 되는가? 아니면 도덕감이란 것이 어떤 행동은 옳고 어떤 것은 그르다는 것을 학습한 결과로 생기는 것인가? 우리가 도덕적으로 구별하도록 하는 어떤 감각이 있는 것은 분명하다고 확실하게 말할 수 있다. 왜냐하면 도덕감은 인간이 인간일 수 있게 하는 일부이기 때문이다. 그러나 초기 단계에서 구별할 수 있는 어떠한 기준도 없이 옳고 그름을 판별할 수 있는 능력을 갖춘다는 것은 어떤 의미일까? 아무런 내용 없이 '도덕감'을 상상하기가 어렵다. 아무런 지식이나 경험이 없는 개인이 덕을 어떻게 알아볼 수 있다는 것인가? 그래서 '도덕감'을 해야 할 일과 하지 말아야 할 일을 학습한 결과로 생긴 이후 이를 설명하는 사후적 개념으로 보는 것이 좀 더 받아들일 만한가? 어린아이가 성인이 도덕적으로 선하다고 생각하는 방식으로 행동할 수 있다는 것은 이 관점에 반하는 증거로 받아들

논의를 위한 배경지식 PART 1 —

일 수 있으나, '도덕감'은 분명히 하나 혹은 몇몇 특정 상황에서 적절하게 행동하는 것 이상의 의미를 내포하고 있다. 우리는 고통을 피할 뿐만 아니라 어떤 행동을 불쾌하거나 상상할 수 없는 것(복잡한 문제이긴 하지만, 가까운 친척과의 성관계는 하나의 사례가 될 수 있을 것이다) 혹은 어떤 광경을 혐오스러운 것(예컨대 선혈이 낭자한 폭력)으로 보는 경향이 있는 것 같다. 하지만 그런 경우 우리는 규범적인 도덕감이 아니라 특정한 사안을 다루고 있다. 그것들은 우리가 나중에 회피할 가능성이 있는 경험과 관련이 있긴 하지만, (근친상간의 경우를 제외하고) 반드시 도덕 계율과 관련이 있는 것은 아니다.

그러나 아마도 질문을 '어느 것이 선행하는가? 도덕감인가 아니면 그의 내용인가?'로 제기하는 것은 부적절할 것이다. 우리는 부모나 다른 권위 있는 인물 혹은 또래 동료의 영향으로 특정한 행동을 '좋음'과 '나쁨'이라는 감정이나 (처음에는 비언어적) 평가와 연결하는 경향이 있다. 이는 실제로 유아가 부모의 요구에 주목하고, 또 그렇게 하는 것으로부터 쾌락을 얻고자 하는 성향이 있다는 것과 관련된다. 그러나 그런 성향이 어떤 내용과 무관하게 발생할 수는 없을 것이다. 따라서 여기에서 말하는 '도덕감'은 긍정적이든 부정적이든 상관없이 주로 부모나 다른 권위 인물이 제시하는 의견에 들어맞게 반응하고 특정 상황을 피하고 싶은 이미 존재하는 성향을 기반으로 내용을 습득하면서 구성된 것으로, '선'과 '악'을 구별하는 경향을 기술하는 데 유용한, 다소 유연한 용어로 사용된다. 선과 악의 구별은 예컨대 '네 누이를 해치지 말라'부터 '고양이를 해치지 말라', '어떤 생명체도 해치지 말라'까지 각 범주 내에서 일반화로 이어질 수 있다. 그러한 일련의 순서는 도덕성의 발달 과정과 일치하는 것으로 보인다.

친사회적 행동과 이기적인 자기주장적 행동

—

내가 이미 사용했던 다른 두 가지 용어도 설명이 필요하다. '자기주장'이라는 단어는 조금 다양한 의미가 있다. 우선, 자기주장은 공격성이라는 단어와 구분될 필요가 있다. 공격성이라는 단어는 남에게 해를 끼칠 태세의 의미로 흔히 사용되고 있다. 예컨대 우리가 어떤 사람에 대해 '자기주장이 강한 판매원'이라고 할 때, 그 말은 그 사람이 자신의 고객을 설득하고자 하는 사람을 의미하지 않는다. 하지만 '자기주장'이라는 말은 공격적인 의미가 없다 하더라도, 사람에 따라 부정적인 의미와 긍정적인 의미를 지니게 된다. 전자의 경우, 그 말은 '주제넘게 나서는', '자기 본위의 혹은 이기적인 행동'을 뜻하는 것으로, 남들을 희생 삼아 우선순위나 지위를 확보하려는 시도를 뜻한다. 다른 한편으로 자기주장이란 말은 최근에 이르러 사교 능력과 함께 자신과 남들에게 개방적이고 정직하며, 다른 사람의 관점을 경청하고 거리낌 없이 말하며, 타인뿐만 아니라 자기 자신에 대해 존중심을 갖는 등[2] 바람직한 사회적 특성으로 여겨지고 있다. 이는 부분적으로 페미니스트들의 영향을 받은 것으로 보인다. 그리고 앞으로 알게 되겠지만, 어떤 사람들은 자기주장을 다양한 측면에서 자아실현을 선도하는 요인으로 여긴다. 따라서 이 말은 분명히 다양한 특징을 암시할 수 있다. 문제는 그것들이 어떤 의미에서 공통점을 가지고 있느냐이다. 공격성은 단순히 극단적인 자기주장을 부정적으로 표현한 것인가? 자기주장의 긍정적인 측면은 인과적으로나 개체 발생적으로 이기적인 측면과 공통의 기반을 갖고 있는가? 만약 그렇다면, 우리는 한 가지 면에서 매번 자기주장을 하던 사람은 다른 면에서도 자기주장을 할 것으로 기대할 수 있다. 그런데 확실히 항상 그렇지는 않다. 그렇다면 타인에게 미친 결과가 긍정

　　　　　　　　　　　　논의를 위한 배경지식 PART 1 —

적이든 부정적이든 상관없이, 자기주장이라는 말을 자신의 이익을 증진하는 것과 같은 어떤 공통된 결과를 낳는 행동의 경향을 구별하여 일컫는 용어로 간주해야 하는가? 여기에서 나는 이 문제를 계속 논의하지는 않을 것이다. 하지만 내가 그 말을 사용하는 의미는 분명히 하고자 한다. 즉, 나는 자기주장을 다른 사람들의 이익을 고려하지 않고 자기 자신의 이익을 증진하는 중간 수준의 행동 범주(보통은 그렇지만 그렇다고 반드시 신체적 공격 행동이 없지는 않다)를 보여 주는 경향의 의미로 사용할 것이다. 따라서 여기에서 사용되는 자기주장이란 말은 '이기적인 자기주장'의 의미이며, 특정한 일련의 결과 측면에서 규정된다. 하지만 그런 특성의 행동들이 인과적으로나 발생적으로 얼마나 공통적인 기원을 갖는지는 열려 있다.3

이와 비슷한 문제는 '친사회적 행동'에서도 발생한다. 나는 '친사회적 행동'이라는 용어를 다른 사람의 안녕을 촉진하는 공통 특성을 가진 다양한 행동 유형을 포괄하는 매우 넓은 의미로 사용할 것이다. 그렇게 함으로써 일상생활에서 사용할 때보다 훨씬 더 제한된 의미로 생물학에서 사용하고 있는 '이타적 행동'이란 용어가 지닌 의미의 한계를 대부분 피할 수 있다.4 그러나 도움을 주는 행동은 동정, 자애로운 감정, 협력, 사회적 지지를 포함하여 많은 형태가 있다. 또한 그런 행동에는 성격적 요소, 보상에 대한 기대, 교육 및 문화적 요소 등등을 포함하여 수많은 원인이 내포될 수 있다. 우리는 도움을 주는 다양한 형태의 행동이 인과적으로나 발생적으로 공통점을 갖고 있느냐고 물을 수 있을 것이다. 만약 그런 행동이 어느 정도 공통점을 갖고 있다면, 우리는 한 가지 면에서 자주 친사회적이었던 사람에 대해 그가 다른 면에서도 친사회적이기를 기대할 수 있을 것이다. 어느 정도는 그렇다. 많이 사용되는 성격의 다섯 가지 요소 시험 가운데 한 요소가 '친화성'인데, 그것은 마음이 부드러움, 온화함, 사람을 믿음, 기꺼이 도움, 너그러움, 남을 잘 믿고 솔직함 등과 같은 특성을 내포한다.[5] 반면, 많은 사람은 일부 상황에서 혹은 일부 사람들에게는 친절하지만, 모든 상황에서 누구에게나 그런 친절을 보이는 것은 아니다. 우리는 친사회적 행동을 보인 사람들의 친절이 오직 어떤 상황이나 특정한 사람들에게만 표현된다고 말함으로써 이 문제를 해결할 수 있을까? 어떤 핵심 동기가 있는가, 아니면 '친사회적 행동'은 단지 다른 사람에게 긍정적인 결과를 가져오는 행동을 분류하는 데 사용되는 사후적 용어인가? 이런 질문에 대해 최종적인 대답을 할 수는 없다. 그러나 이 논의의 목적상 나는 자기주장적 행동과 친사회적 행동을 가가 관련된 행동들의 가장 중요한 핵심으로 보며, 그들의 강도, 표현 방식, 맥락 의존도는 다양한 영향을 받을 수 있는 것으로 간주할 것이다.

이러한 친사회적 행동과 반사회적인 자기주장적 행동이라는 두 가지 범주가 다양한 행동을 포괄하고 있고 내가 그 두 용어를 앞으로 사용할 것이므로 그런 행동들이 반드시 반대되는 것은 아니라는 점에 유의하는 것이 중요하다. 정치범의 석방을 위해 노력하는 사람은 타인에게 이로운 결과를 추구하지만, 그런 노력의 즉각적인 원동력이 그 자신에게서 나오는 신념의 힘인 한 그가 하는 행동은 결국 자기주장을 펴는 것일 수 있다. 그리고 행위가 결과에 따라 범주화되기 때문에, 똑같은 행위가 어떤 관점에서는 친사회적인 것으로(예컨대, 죄수 친척의 관점) 그리고 또 다른 관점에서는 반사회적인 것으로(예컨대, 현상 유지를 생각하는 정치인의 관점) 혹은 당시에는 친사회적이었으나 장기적인 관점에서는 반사회적인 것으로 여겨질 수 있다. 그러나 대부분은 친사회적 성향과 이기적 자기주장의 성향은 반대로 작용하며, 그 둘 사이에 모든 범위의 행동이 분포되어 있다. 따라서 도덕성은 대체로 친사회적 행동과 이기적인 자기주장적 행동 사이의 균형에 영향을 미치는 것으로 간주할 수 있다. 다만 우리는 친사회적 행동이 우세할 때만 그 균형을 '도덕적'이라고 부른다.

요약

---

1. '선'과 '악'을 구별하는 능력을 지칭하는 다소 유연한 용어인 '도덕감'은 이미 존재하는 옳고 그름에 관한 감각을 기초로 내용의 습득과 더불어 성장 과정에서 형성된다고 제안한다.

2. '이기적인 자기주장'과 '친사회적'이라는 용어는 그 결과에 의한 행동의 범주를 정의하기 위해 기술적으로 사용된다. 그런 행동들이 개체 발생적으로나 인과적으로 반드시 단일성이라고 가정할 필요는 없다.

4
지속과 변화

일반적으로 좁은 의미에서의 도덕 계율(즉, 관습이 아닌)은 마치 돌에 새겨진 절대적이고 영원하며 어느 곳에서나 적용 가능한 것처럼 인식된다. 이러한 인식 때문에 계율은 지켜질 가능성이 더 있으며, 계율을 공표하거나 그의 준수에 관심이 있는 사람들은 계율의 절대성을 강조하는 경향이 있다. 하지만 좀 더 자세히 들여다보면, 그런 불변성은 역사의 어디에도 존재하지 않는다. 이미 언급한 바와 같이, 사람들의 행동과 경험은 그들이 사는 사회의 도덕률에 따라서 영향을 받을 뿐만 아니라 시간이 지나면서 거꾸로 도덕률에 영향을 미친다.

도덕 계율의 정당성은 여러 가지 방법으로 변화한다. 첫째는 맥락과 관련이 있다. 즉, 동료에게 해를 끼치는 일은 도덕적으로 옳지 않으며, 자기 어머니를 구타하는 것은 더더욱 옳지 않다. 하지만 전쟁에서 적군을 죽이는 것은 칭찬할 만한 일로 보일 수 있다.

둘째, 도덕적 지향은 개인의 생애에서 상당한 변화를 겪을 수 있다. 성장 과정에서도 그렇고 성인이 되어서도 마찬가지다. 예를 들면, 콜비와 데이먼Colby and Damon[1]은 앨라배마주Alabama에서 자란 민권 운동가

버지니아 뒤르Virginia Durr가 젊었을 때 강력한 인종 편견을 갖고 있었고, 대학에 들어갔을 때 흑인 여성과 같은 탁자에 앉아야 한다는 사실에 소름이 끼쳤다고 말한다. 유일한 대안은 대학을 그만두는 것이었다. 그러나 그녀는 이후 흑인 여성을 좋아하고 존중하게 되었으며, 더 많은 경험을 한 후에 자기 삶의 대부분을 그들의 시민권을 신장하는 일에 헌신하였다.

셋째, 장기적으로 볼 때 다양한 사례가 말해 주듯 사회의 급속한 변화는 도덕률의 불안정성을 조장할 수 있다. 하나의 명백한 예는 서구 사회에서 이혼을 인정한 경우이다. 20세기 초반만 해도 이혼은 쉽지 않았고, 많은 사람은 도덕적으로 받아들이려고 하지도 않았다. 이혼이 증가한 원인은 복합적인데, 여기에는 종교적 통설의 쇠퇴, 개인적 이동의 증가, 성 혁명으로부터 기인한 변화 등이 포함된다. 일부 연구는 자녀의 입장에서 볼 때 화해가 어려운 부모는 이혼하는 것이 '더 나을 수 있다'라고 밝히고 있다. 그런 요인들의 결과는 사람이 어떻게 행동해야 하는지와 실제로 하는 행동 사이에 상호 영향을 미쳐 왔다. 이혼하는 부부가 많아지면서 이혼은 더욱더 흔한 일이 되었으며, 이혼 금지 규정의 신뢰성은 약화되었고 도덕적 낙인은 줄어들었다. 그리고 이혼이 점차 수용되기 시작하면서, 더 많은 부부가 이혼하였다. 우리가 보았던 바와 같이 도덕 계율은 개인의 행동에 영향을 미치고, 개인의 행동은 시간이 지나면서 그 문화의 도덕 계율에 영향을 미친다.

넷째, 한층 더 장기적인 측면에서 보는 경우로, 사회경제적 상황의 변화는 분명히 가치의 변화를 초래할 수 있다. 중세 유럽에서 지주 봉건주의 도덕은 지주부터 농노까지 개인마다 지위에 따라 의무를 지며, 겸손은 적어도 대다수의 사람에게 미덕이 되는 계급적 도덕이었다. 산업혁명과 그에 따른 사회적 대변동으로, 계급적 도덕은 경쟁과 자기 이익의 상업적 도덕으로 변화하였고, 그럼으로써 겸손은 본래의 도덕적 위상을 차츰 상실하기 시작하였다. 또 다른 예를 든다면, 가톨릭교의 질서화된 의무의 위계가 경제적 성공으로 이어지는 근검과 근면을 강조한 칼뱅주의Calvinism로 변화하였다.2 그리고 대처Thatcher의 경제 정책은 영국에서 개인주의, 기업가 정신, 경쟁의 가치를 중히 여기는 분위기를 조성하였다.

인류학자들과 사회학자들은 충분히 인식하고 있지만 심리학자들이나 철학자들은 별로 강조하지 않고 있는 게 있는데, 바로 가치와 도덕률이 문화 간에 적어도 강조하는 바에 있어서 차이가 있다는 사실이다. 어떤 문화나 사회에서 옳지 않은 것으로 여겨지는 행위가 다른 문화나 사회에서는 그렇지 않을 수 있다. 이에 대한 사례로 그 증거가 많이 축적된 것은 이른바 개인 정향과 집단 정향의 차이에 관한 것이다.3 사회학적 수준에서 분석해 보면, 개인주의 사회에서는 개인의 목표가 우선이기 때문에 자기 잇속을 차리는 행동에 대한 거부감이 적다. 하지만 집단주의 사회에서는 사람들이 집단 내 규범을 따르도록 사회화된다. 집단주의 정향은 가족 관계망과 상호 연결된 관계를 강조하는 경향이 있으며, 중매결혼과 같은 배우자의 실용적인 선택 방식이 낭만적인 사랑을 대신하는 경우가 많다.4 대부분의 사회는 개인주의와 집단주의의 혼합적 성격을 갖는다. 따라서 사회를 그중의 어느 하나로 분류하는 것은 사회 내부에 있는 개개의 이질적 사고방식을 무시하는 것일 수 있다. 그런데도 서구 유럽과 북아메리카 사회는 개인주의에 편향되어 있고, 사람들은 상황에 따라 혹은 시간에 따라 다른 정향을 보인다고 말할 수 있다. 반면에 동아시아 사회에서는 집단 규범과 집단주의의 여러 특성에 훨씬 더 일치하는 경향을 보인다고 말할 수 있다.5 하나의 예를 들어 보자. 한 연구6는 미국의 가족 가치관과 인도의 힌두교 가족 가치관의 차이에 초점을 맞추었다. 미국 가족은 상호 소통하는 감정과 개인적인 자유에 우선성을 부여하는 반면, 인도 가족은 가족 전체의 이익을 위한 개인의 욕망을 강조했다. 대인 관계와 관련된 기대와 정의와 관련된 기대 간에 빚어진 도덕적 딜레마를 제시했을 때, 대부분의 인도인은 대인 관계와 관련된 문제에 우선성을 부여했고, 미국인은 대부분 정의의 문제에 우선성을 부여했다. 인도인들은 대인 관계 문제를 사회적으로 강제할 수 있는 도덕적 의무이자 개인적 성향을 대인 관계의 기대와 일치해야 하는 것으로 여기는 경향이 있었다. 개인주의를 강조하는 사회에 사는 미국인들의 표본에서는 가까운 대인 관계가 인도인의 표본에서보다 덜 중요한 도덕적 문제로 여겨졌다. 미국 문화적인 가치를 지닌 사람에게 인도 체계는 개인의 선택 자유를 억압하는 것으로 보일 수 있다. 그런 관점은 인도인들이 강조하는 상호 의존이나 그에 공헌함으로써 개인이 느끼는 만족을 고려하지 않을 것이다. 이와 반대로, 인도인은 아마도 미국 문화를 사회적 고립의 위험을 수반하는 것으로 보며, 자기 결정과 자율성에 따른 보상을 제대로 인식하지 못할 것이다. 그런 차이는 그들의 대조적인 세계관에서 기인한다(13장을 볼 것).

　도덕률의 안정성에 영향을 미치는 또 다른 요인은 사회 구조와 관련이 있다. 산업화 이전의 사회에서는 그 둘 사이의 관계가 거의 분리 불가능하였다. 사회 구조는 도덕률의 준수에 달려 있었다. 그런 경우 도덕률은 상당한 안정성을 보여 줄 것이다. 서구에서는 확고한 위치를 차지한 종교가 안정성을 유지하는 데 중요한 역할을 했다. 그러나 서구 사회에서 변화를 초래하는 경향이 있는 수많은 요인, 예컨대 과학 기술의 변화, 시민들의 이동, 팽창하는 기관의 규모, 공공생활의 탈개인화, '사회적 자본'의 감소7 등은 불가피하게 도덕적 분위기에 영향을 미쳤다.8 이와 함께, 한 사회의 도덕률은 종교 체계에서 온 도덕 계율에 관한 이해의 변화, 과학적 지식의 사회적 해석(다윈의 생물 진화론을 사회 현상에 적용하는 사회 다윈주의와 같은 해석)에서 오는 새로운 원리들, 도덕 및 정치 사상가들의 영향 같은 보다 추상적인 문제로 인해 영

향을 받을 것이다.9

이는 나중에 좀 더 자세히 논의될 것인데, 도덕 계율에서의 변화와 문화적 차이는 기본적인 원리들의 변화보다는 그것들이 적용되는 사람들의 범위나 도덕적 가치의 상대적 우선순위에서의 변화를 수반한다. 그런 점에서, 노예제도의 폐지는 권리를 가진 것으로 간주하는 사람들의 확장을 가져오며, 더욱 보편적인 의료서비스의 제공은 부를 축적하는 납세자들의 개인적 자유와 다른 가난한 사람들의 필요 간에 상대적 중요성의 변화를 초래한다.

마지막으로, 자기체계self-system에 통합된 도덕 계율은 사회 내의 개인마다 다를 수 있다. 그래서 특정 집단의 사람들은 종종 다른 사람들보다 더 많은 기대를 받는 상황이 발생한다. 예를 들면, 불교 신자, 집안의 가장, 수도승은 더 엄격한 생활방식을 따를 것으로 기대된다.10 서구 중산층의 변호사와 성직자는 이유는 달라도 때때로 특별한 존경을 받았다. (유감스럽게도) 또 다른 경우로, 일부 개인은 자신을 '법 위에 있는' 사람으로 간주하거나 다른 사람들과 관련된 도덕적 기준에서 자신을 면제된 존재로 여겼다.

그러나 도덕 계율이 무한적으로 변화할 수 있는 것은 아니다. 한 사회의 도덕률은 그 구성원들이 수용할 수 있어야 하고, 그 사회를 주변에 있는 다른 사회들과 관계를 유지하며 발전할 수 있게 해야 한다. 도덕률의 형식은 사회마다 다르지만,11 적어도 한 사회 내의 사람들이 지닌 개인적인 도덕률은 동료의 머릿속에 있는 도덕률과 유사할 가능성이 크다. 자신의 동료들이 동의할 경우 그 규칙은 각자 의견이 분분한 것보다 더 구속력이 있다. 아마도 그런 규칙의 명령을 따르지 않는 사람은 그 규칙을 추종하는 주변 사람들로부터 열외 취급을 당할 수 있기 때문일 것이다. 그러나 더욱 흥미로운 것은 도덕 계율이 다른 규칙이나 원리 그리고 그에 동의하는 사람들의 세계관과 대체로 양립 가능해야 한다는 사실이다. 만약 그렇지 않으면, 계율이 분명한 지침을 제공하지 못하는 경우가 적잖이 발생할 수 있다. 그래서 사형에 관한 논쟁은 한편으로는 인도주의적인 배려와 또 한편으로는 '눈에는 눈'이라는 절대 원리나 실용적 고려에 근거한 사회에 대한 이익 사이의 갈등을 수반한다. 우리는 13장에서 이런 문제를 상세히 다룰 것이다.

도덕률의 불안정성을 강조하는 것은 그의 본질과 기원을 이해하는 데 필요하긴 하지만, 그렇다고 너무 과도하게 해석되는 것은 경계해야 한다. 사회의 안정과 생존 가능성 그리고 그 구성원들의 안녕은 극히 드문 예외를 지닌 도덕률을 한결같이 고수하는 데 달려 있다. 그것을 무시하는 구실로 도덕률의 불안정성을 받아들여서는 안 된다.

요약

—

도덕률은 원칙적으로 불안정하다. 그것은 시간이 지나면서 변화가 일어나고 문화 간에 차이가 발생한다. 그러나 도덕률이 실제로 어떻든 간에 언뜻 보기에 절대적인 특성과 영속하는 본질을 지닌 것으로 보이는 것은 그의 효과성을 위해 필수적이다. 우리는 이후에 사람들이 자신이 따르는 계율의 지위를 어떻게 옹호하는지 살펴볼 것이다.

5

도덕성과 자기체계

자기체계와 도덕성

───

어떤 단순한 도덕적 문제를 '결정'해야 할 때, 사람들은 이미 자신의 행동 방식으로 통합된 도덕 계율을 따를 수 있다. 그들은 자신이 지닌 이상과 일치하는지를 굳이 따져 보지 않고 행동한다. '어떤 행동을 결심'하거나 '도덕률을 참고'할 필요가 없다. 왜냐하면 도덕률이 이미 각자의 자의식[1]에 통합되어 있어 행동이 자동으로 나올 수 있기 때문이다. 우리는 보통 그런 방식으로 일상을 살아간다. 물론 그런 문제가 '나는 이렇게 하고 싶은데, 선뜻 내키지 않는다' 혹은 '내 양심이 허락하지 않는다'와 같은 경우에는 그리 단순하지만은 않다. 그런 경우, '왜 내키지 않지?', '양심이란 게 뭔데?'와 같은 의문이 뒤따른다. 도덕 계율이 어떻게 작동하는지 그리고 도덕적 문제에 대한 불일치가 어떻게 발생하는지를 이해하기 위해서는 '자기체계self-system'가 어떻게 작동하는지를 간략히 검토해 볼 필요가 있다.[2] 도덕 계율이 자신의 자의식에 통합되어 있다는 점에서, 계율의 위반은 그런 자의식의 작동에 지장을 준다.

서구 사회의 경우, 사람들은 자신을 어떤 점에서는 육체와 구별되는 정신을 소유하고 내적인 사적 자아를 가지며, 감정을 지니고 마음속에 저장된 기억이 있으며, 세상에서 의지대로 행동할 수 있는 고유한 존재로 생각한다. 우리의 '자아'가 자신의 행동을 통제하는 것으로 인식한다. 하지만 자신이 하는 일이 마음에 내키지 않을 경우, 우리는 종종 다른 사람들을 비난함으로써 자기 행동에 대한 통제의 책임을 회피하고자 한다. 물론 '자아', '마음', '의지'는 무형의 실체이다. 즉, 누구도 그것을 본 적이 없고, 누구도 그것이 정확히 무엇인지 잘 모른다. 그래서 사람들이 항상 자신을 이런 식으로 생각하지 않는다고 해서 그리 놀라운 일도 아니다. 근대 이전에는 오늘날처럼 개인을 그렇게 강조하지 않았다.3 사람들은 자신을 외부 힘의 통제 아래에 있는 존재로 여겼다. 자율적 자아는 지난 수백 년을 거치면서 차츰 부각되었다. 그런데 만약 우리가 다른 문화로 이동하면, 사정은 완전히 달라질 수 있다. 어떤 곳에서는 마음과 육체 간에 구분이 거의 없다. 아프리카의 딩카족Dinka은 마음을 우리와 매우 다르게 생각한다. 그들은 기억을 '마음'속에 축적된 어떤 것으로 생각하지 않고, 외부에 그 원천이 있는 것으로 여긴다. 동아시아의 많은 사람은 자신의 운명이 자기 밖에 존재하는 외부의 동인, 즉 조상이나 신 혹은 자연적 실체에 의해 통제된다고 생각한다(혹은 생각해 왔다). 따라서 사람들이 세상과 관계된 자신의 모습을 상상하는 방식은 여러 가지 면에서 문화마다 차이가 있는 것으로 보인다.4 그러나 그 차이는 자칫 과장되기가 쉽기 때문에 주의할 필요가 있다.5 모든 문화의 사람들은 '자아'에 대한 관념이 있어서 자신이 누구인지를 알고, 자신의 행동에 대해 어느 정도 책임을 느낀다. 외부의 동인에 의해 통제된다고 믿는 사람들은 신에게 제물을 바치거나 조상을 위로함으로써 그런 동인을 달래고, 설득하거나 조종하여 자신이 처한 경우를 간접적으로 통제하고자 한다.

　이후에 내가 '자기체계'라고 부를 '자아'는 그 의미가 선명하지 않고 다소 애매한 개념이며, 일부 과학자들은 이를 하나의 과학적 도구로 즉시 받아들일 만하다고 생각하지 않을 수 있다. 그렇지만 그 개념은 '압력', '유전자', '전류'와 같이 과학의 발달에 공헌했던 많은 과학적 개념과 견줄 만하다. 예를 들어, 어떤 변수들은 전류에 영향을 미치고, 그 영향은 어떤 결과를 낳는다. 누구도 전선을 따라 흐르는 전류를 본 적은 없지만, 이는 다양한 원인을 다양한 결과와 관련시키는 데 있어서 유용한 개념이다. 마찬가지로, '자기체계'는 우리가 심리적 기능의 다양한 특성을 이해하는 데 도움을 준다.

　아무튼 '자아'의 개념은 도덕성의 본질을 이해하는 데 매우 중요하다. 모든 인간은 자의식이나 정체성을 지니고 있다. 어떤 여자는 자신을 여성, 30세, 괜찮게 생김, 현대적 여성, 엔지니어 등으로, 또 영국인, 중산층, 노동당원으로 생각할 수 있을 것이다. 이러한 분류 용어들은 가치 판단과 결합할 수 있다. 즉, '현대적 여성'은 '독립적으로 생각하는' 혹은 '편견이 없는'이라는 가치 판단과 결합할 수 있다. 또한 그것은 사회에서의 관계와 자신의 위치에 관한 정보와 결합할 수 있다. 예컨대, '여성'은 '기혼자'라는 정보와 결합할 수 있고, 그런 관계에서 자신의 상대에 대한 인상(이해)과 결합할 수 있다. 현재 맥락에서 더 중요한 것은, 그녀의 자의식이나 정체성이 도덕적·관습적 문제를 수반한다는 것이다. 그녀가 부부관계에서 자신이 어떻게 행동해야 하는지(예컨대, '상급자처럼 행동하지 않는다')를 생각하는 방식은 그녀가 다른 관계에서 어떻게 행동해야 한다(예컨대, '직장에서 상급자로서 행동한다')는 것과 다를 수 있다. 그녀의 자의식에 내포된 여러 특징은 상황에 따라 그에 적절한 특징이 두드러질 수 있다. 예컨대, 가정에서는 엔지니어로서 그녀의 역량보다는 다양한 여성성이 두드러지고, 직장에서는 그와 반대 측면에서 자의식의 어떠한 특성이 두드러질 것이다. 그리고 그녀의 '자아'에 대한 그러한 관념은 그녀가 직면하는 전후 사정에서 어떻게 행동할 것인지에 영향을 미칠 것이다.

우리가 가상으로 설정한 여성 엔지니어와 그녀의 남편과의 개인적인 관계는 관련 상황마다의 특정한 특성에 어울리는 기대치와 행동 규범의 정교화를 가져올 수 있으며, 그것을 준수한다는 것은 관련된 사람과의 관계를 원활하게 하는 데 이바지한다. 동시에, 그녀가 아내와 엔지니어로서 역할을 해야 하는 사회적 상황은 그녀가 무엇을 해야 하고 하지 말아야 하는지 그리고 심지어는 그녀의 남편과 동료들이 무엇을 해야 하고 해서는 안 되는지와 관련된 특정한 권리나 의무를 창출하게 되고, 그로부터의 일탈은 제재를 수반하게 된다. 그녀는 도덕 계율과 관습을 내면화함으로써 엔지니어와 아내라는 자신의 역할에 적절한 것으로 생각하는 행동을 결정하는 데 도움을 받을 것이다. 자신이 하는 일을 통제하고 있다고 생각하는 그녀는 자신의 '양심'을 활용하여 자기가 한 행동을 내면화된 도덕 계율과 비교함으로써 도덕적이라고 평가하거나 죄책감을 느낄 것이다. 그러므로 '양심'을 어떠한 실체로 여겨서는 안 된다. '양심의 가책을 느낀다는 것'은 자기체계에 내면화된 가치와 자신이 취하는 행동 사이의 불일치, 즉 합치성의 결여를 의미한다.6 만약 그녀가 자신이 받아들인 도덕 계율에 따라 생활하지 못하면 그에 관한 그녀의 기억은 왜곡되기 시작할 것이며, 그녀는 그런 불일치를 설명하는 새로운 방식, 즉 그녀가 자신의 행동을 좀 더 호의적으로 인식할 수 있는 새로운 이야기narrative를 창안할 것이다.7 아니면 그녀는 다른 사람, 자신의 가정교육, 운명 등으로 책임을 돌리는 것과 같이 불일치를 외부로 투사하여 죄책감을 완화하려 할 것이다.

도덕성이 내면화된 기준과 자기 자신이 의도하거나 실제로 한 행동을 의식적으로 서로 비교하는 일을 포함한다고 말하는 것은 유용하다.

그런데 그런 비교가 무의식적으로 일어날 수도 있다. 따라서 우리는 도덕적 행동의 전체적인 범위를 인식할 필요가 있다. 그 범위의 한쪽 끝에 속한 사람은 도덕 계율에 대해 아무런 생각을 하지 않고도 그 계율에 따라 행동한다. 계율이 아주 깊숙이 통합되어 있어서 의식의 표면으로 전혀 드러나지 않는다. 다른 쪽 끝에 속한 사람은 한편으로는 양심에 따라 했을 때와 또 한편으로는 그것을 무시했을 때의 결과를 오랫동안 의식적으로 고려하여 행동한다.8 더 일반적으로는 문화와 개인의 세계관이 그 사람의 일부가 되어 가능한 행동을 규제하는 틀로서 역할을 하게 된다.

우리가 가상으로 만든 그 여성 엔지니어가 지닌 가치, 관습, 도덕 계율은 그녀가 속한 다른 집단 구성원들로부터 영향을 받으며 그들과 공유할 가능성이 크다. 그런 경우, 그들은 문화의 한 부분을 형성한다. 그러나 사람들은 하나같이 수많은 인간관계를 맺고 있으며, 한 집단 이상에 소속할 것이다. 그러므로 개인적 자아(그녀가 자신을 한 사람으로서 보는 방식)와 사회적 자아(그녀가 자신을 사회의 한 구성원으로서 보는 방식)를 구분하는 것이 때로는 유용하다. 도덕 계율과 관습은 적어도 그녀가 속한 사회의 사람 중 대다수가 일정 부분 공유하겠지만, 어떤 것은 특정 집단의 구성원들에게 제한되고, 어떤 것은 그녀의 남편이나 특정 개인과 공유되며, 또 어떤 것은 개인에게 고유한 것일 수 있다.9 그러므로 그녀가 어떻게 행동해야 하는지 또는 어떻게 행동해서는 안 되는지에 대한 개인의 가치, 계율, 금지는 그녀가 자신을 어떤 사람으로 인식하는지, 자신의 친구들에 대해 그리고 그들과의 관계에 대해 어떤 견해를 갖는지, 그녀가 자신이 소속되어 있다고 생각하는 집단과 관련하여 어떤 정보를 갖고 있는지와 밀접하게 결부되어 있다. 간략히 말하면, 그것들은 그녀가 지닌 세계관의 한 부분을 이루며, 또한 그 세계관에 이바지한다. 그런 이유로, 사람들이 도덕적 딜레마에 봉착할 때 그의 해결은 가능한 행위에 대한 합리적 비교 검토에 의해서보다는 당시의 맥락에서 자신의 자기체계와 갈등하는 정도에 의해 결정될 수 있다.

사람들이 세상에서 자신을 어떻게 지각하는지와 자신이 도덕 문제에 대해 어떻게 반응하는지의 관계를 시사해 주는 두 가지 사례를 검토해 보자. 한 실험 연구에서10 응답자들에게 '약속을 지키는 것이 왜 중요한가?'라고 물었다. 그에 대한 대답은 개별적 지향(개인주의적 지향과 일치)을 보이는 사람과 연계적 지향(집단주의적 지향과 일치)을 보이는 사람 사이에 차이가 있었다. 전자는 약속을 자율적인 사람 사이의 계약으로 보았으며, 그들의 응답은 개인적 속성으로서 신뢰성을 언급하는 경향이 있었다. 이와 대조적으로, 연계적 지향을 보이는 사람들은 관계에 초점을 맞추었고, 신뢰를 깨는 것은 다른 사람을 실망시키거나 상처를 입히는 것과 관련이 있다고 지적하였다. 또 다른 사례는 두 사람의 절친한 친구에 관한 딜레마를 포함하고 있었다. A는 휴가 중이었고, B는 A의 여자 친구 혹은 남자 친구로부터 클럽에 초대되었다. B는 초대에 응해야 하는가? 그들은 키스해도 되는가? 개별적 지향을 보이는 응답자들은 남자 친구 혹은 여자 친구와 관련한 A의 행동에 대해 재산과 권리에 대한 친구 사이의 계약을 암시하는 영토권 측면에서 응답하였다. 반면에, 연계적 지향을 보이는 응답자들은 자신을 삼각 구도의 위치에서 상상하고, 상처를 입히거나 불행을 유발하는 관점에서 응답하였다. 응답자들은 주어진 모델을 다양한 상황에서 일관되게 적용하는 것으로 나타났지만, 같은 문화에 속한 구성원이면서도 개인에 따라 다른 모델을 적용하기도 하였다. 관계 모델에 대한 응답자들의 선택은 상황의 여러 측면 가운데 자신에게 특히 중요하다고 생각한 것과 관련이 있었는데, 그것은 결국 그들의 세계관과 연관이 있는 것으로 보인다. 내가 제안하고자 하는 바는 사람들이 일상생활의 담론에서 그들에게 제공되는 모델 가운데 자신에게 적절하다고 생각되는 것을 선택하고 이를 자기체계에 통합한다는 것이다.

　개인이 내린 도덕 판단이 그 사람의 자기체계 내에 통합된 것으로서 전체적인 세계관과 밀접하게 연관되어 있다는 것은 도덕률의 본질을 이해하는 데 매우 중요하다. 앞에서 언급했던 요점을 다시 말하면, 개인에게 있어서 도덕률은 돌판이나 법서에 새겨져 있는 어떤 것이 아니라, 자기 정체성의 일부로 뇌리에 들어 있다. 그래서 도덕 '판단'이 저절로 일어날 수 있으며, 도덕적 행동이 자아 존중감을 고양할 수 있다. 물론, 도덕률의 일부 측면이 법률로 규정될 수도 있지만, 법률이 행동에 영향을 미치려면 우선 개인이 이를 받아들여야 한다.

　따라서 개인이 자신을 이해하는 방식에는 자기 자신, 다른 사람, 관계, 사회에서 자신의 위치, 자신의 권리, 가치 판단, 관습, 도덕 원리, 문화의 그 밖의 다른 측면들이 포함되어 있다.11 이러한 모든 지식이 언제든지 의식되는 것은 아니며, 일부는 전혀 의식되지 않을 수 있다. 그 가운데 일부는 일관적이지 않을 수 있고, 기껏해야 느슨하게 연결되어 있을 뿐이다. 발달 심리학자들은 심리적 영역(자아와 같은 정신 내부의 과정과 구성), 사회적 영역(사회적 조직의 개념), 도덕적 영역(정의, 권리 등의 개념) 등 세 가지 영역의 차이를 강조한다.12 나는 세 영역이 그 정도에서 서로 다르게 상호 연관된다는 점을 강조하는 차원에서 전체로서의 '자기체계'를 언급한다. 물론, 어떤 사람이 자아를 자아 개념으로 더 좁게 정의하고 관계, 습관적인 행동 방식, 도덕적인 계율에 대한 지식을 자아의 일부가 아니라 단지 자아에 유용한 것으로 간주하는 접근방식을 선호한다면, 그건 그 사람의 선택에 대한 문제이다. 자기체계가 개인 외부의 정보까지 포괄한다는 생각은 개인주의적인 서양인들의 귀에는 이상하게 들리겠지만, 다른 문화에서 인정되고 있는 확장된 자아라는 개념과 전적으로 양립할 수 있다.13 중요한 것은 자기체계가 대인 관계에 기능을 하며 개인이 선택을 내리고 행동을 개시할 수 있도록 해

준다는 것이다.[14]

사람들은 자신의 자기체계를 창조하고 유지하기 위해 적극적으로 자신에 관한 정보를 찾고, 그렇게 하는 가운데 자신에 관한 특정 종류의 지식을 선호하게 된다. 그런데 자신에 대해 이미 믿고 있는 것과 일관하는 정보와 자신을 호의적으로 보이게 하는 정보가 서로 대비될 경우, 일반적으로 후자를 우선시한다.[15] 대부분의 사람은 자신을 좋게 생각하는 것을 선호한다. 이른바 이러한 '자기 고양' 동기는 분명히 도덕 계율의 습득뿐만 아니라 개인이 획득한 도덕 계율 간의 관계와 그것들이 행동으로 실현되는 정도와도 상당한 관련이 있다. 그러나 보이는 것처럼 사정이 그리 간단하지만은 않다. 우선 너무 지나치게 호의적인 자아에 관한 정보는 거부될 수 있기 때문이다.[16] 또 다른 이유는 인지적 반응은 사회적 의견과 관련하여 자기 일관성 원리를 따르지만, 정서적 반응은 자기 고양의 원리를 따른다는 일부 증거가 있기 때문이다.[17]

자기체계와 인격체의 문화적 차이

—

위에서 지적한 바와 같이, 사람들이 자신과 다른 사람을 바라보는 방식은 문화마다 엄청나게 다르다. 자아 개념에 관한 연구 대부분은 사람들이 자신과 타인을 주로 개인으로 바라보고 가족이나 집단의 구성원은 단지 부차적일 뿐이라고 생각하는 서구 사회에서 수행되었다.[18] 다른 많은 사회에서는 자신과 타인을 바라보는 그 균형점이 다르며, 자아를 계층 구조나 사회 집단에서 특정 위치의 점유자로서 인식하는 경향이 더 두드러지는 것으로 보인다.[19] 이는 우리가 나쁜 짓을 하고 자기 자신을 바라볼 때 갖는 주관적 경험의 특성에 영향을 줄 수 있다. 서구 사회에서 도덕적 행동은 보통 개인적 책임의 문제로 여겨지며, 그를 위반할 경우 위반자는 자신의 그러한 행위에 대해 죄책감을 느낀다. 이와 대조적으로, 사회적 인격체가 고정적이고 위계적으로 연관된 사회적 범주를 참조하여 규정되는 사회에서는 사람들이 자기 자신을 주로 자신이 처한 사회적 범주를 나타내는 것으로 보며, 다른 사람들 또한 그렇게 인식한다. 위반은 자신의(자신의 인식) 도덕적 행동과 타인의 인식 사이에 불일치를 수반할 수 있으며, 이는 수치심을 유발할 가능성이 더 크다.[20] 한 가지 대응 방안은 남이 보거나 알지 못하게 감추는 것일 수 있다.

인류학적 증거는 차이가 이보다 훨씬 더 미묘하다는 것을 보여 준다. 한 예를 보면, 기어츠Geertz[21]는 인격체와 자아를 이해하는 많은 방법 가운데 네 가지를 기술하고 있다. 서구에서는 자아가 "고유하고 다소 통합된 동기 부여 및 인지적 우주이고 인식, 정서, 판단, 행동이 독특한 전체로 조직된 역동적 중심이며 그러한 다른 사람들의 전체와 사회적 및 자연적 배경과는 대조적으로 설정된 것"으로 이해된다. 자바Java에서 자아는 "그 기능이 서로 연결된 것이 아니라 각기 독립적 영역으로 여겨지는" 주관적이고 감정적인 영역과 관찰 가능한 행동의 외부 영역을 모두 포함한다. 발리Bali에서는 발리인의 삶을 표현하는 행사가 열릴 때 개인에게 배정된 자리가 우선됨으로써 개인의 특성은 억제되고 묻힌다. "지속되는 것은 배우가 아니라 극 중 인물이다. … 인간은 육체적으로 왔다가 사라지는, 우연의 역사에서 일어난 단순한 사건일 뿐이다." 모로코Morocco에서는 개인이 특정 집단에 속하는 것으로 지정되고 사회적 분류가 만연하지만 상황이 요구하는 어떤 방식으로든 자유롭게 개인이 될 수 있다.

그러한 차이는 흔히 자아를 개념화하는 방식이 근본적으로 다른 것

논의를 위한 배경지식 PART 1 —

처럼 보이지만, 많은 문화에 공통적으로 존재하는 자아의 측면 가운데 특정 부분을 차별적으로 강조한다고 볼 수 있다. 앞에서 지적한 바와 같이, 최근에 유럽과 북아메리카에서 수행된 자기체계에 관한 연구들은 '개인적' 혹은 '사적' 자아와 '사회적' 자아를 구분하고 있다.[22] 개인적인 특징은 개인적 자율성과 자유에 상당한 무게를 두고 있는 전자에서 강조되고, 사회에서의 지위는 후자에서 강조된다. 이는 모로코식 개념과 유사하다. 자바인의 자아는 사적 및 공적 자아(사회 과학자들은 감정과 충동의 내적 자아와 사회적 역할과 의무의 공적 자아 가운데 어느 것이 '실제' 자아인지 논쟁해 왔다)에 대한 서구의 개념과 일치하는 것 같다.[23] 발리인의 자아는 사회적 자아의 측면, 더 구체적으로는 우리가 기관에서 의무로 해야 하는 역할을 보는 방식에 해당한다. 우리는 도덕성의 내용[24]과 도덕적 의사결정에서 발생할 수 있는 갈등을 논의할 때 이 모든 측면의 자아에 직면할 것이다.

자기체계와 도덕률의 회복력

도덕률이 자기체계에 통합되어 있어서 자기체계, 도덕률 그리고 그것들이 관련된 행동 사이에 유사성이 존재한다는 것은 놀라운 일이 아니다.

자아에 관한 우리의 지식은 타인이 우리를 어떻게 인식하는 것으로 우리가 인식하는지에 기초하고 있다. 우리가 주의해야 할 점은, 타인이 실제로 우리를 어떻게 인식하는지가 아니라 그들이 우리를 어떻게 인식한다고 우리가 믿는지이다.[25] 부분적으로는 바로 그런 이유로 상황에 따라서 우리의 자아 개념 속에 있는 다양한 측면 가운데 특정 측면이 두드러지는 경향을 보인다. 그러함에도, 우리는 우리 자신(우리 자신의 자기체계)에 대해 어떻게 인식하는지, 우리가 어떻게 행동하고 있다고 인식하는지 그리고 타인이 우리를 어떻게 인식하는 것으로 우리가 인식하는지 사이의 '일치'를 유지하고자 하는 경향에 의해 상당한 영향을 받는다.26 만약 우리 자신의 행동에 대한 우리의 인식이 우리의 자아상과 일치하지 않는다면, 우리는 자신의 행동이나 자신의 행동에 대한 인식 방법 혹은 우리의 자아에 관한 우리의 관점을 바꾸고자 할 것이다. 이러한 변화 중 무엇이든 일관성을 회복하는 데 이바지할 수 있다. 다른 사람이 우리의 행동을 어떻게 인식하는지에 대한 우리의 인식이 우리가 행동하는 방식 또는 우리의 행동을 보는 방식과 상충할 때에도 불일치가 일어날 수 있다. 예를 들면, 어떤 사람이 자신은 정직한 사람이고 정직하게 행동하고 있다고 생각하는데, 다른 사람들이 자기를 부정직하다고 말한다면 그는 불일치를 경험할 것이다. 그러면 그는 불일치를 해소하기 위해 자신이 인지한 세계와 조화를 꾀하고자 할 가능성이 있다. 예컨대 이것은 다른 사람이 하는 말을 자신에게 유리하게 해석하거나 자기의 정직함을 뒷받침해 주는 목소리에만 선택적으로 주목하는 '인지적 재구성'으로 달성될 수 있다. 아니면, 또 다른 가능성으로, 그는 다른 사람들이 자신의 정직성을 확신하도록 계산된 방식에서 행동할 것이다.

스틸Steele27은 이와 관련된 접근방식을 제시하였는데, 그는 자기체계를 자기 자신과 주변의 세계를 자신에게 설명하는 것으로 이해한다. 이는 자신을 유능하고 선하며, 일관성 있고 자유롭게 선택을 할 수 있는 자아로 인식하는 경이로운 자아관을 유지하게 해준다. 이처럼 자기 가치의 확인 과정은 자아에 관한 그러한 최적의 인식을 위협하는 정보에 의해 시작된다. 최적의 자아관은 불일치를 해소함으로써 유지될 수 있다. 예컨대, 의학적 증거에 직면한 흡연자는 흡연을 포기하거나 그 증거를 반박할 것이다. 또 다른 대안으로 그는 그 문제와는 아무런 관련이 없는 행동, 예컨대 가치 있는 대의명분을 지지하거나 친구들과 많은 시간을 보내는 등 최적의 자아관을 확인하는 행동을 할 수 있다. 물론 여전히 불일치는 남아 있겠지만, 최적의 자아관에 대한 한층 강화된 자기 긍정 때문에 그에 따른 갈등은 훨씬 줄어들 것이다.

우리는 다른 사람들이 우리를 어떻게 생각하는지에 대한 우리의 인식된 의견과 일관성을 유지하고자 할 뿐만 아니라, 우리의 자아 개념을 구성하고 있는 여러 다른 측면 간에 어느 정도의 일관성 또한 유지하고자 한다. 예컨대, 우리의 행동과 내면화된 가치에 관한 우리의 인식 간의 일치 혹은 시간의 경과에 따른 자아 개념의 일관성을 유지하고자 하는 것이다. 이것은 인생의 초기 단계에서 맺는 관계의 발달에 대한 영향력 있는 접근의 관점에서 설명될 수 있다. 이 접근에 따르면, 어린아이는 자아, 중요한 타인 그리고 그들과의 관계에 관한 설명을 포함하는 '내적 작동 모델'을 구축한다.28 이는 무언가를 구체화한다는 것을 의미하는 게 아니라, 과거의 경험이 행동에 영향을 미치는 방식을 개념화하는 하나의 방안이 될 수 있음을 말한다. 브레서튼Bretherton의 표현대로, 사람들이 물리적·사회적 세계와의 상호작용 과정에서 인식하는 관계에 관한 인과관계망의 두드러진 측면은 분명히 어떻게든 후속적인 정신적 자극을 만들어 내기 위해 내부적으로 재생산되며,29 앞으로의 행동을 위한 지침을 제공한다. 나중에 만들어진 관계의 일부 측면이 초기 아동기에 경험했던 중요한 관계 때문에 많은 영향을 받으므로, 이러한 초기 작동 모델은 상당히 안정성이 있다고 할 수 있다.30 모델의 그러한 안정성은 부분적으로는 다양한 '방어 기제'에 의해 새로운 경험에 대한 인식이 규제되는 측면에서 설명될 수 있다. '방어 기제'는 우리가 현재 지닌 신념과 양립할 수 없는 정보 혹은 더 중요한 것으로, 불안

이나 고통을 일으키는 정보를 거부하거나 조종하는 경향이 있다는 사실을 설명하는 하나의 방법이다.[31]

이러한 가상의 '내적 작동 모델'은 경험의 다른 측면을 설명하기 위해 상정된 '대본'이나 '도식'과 의미가 통하며,[32] 우리가 자신을 바라보는 방식인 자아 개념의 주요 요소로 이해될 수 있다. 상황에 따라 두드러지게 나타나는 특성이 달라질 수 있다고 하더라도, 우리는 작동 모델이 맥락적 정보를 내포하고 있어서 각기 다른 맥락에서도 우리 자신을 같은 사람으로 보는 경향이 있다. 즉, 방어 기제가 자신의 자아상과 현재 행동에 대한 자신의 인식 사이에 일관성을 유지하기 위해 작동한다는 것이다. 같은 이유로 인해, 우리는 자신이 맺고 있는 여러 관계가 유사한 특성을 가진 것으로 보는 경향이 있다. 그래서 어떤 사람이 집에서 가족들에게 행동하는 방식과 직장에서 직원을 대하는 방식 사이의 차이가 제삼자에게는 눈에 띄나 자신에게는 잘 인식되지 않을 수 있다. 마지막으로, 이는 현재의 논의 맥락과 특별히 관련이 있는데, 내적 작동 모델에는 각기 다른 관계에서 취하는 자신의 행동이 다른 사람들에게서 찬성을 유발하는지 아니면 불만을 유발하는지 혹은 도덕률을 준수하는지 아니면 위반하는지에 관한 정보가 들어 있을 것이다. 자기체계가 타인과의 관계와 도덕률에 관한 정보를 내포하고 있거나 자기체계에서 이것들을 읽어낼 수 있는 한, 그의 유지는 결국 세계관을 유지하는 것과 같게 된다.

앞의 내용을 요약하면, 우리의 사회적 행동은 부분적으로 자신의 행동에 관한 인식과 도덕률이 통합된 자신의 자기체계 간의 일관성을 유지하고자 하는 노력의 결과에 따라 안내된다. 그리고 우리가 관계에서 하는 수많은 행동은 우리의 자기체계에 다음과 같은 특징을 지닌 내적 관계 모델이 들어 있다는 가정 위에서 설명될 수 있다.

(a) 쉽게 수정되지 않는다.

(b) 기본적으로 관계의 범주 전반에 걸쳐 유사한 특성이 존재한다.

(c) 이는 부분적으로 어린 시기의 중요한 관계에서 형성된 기초적인 초기 모델을 기반으로 하기 때문이다.

(d) 게다가, 우리는 다양한 맥락에서 자신의 행동을 실제보다 더 일관성 있게 보는 경향이 있다.

물론 우리는 누구와 함께 있느냐에 따라 다르게 행동하지만, 각기 다른 관계에서도 자신을 같은 사람으로 본다. 또한, 우리의 행동에서 약간의 차이를 인정한다고 하더라도, 우리는 그것을 경시하는 경향이 있다. 우리는 관계에 따라 각기 다른 기준을 적용하지만, 자신이 그렇게 하고 있다는 것을 알아차리지 못하는 경향이 있다. 만약 우리가 그것을 알아차린다면, 우리는 자신의 행동에 관한 인식과 자기체계 간의 불일치로 인해 자아관이 방해받을 가능성이 있다.

도덕 계율은 이런 점에서 전체로서의 자기체계의 특성과 유사하다. 따라서 이는 다음과 같다.

(a) 도덕 계율에 대한 수정은 저항을 받는다. 도덕 계율은 쉽게 변화되지 않는, 절대적인 것으로 여겨진다(도덕 계율은 어떤 사람들에게 도덕의 정의에 관한 문제이다). 사람들에게 자기 정체성의 다양한 요소(예컨대, 성, 국적, 도덕성, 이념, 외모의 특징) 가운데 어떤 것의 변화가 자신을 다른 사람으로 만드는 데 가장 영향을 많이 미칠 것 같은지를 묻는 연구에서, 도덕성이 가장 높은 점수를 받았다. 피험자들은 자신이 이전보다 비도덕적인 사람이 된다면, 자기가 현재와 상당히 다른 사람이 될 것이라고 하였다.33 게다가 도덕적 책임은 도덕적 판단과 행동 사이의 일관성('나는 나의 이상에 부응하고 있는가?')과 동료

들 사이의 일관성('나는 A를 대할 때와 똑같은 행동 기준을 B를 대할 때에
도 그대로 적용하고 있는가?')이라는 두 가지 형태의 일관성을 요구한
다. 켈러와 에델스타인Keller and Edelstein[34]이 말한 바와 같이, "생각과
행동 사이의 일치뿐만 아니라 상호작용에서의 일관성은 상호작용
을 가능하게 하는 행동의 규칙성과 예측 가능성에 공헌한다. 전통
적으로 도덕성과 관련이 깊은 것으로 분류되는 신뢰성, 믿음, 신용
은 도덕적 상호작용에서의 일관성에 내포된 속성이자 또한 도덕적
책임의 속성이기도 하다."

　더 나아가, 사람들은 자신이 지닌 도덕 계율과 갈등을 빚는 방식
에서 행동하는 자신을 발견하면, 마음이 불편해지고 합리화할 변
명거리를 찾게 된다. 예컨대, 한 친구는 2차 세계대전 당시 남아프
리카에서 영국으로 시계를 밀수한 것에 대해 당시에 영국에서는 시
계를 거의 구할 수가 없었다고 하면서 공익사업을 한 것이었다고
자신의 행동을 정당화하였다. 아니면 다른 사람들도 그런 행동을
했다거나 그 행위가 어쩔 수 없는 선택이었다고 말함으로써 자신의
행동을 정당화할 것이다.

(b) 앞에서 언급했던 것 같이 모든 사람이 독립된 개인으로 여겨지는
것은 아니지만(이 또한 정의에 관한 문제이다), 계율은 어디에서나 적용
가능한 것으로 보이기 때문에 모든 사람에게 평등하게 적용되고
있는 것으로 여겨지는 경향이 있다.

(c) 사람들이 자신의 삶을 안내하는 지침으로 활용하는 계율은 기본 원
리에 토대를 둔 것으로 여겨지며, 우리는 이후에 그러한 원리들이
범문화적인 심리적 특성과 관련이 있다고 제안할 것이다. 어쨌든,
대부분의 원리는 우리가 기억할 수 있기 이전에 습득되고 강화되는
데, 가장 자주 인용된 것으로는 이른바 황금률이라고 하는 '남한테
대접받고 싶은 대로 남을 대하라'라는 말이다. 물론 모든 행동이 그

런 특별한 원리에 의해 안내되는 것은 아니다. 예컨대 어떤 행동은 '너 자신의 온전함을 유지하라', '너 자신을 돌봐라, 누구도 너를 돌봐주지 않을 것이다', '인생은 경쟁적인 투쟁이다', '다른 놈이 어찌 됐든 상관없어, 난 괜찮아'와 같은 다른 계율에 의존한다. 그러한 원리들은 어렸을 때 습득될 수도 있고, 징집되어 들어온 군대나 불공평한 사회와 같은 자신의 의지와 반하여 소속되어 있다고 생각하는 집단에 대한 의도적인 반감에서 채택될 수도 있다.

(d) 사람들은 종종 자신의 행동을 상황에 따라 다른 기준으로 판단하면서, 자신이 지닌 가치들이 서로 양립할 수 있다고 생각하는 경향이 있다. 기준이 일관되지 않는 것으로 인식될 경우에는 방어 기제가 작동한다. 따라서 자신이 동료에게 친절하고 관대하다고 생각하는 사람은 사슴이나 여우가 포식자들에게 쫓기는 것을 동물들의 본성이라고 말하며 사냥을 해도 그들은 고통을 느끼지 않는다고 주장하거나, 사냥이 시골에 이로운 영향을 미친다거나, 심지어 동물은 사냥꾼에 쫓기는 것을 즐긴다고 주장하면서 자신의 사냥 행위를 옹호한다. 도덕적 문제에 관한 불일치가 쉽게 해결되지 않는 경향이 있는 것은 부분적으로 개인의 도덕률이 자신의 전체적인 세계관과 연관되어 있고, 근본적이고 변화에 저항하며, 내적으로 일관성을 유지하기 때문이다. 도덕률이 생각만큼 개인 내에서 그렇게 일관적이지 않다는 것과 적어도 영역과 맥락에 따라 적용이 다르다는 것에 대해서는 나중에 다시 살펴볼 것이다.[35]

요약

1. 이 장에서는 '자기체계'의 개념에 관하여 간략히 논의하였다. 무엇보다 개인이 자신을 보는 방식에 방점이 있다.
2. 도덕 계율을 포함하여 개인 생활의 여러 측면에 대한 정보는 자기체계에 통합되어 있거나 쉽게 입수할 수 있다.
3. '양심'은 자기체계에 통합된 도덕 계율 및 가치와 우리가 자신의 행동을 바라보는 방식 간의 비교를 수반한다.
4. 사람들이 자신을 바라보는 방식은 그들이 성장한 문화와 관련이 있다.
5. 도덕률과 그것이 통합되어 있는 자기체계는 상황 간에 일관성을 보여 주며 변화에 저항하는 것으로 보인다.

논의를 위한 배경지식 PART 1 —

도덕 계율은
어디에서 오는가?

WHERE DO MORAL PRECEPTS
COME FROM?

선이 좋은 이유
도덕성의 근원

PART 2 도덕 계율은 어디에서 오는가?

WHERE DO MORAL PRECEPTS COME FROM?

앞 장에서 도덕 계율은 자기체계에 통합되거나 자기체계가 쉽게 이용할 수 있는 것으로 보인다고 하였다. 우리는 이제 사람들이 왜 어떤 행동은 선으로 인식하고 어떤 행동은 악으로 보게 되는지를 물어볼 차례가 되었다. 도덕적 차이가 사람들이 성장하고 생활하는 문화의 영향을 많이 받는다는 점에서, 우리가 여기에서 분명하게 제기할 수 있는 두 가지 질문이 있다. 하나는 사람들이 문화적 가치를 어떻게 획득하느냐이며, 또 하나는 왜 특정한 가치가 그 문화에서 채택되느냐이다. 6장에서는 개인의 도덕성 발달을 논의한다. 7장부터 11장에서는 범문화적인 심리적 성향이 도덕률이나 문화적 가치와 어떤 관계에 있는지를 검토한다. 그리고 12장에서는 도덕률이 역사적 과정을 통해 어떻게 정교화되었는지를 추측한다.

6
'도덕감'과 도덕률의 습득

나는 우리가 내용이 없는 도덕감을 상상하기가 어려우므로 사람들이 어떤 행위에 대해서는 선하고 어떤 행위에 대해서는 악하다고 인식하게 되는지의 문제에 주목할 필요가 있다고 앞서 주장하였다. 이 관점에서 보면, '도덕감'이라고 하는 것은 범문화적 성향에 의존하긴 하지만 특정 사례들로부터의 일반화에 의해 나타난다. 행동에 대한 지침 역할을 하는 도덕 계율이 사람들의 머릿속에 분명히 들어 있다는 것을 고려한다면, 우리는 이제 그런 계율이 어떻게 그곳에 있게 되었는지를 물어야 한다. 논의 과정에서 분명해지겠지만, 여기에서 도덕성의 '습득'에 관한 논의는 도덕성의 발달을 촉진하는 이미 존재하는 성향의 가능성과 양립할 수 있다.

도덕성이 개인에게서 어떻게 발달하는지는 연구의 주요 초점이 되어 왔고, 최근에 많은 사람이 이와 관련된 광범위한 문헌을 검토하였다.1 이 장에서는 현재의 논점과 관련된 몇 가지 사항에 대해서만 논의할 것이다. 그러나 여기서 우리가 기억해 두어야 할 것이 있다. 그것은 도덕성 발달에 관한 대부분의 연구가 서구인들을 대상으로 이루어졌으며, 연구의 초점 또한 대부분의 심리학자가 도덕성의 개념을 정의, 타인의 복지, 권리라는 매우 제한된 의미로 사용하였던 것을 그대로 따랐다는 것이다. 정의, 복지, 권리가 도덕률과 관련된 유일한 문제가 아니라는 것은 이후에 분명하게 알 수 있을 것이다(9~11장).

아울러 우리가 발달을 논의하고자 한다면 질문을 정확히 하는 것이 중요하다. 아동들이 사회의 도덕적 기준에 따라 행동하느냐의 문제인가? 아니면, 아동들이 자신이 해야 할 행동을 어떻게 아느냐의 문제인가? 아니면, 아동들은 왜 사람들이 이런저런 방식으로 행동해야 한다고 믿느냐의 문제인가? 이런 문제들은 서로 다른 시간의 흐름이 필요할 것이다. 아래에서 곧 보게 될 텐데, 도덕 원리에 따른 행동은 아동들이 도덕감을 지녔다고 말할 수 있기 훨씬 이전에 이미 시작된다. 그러나 어릴 때 스스로 하는 자신에 대한 설명에는 도덕적 목표나 신념이 언급되지 않는다. 즉, 어릴 때 나타나기 시작하는 자기체계에는 아직 도덕 계율이 통합되지 않은 것으로 보인다. 아동들은 자신에게 구속력이 있는 규칙을 받아들이고자 하는 어떤 동기가 없는 상태에서 도덕 계율에 관한 지식을 습득할 것이다. 예를 들어 어린아이들은 아직 이 지식을 상황을 해석하는 데 적용하지는 못하지만, 약속을 지키는 것은 의무라는 것을 알 것이다. 나중에 그들은 내면화된 도덕 기준을 가지고 있다는 증거를 보여 주고, 더 나중에 가서야(청소년 이전) 자신의 행동을 의무에 들어맞게 의식적으로 규제한다.2

우리가 미리 주목해야 할 점이 하나 더 있다. 도덕성 발달은 불가피하게 '선한' 행동과 '선한' 가치를 습득하는 견지에서 논의되는데, 이것은 내재하는 '악'을 극복하는 데 필요하다는 것을 암시한다. 그러나 도덕성 발달에 내포된 많은 과정은 다른 상황과 관계가 주어지면 '악한' 행동과 '악한' 가치의 습득으로 이어질 수도 있다. 이미 수차례 강조했던 말이지만 다시 한번 말하면, 인간은 친사회적 행동과 이기적인 자기주장적 행동을 모두 발달시키는 성향을 갖고 있으며, 거기에 내포된 과정은 서로 별반 다르지 않다.

자기체계와 도덕률

—

　도덕성 발달은 도덕감을 습득하는 것으로 여겨져서는 안 된다. 우리는 도덕감이라는 것을 발달 과정에서 생성되는 어떤 것이라기보다는, 발달의 과정에 본래 내재하여 있는 것으로 보아야 한다. 다른 방식으로 말하면, 도덕성 발달은 일요일 오전 혹은 부모가 자녀에게 왜 그런 행동이 나쁜지를 설명해 주는 경우에 국한되지 않는다. 도덕성 발달은 사실상 항상 이루어지고 있다. 또한, 아동기에만 이루어지는 것도 아니다. 전 생애에 걸쳐 진행된다. 도덕성 발달은 도덕 계율들이 자기체계에 통합되는 과정을 수반하게 됨에 따라, 사람들은 깊은 숙고 없이도 자동으로 도덕적 행동을 할 수 있다. 이상적으로는 도덕적 행동이 사람들이 자동으로 행동하는 방식 그리고 사람들이 원하는 행동 방식이 된다. 그런 방식으로 행동하는 가운데, 사람들은 자신의 개인적인 권리와 자유 그리고 그에 따른 필연적인 제한을 인식하게 된다. 이런 과정의 완성은 앞에서 언급했던 민권운동가 버지니아 뒤르처럼, 많은 사람에게 도덕적 행동으로 모범을 보였던 수많은 훌륭한 사람들에게서 관찰되었다. 그런 사람들은 마치 도덕성이 자기체계에 완벽하게 통합되어 있어 개인적 동기가 도덕적 행동과 전혀 갈등을 일으키지 않는 것처럼 확실하게 결정을 내렸다. 또한 그들은 삶에 매우 긍정적인 태도를 보였다.3 그러한 연구 결과는 도덕성이 필연적으로 의도를 내포하고 있다는 정의에 대해 의문을 던지며,

도덕적 추론에 관한 연구가 우리에게 말해 줄 수 있는 부분은 매우 제한적임을 암시한다. 물론, 그런 예외적인 사람들도 결정을 내릴 때 종종 합리적인 고려를 하는 것 또한 분명하다.

발달은 개인의 본성에 있는 이기적 측면과 친사회적 측면 사이의 상호작용 그리고 그런 측면들과 사회적 경험 사이의 상호작용을 수반하며, 이는 결국 처음에는 행동에 적용되고 그런 다음에는 자아와 타인에게 적용되는 '선'과 '악'에 관한 개념을 구성하게 된다. 따라서 도덕성은 자기체계의 일부로 혹은 그와 함께 발달한다.[4] 도덕성을 습득하는 것은 단순히 따라야 할 일련의 행동 수칙을 어깨너머로 배우는 문제가 아니다. 그것은 특정한 문화적 맥락에서 자아가 발달하는 과정 일부에 해당한다. 도덕성을 습득하는 것은 단순히 나쁜 일을 하지 않는 것을 학습하는 게 아니라, 선행하는 친사회적 성향의 실현과 정교화를 포함한다.

심리적 성향

어린아이들은 생후 1년 정도에 나누기, 배려하기, 교대하기, 동정하기, 돕고 협조하기, 명령에 복종하기 등 도덕적으로 선한 것으로 여겨질 수 있는 행동의 조짐을 보인다.[5] 그 후 얼마 되지 않아 걸음마를 배우는 아이들은 친사회적 개입을 시도하여 다른 아이들의 고통에 반응하기 시작한다.[6] 때때로 부적절하기도 하지만, 그런 반응은 그들에게 다른 사람들의 고통[7]에 대한 공감 능력[8]이 있음을 보여 준다. 그것은 어린아이들이 우리가 도덕적으로 간주하는 행동을 발달시킬 수 있는 성향이 있다는 것을 시사하기는 하지만, 그들이 완전하게 발달한 도덕적 역량을 가지고 있다는 것을 보여 주는 것은 아니다. 또한, 우리는 그들이 이기적인 자기주장으로 여겨질 수 있는 행동을 보여 준다는 것을 기억해야 한다. 그러한 도덕성의 징후는 단지 원초적인 도덕적 행동 정도로만 평가되어야 할 것이다. 부모나 성인의 안내와 본보기를 어느 정도 따라 하는지는 분명하지 않지만, 어린아이들이 자신의 이익과 크게 갈등하지 않을 때 자기 부모를 기쁘게 하는 행동을 배우고자 하는 성향이 있다는 것을 시사하는 강력한 증거가 있다. 두 살 된 아이는 음식을 엎지르거나 허용된 행위를 위반할 때 주위에 있는 성인을 조심스럽게 바라본다.9 어린아이들은 대부분의 시간 동안 부모를 돕고10 부모가 자기들에게 하라고 하는 행동을 하며, 부모를 모방한다. 이는 우리가 영양 같은 포유동물의 새끼들이 어미의 신호에 즉각적으로 반응하는 것을 생각해 보면 그리 놀라운 일이 아니다. 그런 종들에게 있어서 생존은 어미와 얼마나 가까이 있는지에 달려 있다. 새끼들은 어미가 움직이면 따라가야 한다. 그렇지 않으면 포식동물에 의해 희생되고 만다. 부모의 지시에 대한 복종과 부모와의 근접성은 인간의 진화에서도 동일하게 중요하다.11

따라서 친사회적 성향이 아이의 생물학적 본성과 양립할 수 없다는 주장은 전혀 일리가 없으며, 친사회적 성향이 이른 시기에 어디에서든 등장할 개연성이 있다는 것은 그런 성향이 부분적으로 아이의 생물학적 유산으로부터 나온다는 관점과 일치한다.12 여러 형태의 친사회성을 검토한 두 가지 연구는 그의 상당 부분이 유전적 요인으로 설명되긴 하지만,13 그러한 유전적 요인이 어떻게 작동하는지는 아직 분명하게 알지 못한다고 말한다. 유전적 요인이 부모의 요구에 복종하고자 하는 성향에 영향을 미칠 수 있을 것이다. 그리고 유전적 영향은 경험이 중요하지 않다는 것을 절대 의미하지 않는다. 즉, 성장하는 아이에게 제공되고 또 그에 의해 창조되는 환경에서 부모 및 다른 사람들과의 관계, 친사회적 성향과 이기적인 자기주장적 성향 간의 상호작용은 자기 체계의 형성과 더불어 그에 통합되는 도덕성의 내용에 이바지한다. 게 다가, 어떤 유형의 행동이 긍정적으로 혹은 부정적으로 여겨지는지와 친사회적 행동을 증진하는 아동의 양육 관습은 문화에 따라 다르다.14 특히 발달 심리학자들이 도덕과 관습의 구별을 강조하는데, 도덕은 부 모나 다른 사회적 영향에 더해 친사회적 성향의 유전적 요소에 의존하 는 데서 발생하는 반면, 관습은 오로지 사회적 경험으로부터 발생한다 고 말할 수 있다.

물론, 우리는 그림을 너무 장밋빛으로만 그려서는 안 된다. 다시 말 해, 유전적 요소에는 이기적 성향 또한 내재하고 친사회적 성향과 종종 갈등을 빚으며, 부모의 사례는 도덕적 행동이나 비도덕적 행동을 증가 시킬 것이다. 사회적 경험이 중요하긴 하다. 하지만 그러한 사회적 경 험은 일반적으로 확인된 다양한 형태의 이기적인 자기주장의 행동을 습득하고자 하는 성향뿐만 아니라, 다양한 형태의 친사회적 행동을 습 득하고자 하는 성향을 기반으로 한다. 또한 아이들은 자율적인 사람이 되고자 하는 성향을 보인다.15 물론, 그러한 성향은 친사회적인 행동으 로 이어질 수도 있고 반대로 반사회적인 행동으로 이어질 수도 있다.

도덕적 행동 발달에서의 인지와 정서

———

친사회적 행동의 표현과 도덕적 계율의 내면화 및 그에 따른 행위 역량은 여기에서 논의되지는 않지만 기본적인 여러 측면의 인지적 및 정서적 발달을 요구한다. 여기에는 인과관계를 이해하는 능력, 언어를 구사하는 능력, 의식과 자의식, 의도와 함께 관련된 심리적 과정의 측면에서 다른 사람의 행동을 해석하는 능력('마음 이론'),16 다른 사람의 관점을 취하고 공감하며 동정하는 능력,17 자신의 감정을 적절히 통제하는 능력, 도덕 규칙을 내면화하는 능력, 우리의 의도된 행위를 평가하고 도덕적 선택을 하는 능력인 도덕적 추론18 등이 포함된다. 공감 능력과 더불어 다른 사람의 심적 상태가 자기 자신의 심적 상태와 똑같지 않다는 것을 이해하는 능력은 물론 중요하다. 이런 능력은 각기 자체의 발달 과정을 거친다. 예컨대, 두 살짜리 아이들은 다른 사람들이 '욕망'은 있으나 믿음이 없다고 여긴다. 즉, 마음에 대한 완전한 이론은 대략 네 살 정도 전에는 발달하지 않는다.19 이런 능력들은 자연 선택으로 진화되었지만, 그것들이 오직 도덕적 행동에만 도움이 되는 것은 아니라고 가정하는 게 합리적이다. 예컨대, 타인의 행동을 이해하는 능력은 그를 부당하게 이용할 수 있게 하고, 관점 채택 능력 또한 아이들이 자기 부모나 동료를 조종할 수 있게 하며,20 합리성은 선이나 악 모두에 사용될 수 있다. 도덕성은 적어도 부분적으로는 비도덕적 행동에도 사용되며, 실제로 도덕과 무관한 다른 맥락에서 사용되는 여러 능력을 바탕으로 한다. 따라서 대부분의 경우, 이러한 능력들은 현재 우리가 도덕적인 행동과 관련된 것으로 간주하는 것과는 다른 맥락에서 그 결과를 위해 진화 과정에서 선택되었을 수 있다. 또한, 이러한 능력들은 각기 자체의 발달 역사가 있으며, 그럼으로써 감정적 통제나 도덕적 추론의 본질이 문화에 따라 다를 수 있다. 그런데도 이런 능력들은 범문화적인 인간의 특성으로 보이며,21 (아마도) 유인원을 제외한 다른 종에는 존재할 것 같지가 않다.22

　　도덕성 발달에 관한 연구의 많은 부분이 인지 과정을 강조하며, 어떤 행동이 '좋은' 것으로 여겨지고 어떤 행동이 '나쁜' 것으로 여겨지는지는 대체로 문화에 따라 다른 인지적 문제라는 점을 지적하고 있다.

하지만 도덕성 발달에서 분명히 정서의 역할을 무시해서는 안 된다.23 나중에 다시 논의하겠지만, 다른 사람들과의 정서적 관계는 도덕성 발달에서 매우 중요하다. 이는 아마도 초기 발달 과정에서 그 중요성이 더할 것이다. 여러 유형의 도덕적 행동에서 특히 중요한 정서적 공감의 형식은 영아가 다른 영아의 울음소리를 듣고 따라 우는 데서 알 수 있듯이, 태어나자마자 기본적인 형태로 나타난다. 공감은 타인에 대한 동정적 이해의 기본이기 때문에 친사회적 행동에서 중요한 중재 역할을 한다.24 공감의 정도와 친사회적 행동 간의 관계가 아동들에게서 일관하게 나타나지는 않는다. 이는 아마도 공감을 측정하기가 어려워서이거나 연구된 친사회적 행동이 자기희생을 거의 포함하지 않았기 때문일 수 있다.25 성인들에게서는 그 둘 사이의 관계가 더 일관되게 나타난다. 하지만 그렇다고 공감이 성인들의 도덕적 행동과 관련된 유일한 문제는 아니다. 케이건Kagan26은 옳은 일이나 도덕적으로 올바른 행동을 할 때 나오는 자기만족뿐만 아니라 처벌이나 비난에 대한 불안감, 책임감, 수치심과 죄책감, 지루함과 혼란 또한 강조하였다.

그러나 5장에서 논의된 자기체계의 특징을 고려해 볼 때, 여기에서는 정서의 역할이 이미 자기체계에 내면화된 가치와 인지된 행동 사이의 일치나 불일치로 인해 부분적으로 영향을 받는다고 제안한다. 만약 도덕적 행동이 상황에 대한 자동적 반응으로 일어난다면, 정서의 여지는 거의 존재하지 않을 것이다. 그런데 성찰이 이루어진다면, '선한 양심'과 관련된 긍정적 감정을 느끼거나 죄책감 또는 수치심을 느낄 수 있을 것이다. 만약 행동하기 전에 심사숙고하고 내면화된 계율과 의도한 행동이 불일치한다면, 정서는 그 행동을 금지하거나 촉진할 것이다. 또한, 우리는 아동이 반사회적으로 행동할 때 느낄 수 있는 감정이 도덕률의 내면화에 이바지한다고 예상할 수 있다.27 아마도 그 반대 또한 가능하여, 부모의 칭찬에 따른 자기만족 역시 그런 역할을 할 것이다.

관계와 도덕성 발달

성숙 과정이 필수적으로 요구되긴 하지만,28 친척과 또래뿐만 아니라 부모나 다른 보호자들과의 관계는 이른 시기의 도덕성 발달에서 중대한 영향을 미친다.29 최근의 많은 연구는 부모와 자녀 사이의 호혜적 상호작용에 관심을 가져왔다. 즉, 자녀들은 부모(혹은 다른 보호자)의 행동을 해석하고, 평가하고, 내면화하며, 거꾸로 그들은 부모의 행동에 영향을 미친다(그림 2.1).30 관계의 성격이 영향의 정도와 방향 모두에 영향을 미친다. 일반적으로 아이들은 자기가 좋아하는 사람을 모방하거나 따르는 경향이 있지만, 자기와 (일시적 또는 오랜 기간 동안) 맞지 않는 사람에게는 심술궂게 행동할 수 있다. 또한, 아이는 부모의 요구가 타당한지를 평가하고 자기 요구를 거부하는 부모에 대해서는 가치 있게 생각하지 않을 수 있다.31 따라서 부모나 부모 역할을 하는 사람과 확실한 애착 관계를 형성하는 것이 중요한데, 이는 주로 부모의 민감성과 애정에 달려 있다.32 그런 관계는 '안전한 기반'으로서 그리고 역할 모델로서 부모의 역할 효과를 촉진할 수 있다.

만약 부모가 애정 철회('네가 그렇게 하면 난 널 사랑하지 않을 거야')를 수단으로 자녀를 위협한다면, 자녀는 부모를 신뢰하기 어려운 보살핌의 원천으로 간주하게 되어 미래에 부모의 바람을 이행할 가능성이 더 낮아 보인다. 이와 대조적으로, 아이들(그리고 성인들)은 자신을 좋아하는 사람을 좋아하는 경향이 있어 사랑을 주는 부모에게 긍정적인 반응을 더 보인다. 또한, 애정과 적절한 통제를 결합하는 부모는 자녀가 개인적 주체 의식을 확립하고 유지할 수 있는 여지를 주며, 자녀가 자신의 개인적 권리의 범위를 교섭하는 것을 당연하게 생각하여 그에 민감하게 반응한다.33 그런 부모는 자녀에게 자신의 행동이 다른 사람에게 어떤 결과를 가져오게 하는지를 헤아리도록 한다.

학령 전 아이들에 대한 부모의 통제 기법은 다양한 방식으로 범주화되어 있다. 하지만 많은 연구는 어떤 행동이 왜 다른 행동보다 선호되어야 하는지에 대한 이유를 토론하고 설명하며, 애정을 적절히 가미하여 통제하는 '유도법'이나 '권위적 양육'이 엄격한 훈육이나 애정 철회 방식보다 더 효과적임을 지적한다.34 부모는 흔히 자기 자녀의 행동에 대해서 말할 때 옳지 않은, 불공정한, 이기적인 등등의 가치 용어를 사용한다. 물론, 그들이 이러한 가치 용어를 구사하는 구체적인 방식은 문화마다, 부모마다, 상황마다 다를 수 있다. 많은 부모는 자녀가 지닌 자긍심의 욕구를 활용한다('착한 아이는 그런 행동을 하지 않는다'). 일부 연구는 그 문제가 도덕, 관습, 개인적 권리 가운데 어떤 것과 관련이 있는지에 따라 부모들이 다른 기법을 사용한다는 것을 발견하였다. 즉, 타인에게 해를 주는 행위에 대해서는 필요와 권리의 측면에서 이야기하는 반면, 사회적 관습의 침해에 대해서는 사회 질서와 순응을 언급하며 접근하였다.35 부모나 그 밖의 권위자들은 그러한 방식으로 중재자 역할을 하며, 아동에게 (독특하게 해석된) 문화적 계율을 전달한다.36 이와 관련하여, 아동이 자기 자신의 결정을 내릴 권리가 어느 정도인지, 부모가 담당해야 할 한계는 어디까지인지에 대해서는 논란이 있을 수 있다.37 어떤 부모들은 규칙을 엄격히 적용하지 않고 자녀에게 유연성과 주도권을 양도함으로써, 자녀가 부모의 영향권에서 벗어날 수 있도록 할 수 있다.38

그 과정은 아이의 기질과 부모의 사회화 기술 간의 관계에 따라 교묘하게 달라진다.39 온화한 훈육법은 불안해하는 경향이 있는 아이들에게 더 효과적이다. 그러나 부모가 무엇을 말하는지 뿐만 아니라 그런 말을 하는 방식과 이어지는 담론 또한 중요하다. 아이들은 자기가 들은 대로 곧장 동화되지 않는다. 그들은 자신의 경험에 기초하여 적극적으로 자신의 도덕률을 구성한다. 그리고 아이들은 처벌에 대한 두려움뿐만 아니라 자긍심에 대한 욕구로 동기화된다.

권위의 정확한 역할에 대해서는 논란이 있어 왔다. 아이들은 초기에는 권위에 대하여 명확한 생각이 없어 보인다.[40] 반대 동기가 그리 강하지 않다면, 그들은 기꺼이 권위에 따른다. 부모의 권위와 상관없이 아주 어린아이조차 다른 사람을 해치는 행동이 본질적으로 나쁘다고 생각한다. 그러나 곧 부모의 권위는 중요하게 된다. 적어도 아동 중기부터 도덕적 문제나 관습적 문제와 관련하여 부모의 권위는 인정된다. 나중에는 관습적 문제보다 공정, 타인의 복지, 정의의 문제와 관련하여 부모의 권위에 힘이 더 실린다. 하지만 부도덕한 행위에 대한 성인들의 처방은 종종 무시된다.[41] 따라서 아동들은 도덕 계율을 성인들의 권위와 독립된 것으로 인정하거나 인정하게 된다는 제안이 있다.

물론 부모와의 상호작용은 부모의 기대와 문화적 환경에 의해 영향을 받을 것이다. 따라서 문화적 차이는 매우 일찍 나타날 수 있다.[42] 더욱 복잡한 문제가 있다. 아이가 부모로부터 습득하는 가치는 주로 부모가 자녀에게 적용해야 한다고 생각하는 것이지, 부모가 자기 자신들에게 적용해야 한다고 생각하는 것은 아니다. 도덕성 발달에 관한 연구들이 도덕적으로 선한 행동과 규칙의 발달에 필요한 조건을 강조하고 있는데, 우리는 다른 조건들, 특히 원만하지 않은 가족 관계와 어려운 사회적 조건이 반사회적 가치와 행동으로 이어질 수 있다는 것을 잊어서는 안 된다.

양심

따라서 도덕성 발달은 친사회적 행동을 보이고 타인에게 공감적으로 반응하는 초기 성향, 아동 스스로 자신의 행동에 대한 부모나 다른 사람들의 반응을 관찰하고 대화하는 과정을 통한 행동 기준의 습득, 부모나 다른 사람들이 하는 행동 방식의 모방 등을 포함하는 다양한 과정이 촘촘히 엮인 복잡한 상호 연결을 수반한다. 2~3세의 아이들은 '좋음'과 '나쁨'의 상징적 범주를 이해하고, 이를 자기 자신의 행동, 생각, 감정에 적용한다. 아이가 자신의 행동이 이전에 습득한 '좋음'의 기준에 일치한다고 생각하면, 그 아이는 케이건43이 '미덕의 쾌락'이라고 했던 '정서가 가미된 직관'을 경험한다. 케이건은 자아를 '윤리적으로 가치 있는 존재'로 경험하고자 하는 욕구를 인류 보편적인 것으로 간주하며, 일상적으로 미덕의 확인이 감각적 쾌락보다 우선한다고 주장하면서 감각적 쾌락과 덕의 차이를 강조하려고 노력한다. '도덕감'이 초기에 등장한다는 것은 아이가 종종 적절한 표정으로 부모를 바라봄으로써 어떤 행동은 선하고 어떤 행동은 나쁘다는 것을 인식한다는 암시로부터 시사 받을 수 있다.

이러한 과정이 자아 개념의 일부를 형성하고 내적 규제자로서 역할을 하는 '양심'의 발달을 수반한다고 알려졌다. 위에서 주장했던 바와 같이, 도덕적 판단은 자기체계에 통합된 가치와 목격되거나 의도한 행동 사이의 비교에 의존한다. '좋은 양심'을 가지고 있다는 것은 일관성을 유지한다는 것을 의미한다. 양심은 관습을 이행하지 못한 데에 따른 '양심의 가책'까지 포함한 모든 '의무'를 아우른다. 자기체계에 선과 악의 의식이 통합되었다는 것은 사실상 행동의 모든 측면에 광범위한 영향을 미친다는 것을 의미한다. 양심은 철학자들이 논의했던 도덕적 딜레마뿐만 아니라 지각, 동기, 태도와 행동 양식에 영향을 미친다. 심지어 양심은 신체 자세에도 영향을 미칠 수 있다. 그러나 양심이 행동에 대한 이의를 제기할 수 없는 검열자로 여겨지지는 않는다. 개인의 관계와 세계관의 다른 측면 또한 자기체계에 내장되어 있거나 쉽게 이용할 수 있는 것으로 도덕적 결정에 영향을 미칠 수 있다.

그 밖의 다른 관계

부모나 다른 권위 인물이 도덕성 발달에 영향을 미치는 유일한 요소는 아니다. 발달이 진행됨에 따라, 개인의 특성은 자신의 사회적 경험과 끊임없이 상호작용을 하며 자신의 도덕적 목표를 형성하고 고쳐 나간다.[44] 특히 중요한 것은 형제자매와 또래들과의 상호작용인데, 형제자매는 수시로 긍정적인 상호작용과 함께 부정적인 상호작용을 공유하기 때문이고,[45] 또래들은 비슷한 나이와 지위에 있기 때문이다.[46] 부모와 자녀의 관계가 상호보완적인 것과는 달리, 또래들과의 상호작용은 동등하며 관점 채택[47]이 가능하다. 또래들과 나누는 담화는 습득되는 계율의 타당성을 확보하는 수단을 제공하는데, 이는 다른 동료들과 합의함으로써 가능해진다. 더 나아가, 사람들은 자기 자신의 도덕적 관점과 같은 견해를 가진 다른 사람과 어울림으로써 자신의 관점을 강화하는 경향이 있다. 또래 집단에서의 도덕성 발달을 다룬 여러 연구는 그들 간의 긍정적인 상호작용이 도덕적 추론의 진전으로 이어지며, 이는 결국 새로운 도덕적 목표를 공동으로 발견하는 결과를 가져올 수 있음을 보여 준다. 4세가 되면, 집단 상황이 동등한 몫을 기반으로 하는 공유를 추구하게 된다. 나이가 더 든 아동들은 때때로 정의의 다른 원리로 나아가기도 한다. 규칙을 기반으로 한 놀이의 발달에 초점을 둔 연구들은 분쟁을 해결하는 데 있어서 협상의 중요성을 시사한다.48

발달이 도덕적 측면을 향해 나아갈 것인지 비도덕적 측면을 향해 나아갈 것인지는 어떤 경험을 하느냐에 따라 결정될 수 있다는 점을 다시 강조할 필요가 있다. 일부 부모는 친사회적 행동보다 이기적인 자기주장적 행동을 권장한다. 마찬가지로, 어떤 환경은 친사회적 성향을 장려하고, 또 어떤 환경은 반사회적 행동을 부추긴다. 그리고 이런 영향은 매우 미묘할 수 있다. 정직하다고 알려진 사람과 호혜적인 교환이 빈번하게 이루어지는 소규모 공동체의 사람들은 집단의 규모가 커서 두 번 다시 똑같은 사람을 만나기 어려운 공동체에서 사는 사람들보다 정직해서 손해 볼 것 없다는 사실을 배울 가능성이 더 크다. 또한, 도덕 체계는 의과대학의 의대생이나 군대의 신병 같은 특수한 분야에서 겪는 경험으로 영향을 받을 수 있다. 그리고 다른 사람들과의 상호작용과 별도로, 문화의 여러 가지 서사는 도덕적 논쟁과 관련하여 중요한 정보의 원천이 될 수 있다. 물론, 그런 과정은 항상 친사회적 성향과 이기적인 자기주장적 성향에 의해 영향을 받는다. 즉, 무엇이 내면화되느냐는 개인의 본성에 따라 달라질 수 있다. 여성과 남성 사이에 있을 수 있는 차이는 나중에 논의될 것이다.

따라서 아동들이 도덕 세계를 구성하는 게 단순히 타인으로부터 받는 교육의 문제에 국한되는 것은 아니다. 혼자보다는 부모의 도움을 받아 모방할 때 훨씬 더 잘할 수 있다는 비고츠키Vygotsky의 접근법은 주목할 만하며, 어쩌면 그것은 부모의 보상이나 처벌보다 더 중요할지 모른다. 하지만 그 효과는 어느 경우든 내포된 관계의 본질에 의해 영향을 받는다. 이때 정서적 반응은 중요한 역할을 한다. 아이는 자신의 도덕률을 구성하는 데 있어서 부모, 다른 권위 인물, 형제자매, 또래 그리고 다른 여러 사람과의 경험을 흡수하는 능동적인 주체자이다.49 아이들은 부모와 또래들과의 상호작용을 통해 자신이 무엇을 해야 하고 무엇을 해서는 안 되는지 뿐만 아니라, 합법적으로 행해질 수 있는 것이 무엇인지를 발견한다. 즉, 다른 사람의 권리뿐만 아니라 자기 자신의 권리를 이해하게 된다.50 그리고 우리의 자아개념이 상황에 따라 각기 다른 측면이 두드러지는 것과 마찬가지로, 우리가 어떤 사회적 맥락에서 적용하는 계율, 관습, 가치가 다른 사회적 맥락에서 반드시 적용되는 것이 아닐 수도 있다. 우리의 판단은 사회적 지식의 각기 다른 영역을 반영한다.51

도덕적 추론과 도덕적 딜레마

—

도덕성 발달에 관한 많은 고전적 연구는 도덕률의 내용에 관심이 있었던 것이 아니라, 도덕적 딜레마를 제시하고 이를 논의하는 과정에서 피험자가 사용하는 도덕적 추론의 특징에 관심이 있었다.52 콜버그Kohlberg의 구조에서는 사고 유형의 특징에 따른 세 가지 주요 수준에 따라 6단계나 7단계로 구분되었다. '관습 이전 수준'에서는 사회적 규칙과 관습이 자아의 외부에 있는 것으로 여겨지고, 동기는 주로 자신의 이익에 있다. '관습 수준'은 대부분 9세경에 이르는 것으로 추정되는데, 규칙이 내면화되긴 하지만 특별한 관계에 있는 사람들에 따라 혹은 가족이나 사회적 집단에 따라 특수한 것으로 이해된다. 자기 이익은 관계나 집단의 이익에 종속될 수 있다. '관습 이후 수준'에서는 규칙들이 저변에 놓여 있는 도덕 원리에 기반을 두고 있는 것으로 여겨지며, 개인이 어느 정도 자신의 도덕 원리를 선택한다. 단지 성인의 일부만이 이 마지막 수준에 도달하는데, 도덕(좁은 의미에서의 도덕)은 법과 구분되며, 도덕이 더 우선한다는 것이 인정된다. 여기에서 중요한 것은 콜버그의 구조가 도덕 원리와 계율의 내면화를 강조한다는 것이다. 그러나 다른 문제에 대해서는 상당한 비판을 받았다. 예컨대, 정의를 강조하면서 배려를 소홀히 하였으며, 이러한 형식의 도덕적 추론이 나타나는 나이는 상황적 요인에 달려 있다는 것이다. 아이들은 분명히 학교에서 치르는 시험보다 집에서 부모의 자연스러운 관찰에 따른 비평을 통해 도덕적으로 더 발달하는 것으로 보인다. 어쨌든 검사가 피험자 자신이 직접 관련되지 않은 딜레마에 대해 논평을 하는 것이므로, 실생활에서 정말로 그러한 도덕적 선택을 할 것인지를 예측하지는 못한다.

물론, 하나의 척도를 가지고 도덕성 발달을 측정하는 방법은 어떤 방법이든 복잡성을 소홀하게 다루기 쉽다. 한 연구(서구 문화에서 이루어진 연구)는 가상 범죄자에 대해 아이들이 감정을 어떻게 귀착시키는지를 측정하는 등 도덕성 발달과 관련하여 매우 다양한 접근법을 사용하였다. 즉, 아이들이 도덕적 규범과의 일치와 욕구의 충족 가운데 어느 것에 더욱 높은 중요성을 부여하는지가 그들의 도덕적 동기의 척도로 채택되었다. 4~5세 아이의 약 4분의 1과 6~7세 아이의 절반이 범죄자가 불법을 저지른 결과로 인해 후회할 것이라고 예상하였다.[53]

아무튼, 도덕적 추론의 능력은 단지 문제의 일부일 뿐이다. 도덕적 이해를 하는 것과 실제로 행동을 하는 것은 별개의 문제이다. 합리화, '다른 사람들에 대한 오해', 자기기만은 도덕적 상황에서 이기적 선택을 정당화하는 데 활용될 수 있으며,[54] 도덕적 해결은 그 행위자에게 부과되는 비용이 적을 때 채택될 가능성이 더 크다.[55]

구성 과정 – 약간의 딜레마

—

우리는 1세 아이조차도 도덕적 규범과 일치하는 행동을 할 수 있다는 것을 보았다. 그러나 그것이 곧 그 아이가 완전하게 발달한 도덕감을 갖고 있다는 것을 의미하는 것은 아니며, 심리적 과정이 성인의 도덕적 행동에서 작동하는 것과 똑같다는 것도 분명히 아니다. 아래의 내용은 도덕성 발달 과정에서 일어나는 그 이상의 복잡한 일부를 보여 준다.

우선, 도덕성 발달은 순조롭지도 않고 지속적이지도 않다. 예를 들면, 위에서 언급했던 바와 같이 서구 사회에서는 실제로 18개월 된 영아들이 다른 사람에게 물건을 내밀거나 주는 등 일종의 전형적인 친사회적 행동을 보이지만, 그들이 그런 행동을 하는 경향성은 아동기에 접어들면서 점차 줄어드는 것으로 나타난다. 그리고 2~3세 아이들은 점차 공격성과 파괴성 그리고 '극단성'을 보이기 시작한다.[56] 이런 자료는 일반적으로 아이들이 나이가 들어감에 따라 점차 더 '도덕적'이 되어가는 경향이 있다는 연구 결과와 대조된다.[57] 그렇다면, 나이가 든다는 것은 어떤 의미인가? 만약 '도덕적'이라는 말이 여기서 의미하는 친사회적이나 관대하다는 것과 뜻이 같다면, 아이들은 어떤 의미에서 점차 덜 관대해진다는 것인가? 그들의 소유욕이 더 증가한 것인가? 아니면 실험에 사용된 대상에 문제가 있는가? 여기에는 여러 가능성이 열려 있다.

둘째, 발달하는 도덕적 지향은 성별에 따라 다소 차이가 있을 수 있다는 주장이 있다. 이것에 관해서는 10장에서 논의할 것이다.

셋째, 어떤 것은 허용되고 어떤 것은 허용되지 않는다는 지식을 습득하는 것은 그런 것이 왜 허용되거나 되지 않는지를 학습하는 것과는 다른 문제이다. 던Dunn[58]과 그의 동료들은 4세 아이들이 사회적 위반의 허용 가능성에 대해 어떤 생각을 하는지와 그들이 자신의 견해를 정당화하는 방식을 각각 별도로 평가하였다. 아이들에게 세 가지의 사회적 위반(욕하기, 친구의 장난감 뺏기, 놀이에서 친구를 배제하기)이 허용 가능한지 아닌지와 그것이 정당화되는지 아닌지를 물었다. 평균 점수는 위반의 거의 3분의 1이 정당한 것으로 여겨졌음을 보여 주었다. 친구들에게 한 행위의 허용 가능성과 관련한 아이들의 견해는 피해자나 가해자의 내적 상태, 복지 혹은 대인 관계에 대한 반성 측면에서 제기되는 정당화와 연관되지 않았다. 연구자들은 정당화가 감정과 관계에 관한 아이들의 민감성을 반영하는 반면에, 위반의 허용 가능성에 관한 견해는 학습된 규칙에 대한 '자동적인' 반응을 반영한다고 말한다. 이와 같은 맥락에서, 허용 가능성에 관한 견해는 아이들의 사회적·교육적 배경과 관련되는 반면에, 감정, 관계, 복지에 대한 그들의 정당화는 자신과 타인의 감정에 대한 이해와 상관관계가 있다. 흥미롭게도, 길리건 Gilligan이 성차와 관련하여 제시했던 견해와 동일하게 여자아이들은 남자아이들보다 대인 관계의 문제를 고려하는 정당화를 제시하는 경향이 더 많았다.

행동의 자율성

—

현재의 맥락에서 특별히 관심이 있는 문제는 사람들이 개인적으로 통제해야 한다고 느끼는 문제와 다른 사람과 관련된 문제 사이의 차별성에 관한 것이다. 앞에서 지적했던 바와 같이, 일부 발달 심리학자들은 인지 발달이 세 가지 영역을 내포하고 있다고 여긴다. 그것은 곧 도덕적 영역(정의, 복지, 권리와 관련됨), 사회적 영역(사회적 조직과 관련됨), 심리적 영역(정서적 문제, 동기, 자아)이 그것이다. 심리적 영역에서 행동의 자율성 개념은 자기 본위 및 개인적 정체성과 연결된다. 여기에 속한 개인적인 문제는 개인이 다른 사람들에 의해 정당화된 사회적 규제 밖에 있다고 간주하는 행동과 관련되며, (반드시 비도덕적인 것은 아닌) 이기적 자기주장의 성향에서 비롯되었다고 볼 수 있다. 예를 들면, 많은 아이가 잠자는 시간, 먹고 싶은 것, 하고 싶은 놀이를 자신이 결정할 수 있어야 한다고 느끼며, 부모와 자녀는 상호작용을 통해 그런 문제를 조정해 나간다. 여기에 흔히 가족 사이에 일어나는 마찰의 원천이 있다. 예를 들면, 부모는 청소년 자녀에게 침실을 깨끗이 정돈하라고 주장할 권리가 있는가?[59] 아이가 스스로 어떤 결정을 내릴 권리를 인정한다는 것은 그 아이가 자율성과 개성을 가진 주체자라는 것을 암시한다.

아이가 성장함에 따라, 개인적 문제에 관한 이해는 자아와 사람에 관한 자신의 개념과 관련이 있다. 누치와 리Nucci and Lee[60]는 개인적인 문제에 대한 통제의 중요성에 초점을 맞춰 자아와 개인의 자율성을 확립하고 유지해 나가는 발달 수준을 다섯 가지로 열거한다. 이들의 수준은 개인적 영역 내의 자유가 자기 자신을 한 개인으로 확립하고 자신의 잠재력을 실현하는 데 필수적이라는 생각을 통해 자신과 타인을 분명하게 구분하는 것부터, 자기 자신을 개인적 영역 내에서 스스로 의사결정을 내리는 유연하고 다각적으로 진화하는 산물로 보는 견해의 수준에까지 이른다. 주체성과 고유성을 유지하는 데 있어서 자유의 지위는 필요한 것으로 여겨지게 된다. 이후 상호주의의 개념은 개인적 자유를 상호 간에 공유된 도덕적 의무로 대체할 수 있다.

자율성을 강조하는 것은 자신의 일을 하고, 자신의 온전함을 유지하는 것이 가장 중요한 관심사라는 인식으로 이어질 수 있다. 13장에서 논의되겠지만, 이것은 많은 도덕적 갈등에서 중요한 문제이다.

마지막으로, 위에서 언급한 모범적인 사람들에 관한 연구는 그들이 새로운 도덕적 목표와 그것을 성취하기 위한 새로운 방법을 개발할 수 있게 해주는 새로운 경험에 대해 개방적인 태도를 지니고 있었음을 밝히고 있다. 그러나 이것은 한 방향의 과정이 아니었다. 즉, 개인에게 노출되어 있는 사회적 영향은 보통 대부분 그 개인이 선택한 것이었다. 그럼으로써 결과적으로 그런 목표는 자기체계에 통합되었고, 그런 사람들은 그들이 가진 도덕적 목표의 측면에서 자신을 바라보며 그들의 행동은 그런 목표로 동기 부여를 받았다.

경험에서의 차이

개인의 도덕성 발달에 관한 문제를 마무리하기 전에, 개인이 겪는 경험의 범위를 다시 강조하는 것이 적절할 수 있다. 유럽과 북아메리카 문화에서는 권위적인 양육 관습이 우리가 사회적으로나 도덕적으로 최선의 결과로 간주하는 바를 산출하게 한다는 증거가 오늘날 꽤 많이 축적되어 있다. 그러나 상당수의 부모는 그들의 자녀를 그런 방식에서 양육하지 않는다. 왜 그럴까? 왜 일부 부모는 무관심하고, 징벌을 가하며, 심지어 폭력적일까? 일반적으로 주어진 근접 대답은 부모에 따라 행동에 차이가 나타나는 원인이 그들 자신의 경험, 특히 자신들이 어린 시절 양육된 방식에 있다는 것이다. 이런 견해를 뒷받침하는 증거는 자녀 양육에 대한 세대 간 연구로부터 나온다. 예컨대 부모의 부정적인 성격적 특성이 최적의 양육과 거리가 있을 경우, 다음 세대에게 최적과 거리가 있는 특징의 발달을 가져올 가능성이 크다.[61] 또 다른 증거는 어머니들이 자신의 어린 시절을 설명하는 방식에서 나온다. 자신의 어린 시절 경험에 대한 질문에 일관되고 개방적인 방식으로 답할 수 있고, 관련된 감정에 대한 반성과 감사를 보여 주는 어머니들은 안정감 있는 자녀를 양육하고 있는 경향이 있다.[62] 이런 방식으로 대답할 수 없는 어머니들은 잘 적응하지 못하는 자녀를 두는 경향이 있는데, 자녀들이 보이는 적응의 질은 어머니들이 자신의 어린 시절을 설명할 때의 반응 양식과 긍정적으로 관련되어 있다. 그러나 그것은 여전히 인간의 본성과 관련하여 한 가지 궁극적인 질문의 여지를 남겨 놓는다. 즉, 인간의 본성이 어떻게 일부 부모의 경우 우리가 바람직하다고 생각하는 방식과 다르게 자녀를 양육하게 하느냐는 것이다. 이게 과연 부모가 어린 시절에 겪었던 경험만으로 완벽하게 설명이 되는가? 우리는 이 문제를 12장에서 다시 논의할 것이다.

또, 우리는 이러한 모든 연구의 대부분이 유럽과 미국에서 거주하는 사람들을 대상으로 하였다는 것을 기억해 두어야 한다. 부모의 양육 관습과 도덕률은 아마도 문화적으로 규정된 가치에 따라 문화마다 차이가 있다. 따라서 다른 곳에서는 사정이 다를 수 있다. 한 가지 예로 미국과 인도 가족을 비교한 연구 결과가 이 책의 4장에 인용되어 있다. 또 다른 예로는 몽골 문화에 관한 험프리Humphrey[63]의 설명을 들 수 있다. 그녀는 도덕적 역할의 일부 측면이 개별적으로 구성되거나 선택되는 경향이 있어 개인 간에 보편적이지 않고 일관하지도 않을 수 있다고 주의를 환기시켰다. 몽골인들도 서구에서 연구된 것과 똑같은 방식으로 습득된 '질서, 이성, 관습의 규칙'을 갖고 있긴 하지만, 그들에게 더욱 중요한 것은 개별적으로 선택된 이상에 따라 도덕적 주체로서 자아를 성장시키는 것이다. 이것은 문화적으로 수용된 삶의 방식에만 의존하는 것이 아니라 자신의 행동이 자기 자신에게 좋은지 나쁜지를 판단하는 것을 포함한다. 사람들은 그들 자신의 본보기를 선택하기 때문에 모든 사람에게는 존경받는 자질을 완성했다고 여겨지는 한 사람 혹은 그 이상의 '스승'이 있다. 예시는 스승의 말과 행동으로 구성되며, 개인이 주체가 되어 자신이 처한 곤경의 맥락에서 의미를 부여한다. 이미 도덕적인 사람으로 여겨짐에도 주체자는 스승(스승들)을 개별적으로 선택하여 수년간 자신을 발견하고 교화하는 데 시간을 할애한다. 선택은 개인 주체자의 도덕적 자존감에 달려 있다. 가정에는 스승의 초상화나 조각상이 놓여 있는 특별한 공간이 있다. 도덕적 본보기는 개인 주체자마다 고유할 수 있으므로 반드시 서로 일치하거나 사회 전체적으로 통일될 필요가 없다. 도덕적 이상 간의 갈등은 불가피하며, 한 가지 삶의 방식을 받아들인다는 것은 필연적으로 다른 가능성을 무시한다는 인식이 깔려 있다. 아마도 여기서 중요한 문제는 '개인적인 이상의 실체화를 제한하는 압력 속에서 삶의 방식에 대해 숙고할 사회적 공간'이 있다는 것이다. 그런 숙고가 어디에서나 적용하는 같은 원리 위에 기초할 가능성이 있는 것처럼 보이지만, 아직 그에 대한 증거 자료는 없다.

요약

이 장은 개인의 도덕성 발달에 관한 것이다.

1. 도덕성 발달은 자기체계에 계율을 통합하는 것을 수반한다. 문제에 대한 신중한 고려는 많은 도덕적 선택의 경우에 불필요하다.
2. 아주 어린아이도 친사회적 행동을 보이지만, 이것이 곧 그 아이가 반드시 도덕감을 갖고 있다는 것을 의미하지는 않는다.

3. 인지적 과정과 정서적 과정은 모두 도덕성에 중요하다.

4. 다른 사람, 특히 부모와의 관계는 도덕성 발달에 중요한 역할을 한다. 아이들은 꽤 오랫동안 가치의 중요한 원천일 수 있는 부모를 기쁘게 하고자 하는 경향이 있다. 많은 것이 부모와 자녀의 관계 본질에 달려 있다. 일반적이지 않은 색다른 환경과 관계의 질은 대개 반사회적 행동의 발달로 이어질 수 있다.

5. 양심은 내면화된 기준과 실제의 행동이나 의도하는 행동 사이의 비교를 수반한다.

6. 아이의 세계에서 필연적으로 중요한 역할을 하는 형제자매 그리고 동등한 지위에 있는 또래도 도덕성 발달에 중요하다.

7. 도덕적 지식을 얻는 것은 행동의 정당화에 대해 배우는 것과는 다른 문제이다.

8. 자율성의 발달과 권리의 인식은 도덕적 민감성의 발달과 관련이 있다.

9. 도덕성의 발달은 문화마다 몇 가지 면에서 다를 수 있다.

7

도덕 계율의 근원: 친족과의 관계

앞 장에서 대강 살펴보았던 바와 같이, 개인이 도덕 계율을 습득하는 데 내포된 심리적 과정은 분명히 실용적으로나 교육적으로 매우 중요하다. 이후의 여섯 장은 말하자면 한 걸음 뒤로 물러서서 그런 과정의 궁극적인 기원에 관해 묻고자 한다. 이 장과 다음 장은 철학자들과 심리학자들이 가장 흔하게 논의하였던 여러 도덕률의 기초를 이루는 근본적인 원리 — 친사회적 행동, 상호주의, 협력, 정의 — 에 초점을 맞춘다. 9~11장에서는 도덕률의 기초를 이루는 다른 측면들에 대해 논의할 것이다. 그리고 12장에서는 도덕률이 사회에서 어떻게 발달하고 사회에 따라 어떻게 크고 작은 차이가 나타나게 되는지를 다룰 것이다.1

초월적 존재의 계시에 의존하지 않고 논리적으로 일관된 보편적 도덕률의 근거를 발견하고자 하는 시도는 많이 있었다. 여기에서의 논의는 도덕률이 제한적이기는 하지만, 궁극적으로 '인간 본성'에 기반을 두고 있다는 결론으로 이어질 것이다. 여기에서는 기본적인 성향과 경향성이 세대 내에서 그리고 세대에 걸쳐서 사람들이 하는 일과 해야 할 일 사이의 상호 영향을 통해(그림 2.1) 도덕 계율을 생성한다고 주장한다. 그렇게 발생한 도덕률은 인류 보편적이지도 않고, 그렇다고 전적으로 특정 문화마다 상대적이지도 않다. 하지만 인간 마음의 성향과 더불어 사회 발전에 도움이 되거나 모순되지 않아야 한다는 필요조건이 도덕률을 무한적으로 다양할 수 없도록 어떠한 한계를 설정해 준다.

사람들은 어떻게 행동해야 하는지와 관련하여 자기 자신에 대해 갖는 생각과 다른 사람들에 대해 갖는 생각이 다소 다른 경향이 있다는 것을 명심할 필요가 있다. 어떤 사람들은 다른 사람들보다 자기 자신에게 더 엄격하다. 하지만 대다수 사람들의 경우, 타인에게 친사회적으로 행동하고자 하는 자신의 성향은 추구하는 목표를 성취하고자 하는 자신의 욕구로 인해 약화될 것이지만, 타인이 자신에게 친사회적으로 행동해야 한다고 느끼는 자신의 성향은 목표를 성취하고자 하는 자신의 욕구로 인해 더욱 고양될 것이다. 그런데도, 다른 사람들이 어떻게 행동해야 하는지, 즉 그 사회에 적절한 도덕 계율에 관하여 공통적으로 동의를 하는 경향이 있다. 우리가 보았던 것처럼, 이러한 도덕 계율은 개인의 자아 개념에 통합된다.

친족과 관련된 계율은 생물학적 원리로부터 등장하는 것으로 보이는데, 아마 그런 계율부터 논의를 시작하는 것이 유용할 것이다.

부모와 자녀의 관계

인간의 사회적 행동 가운데 가장 흔한 측면 중 하나이자 우리가 당연하다고 여기는 것은 사람들이 자기 가족 구성원들에 대해 느끼는 방식과 관련된 것이다. 부모는 자녀들의 성공적인 발달을 보장하기 위해 헌신한다. 자녀들은 보통 자신의 부모를 존중한다. 사람들이 상당한 정도의 자기희생을 감수하면서 자신의 형제자매를 돌보거나 도와주는 경우는 수없이 많다. 사실상 가족의 구성은 문화마다 매우 다양하지만, 가족이라는 특별한 관계는 거의 모든 곳에서 도덕률 일부를 형성한다. 부모는 자녀들의 성공적인 발달을 도모해야 한다. 자녀들은 부모를 공경해야 한다. 우리가 가족 구성원을 돌보아야 하는 것은 올바른 일이다. 사실 부모가 자녀들을 돌보고 또 그래야 한다는 것은 너무나 상식이어서, 대부분은 이게 도덕 계율을 내포하고 있는 것으로 생각하지 않는다. 우리는 그런 일을 '당연한' 것으로 생각한다. 그러나 부모의 태만에 직면하게 되면, 우리는 곧장 도덕적 분개를 느끼기 쉽다.

그러한 도덕 계율은 자연 선택의 행위 양식으로 유지되고 있다. 자연 선택은 사람들이 자신의 평생 생식 성공과 가까운 친척들의 성공을 극대화하는 방식에서 행동하도록 작동한다. 가장 많은 자손을 남기는 사람의 유전자는 다음 세대에서 최고의 표본이 될 것이다. 자녀들을 돌볼 때, 부모는 또 차례로 자기 자녀들과 비슷하게 행동할 가능성이 있는 개인들의 생존을 보장하고 있다.[2] 따라서 자연 선택은 부모가 자신의 자녀들을 위하여 약간의 희생을 하도록 한다(더 제한적이긴 하지만, 사람들이 같은 유전자를 보유할 가능성이 있는 친척을 위해 약간의 희생을 하도록 한다).[3] 이것은 물론 우리 인간에게만 특이한 것이 아니다. 즉, 모든 종이 이에 해당한다. 알을 낳은 후 새끼를 돌보지 않는 종들조차도 수정란을 만들기 위해 자신의 자원을 고갈시켜야 한다.

성적으로 생식하는 종의 경우, 자손은 부모(암수) 양쪽으로부터 유전자를 절반씩 획득한다. 그렇기 때문에 자손에 대한 생물학적 이득이 부모에 대한 비용의 두 배 이상이라면, 자손을 돌보는 것이 부모에게 생물학적 이득이 될 것이다. 비용과 이득은 장기적인 생식 성공에 대한 발생 가능한 효과의 측면에서 평가된다.[4] 물론 덜 분명하긴 하지만, 그 반대도 사실이다. 예컨대 일부일처의 부모 관계를 가정하면, 형제자매를 낳을 가능성이 있는 부모를 돌보는 것이 먼저 태어난 아이의 생물학적 이익에 부합한다. 왜냐하면 나중에 태어날 형제자매도 먼저 태어난 자신과 유전자의 절반을 공유할 것이기 때문이다. 그러나 여기에는 여러 가지 복잡한 문제가 있다. 첫째, 자녀들은 부모에게 적절하게 행동함으로써 부모의 보살핌을 확실하게 보장받을 수 있기 때문에 결과적으로 자신들에게 이득이다. 이것은 아기로서 부모의 보살핌을 끌어내는 자극을 제공하는 것과 자녀들이 나이가 들어감에 따라 부모가 그들의 나이에 어울리는 방식에서 행동하는 것을 모두 포함할 것이다. 둘째, 부모는 조부모로서 자기 자녀들의 자녀들을 돌보는 일을 도움으로써 자녀들의 생식 이득을 조장할 것이다. 이것은 자녀들이 부모를 돌보는 것이 왜 자기들에게 이득이 되는지에 대한 추가적인 실제적 이유를 제공한다. 셋째, 도덕률은 성인들에 의해 형식화되고 부모는 그런 도덕률을 전달하는 수단이 되며, 자녀들이 도덕률을 존중하도록 유도하는 것이 당면한 이득이 된다. 예컨대, 유대교와 기독교의 십계명에 자녀는 부모를 '공경하라'는 명령이 들어 있지만, 그 반대는 추정되기는 해도 언급되어 있지 않다. 넷째, (어떤 나이 범위 안에 있는) 자녀들은 나이가 든 부모보다는 훨씬 더 큰 생식 잠재력을 지닐 가능성이 있다. 그래서 (극단적인 경우를 생각한다면) 자녀가 부모의 생명을 구하기 위해 자신의 생명을 희생하는 것은 (유전자의 영구 보존 측면에서) 그 반대의 경우보다 훨씬 더 큰 비용을 치를 것이다. 이러한 고려는 부모를 돌보는 자녀의 경향에 반하는 것으로, 그 정도는 부모의 각자 삶의 단계에 따라 달라진다.

　물론 어떤 사람들은 부모가 자기 자녀들을 돌보는 것을 좋아하기 때문에 그렇게 한다고 말할 것이다. 여기서 중요한 것은 부모가 자녀들을 돌보고자 하는 욕망이 성공적인 생식을 위한 필요 요건과 일치한다는 것이다. 부모가 지닌 그러한 동기의 직접 또는 '근접'5 원인이 성공적인 생식의 '궁극' 필요성과 일치한다는 것은 자연 선택의 결과로 추정될 수 있다. 부모가 자녀들을 돌보아야 한다는 도덕적 필요 요건은 대부분의 사람이 준수하는 계율로 구체화하여 나타난다(12장을 볼 것).

그러나 이론 및 경험적 자료에 따르면, 부모가 희생할 준비가 되어 있는 정도는 생명 작용에서 비롯됨에도 불구하고 대개 도덕률로 이어지지는 않는 어떤 한계가 있다는 것을 보여 준다. 자녀들을 위해 비용을 쓰는 것은 부모로서 생물학적 이득이 있기 때문이지만, 그렇다고 무한정 자식을 위해 희생하는 것이 아니라 생식에 대한 자신의 전망을 과도하게 훼손하지 않는 한에서만 그렇게 한다. 그러나 자녀들은 성장하면서 점점 더 부모의 자원을 요구하게 되는데, 이는 부모가 제공할 준비가 되어 있는 정도 이상으로까지 이어질 수 있다.6 자녀들이 나이가 들어감에 따라, 부모는 그들의 모든 요구를 충족시켜 주려는 의지가 점차 약해지게 된다. 그리고 솔직히 터놓고 이야기하는 경우는 아주 드물지만, 사실 대부분의 사람은 자녀들이 독립할 수 있는데도 계속 부모에게 의존할 때에는 뭔가 마음이 편치 않게 된다.

똑같은 생물학적 원리에 따르면, 부모와 자녀의 관계는 형제자매가 등장할 때 매우 어려워질 수 있다. 왜냐하면 나중에 태어난 자녀들이 많은 측면에서 부모의 보살핌을 우선으로 차지하고, 먼저 태어난 자녀들은 부모의 관심이 줄어든 것을 감지하기 때문이다. 또한, (자녀를 더 낳아 기를 수 있는 잠재력의 측면에서) 비용으로 인해 부모의 보살핌이 일정한 한계가 있다는 생물학적 원리는 마지막으로 태어난 자녀들에게 계속 세심한 주의를 기울이게 한다. 왜냐하면 부모는 막내에게 더는 자원을 아낄 필요가 없기 때문이다.

생물학적 모델에 반하는 듯한 문화적 관습

피임

이 시점에서 일부 문화적 관습이 언뜻 보기에는 생물학적 모델의 예측에 반하는 것으로 보인다는 점에 주의해야 한다. 가장 확실하게는 피임 관습이 생식 성공을 극대화할 것 같지는 않아 보인다. 하지만 꼭 그렇지는 않다. 왜냐하면 이미 태어난 자녀들의 복지를 보장하는 일과 더이상의 생식 간에 균형을 찾을 필요가 있었음이 틀림없기 때문이다. 많은 사회에서 오래 계속되는 수유 기간은 출산 간격을 띄우는 데 도움이 되었다.7 흔히 산후 성관계 금기가 이를 가능하게 하였다. 개인의 입장에서 볼 때, 자녀들을 여럿 낳는 것보다 소수 자녀들에게 자원을 집중하는 것이 결국에 더 많은 후손을 둘 수 있다. 따라서 우리는 적어도 이러한 일부 관습이 장기적인 생식 성공의 생물학적 필요성과 일치하였을 것으로 추측할 수 있다. 그러나 모든 피임에 대해 그렇게 생각할 수는 없다. 현대 산업 사회에서는 대부분의 성인이 자기 능력보다 훨씬 더 적은 수의 자녀를 둔다. 경제적 고려, 재산 상속을 통제하는 법률, 더 큰 자치권을 원하는 여성의 욕망, 부모가 자녀들로부터 얻는 만족 외에 또 다른 만족을 추구하는 생활 방식의 변화 등 여러 근접 요인이 이에 공헌하였다.

아마 여기에 여담을 하나 추가해도 괜찮을 것이다. 가정생활이나 자녀 양육과 무관한 만족을 추구하는 것에 대해 못마땅하게 생각하는 사람들이 있는데, 아마도 그들은 자녀를 갖지 않는 것이 자신만의 만족을 추구하는 이기심에서 비롯된 것으로 생각하기 때문이다. 물론, 자녀를 갖지 않는 것은 생물학적 필요와 도덕성 그리고 개인의 생식 성공과 자신 및 더 큰 공동체의 복리 사이의 혼돈을 수반한다. 도덕성의 근원이 인간 본성에 있다고 해서 그것이 곧 자연적인 것이 선하다는 것을 의미하지는 않는다는 사실은 아무리 강조해도 지나치지 않는다. 세계가 인구 과잉으로 문제가 되는 것이 분명해 보이는 지금도, 많은 사람은 최소한의 생식 성공을 도덕적으로 잘못된 것으로 본다. 그러나 피임에 대해 못마땅하게 생각하는 성향은 자녀를 갖는 것을 긍정하는 본성이나 양육에 혹은 그 둘 모두에 기반을 두고 있음을 암시하는 것으로 보인다.

영아 살해와 아동 학대

생식 성공을 감소시키는 것으로 보일 수 있는 또 다른 관습으로는 영아 살해, 아동 학대, 아동 방임 등이 있다. 많은 사람이 인식하는 것과 달리, 영아 살해는 인간 사회보다 인간 외 일부 영장류에서 더 빈번하게 일어난다.8 그런 일이 일어나는 정황은 네 가지 유형이 있다. 첫째, 초기 문명사회와 부족사회에서 여성을 사로잡은 남성은 여성의 아이들을 죽일 수도 있었을 것이다. 이는 그 여성이 포획 전에 이미 낳아 기르고 있던 자신의 자녀들에게 자원을 소비하는 것을 막기 위함이고, 만약 그 여성에게서 젖이 나온다면 포획자는 그녀의 생식 효용성을 확보하는 결과를 낳는다. 따라서 그런 관습은 포획자의 생식 이득에 도움이 된다. 오해가 없도록 다시 말하지만, 이런저런 경우에 그런 조치가 개인의 생식 요건과 일치한다는 사실이 더 즉각적인 원인이 없다는 것을 의미하지는 않는다. 포획자는 그 여성의 자녀들이 그녀를 너무 힘들게 한다고 생각하거나 부양할 필요가 없는 식구라고 느낄 수도 있을 것이다.

둘째, 영아 살해는 가족의 규모를 통제하는 수단으로 사용되었다. 흔하지는 않지만, 이것은 분명 한때 인두세 납부를 피하기 위해 중국 일부 지역에 퍼져 있던 관습이었다. 또한, 문화적 관습이나 생태적 조건은 한쪽 성의 아이들을 다른 한쪽 성의 아이들보다 더 바람직한 존재로 만들 수 있다. 즉, 덜 선호되는 성의 신생아들은 죽임을 당할 수 있다. 중국에서 선호되는 가족의 규모는 여러 차례 변동이 있었다. 11세기 중국의 한 지방에서는 두 명의 남자아이와 한 명의 여자아이가 이상적인 가족 규모였기 때문에 그 이후에 태어나는 아이들은 살해되었다.9 후기 제국 시대 때는 낙태가 합법이긴 하였지만, 불교도의 관점에서 보면 죄악이었다. 최근 중국은 한 부부당 한 명의 자녀만 갖도록 제한하려고 노력하였다. 부부는 그 한 아이가 남자이길 선호한다. 여하튼, 아이들 사이의 성 비율이 남아 중심으로 매우 편향되어 있는데, 아마 이게 신생아가 여아일 경우 낙태를 하거나 영아를 살해한 결과일 수 있다.10 우리는 이런 현상을 문화적인 이유로 이해할 수 있다. 즉, 중국은 부계 중심이자 가부장적 사회다. 그러나 그것은 다음과 같은 이유로 생물학적 의미와도 통한다. 모든 포유류의 수컷 간 생식 성공 차이는 평균적으로 암컷 간의 생식 성공 차이보다 크다. 왜냐하면 수컷은 오직 수정하는 암컷의 수에 의해서만 제한되는 반면에, 암컷은 임신과 수유로 인해 일정한 간격을 두고 새끼를 낳기 때문이다. 그래서 수컷은 암컷을 차지하기 위해 싸우며, 그로 인해 생식 성공에서 크게 차이가 난다. 수컷끼리의 경쟁에서 얻는 승리는 암컷끼리의 경쟁 승리로 암컷이 얻는 것보다 수컷의 생식 성공에 더 많은 영향을 미친다. 그러므로 한 자녀에게 자원을 집중해야 하는 중국의 부모는 성비가 남자 쪽으로 너무 치우치기 전까지는 건강한 여자아이보다는 건강한 남자아이를 양육하는 것이 더 나을지 모른다. 가족 규모를 강제로 제한하는 경우의 장기적인 사회적 결과는 두고 볼 일이다.

셋째, 너무나 빈곤한 환경에 놓여 있거나 사생아를 가졌다는 수치심과 사회적 외면이 예상되는 부모는 자녀를 낙태하거나 살해할지도 모른다. 부모가 자녀들을 성공적으로 기를 가능성에 영향을 주는 여러 개인적, 사회적, 경제적 요소는 아동 학대나 방임의 가능성과 연관이 있다. 그리고 영양 결핍 상태이거나 장애가 있는 아이들은 자신의 부모에 의해 살해되거나 낙태를 당할 수 있다. 이런 관습이 제도화된 사례가 있다. 진나라(기원전 221~206년 중국)에서는 부모가 기형아를 죽이는 것이 허용되었다. 하지만 가족 규모를 제한하기 위한 영아 살해는 용납되지 않았다.11 최근 브라질의 판자촌에 사는 가난한 여성들은 종종 어떠한 처벌도 받지 않고 영아를 낙태한다.12 어리고 가난한 미혼모의 어려움은 동정심을 불러일으킬지 모르지만, 초기 근대 독일에서는 혼외 임신을 가증스럽고 비정상적인 것으로 여겨 미혼모를 사형시켰다.13 또 한편으로 보면, 빈곤한 환경에 있는 어머니가 자녀를 살해해야 하는 여러 가지 현실적인 이유는 다윈의 모델과 어긋나지 않는다. 미래에 자녀를 가질 가능성의 측면에서 자신의 적정한 생식 잠재력으로 평가해 볼 때, 어머니가 그 자식을 계속 기르는 데 투입하는 비용은 아이를 성공적으로 기를 가능성과 들어맞지 않을 수 있다.

영아 살해와 아동 학대에 대한 네 번째 정황은 현대 산업 사회에서 주로 양부모의 행위로부터 기인한다. 캐나다에서 양부모와 함께 사는 취학 전 나이의 아이들은 학대를 당하거나 죽임을 당할 위험이 생물학적 부모와 함께 사는 아이들보다 40배 이상 많은 것으로 나타났다.14 이것 또한 진화론적 모델과 일치한다. 양부모는 보통 유전적으로 그 아이와 관련이 없기 때문에 양육에 개입해야 할 필요성을 덜 느낀다. 이러한 원리는 영아 살해의 극단적인 경우에만 적용되는 건 아니다. 미국에서 청소년 계자녀가 있는 백인, 중산층 가족을 대상으로 했던 한 연구는 부모가 계자녀보다 자신의 자녀를 보살피는 데 더 많이 관여하였으며, 자녀 양육과 관련한 갈등이 아버지가 양아버지일 때 더 크다는 것을 보여 주었다.15 이러한 사례의 경우, 학대나 영아 살해의 발생률은 부모가 자신의 유전자를 영속시킬 수 있는 생식 잠재력을 가진 아이를 더 돌보고자 하는 경향이 있다는 관점과 일치한다. 계자녀는 혈연관계가 아니므로 부모의 유전자를 영속시킬 수 없다. 따라서 이러한 경우 생식 성공을 최대화하려는 부모의 경향이 유일한 문제이거나 유아 살해가 적응적이라는 증거는 없으며, 그 발생률은 성공적인 생식의 전망과 관련된 부모 동기의 지표 역할을 할 뿐이다.16

같은 원리와 일치하는 것으로, 선천성 기형아는 생식할 가능성이 적고, 학대를 받을 위험이 크다. 그리고 친부모는 자녀가 점차 나이가 들어감에 따라 그들을 학대할 가능성이 적어지며, 그들의 생식 잠재력은 향상한다. 또한, 영아 살해의 발생은 미래의 생식에 대한 부모의 전망에 따라 차이가 있다. 즉, 미래에 다시 생식할 수 있다는 기대가 큰 젊은 여성은 나이가 많은 여성보다 영아 살해를 저지르기가 더 쉽다.17

물론, 많은 양부모는 자신들의 계자녀를 부모로서 정성껏 잘 돌본다. 이에 도움이 되는 하나의 요인은 그 아이의 생물학적 부모와 좋은 관계를 유지하고자 하는 바람일 수도 있는데,18 그것은 근접 원인이 될 수 있고 양부모의 생식 이득이 될 수 있다. 하지만 한편으로, 양부모가 계자녀를 돌본다는 사실은 부모의 유전자가 전달되는 정상적인 생물학적 결과로 이어지지 않을 때조차 부모로서의 동기가 작동한다는 것을 의미한다.

입양

생물학적 측면에서 직관에 반하는 것으로 보이는 세 번째 문화적 관습은 입양이다. 입양은 우리가 생각하는 것보다 훨씬 더 보편화되어 있으며, 일부 사회에서는 제도로 정착되어 있다. 초기 인류학적 관점에서는 입양의 발생이 생물학적 친족 선택의 기본 개념을 약화시켰다고 생각한다. 부모가 왜 자기 자신이 낳지 않은 아이를 기르는 데 자원을 허비하냐는 것이다. 그러나 많은 경우에 입양 부모는 입양 아이와 생물학적으로 관련이 있다. 오세아니아에서 나온 자료를 상세히 검토했던 한 연구를 예로 들면,[19] 입양은 거의 전적으로 가까운 친척 중에서 이루어졌다. 또한, 친부모의 자녀들은 입양된 형제자매를 견제하는 측면에서 서로 힘을 합하는 경향이 있고, 부모는 땅을 나눠줄 때 계자녀보다는 자신들의 생물학적 자녀에게 더 많이 분배하는 경향이 있었다. 이런 사례들은 생물학적 원리와 일치한다. 그런데 입양이 반드시 생물학적 부모와의 단절을 의미하는 것은 아니다. 종종 만남이 유지된다. 말레이시아의 랑카위섬을 조사했던 한 연구[20]는 아이들의 약 4분의 1이 자신들의 생물학적 부모와 떨어져 산다는 것을 발견하였다. 많은 경우에 가까운 친족이 아이를 맡아 기르고 있었다. 그 결과, 입양 가족에는 돌보아야 할 아이가 너무 많았다. 친부모가 죽거나 이혼할 때는 아이들이 먼 친척이나 친척이 아닌 사람들과 함께 살게 되는 경우가 많았으며, 그런 경우 양육자는 약간의 명성을 얻기도 하였다.

그러나 일부 사회에서는 친족이 아닌 사람이 아이를 입양하는 경우가 흔히 있으며, 지역에 따라서는 사회적 모성이 생물학적 모성보다 더 중요하게 여겨지기도 한다.[21] 북알래스카의 이누피아크Inupiat 사람들에게는 흔한 일이다. 즉, 입양아를 기르는 부부는 보통 그 아이의 생물학적 부모를 알고 있으며, 생물학적 부모가 친족인 경우도 있다. 양부모는 '친'부모로 여겨지지만, 아이들은 보통 양부모와 함께 친가족과도 관계를 유지한다.[22] 후기 제국 시대 중국의 경우, 아내는 첩의 자녀들을 맡아 길렀으며, 그럴 때 그들은 그녀를 친어머니로 여겼다.[23]

입양에 대한 한 중요한 연구는 입양의 다양한 형태가 단순히 우연의 문제만은 아니라고 말한다.[24] 구디Goody의 지적에 의하면, 부모가 된다는 것은 어떤 한 가지 역할만이 아니라 생물학적, 양육적, 교육적, 재정적, 법률적 역할을 수반하는 등 생물학적 측면과 사회적 측면 모두를 아우르는 것이다. 서부 아프리카에서는 입양이 반드시 영구적이지는 않아, 아이를 맡아 기르는 것이라고 표현하는 것이 더 적절하다. 비교적 규모가 작은 지역에서는 오직 유전적 친족만 맡아 기르는 사회, 친족이 아닌 아이를 맡아 기르는 사회, 위탁받아 기르지 않고 비슷한 생태적 환경에서 모두 함께 사는 사회가 있다. 첫 번째 범주에 속하는 곤자족Gonja은 아이를 위탁받아 양육하는 일을 친족 간의 관계를 강화하는 한 방법으로 간주한다. 친부모의 양가 친척이 아이를 맡아 기를 권리를 가지며, 친부모의 양가 형제자매들은 그 아이를 '소유'하는 것으로 간주한다. 또한, 위탁 양육은 파혼 가정의 아이들에 대해 보살핌을 배분하는 한 방식이기도 하다. 경제적·정치적 자원에 관한 주장은 친족 위탁으로부터 발생하며, 이는 친족 관계에 바탕을 둔 위탁을 더욱 강화한다.

그러한 친족 위탁 양육은 핵심 자원이 공간적, 사회적으로 분산된 사회에서 발생하는 경향이 있다. 이는 사람들이 정치적으로나 경제적으로 차별화되고 친족이 흩어져 사는 자그마한 왕국인 경우가 많다. 위탁 양육을 하지 않는 사회는 정치적 역할과 경제적 자원이 국부적인 별개의 혈통 집단에 귀속된다. 친족이 아닌 사람들의 위탁 양육은 정치와 경제가 복잡하게 얽힌 더욱 큰 왕국에서 발생한다. 그 경우의 위탁 양육은 도제 제도를 닮아, 아들은 새로운 기술을 배우기 위해 스승에게 보내지고 그 스승과 의뢰인 관계를 형성한다. 따라서 위탁 양육의 정도와 본질은 그 사회의 사회적·정치적 성격과 연관되어 있다.

산업 사회에서는 이런 경향이 많이 약화되는데, 아마도 이는 친족 관계가 사회에서 별로 중요하지 않은 조직 원리이기 때문일 것이다. 그런데도 입양아에 대한 수요는 공급을 능가하는 경향이 있으며, 많은 성인이 아이들을 양육하고자 하는 것은 그만큼 생물학적 욕구가 강하다는 것으로 설명되어야 할 것이다. 그리고 유전적 관련성에 따른 영향은 여전히 존재한다. 즉, 산업화한 사회에서조차 많은 입양아가 입양 이후에 자신의 친부모를 찾고 있으며, 친부모는 보통 다른 부모에 입양된 자신의 아이를 몹시 알고 싶어 한다.[25]

요약하면, 피임, 영아 살해, 입양은 전부 사람들이 자신의 생식 성공을 극대화하고자 노력하는 생물학적 기대에 반하는 것으로 보인다. 그러나 자연 선택의 영향이 산업화한 사회에서는 다소 덜 분명해 보이긴 하지만, 여러 증거는 그 영향이 이와 같은 세 가지 관습 모두에 미치고 있다는 것을 보여 준다.

그런 경우에서 자연 선택은 과연 어떠한 역할을 하는지를 분명히 하는 것이 중요하다. 부모가 갖는 동기의 강도는 자신들의 행동이 장기적인 생식 성공을 가져올 전망의 정도와 상관있다는 견해와 일치하는 자료가 있다. 그러나 다른 개인적 혹은 사회적 요인 또한 행동에 영향을 미친다. 아동 학대의 경우에 양부모와 사는 아이들이 친부모와 사는 아이들보다 학대에 따른 고통을 40배 이상 더 받는다면, 이는 설명이 필요하다. 친부모가 자기 자녀들과 맺는 관계와 비교해 양부모가 계자녀들과 맺는 관계가 훨씬 덜 안전하리라는 것은 생물학적 예측과 맞아떨어진다. 양부모라는 동기로 인해 공격적인 감정은 친부모보다 양부모쪽에서 덜 억제된다. 그러나 다른 많은 요인이 개입한다. 어떤 양부모는 이전의 경험, 현재의 불만, 자신의 자원에 대한 다른 요구 등등의 원인으로 다른 양부모보다 더 폭력적일 수 있다. 이와 같은 요인은 부모로서의 애정이 대부분 우세한 친부모의 행동에도 영향을 미칠 수 있다.

그 밖의 다른 친족 관계

—

지금까지 우리는 부모와 자녀의 관계만을 고려하였는데, 친사회적으로 행동하는 사람의 주변에는 친사회적으로 행동할 가능성이 있는 다른 친척들이 있다. 그 사람이 친사회적으로 행동할 가능성이 있는 자신의 친척 중 한 사람을 돕는다면, 그는 자신과 거의 같은 유전자를 가지고 있는 친척 한 사람의 생존과 생식에 공헌할 것이기 때문에 자신과 거의 일치하는 유전자의 생존을 도울 것이다. 또 8장에서 곧 보게 되겠지만, 다른 사람을 돕는 사람은 교대로 도움을 받을 가능성이 더 크다.

부모와 자녀의 경우, 어떤 행위가 관계의 한 상대에게 생식에 이득이 될 경우는 비용이 다른 상대에 대한 이득의 절반 미만일 때일 것이다. 비슷한 산술이 서로 그들의 유전자 절반을 유사하게 공유하는 형제자매에게 적용된다. 좀 더 먼 친척의 경우, 그 문제는 혈연관계의 정도에 따라 달라진다.26 어떤 행위가 자신과 같은 유전자를 지닌 사람에게 이득이 되려면, 그 비용이 (근친 교배를 배제하고 일부일처를 가정할 경우) 손자녀나 조카딸 또는 조카에 대한 이득의 4분의 1, 사촌에게는 8분의 1 이하여야 할 것이다. 인간 행동의 여러 측면은 이러한 '친족 선택'의 원리와 일치하며, 부모와 자녀의 관계는 특별한 경우이다. 따라서 산업사회나 산업 이전 사회에서 사람들은 여전히 친족이 아닌 사람보다는 친족을 더 돕는 경향이 있다.27 북아메리카의 경우만 보더라도, 사람들은 계친자보다 친척에게 더 애착을 보인다.28 그뿐만 아니라, 친사회적 경향은 친척 관계를 넘어서서 아주 친숙하거나 같은 집단에 속한 사람들에게까지 일반화할 수 있다. 피험자들에게 재앙에서 어떤 사람을 구할 것인지를 묻는 한 실험 연구에서, 미국과 대만의 응답자들은 전부 비친족보다는 친척을, 낯선 사람보다는 친구를 우선하여 구한다고 하

였다.[29]

그러한 연구는 사람들이 친족 대 비친족에게 실제로 행동하는 방식의 차이와 사람들이 친족 대 비친족에게 어떻게 행동해야 하는지에 대한 도덕 계율의 두 측면이 자연 선택의 원리와 일치함을 보여 준다. 물론, 이것은 단지 상관관계가 있다는 것을 의미한다. 하지만 도덕 계율이 생물학적 성향과 일치하게 정교화되었다고 가정하는 것은 합리적이다. 하나의 극단적인 경우를 가정하여 예로 든다면, 모든 부모에게 영아 살해를 의무화하려는 어떠한 시도도 그러한 성향과 양립할 수 없을 것이고 실패하기 쉬울 것이다. 쌍방의 생존과 생식에 전적으로 무시해도 될 정도의 영향력을 가지고 있는 친척에게 사소한 친절을 베푸는 행동이 자연 선택의 결과일 수 있다고 말하는 것은 설득력이 다소 떨어질 수 있다. 하지만 여기서 중요한 것은 왜 사람들이 친척이 아닌 사람들보다 친척에게 더 친사회적 행동을 보이는 경향이 있는지의 일반적인 문제이지, 특정 사례가 생물학적으로 적응적인지 아닌지에 있는 것이 아니다. 친척에게 친사회적으로 행동하는 경향은 중대한 희생뿐만 아니라 아주 사소한 행동으로도 나타날 수 있다.[30] 또한, 그런 사소한 행동은 친사회적 행동을 보여 주는 사람의 유전자를 영속화할 가능성을 증진하는 것 외에도, 미래에 양쪽 모두에게 소중할 수 있는 유대를 보장하고 관계를 공고히 하는 데 보다 즉각적인 이득을 가져올 것이다.

이러한 기본적 원리가 각기 다른 사회의 계율, 심지어 각 사회 내의 계율에 적용되는 방식에는 상당한 차이가 있다. 예를 들어, 일부 사회에서는 특정한 책임이 개인과 그 사람 어머니 형제와의 관계에 부여된다. 흥미롭게도, 어머니 형제와의 생물학적 관계는 유전적으로 덜 가깝지만, 명목상으로만 아버지인 경우보다는 더 확실할 수 있다. 이를 이해하기 위해서는 친족에게 친사회적으로 행동하는 경향이 친족을 확인하는 능력에 달려 있다는 것을 기억할 필요가 있다. 실제로는 그렇지 않더라도 생물학적 성향은 혈연적으로 관련이 있는 것으로 여겨지는 사람들에 대한 친사회적 행동과 관련되어야 한다. 따라서 어떤 사람이 친족으로 인식되는지와 관련된 문화적 관습이 실제로는 매우 중요할 수 있다. 예컨대, 일부 사회에서는 평행 사촌(부모와 성별이 같은 형제자매인 삼촌이나 이모의 자식)과 교차 사촌(부모와 성별이 다른 형제자매인 고모와 외삼촌의 자식)을 구분한다. 비록 유전적 관련의 정도가 양쪽에 비슷하지만,31 부계 사회나 모계 사회에서 그러한 구별은 중요하다. 왜냐하면 교차 사촌은 다른 집단에 속하는 것으로 여겨져서 평행 사촌보다 덜 가까운 친척으로 인식되기 때문이다.

그의 편재성을 고려해 볼 때, 우리는 친척으로 인식되는 사람들에게 친사회적으로 행동해야 한다는 기본적인 원리를 인간 본성의 일부로 간주하는 것이 합리적일 수 있음을 알 수 있다. 상황에 따른 친사회적 행동의 빈도에 있어서 개인과 개인 사이에는 큰 차이가 있다. 친척에게 우선으로 도움을 주고자 하는 성향은 중요한 영향력이긴 하지만, 그렇다고 그게 결정요인은 아니다. 그리고 친척에 대한 적절한 행동은 여러 방식으로 합리화되고, 실용적인 고려로 뒷받침될 수 있다. 예컨대, 우리는 이모가 어머니의 자매이기 때문에 그녀를 존중해야 한다든가, 조카는 친척일 뿐만 아니라 아직 어리기 때문에 우리가 돌봐야 한다 등이 이에 해당할 수 있다. 그리고 특별한 의무는 혈연관계를 초월하여 확장된다. 즉, 우리는 결혼으로 생성되는 관계인 인척들과 친하게 지내야 한다. 왜냐하면 아마 서양에서는 배우자의 충절을 존중하는 것이 바람직하기 때문일 것이고, 다른 사회에서는 배우자 관계가 서로 다른 두 집단의 결속을 강화하기 때문일 수 있다.32

요약

1. 자연 선택은 사람들이 자신의 포괄적 적합성을 극대화하도록 작동한다. 부모와 자녀 사이의 친사회적 행동을 지지하는 도덕 계율은 이와 일치한다. 그러나 생물학적 관점에서 볼 때, 부모의 양육은 추가 생식을 위한 부모 자신들의 역량을 손상하지 않는 범위의 비용으로 제한되어야 한다. 부모와 자녀 관계의 몇 가지 측면은 이러한 예측과 잘 들어맞는다.

2. 문화적 관습인 피임, 영아 살해, 입양은 부모의 양육 범위에 관한 생물학적 원리와 양립 불가능해 보이지만, 분명히 항상 그렇지만은 않다.

3. 마찬가지로, 발생한 비용이 유전적 관련의 정도에 적합하다면, 유전적으로 관련이 있다고 여기는 다른 사람을 도와야 한다는 계율이나 관습 또한 생물학적 예측과 모순되지 않는다. 그러나 비친족을 친족으로 인식하게 하는 문화적 관습을 따르는 것은 개인에게 유리할 수 있다.

4. 다른 동기 부여나 문화적으로 전해진 관습은 친족에게 친사회적으로 행동하는 성향을 증가시키거나 감소시킬 것이다.

도덕 계율의 근원: 비친족과의 관계

친사회적 행동과 상호주의

우리는 개인적인 생존과 생식을 통해 작동하는 자연 선택이 사람들에게 자신과 자신의 친족을 돌보고자 하는 성향을 지니도록 하는 방식으로 영향을 미쳤다는 것을 보아 왔다. 그러나 친사회적 행동은 혈연관계가 있는 친족에 제한되지 않는다. 사람들은 서로 돕고, 협력하고, 정당한 이유를 지지하며, 때로는 가까운 친족도 아닌 타인을 위하여 희생한다. 더불어 그들은 보통 그런 방식으로 행동한 것을 뿌듯해한다. 그런 행동은 그 이상의 설명이 필요하다. 대부분의 인간 집단은 제한된 자원의 조건 속에서 생존해 왔기 때문에, 사람들은 자신을 위해 타인과 경쟁할 수밖에 없었다. 따라서 타인에게 관대하고 자신이 그들에게 착취당하는 것을 허용한 사람은 누구나 불리한 처지에 놓였을 것이다. 그런데 그런 행동이 어떻게 우리의 행동 목록의 일부로 선택될 수 있었을까? 우리는 이 장에서 같은 처지에 있는 집단 구성원들에 대한 관대함이 개인 자신의 즉각적 이득에는 도움이 되지 않을 수 있지만, 그 관대함은 적절한 때에 자신의 행복이나 집단 전체의 행복에 이바지하리라는 것을 보게 될 것이다. 전자의 경우에는 보답으로 이어지거나 감사나 칭송 혹은 사회적 명성을 얻을 수 있고, 또 적절한 때에 그 이상의 보상을 받을지도 모른다. 또는 친사회적 행동이 집단의 결속력을 증진시키는 경우, 그런 집단에 사는 것이 더 낫거나 다른 집단과의 경쟁에서 자신이 속한 집단의 성공에 기여하기 때문에 개인의 이익에 부합할 수 있다. 두 경우에 친사회적 행동이 때로는 그 사람의 성공적 생식에 공헌할 수도 있다. 그러나 이런 주장의 많은 부분은 집단 구성원들이 공유하는 행동 성향과 계율이 이미 존재함을 의미한다. 따라서 이는 단순히 질문을 한 단계 뒤로 돌려놓는 것일 뿐이다. 즉, 우리는 협력적이고 친사회적인 성향이 어떤 기반 위에서 진화해 왔는지를 물어야 한다.

하지만 우리는 우선 비친족에게 하는 친사회적 행동에 관한 또 다른 설명을 언급하지 않을 수 없다. 그것은 일종의 오류라고 생각할 수 있다. 우리는 자연 선택이 친족으로 여겨지는 사람에게 친사회적 행동을 더 하도록 작동하는 것을 보아 왔다. 따라서 비친족에게 친사회적 행동을 하는 일부 경우는 실제로는 그가 친족이 아니지만 유전적으로 관련이 있다고 잘못 인식함으로써 그런 행동이 유발될 수 있다. 사실, 전시에 행해지는 선전방송의 효과는 비친족을 친족처럼 생각하도록 만드는 데 달려 있다. 자신과 같은 나라 사람들은 '모국' 또는 '조국'에 속하는 '전우 형제'로 묘사된다. 우리는 나중에 이런 해명에는 일말의 진실이 있을 수 있음을 보게 될 것이다. 하지만 그러한 해명은 비친족에게 하는 대부분의 친사회적 행동과는 어울리지 않는다. 왜냐하면 선택은 유전적으로 관련이 없는 사람을 돕기 위해 발생하는 비용에 반하여 작동하는 경향이 있기 때문이다.[1]

그래서 비친족에게 하는 친사회적 행동과 협력이 어떻게 발생할 수 있었는지를 논의해 보자. 대부분 유전적 관련이 없는 사람들로 이루어진 대규모 집단에서 자기 자신에게 즉각적인 불이익을 가져올 비친족을 돕는 행동은 결국 개인이 추구할 만한 지속 가능한 전략으로 보이지 않는다. 즉, 다른 사람에게 도움을 주는 행동이 '만약 당신이 내 등을 긁어준다면 나 또한 당신의 등을 긁어주리라'라는 원리에 따라 보답으로 이어지지 않는 한, 지속 가능해 보이지 않는다. 그런데도 사회 심리학과 인류학은 그런 일이 인간관계에서 매우 많이 일어난다는 증거를 제시해 주고 있다.

교환 이론

관계에서의 교환

'교환 이론'으로 알려진 영향력 있고 경험적으로 유용한 이 이론은 상호주의의 원리가 사회적 행동의 중심에 있다는 가정에 기초하고 있다. 인간관계는 교환의 과정을 수반하는 것으로 이해한다. 즉, 사람들은 미래의 보상에 대한 기대 때문에 비용(생물학적 의미에서가 아니라, 일상의 삶에서)을 들인다. 따라서 우리가 동료를 돕는 것은 그에 따른 호의가 언젠가 되돌아올 것이라는 가정을 전제한다.[2] 애초에 고용주와 고용인의 관계를 포함하여 시장 거래를 다루는 데 초점이 있었던 교환 이론은 긴밀한 개인적 관계에까지 그 범위가 확장되었다.

교환 이론에서 나온 세 가지 진전은 현재 맥락에서 특히 중요하다. 첫째, '상호 의존 이론'은 어느 누구든 두 사람의 관계가 지속할 가능성은 관련된 두 당사자의 만족에 달려 있음을 강조한다.3 장기적인 관계에서는 제공한 행위에 대한 보상이 미래에 주어질 수 있다. A가 B와의 관계에서 자신의 결과를 극대화하려면, A는 자신의 행위에 따른 즉각적인 결과인 보상과 비용뿐만 아니라 B와 관련한 결과도 고려해야 할 것이다. 만약 A가 자기 자신의 이득과 더불어 B의 이득도 같이 고려하지 않는다면, B는 그 관계에서 손을 뗄지 모르며, 그러면 A는 자신이 기대했던 보상을 받지 못할 수 있다. 따라서 긴밀한 관계에 있는 사람들은 자신의 결과뿐 아니라 상대방의 결과 또한 극대화하려고 한다. 사실, 개인에게 중요한 것은 자신의 실제적인 결과가 아니라 인지된 결과이며, 장기적인 관계의 경우 이런 인지된 결과에는 상대에 대한 이득이 포함될 가능성이 있다. 이런 방식으로 우리는 친밀한 관계에 있는 사람들이 어떻게 애정이나 호의를 느끼는 상대방을 돕는지를 이해할 수 있다(이와 질이 다른 관계의 경우, 관계자들은 상대에게 어떤 비용이 들든지 간에 자신의 결과를 극대화하고자 하거나 어떤 대가를 치르더라도 상대방을 깎아내리려고 한다. 당연히 그런 관계의 비율이 높은 집단은 번성할 가능성이 적다).4

만약 B에 대한 A의 행동이 나중에 보상을 받을 것이라는 가정을 기초로 하는 것이라면, 이는 보답에 대한 기대가 많은 사회적 행동에 내재해 있다는 것을 암시한다. 더욱이, A의 애초 행동이 친사회적이었을 경우에는 B의 보답은 A에게 더 보람이 있을 것이다. 그러므로 상호작용은 친사회적으로 시작될 때 성공할 가능성이 더 크다. 긍정적인 시작은 그와 똑같은 보답을 받을 가능성이 있으며, 지속적인 관계로 이어질 가능성이 그만큼 더 크다. 반면에, 타인에게 부정적으로 접근하는 것은 부정적인 반응을 되받기 쉬우며, 상호작용은 그것으로 끝나기 쉽다. 이처럼 친사회성과 상호주의는 서로 연관되어 있다.

교환 이론에서의 또 다른 진전은 상호주의가 '공정한' 것으로 보이는지를 숙고한다. '공정성 이론'은 사람들이 자신의 보상을 자신이 투입한 상대적 비용이나 자신이 받을 '자격'과 비교하여 비례한다고 볼 때, 관계나 상호작용이 공평하다고 지각하게 된다는 것을 가정한다(그가 마땅히 받아야 할 것은 그가 그 관계에 공헌했던 것뿐만 아니라 지위, 영향력, 매력과 같은 그의 개인적 능력에 달려 있다).[5] 이것은 사람들이 관계에서 자신이 응당 받아야 할 만큼 이득을 얻지 못했다고 생각하면 뭔가 잘못됐다고 느끼고, 너무 이득을 많이 받았다고 생각할 때는 불편함을 느낀다는 것을 시사한다. 결론을 일반화하기에는 아직 검증해 볼 것이 남아 있지만, 여러 연구는 반드시 그런 것은 아니더라도 때때로 그렇다는 것을 보여 준다. 예를 들면, 데이트에 관한 한 연구는 피험자들을 그들의 자기 보고에 근거하여 자신이 대우를 공평하게 받지 못하고 있다고 생각하는 사람, 공평하다고 생각하는 사람, 이익을 보고 있다고 생각하는 집단으로 범주화하였다. 이득을 보고 있다고 생각하는 사람들은 자신이 불공평하게 대우받는다고 느끼는 사람들과 같은 정도의 만족감을 느꼈고, 그들과 비교하여 상당히 많은 죄책감을 느꼈으며, 두 집단의 사람들 모두 자신의 관계가 공평하다고 여겼던 사람들보다 더 낮은 만족감을 보였다. 또 다른 사례로 네덜란드에서 결혼한 부부를 대상으로 했던 한 연구를 들 수 있다. 이에 따르면, 결혼으로 인해 자신이 손해를 보고 있다고 느끼는 여성과 더불어 자신이 결혼으로 이득을 보고 있다고 느끼는 여성이 자신이 공평한 관계에 있다고 느끼는 여성보다 혼외정사에 더 강한 욕구를 느꼈고, 실제로 더 많은 혼외관계가 있었다.[6]

물론 상호주의의 개념은 단지 시작점일 뿐이며, 이는 인간관계를 이해하는 여러 방법 중 하나에 불과하다. 현재 논의에서 중요한 문제는 만약 사람들이 다른 사람과의 관계에서 낮은 이득을 얻고 있다고 느끼거나 더 많은 이득을 얻고 있다고 느끼는 것이 불편하다면, 이는 아마 그들이 상호작용이나 관계에서 친사회성과 공정한 상호주의 혹은 정의를 요구하는 사회적 계약이나 규칙에 무의식적으로 이끌리고 있다는 것을 암시한다는 것이다.7 그것은 지나치게 관대한 누군가를 향해 느꼈던 원망 또한 설명해 준다.

교환 이론에서의 세 번째 진전은 관계에서 교환된 자원들이 서로 매우 다른 특성이 있는 것이라고 하더라도, 비용과 이득이 같은 통화로 평가될 필요가 없음을 강조한다. 다시 말하면, 한 상대가 다른 상대에게 주는 게 그가 받는 것과 똑같은 성질의 것이 아닐 수 있다. 예를 들면, 우리는 흔히 돈을 상품과 교환한다('공정하다'라고 간주하는 것에 대한 복잡한 문제는 나중에 간략히 논의할 것이다).8 이것은 현재의 맥락에서 두 가지 중요한 측면을 내포하고 있다. 첫째, 그것은 교환이 위아래의 위계 체계에서 일어날 수 있다는 것을 의미한다. 따라서 고용주와 고용인은 돈을 고용과 교환한다. 둘째, 그것은 감사가 적절한 보상으로 수용될 수 있다는 것을 의미한다. 우리는 선물을 주거나 칭찬을 해주는 누군가에게 '감사합니다'라고 말한다. 그럼으로써 부채를 인정하고 미래에 보답할 것이라는 약속을 넌지시 드러낸다.

감사는 종종 또 다른 결과를 낳는데, 이는 우리가 관대하게 행동할 때 우리 자신에게 만족한다는 사실에서 기인한다. 즉, 자신이 친사회적으로 행동한다고 인식하면 자존감이 높아진다.9 친사회적 행동의 시작과 함께 발생한 비용에 대한 불안이 동반될 수 있고, 이는 자존감의 고양과 충돌할 수 있지만, 받는 사람이 표현하는 감사는 그러한 염려를 덜어 줄 수 있다. 어쨌든 감사를 받는 자는 그 순간 자신이 정당한 보상을 받고 있다고 인식한다. 중요한 것은 공정 거래에 대한 인식이다. 기대되는 감사의 정도는 상황이나 문화에 따라 다르지만, 우리는 대부분 그에 대해 별 다른 생각 없이 상황마다 그에 적절한 감사를 주고받는 일에 습관화되어 있다. 자신의 친사회성을 인정받는 것은 자신의 내면화된 도덕 계율에 일관성을 제공하며, 그럼으로써 기분이 좋아진다. 그러나 만약 자신의 친사회적 행위를 사람들이 알아주지 않으면, 그는 마음의 상처를 받을 것이다.

상호주의가 침해될 때는 조화를 회복해야 할 필요가 있다. 예컨대, 우리가 누군가의 행동에서 배신감을 느끼면, 우리는 우리의 친사회적 행위를 받은 사람을 비난할 것이다. 기본적으로 비슷한 원리인 상호주의와 조정된 인식은 반사회적 행동에도 적용된다. 즉, 부당한 취급을 받았다고 느끼는 사람은 복수를 함으로써 그에 응답할 수 있으나,10 자신이 다른 사람을 부당하게 취급했다고 느끼는 사람은 피해자에게 보상을 제공하거나 자신의 인식을 조정함으로써 조화를 회복할 수 있다. 맨 마지막의 경우, '어쨌든 그는 그럴 자격이 있다' 또는 '그것은 그에게 깨달음을 줄 것이다'라고 결론을 내리는 것처럼 피해자나 피해자가 입은 결과에 관한 자신의 견해를 왜곡함으로써 조정된 인식의 조화를 이루어 낼 수 있다. 중요한 것은 상황에 대한 개인의 인식이 자신의 내면화된 도덕 계율과 얼마나 조화를 이루느냐다.

규모가 큰 집단에서는 친사회적 행동을 제공한 사람을 다시 만날 가능성이 매우 희박하므로 감사의 표현이 특별히 중요하다. 왜냐하면 그것이 혜택을 본 사람이 할 수 있는 그에 상당한 실질적 보답을 대신하기 때문이다. 이것은 여러 가지 중요한 결과를 초래한다. 만약 친사회적 행동을 받는 사람이 자신에게 선행을 베푼 사람을 다시 만날 가능성이 희박하다면, 여러 사람에게 공개적으로 감사를 표현하는 것이 사적으로 감사를 표현하는 것보다 더 의미가 있다. 왜냐하면 그런 감사의 표현은 선행을 베푼 자를 친사회적인 사람으로서 사회적 평판을 높여 주기 때문이다. 사람들은 친사회적이라는 평판을 듣는 사람과 상대하는 것에 관심이 있으므로, 그런 평판은 그 사람이 미래에 다른 사람들로부터 친사회적인 행동을 받을 기회를 증대시켜 준다.11 그리고 그것은 새로운 차원을 추가해 주는데, 이는 친사회적 행동과 상호주의에 대한 평판이 가치가 있다는 사실은 다른 사람들이 그런 방식으로 행동하는 사람과 사귀고 싶어 하고, 그렇지 않은 사람과는 접촉하기 싫어한다는 것을 의미하기 때문이다. 감사하다고 말하는 것은 상대에게 예의를 보이는 것이며, 공손한 예의범절은 추가적인 교환을 불러온다. 빚을 갚지 않는 것은 사기며, 다른 사람 돕는 일을 자발적으로 포기하는 것은 인색하고 이기적이고 무정하다. 그리고 우리는 그런 방식으로 행동하는 것으로 알려진 사람과는 사귀고 싶어 하지 않는 경향이 있다. 사회적으로 긍정적인 계율에 따라 하는 행동은 우리에게 일종의 신망을 제공한다. 게다가 정직, 공정한 거래, 관대, 다른 사람의 필요에 대한 민감성 등 모든 미덕은 상호주의와 사회적 계약에 의존한다. 우리는 이런 방식으로 행동하는 사람을 칭송하고 존경한다. 왜냐하면 그들은 사회에서 인정받을 뿐만 아니라 보다 실용적인 측면에서 그들과의 상호작용이 친사회적으로 행동하지 않는 사람들과 거래하는 것보다 더 많은 이득을 얻을 가능성이 크기 때문이다. 무엇보다 우리는 좋아하는 사람을 모방하는 경향이 있다. 우리가 친사회적으로 행동하는 사람을 좋아하면, 친사회적 행동은 우리 주변의 사람들에게서 더 자주 등장할 가능성이 그만큼 더 커진다.[12]

그래서 사람들이 당신을 위해 어떤 일을 해주기를 바란다면, 당신은 그 사회에서 일반적으로 수용되고 있는 계율에 따라 행동해야 한다. 그렇지 않으면 적어도 당신이 그런 방식으로 행동하고 있다는 인상을 주어야 한다. 왜냐하면 그러한 인상은 당신의 행동을 다른 사람들이 어떻게 인식하는지에 영향을 줄 것이기 때문이다. 그런데 다른 사람에게 주는 인상은 한편으로 가식일 수 있는 가능성을 내포한다. 예컨대, 사람들은 정직하고, 관대하고, 공손한 것처럼 가장할 수 있다. 이는 반대로 위장을 감지할 수 있다면 더 나은 삶을 살 수 있다는 것을 의미한다. 그리고 이는 추가적인 일련의 긍정적인 특성과 부정적인 특성의 구분으로 이어진다. 즉, 우리는 가식과 가장을 싫어하고, 정직하고 겸손하게 행동하는 사람을 좋아한다. 따라서 우리가 미덕이나 악덕으로 간주하는 많은 특성은 상호주의의 원리와 관련이 있다.

교환 이론이 사람들은 반드시 자신의 행위가 결국 보상받을 수 있는지를 끊임없이 계산한다고 상정하는 것은 아니다. 우리가 보아 온 바와 같이, 사람들은 자신이 대우받고 싶은 대로 다른 사람을 대우하는 경향이 있긴 하지만, 보통은 자신의 행위에 따른 결과를 따져 보지 않고 '자발적으로' 다른 사람을 도와준다. 또한, 사람들은 자신의 행동이 장기적인 자기 이익의 측면에서 설명될 수 없을 때조차도 친사회적 행동에 화답하고, 친사회적으로 행동하지 않는 사람에게 보복한다는 것을 보여 주는 실험 증거도 있다.13 우리는 이를 통해 사람들이 관계에서 행동하는 방식의 많은 측면이 친사회적으로 행동하고자 하는 성향과 인식된 상호주의가 개인의 자기체계의 일부이거나 자기체계가 쉽게 이용할 수 있다는 가정을 바탕으로 할 때 가장 잘 설명된다는 것을 알 수 있다.

교환 이론의 성공은 사람들이 행동의 상당 부분을 상호주의와 공정한 거래에 대한 기대치에 근거한다는 사실을 입증하는 동시에, 이 접근 방식에서 얻은 상세한 자료는 이 원리가 언제, 어떻게 적용되는지를 보여 준다는 데 있다. 비록 이 원리의 적용과 관련하여 중요한 문화적 관습이 존재한다고 하더라도, 이 원리가 범문화적으로 적용된다는 것은 사실상 확실해 보인다.

교환 이론과 도덕 계율

교환 이론은 사람들이 상호작용에서 서로 어떻게 행동하는지를 설명하기 위해 고심해서 완성되었다. 하지만 이 이론은 사람들이 어떻게 행동해야 하는지와 관련해서는 아무것도 말하지 않는다. 그러함에도 교환 이론과 도덕 계율 사이에는 매우 유사한 점이 있다. 친사회성과 상호주의의 원리는 대부분 사회의 도덕률에서 핵심을 이룬다. '남한테 대접받고 싶은 대로 남을 대하라'의 황금률은 전 세계 주요 종교 및 많은 소수 종교 대표자가 참석했던 시카고 회의에서의 논의에 근거한 '세계 종교 의회 선언'에서 도덕률의 기본 원리로 채택되었다.14 많은 사람이 기독교 도덕의 주요 원리라고 주장하는 '사랑'도 같은 방식으로 설명될 수 있다. 일부 철학자들은 정의가 상호주의를 아우르는 것이며, 사회가 기능하는 데 있어서 기본적인 것 — 예컨대, 보편적으로 수용된 상호주의와 관련이 있는 것으로 보일 수 있는 상호 원조, 상호 침해 자제, 정직과 같은 다른 계율과 함께 — 으로 이해한다.15 살인, 간통, 절도, 위증, 탐욕과 같은 십계명의 일부 계율은 우리가 자신에게 하고 싶지 않은 일을 남에게 하지 말라는 경고이다. 따라서 이 또한 친사회성과 상호주의의 기본 원리와 관련이 있다고 볼 수 있다. 또한, 상호주의는 아동들의 성장 과정에서 예컨대 감사하다고 말해야 하고 은혜를 입었으면 갚아야 하며, 때에 따라서는 남을 도와야 한다 등 훈육 성격을 띤 계율로 구체화하여 나타난다.

그뿐만 아니라 대부분의 도덕률은 단순한 상호주의보다 한층 더 나아간다. 이는 교환 이론이 함축하고 있는 바와 일치하는 것으로 보인다. 즉, 사람들은 단지 보상을 받고 기분 좋은 것으로 그치는 것이 아니라, 친사회적 교환 — 남에게 대접을 받고자 하는 대로 남을 대접하라 (마태복음 7장 12절) — 을 시작한다는 것이다. 비슷한 정서가 여러 종교의 도덕 계율에서도 발견된다.16 다른 사람들이 당신에게 되돌려 줄 것을 바라기 때문에 그러는 것이 아니라, 당신이 다른 사람들을 대하는 하나의 지침을 준수하는 방식으로 다른 사람들의 복지를 증진하는 것은 도덕적으로 옳다. 따라서 그것은 상호주의의 기본 원리와 관련이 있는 참됨이나 정직과 같은 교환에 내재하는 긍정적인 미덕일 뿐만 아니라 관대함, 연민, 온정과 같은 친사회적 교환의 개시와 관련이 있는 미덕이다. 다른 수많은 도덕적 미덕도 같은 시각에서 볼 수 있다. 이 문제는 15장에서 더 자세히 논의될 예정이다.

포틀래치 및 그와 관련된 문제들

선물의 교환은 산업화가 이루어지지 않은 사회에서 상당히 중요한 역할을 한다. 이는 북서 아메리카의 일부 지역과 태평양의 몇몇 섬에서 발견되는 일종의 선물 분배 행사인 포틀래치potlatch가 가장 극적으로 입증해 준다.17 여기에서는 그런 관습의 일반적인 일부 특징만을 논의한다. 선물의 교환은 주로 집단 사이 혹은 집단을 대표하는 사람 사이에 경제적 가치가 있는 것뿐만 아니라 '예의, 환대, 의례, 군사 원조, 여성, 아동, 춤, 잔치'가 어우러져 이루어진다.18 어떤 경우에는 선물을 줄 때 치열한 경쟁이 일어나기도 하는데, 이는 선물을 주는 것이 부를 과시하는 하나의 방법이기 때문이다. 위신과 지위는 교환되는 선물의 규모로 결정되며, 개인이나 집단은 종종 경쟁적으로 씀씀이를 후하게 함으로써 빈곤의 나락으로 떨어질 수도 있다. 선물을 주고, 받고, 갚는 것은 의무이다. 그런 행위는 서로 좋은 관계를 유지하는 데 도움이 되며, 거절은 적대감을 의미할 수 있다. 따라서 주는 것은 그 사람의 관대함을 의미하기도 하지만, 이기적인 것이자 위신을 얻는 하나의 수단이기도 하다. 흔히 선물은 파기되거나 바다에 버려지지만, 선물의 규모는 기부자의 위신에 공헌한다. 선물을 받는다는 것은 신용을 의미하며, 주고받는 것과 받은 것보다 더 많이 갚는 것은 명예의 문제이다. 선물을 주고받는 일련의 행위는 시간상으로 매우 확장되어 의례와 신화에 내재되어 있을 가능성이 크다. 즉, 선물은 주는 사람과 연합되거나 일부로서 여겨지며, 받는 것은 주는 사람과 받는 사람 사이에서 일종의 영적 유대를 형성하는 것으로 여겨진다.

어떤 의미에서 보면 포틀래치는 극단적인 하나의 현상으로, 그것과 일상의 교환 사이에는 하나의 스펙트럼이 존재한다. 모스Mauss는 그러한 교환 체계를 서양의 시장에 앞서는 것으로 본다. 이는 주고받는 것과 상호주의라는 가정이 사회적 삶의 밑바탕에 자리하고 있다는 것을 암시한다. 현재의 관점에서 보면, 포틀래치는 결과적으로 집단 사이의 관계를 강화하는 친사회적 행동과 상호주의에 대한 일종의 의례로 여겨질 수 있다. 개인이나 집단이 포틀래치에 내포된 경쟁적인 너그러움에서 나오는 위신으로부터 실제로 어떤 이득을 얻는지는 열려 있는 문제이다. 중요한 것은 기본적인 심리적 특성으로부터 정교화된 관습이 이들 사회의 사회 문화적 구조의 일부가 되었으며, 사람들은 그것이 자원을 적절하게 배분하는 것이라고 인식한다는 점이다.

친사회적 행동과 상호주의의 자연 선택

지금까지의 내용을 간추리면, 사람들은 이기적인 행동뿐만 아니라 친사회적인 행동을 보여 주는 경향을 발달시키는 잠재력을 타고났다. 친사회적 행동은 보통 자발적이지만, 미래의 보상에 대한 기대를 수반할 수 있다. 심리학적(그리고 인류학적) 자료는 사람들(그리고 집단)이 다른 사람들과 상호작용을 하는 데 있어서 마치 상호주의를 요구하는 사회적 계약을 준수하는 것처럼 행동한다는 것을 보여 준다. 사회적 계약은 도덕 계율로서의 위력을 지닐 수 있다. 상호주의는 감사를 표현하는 형식을 취할 수 있는데, 이는 미래에 상응한 보답을 제공한다는 암시일 수 있다. 사회의 가치와 계율에 일치하는 행동은 그 자체가 미래에 이익을 가져다줄지도 모를 지위를 얻게 해준다. 이러한 행동이 어쩌면 모든 사회에 공통적일 수 있다는 점에서, 그 행동의 몇 가지 측면이 자연 선택의 결과일 수도 있음을 고려해 볼 수 있다.

진정으로 이기적이지 않은 행동이란 무엇인지 그리고 심지어 과연 그런 행동이 존재하는지에 대하여 상당한 논란이 있었다. 한편으로 사람들은 자선 사업에 돈을 기부한다. 전시에 어떤 사람들은 다른 사람을 위해 위험을 무릅쓰며, 때로는 자신의 생명마저 바친다. 그런데 그러한 경우에는 보상에 대한 희망이 전혀 없다. 다른 한편으로 그런 행위를 놓고 다양한 의견이 제기된다. 그러한 행위는 탐식이 타고난 섭식 경향을 과도하게 표현한 것과 같이 다른 사람에게 친절하게 대하려는 일반적인 경향의 과대 표현에 불과한 것인가? 아니면 이타주의자들이 자신을 긍정적으로 바라보고자 하는 욕구인 자기 존중의 동기에서 비롯된 행위인가? 여기에서는 건설적이지 않은 이런 논의들은 제쳐 놓고,[19] 친사회적 행동과 상호주의가 어떻게 진화할 수 있었는지를 논의하고자 한다.

일부 다른 동물 종에서 유사한 행동이 발견된다는 보고를 근거로, 상호주의 원리에 일치하여 행동하고자 하는 성향은 실제 인간 본성의 일부일 수 있다는 가능성이 제기되고 있다. 예를 들어 흡혈박쥐들은 보통 밤에 활동하는데, 어떤 날에는 일부 박쥐가 먹이 사냥에 실패할 수 있다. 박쥐들은 먹이가 없으면 수일도 버티지 못하고 죽는다. 그러나 그 박쥐들이 빈손으로 서식지로 돌아오면, 먹이 사냥에 성공한 박쥐들은 자신의 먹이를 그들과 나눠 먹는다. 이것은 비이기적인 행동으로 보인다. 왜냐면 그 박쥐들은 다른 박쥐들에게 자기 먹이의 일부를 나누어 주고, 그로 인해 먹이 사냥에 성공하지 못한 박쥐들의 생명을 구해 주기 때문이다. 그러나 포획에 성공한 박쥐들은 자기들이 이전에 먹이 사냥에 실패했을 때 도움을 받았던 다른 박쥐들에게 먹이를 건네줄 가능성이 매우 크다. 따라서 겉보기에 비이기적인 기증자는 자기가 성공하지 못할 때 보답을 받는다.[20] 또 다른 예를 들면, 긴꼬리원숭이가 혈연적으로 관련이 없는 다른 긴꼬리원숭이의 도와달라는 녹음 소리를 들을 경우, 그 원숭이가 과거에 자기를 도와준 적이 있다면 반응을 보일 가능성이 훨씬 더 크다.[21] 인간이 아닌 영장류의 보상과 관련한 여러 가지 사례가 보고되었는데, 전부 그런 것은 아니지만 대다수가 경쟁적으로 이루어지는 상호작용에서 서로 도움을 준다.[22]

　그러한 친사회적 (일부 사람이 '최초의 도덕적'이라 여겼던) 행동이 동물들에게 얼마나 광범위하게 나타나는지에 대해서는 매우 논란이 많다.[23] 어쨌든, 동물과 인간의 행동(행동과 관련한 원리의 비교와는 대조적으로)에서 유사하게 보이는 것은 항상 위태롭다. 일부 다른 종에서 상호주의적 행동이 발생한다는 것과 관련하여 여기에서 제기하는 주장은 단순하다. 그것은 사람들이 다른 사람을 도울 뿐만 아니라 보상에 대한 기대가 있을 때 더 돕는 경향이 있다는 사실이 부분적으로는 자연 선택에 그 원인이 있을 수 있다는 것을 암시한다는 것이다. 그렇다고 해서 사람들이 오로지 상호주의적으로 행동하는 것이 장기적으로 이익이 된다는 것을 알기 때문에 혹은 협력하지 않으면 침몰할 배에 모두 함께 타고 있다는 것을 알기 때문에 그렇게 한다는 의미는 아니다. 더 정확히 말하면, 인간은 자연 선택으로 인해 친사회적으로 그리고 상호주의적으로(물론 모두가 반드시 그렇게 하는 것은 아니지만) 행동하고자(학습하고자) 하는 성향을 지니고 있으며, 개인의 자기체계에 이런 성향이 통합됨으로써 사람들은 필요할 때에 사실상 자동으로 그렇게 행동할 수 있다는 것을 시사한다.

그런 성향은 어떻게 진화할 수 있었을까? 이는 언뜻 보면 생물학자가 대답하기에 상당히 곤란한 문제인 것으로 보인다. 선택이 개인의 생존과 생식에 유리하도록 영향을 미친다면, 아무런 관련이 없는 타인이나 전체 집단의 이익에 유리한 행동을 어떻게 조장할 수 있는지를 이해하기가 어렵기 때문이다. 친사회적 행동과 상호주의의 규범이 어떻게 집단 내에서 유지될 수 있었을까? 자신들에게 비이기적으로 행동했던 집단 구성원들한테 이기적으로 행동한 사람들은 그들보다 자원에 접근하기가 더 쉽고, 그럼으로써 결국 자신들에게 이득이 되지 않는가? 그리하여 그런 이기적인 사람들이 더 많은 자녀를 낳고 자신들의 행동을 전수해 줌으로써, 그 집단은 오직 자신들과 같은 부류의 사람들로 구성되고 결국 나중에는 이기적이지 않은 사람들이 소멸하지 않을까? 혈연적으로 관련이 없는 수많은 사람이 서로 협력하는 것은 다른 포유류에서는 발견되지 않고 오로지 인간에게서만 나타나는데, 여기에는 설명이 필요하다.

현시점에서 이런 의문에 대한 개략적인 대답의 윤곽은 분명하게 드러나지만, 그 상세한 부분에 대해서는 아직 논란의 여지가 많다. 그러한 문제와 관련해서는 많은 논의가 있었다. 다음에서 언급되는 것은 단지 그 개요만 보여 주고 있다.[24] 여기에서는 서로 관련되는 세 가지의 접근을 간략히 검토한다.

첫 번째는 자연 선택이 오직 개인에게만 작동하고, 집단생활을 하는 것이 유리하며, 집단 내 자연 선택이 작동하여 개인들이 서로 다른 방식으로 행동할 때 미칠 수 있는 영향을 자신들의 포괄적 적합성(즉, 자신들의 장기적인 생식 성공과 친척들의 성공, 유전적 관련성의 정도에 따라 평가 절하됨)에 따라 추정할 수 있는(반드시 의식적으로 하는 것은 아니다) 능력을 가지고 있다는 견해에 근거한다.25 사람들이 집단생활을 해왔다는 것은 혼자 독립적으로 생활하는 것보다 집단으로 생활하는 것이 더 유리하고, 집단에서는 다른 사람들이 근접해 있어 경쟁적인 상황이 발생할 가능성이 크기 때문에 자신들의 이기적 독단성을 불가피하게 억제했던 것이 분명하다는 것을 시사한다. 개인의 적응도는 다른 사람들과 더불어 생활하는 능력과 함께 집단 내에서 경쟁하는 역량에 따라 좌우된다. 따라서 사람들은 집단생활에서 불가피하게 요구되는 제약 내에서 자신의 이익을 확장하는 행동 방식을 발달시킨다. 이것은 도덕적인 것으로 분류될 수 있는 행동을 수반하기 쉽다. 즉, 우리가 보았던 바와 같이, 다른 사람들과 기꺼이 협력하는 것으로 알려진 사람은 그렇지 않은 사람들보다 다른 사람들로부터 협조를 받을 가능성이 크다. 그리고 정직하다고 알려진 사람은 다른 사람들이 자신과 기꺼이 거래하고자 한다는 것을 알게 될 것이다. 이런 관점에서 보면, 도덕률을 준수하는 사람은 그렇지 않은 사람보다 생활하기에 더 유리하기 때문에 인간은 도덕적 민감성을 발달시키는 경향이 있는 것으로 보인다.

그러나 위에서 지적했던 것처럼, 협력적이고 정직한 사람은 비도덕적으로 행동하는 사람들로부터 착취를 당하기 쉬울 것이다. 그리고 이런 시나리오는 여전히 자연 선택이 그러한 상황을 초래할 수 있는 방식을 열어 두고 있다. 여기서 우리는 컴퓨터 모델링 접근방식으로 전환해서 가정할 텐데, 한 부류의 사람은 주로 친사회적이며 협력하는 행동을 보여 주고 다른 한 부류의 사람은 주로 이기적인 행동을 보여 주는 것으로 설정한다.26 초기 시뮬레이션은 소규모 집단에서 처음 만났을 때 다른 사람들에게 협조적으로 행동하고 이후 적절한 때에 그들에게서 보답을 받았던 사람들이 다른 방식의 전략을 사용한 사람들과의 경쟁에서 이겼음을 보여 주었다. 이 같은 '눈에는 눈, 이에는 이' 전략은 비협력자들의 침입에 저항하는 것이라고 주장되었다.27 이런 전략은 사람들이 집단의 다른 구성원들을 서로 잘 알고 있어 친사회적 협력자가 다른 친사회적 협력자들을 만날 기회가 충분히 있는 소규모 집단이나 중간 정도 규모의 집단에서 잘 작동하였다. 협력자가 이기적인 사람보다 다른 협력자를 더 도와준다면, 협력 전략은 확실히 이기적 전략보다 우위에 설 가능성이 크다. '눈에는 눈, 이에는 이' 전략이나 그와 연관된 전략은 협력자들과의 협력과 배반자들과의 배반을 수반한다는 것으로도 성공적이다.

그러나 이 전략이 다른 전략들보다 우위에 설 수 있었던 것은 승자가 진출하는 토너먼트 조건에서 상대를 서로 패배시키려는 다른 전략들 때문이었으며, 그러한 '눈에는 눈, 이에는 이', 즉 앙갚음 전략보다 더 나은 대안적인 전략이 고안될 수 있었음이 밝혀졌다.28 그뿐만 아니라, 그러한 컴퓨터 시뮬레이션은 지금까지 여러 측면에서 실제 세계의 상황과는 매우 다른 경우들과 관련이 있었다. 특히, '눈에는 눈, 이에는 이'의 앙갚음은 대규모 집단의 경우에 그리 성공적인 전략일 것 같지 않다. 왜냐하면 대규모 집단에서는 대부분의 사람이 서로를 잘 알지 못하며, 한 협력자가 다른 협력자를 만나 인정해 줄 기회가 별로 많지 않을 것이기 때문이다. 물론, 다른 사람의 행동을 관찰하거나 소문만으로도 그 사람이 협력자인지 배신자인지를 알 수 있어서 이전의 만남에 꼭 의존할 필요는 없지만,29 보통은 잘 알기 어렵다. 게다가 실생활에서는 실수를 범할 수 있다.30 그리고 오늘날에는 어떤 하나의 전략이 보편적으로 무조건 성공적일 수만은 없다는 증거가 나오고 있다.31 그렇다면, 친사회적 행동의 선택은 어떻게 유지될 수 있었을까?

여기에서 우리는 비친족을 향한 친사회적 행동을 설명하는 (관련은 있지만) 또 다른 접근방식을 논의하고자 한다. 이 접근방식은 한 집단 내의 사람들 간 경쟁과 협력뿐만 아니라 집단 사이의 경쟁과 선택을 가정한다. 주로 서로에게 친사회적 행동을 하는 사람들로 이루어진 집단이 유지될 수 있을까? 그리고 그런 집단은 주로 이기적인 사람들로 이루어진 집단보다 집단 간의 경쟁에서 더 성공적일까? 이런 행동 특성에서 다소 차이가 나는 사람들로 이루어진 집단 사이의 선택은 이기적인 사람들을 배제하고 친사회적인 사람들을 증가시킬 수 있는가?

자연 선택은 개인 간의 유전적 차이에 영향을 미친다. 그리고 집단 간의 선택에 의한 유전적 진화가 인간이 아닌 종에서 일어났다고 해도 극히 드물었다는 유력한 증거가 있다.32 그러나 중요한 문제는 개인 간의 차이가 유전적이어야 한다는 것이 아니라 한 세대에서 다음 세대로 전달된다는 의미에서 유전적이어야 한다는 것이다.33 인간의 경우에는 이런 일이 다른 종보다 훨씬 더 많이 전통에 의해서나 유전과 무관한 일부 다른 기제에 의해서 이루어질 수 있다. 그렇다면 다음과 같은 의문이 든다. 집단 구성원 사이에서 문화적으로 유지되어 온 유사점과 집단 간의 문화적 차이는 집단 선택의 근거를 제공하는 것은 아닐까? 예컨대 주로 친사회적인 사람들로 이루어진 집단은 유지될 뿐만 아니라 이기적인 사람들로 이루어진 다른 집단과의 경쟁에서 이길 수 있을까?

그런 상황에 대한 한 가지 요건은 서로 지속 가능한 차이를 보여 주는 집단들이 존재하는지의 여부일 것이다. 그러나 친사회적인 사람들이 차지하는 비율의 집단 간 차이는 한 집단이 다른 집단을 모방함으로써, 집단 간의 혼인으로, 다른 형태의 문화 확산으로 점차 사라질 수 있다. 그리고 우리가 보았던 바와 같이, 친사회적인 사람과 이기적인 사람이 혼재하는 집단에서는 친사회적인 사람이 집단 동료와의 경쟁에서 덜 효과적이며 오히려 소멸하는 경향이 있을 수 있다. 따라서 주로 친사회적 성향이 있는 사람들로 구성된 집단이 존재할 수 있다는 것이 곧바로 명백해 보이지는 않는다. 그러나 아마도 문제는 사람들이 자신의 친사회적 행동에 대해 보상을 받아야 한다는 것뿐만 아니라 만약 친사회적으로 행동함으로써 다른 사람들의 친사회적 행동의 빈도를 효과적으로 증가시켰다면, 자신에게 친사회적으로 행동한 사람에게 보상을 해주는 것과는 별개로 다른 사람들에게 이익을 주는 행동에 대한 비용을 기꺼이 부담해야 한다는 것이다. 따라서 그러한 전략이 과연 집단 간의 경쟁 때문에 유지될 수 있는지에 대해 의문이 생긴다.

컴퓨터 모델링은 특정 조건 아래에서 집단 간의 경쟁이 친사회적 행동을 선호할 수 있게 한다는 것을 보여 준다.34 만약 우직한 사람이 집단에서 유행하는 행동을 모방하는 경향이 있다면(순응을 생각해 보고 아래를 볼 것), 만약 집단의 생활환경이 균일하지 않다면, 만약 집단이 때때로 이주하는 경향이 있다면, 친사회적인 협력적 행동은 집단에서 우세해진다. 다른 사람들이 하는 행동의 성공 여부를 확인하기는 어렵지만, 대부분 사람이 하는 것을 모방하는 것이 좋은 전략일 가능성이 있다는 점에서 순응은 중요하다. 만약 어떤 집단이 새로운 환경으로 이주한다면, 사람들에 의한 개별 학습은 새로운 전략을 배울 수 있게 할 것이다. 환경의 이질성과 집단 이동은 집단 내의 순응을 유리하게 할 것이다. 이는 집단이 익숙하지 않은 상황에 직면하게 되면, 간혹 통상적인 관행이 덜 효과적일 수 있기 때문이다. 새로운 환경에서 다른 사람들을 잘 대해 주었던 사람은 이름이 널리 알려질 것이며, 집단에 일반화되어 있는 행동을 모방하는 것은 우직한 사람들에게 득이 될 것이다. 따라서 만약 대부분의 사람이 친사회적인 협력자라면, 친사회적 협력은 집단 내에 널리 확산될 것이다.35

그리고 환경의 이질성은 개체의 특정한 유형 중 어떤 것이 다른 것보다 더 높은 비율을 차지하는 집단 간의 표현형(역주: 유전자와 환경의 영향에 의해 형성된 생물의 형질) 차이로 이어질 것이다. 이것은 다른 방식으로도 일어날 수 있다. 만약 사람들이 자신과 유사한 자들이 속해 있는 집단에 합류하고자 하는 성향을 갖고 있거나 집단들이 애초에 짝을 이룬 사람들에 의해 구성되고 혈연적으로 연관된 사람들의 가족으로 확

도덕 계율은 어디에서 오는가? PART 2 ―

장되어 성장하였다면, 집단은 서로 그 구성원들의 특성에서 차이가 있을 것이며 그럼으로써 집단 간의 경쟁이 일어날 여지가 있을 것이다.[36] 친사회적 협력자들의 행동은 집단 내의 비협력자들과 관련하여 일부 비용이 수반되지만, 자기들의 집단이 다른 집단과의 경쟁에서 이길 가능성을 증가시킬 수 있다. 그리고 그럴 때 친사회적 협력은 증가할 수 있다. 물론, 집단 간의 경쟁은 친사회적으로 그리고 상호주의에서 하는 행동의 원리가 내집단 구성원들in-group members에게만 적용되어야 함을 의미한다. 우리는 나중에 이 점을 다시 논의할 것이다.

따라서 집단 내의 균일성과 집단 간의 다양성은 친사회적 행동을 선호할 수 있는 집단 간 선택에 유리한 조건을 제공한다. 그러한 과정이 가능하다는 것은 컴퓨터 모델링이 보여 주고 있다.[37]

집단 간 선택은 흔히 집단 간의 전쟁 결과로 다른 집단에 의한 한 집단의 소멸이나 동화를 수반하는 것으로 여겨졌다.[38] 하지만 승자가 패자에게 자신들의 관습을 부과하는 집단 간의 전쟁이 과연 얼마나 강력한 힘이 될 수 있었는지의 문제는 아직 미해결 상태로 남아 있다. 승자가 패자에게 자신들의 관습을 부과하는 일은 때때로 일어났지만, 그것이 인간 진화에서 할 수 있었던 역할에 대해서는 논란이 있다. 보엠[39]은 불가피하게 증거를 추측에 근거하여 신중히 검토한 후, 집단 간의 전쟁이 집단 선택을 확대하고 친사회적 행동을 지원하는 선택압selection force을 제공할 수는 있었지만, 이타주의에 대한 유전적 기반을 위해 집단 내 선택을 지원하지는 않았을 것 같다고 생각한다. 그러나 그것이 문화적 집단 선택을 지원할 수 없다는 의미는 아니다. 어쨌든 집단 간 선택은 간접적일 수 있었는데, 집단들은 실제로 서로 싸우지 않고 제한된 자원을 놓고 경쟁하는 데 있어서 서로 다른 성공을 거둘 수 있었다.

따라서 자연 선택이 작동해 온 정확한 방식에 대해서는 보편적으로 동의하는 바가 아직 없지만, 친사회적 행동과 상호주의가 오랜 시간에 걸쳐 작동하는 자연 선택의 과정으로 진화한다는 견해에 대해서는 이를 뒷받침하는 유력한 증거가 있다.

친족 선택과 상호 '이타주의'의 선택
—

앞서 7장에서 우리는 '친족 선택'의 원리가 발생되는 과정을 검토하였다. 즉, 우리는 혈연관계가 있는 친족에 대한 친사회적 행동이 어떻게 개시자와 같은 유전자를 보유할 가능성이 있는 다른 사람을 돕는 일을 수반하고, 또 어떻게 그러한 유전자의 생존과 친척을 돕는 경향을 촉진하는지를 살펴보았다. 그리고 이 장에서는 '상호 이타주의'의 원리,[40] 즉 다른 사람으로부터 보답을 받을 가능성이 있는 경우에 혈연적으로 관계가 없는 다른 사람들을 어떻게 도울 수 있는지를 살펴보았다. 이것들은 흔히 서로 관련이 없는 두 가지 원리로 취급되지만, 최근에는 밀접하게 서로 연관이 있다는 제안이 나오고 있다.[41] 한편으로는 개인 A가 자신의 친척인 B를 도울 때, 자신과 같은 유전자를 많이 가지고 있으면서 A를 포함한 다른 사람을 도울 가능성이 있는 사람을 돕는 것이므로, 친족 선택이 상호주의와 관련이 있다. 다른 한편으로는 자신처럼 다른 사람을 돕는 성향이 있는 사람을 돕는다는 점에서, A가 보답할 가능성이 있는 다른 B를 도울 때 상호주의는 어느 정도 친족 선택의 이점을 가져다줄 가능성이 있다. 따라서 두 원리는 상대 원리로부터 서로 어느 정도 이득을 얻는다.

논증은 한층 더 나아갈 수 있다. 다른 사람들에게 친사회적으로 행동하는 성향은 유전적 요소와 경험적 요소 모두에서 기인한다. A는 자신이 먼저 보였던 친사회적 행위에 대해 (오래 지체되지 않아) 친사회적 보답을 받을 때마다, 그의 그런 성향은 더욱 강화되어 미래에 적어도 자신에게 보답해 준 그 사람에게 그리고 반응이 일반화된 경우 더욱 대상 범위를 넓혀 친사회적으로 행동할 가능성이 더 커질 것이다. 이는 친사회성의 확산에 도움이 될 것이다.

그것은 훨씬 더 추측성 있는 제안으로 이어진다. 일반적으로 사람은 자기가 사랑하거나 좋아하는 사람을 위해 일하고 싶어 한다는 성향에 대해서는 이미 앞에서 언급하였다. 이것은 애착 관계가 전혀 형성되어 있지 않은 사람이나 누군지 모르는 사람에게 보답을 요구하는 성향과는 대조적이다. 이 차이와 관련하여 다양한 근접 설명이 가능하며,42 친족 선택과 상호 이타주의의 차별력differential force에 관해서는 궁극 설명이 제시될 수 있다. 우리가 애정을 느끼는 사람은 대부분 혈연적으로 관련이 있거나 잠재적 생식 상대일 가능성이 있다. 또한, 우리는 자신과 닮았기 때문에43 우리의 친사회적 행동 성향을 공유하고 있을 가능성이 있는 사람에게 매력을 느끼는 경향이 있다. 두 경우에 친족 선택이 작동할 수 있다. 우리가 애정적 유대가 없는 사람을 대할 때, 혈연관계가 있을 가능성은 더 낮을 것이고, 보답의 필연성은 더 높을 것이다.

순응에 관한 주석

앞선 논의는 다른 사람들이 행동하는 것을 따라 하는 순응 성향이 친사회성의 확산에 중요한 역할을 할 것이라는 점을 시사하였다. 때로는 다른 사람들의 평가를 통해 자신을 규정하고자 하는 강한 욕구와 관련이 있는44 '순응 욕구'는 공통적인 인간 특성으로, 대체로 이와 관련한 증거자료를 제시할 필요가 없다. 패션 산업, 사회에 널리 퍼져 있는 신념이나 행동 양식에 대한 빠른 적응, 집단 히스테리 현상, 일부 종교 종파의 구성원들이 스스로 극단적인 희생을 할 준비가 되어 있는 것 등은 모두 이런 경우에 속한다. 또한, 사람들이 어떤 일을 판단할 때 같은 의견을 가진 사람들의 말에 영향을 받는다는 것은 이미 여러 연구실에서의 실험을 통해 입증되었다.45

순응주의는 몇 가지 방식의 선택에서 유리했을 수 있다.46 첫째, 도구를 만들거나 여자를 얻거나, 혹은 그 밖의 무엇이든 자신이 바라는 일을 성공적으로 해내는 사람을 모방하는 것은 자신에게 이득이 된다. 둘째, 만약 대부분의 사람이 집단 통합을 지지하는 행동을 보임으로써 집단이 잠재적으로 성공할 가능성이 있다면, 그 집단에 합류하여 그들을 모방하는 사람은 이득을 볼 것이다. 셋째, 다른 사람들이 하는 것을 단순히 따라 하는 것은 그게 무엇이든 간에 집단 통합과 화합을 촉진하는 경향이 있다. 이는 종교 모임과 같은 대중 집회의 힘으로 드러난다. 사람들은 다른 사람들이 하는 것을 따라 할 뿐만 아니라, 다른 사람들이 믿는 것을 그대로 믿기도 한다. 넷째, 사회의 계율을 따르는 사람들은 칭송과 지위를 얻는 등 다른 방식으로 성과를 올릴 수 있다.

따라서 순응주의는 일반적으로 집단에서 흔히 볼 수 있는 행동의 빈도를 증가시킨다. 다시 말해 친사회적 행동이 흔하다면, 그 행동은 더욱 늘어날 것이다. 그런 현상은 사회에서 당국이 순응을 촉진하고, 순응하지 않는 사람들이 처벌을 받는다면 일어날 가능성이 훨씬 더 커질 것이다. 컴퓨터 모델링은 친사회적 행동뿐만 아니라 다른 어떤 행동 성향도 만약 사회적 규범으로 제정되고, 그에 대한 준수가 사회적 보상이나 제재로 강화된다면 사람들에게서 증가할 수 있음을 확인해 준다.47

일단 규범이 제정되면, 순응주의는 순응하는 사람들의 행동으로 유지될 수 있다. 현대 수렵 채집민 집단의 평등주의적 성격에 깊은 인상을 받았던 보엠48은 사람들이 과도하게 이기적인 자기주장을 펼칠 때 다른 사람들로부터 견제를 받았을 것이며, 그럼으로써 집단 내의 가변성이 줄어들었을 것이라고 제안하였다. 그런 과정은 합의에 따라 결정에 이르도록 하는 집단의 경향을 더욱 강화하였을 것이다.

물론, 순응주의는 약간의 모순을 내포할 수 있다. 사람들은 자신이 행동하는 방식과 이미 형성된 자아 개념 사이에 일관성을 유지하고자 한다. 그래서 다른 문화에 합류하는 사람들이 그에 순응하면서도 동시에 약간의 저항을 보이는 것은 놀라운 일이 아니다. 예컨대 예전의 소련에서 이스라엘에 이민을 온 사람들을 대상으로 했던 한 연구에 따르면, 이민자들은 이스라엘인들이 사회에 동화되는 그 이상으로 자신들의 독특한 정체성을 포기하기를 바란다고 생각했다. 순응을 중시하는 이민자들은 삶에 대한 만족도가 낮아 보였고 순응에 대한 그들 자신의 태도와 주류 사회 사람들 사이에 불일치가 있음을 더 크게 인식하였다.49 순응이 2세대 이주자들에게서 더 일어나기 쉬운 것은 그리 놀라운 일이 아니다.

상호주의를 뒷받침하는 다른 특성들

교환 이론을 논의할 때, 우리는 친사회적 행동과 상호주의의 원리가 상호작용에서 너그러움, 정직, 공정한 거래와 같은 행동의 다른 측면들에 대한 긍정적인 평가로 이어질 수 있다는 것을 보았다. 여기에서 우리는 그 주제를 다루고자 한다.

인지적 특성

컴퓨터 모델링에 근거한 접근법은 사람들을 제한된 행동 레퍼토리를 지닌 존재로 인식하는 경향이 있다. 사실, 여러 가지 심리적 특성 — 그 가운데 많은 것은 명백히 범문화적이다 — 이 상호주의를 뒷받침한다. 그런 특성들이 존재한다는 것은 친사회적 행동과 상호주의가 자연선택으로 진화하였다는 추가적인 증거이다.[50]

우리가 보았던 바와 같이, 친사회적으로 행동하는 사람은 이기적인 자기주장을 하는 사람에게 이용당할 수 있다. 여기에는 받았던 이익에 대한 보답을 거부하거나 있지도 않은 특성(예컨대, 너그러움)을 마치 지닌 것처럼 가장하는 것뿐만 아니라, 조금만 보답하고 도망치는 행위 등이 포함될 수 있을 것이다. 아마도 이런 일 때문에 인간은 받은 혜택을 다른 가치로 반환할 때조차 아주 예민한 정의감을 보이는 것 같다. 앞에서 언급했던 것처럼, 우리는 제품에 금전을 지급할 뿐만 아니라 공로에 감사하고 전해 준 정보에 감복하는 등의 다양한 교환을 받아들인다.

도덕률의 존재를 고려해 볼 때, 친사회적 도덕률을 준수하는 사람들이 그렇지 않은 사람들을 탐지할 수 있는 능력에 많은 것이 달려 있다. 이기적 자기주장을 드러내 놓고 과시하는 행동은 도덕률로 금지될 수 있다. 하지만 우리는 상호작용을 함께하는 사람이 도덕률에 동의하는지를 어떻게 알 수 있을까? 의문이 완전히 풀린 것으로 여겨질 수는 없겠지만, 연구실에서의 실험은 사람들이 누가 사회 계약을 위반하는지 능숙하게 탐지할 수 있다는 것을 보여 준다. 이 실험은 피험자들에게 'P라면, Q이다'라는 형식의 논리적 규칙을 제시하고 위반을 탐지하도록 요청하였다. 피험자들은 그 문제가 순전히 논리적인 문제일 경우(예컨대, '만약 어떤 학생이 D 학점을 받았다면, 그의 부모는 코드 3으로 표시되어야 한다')보다는 사회적 계약의 위반과 관련되었을 경우(예컨대, '만약 어떤 사람이 맥주를 마시고 있다면, 그는 분명히 스무 살이 넘었을 것이다')에 더 잘 탐지하였다.[51] 그러나 그 결과가 논쟁의 여지가 없고 실험이 정교하게 통제되었다고 하더라도, 이 실험에 관한 해석은 여러 가지 이유로 의심되어 왔다.[52] 한 가지 비판은, 한쪽은 단지 논리적인 문제일 뿐이고 다른 한쪽은 활용 가능한 실생활 상황이라는 점에서 두 가지 선택지가 그야말로 서로 전혀 다른 과제라는 것이다.[53] 여기서 우리가 주목해야 할 것은 그러한 설명의 경우, 부정행위의 탐지가 자연 선택으로 인한 것일 수 있다는 것을 받아들이거나 부정하지 않으면서 동시에 인간 마음의 다른 특성에 책임을 지운다는 것이다. 따라서 그 문제는 미결의 상태인 것으로 간주해야 한다. 어쨌든, 사회적 계약에 대한 부정행위를 탐지하는 능력이 3세 혹은 그보다 더 어린 아이들에게서 나타난다고 하더라도, 학습의 역할이 배제될 수는 없다. 왜냐하면 사회화는 유사한 계약의 빈번한 발동을 수반하기 때문이다(예컨대, '만약 네가 X를 하면, 나는 너를 벌할 것이다').[54]

사회적 계약을 위반한 사람이 적발되었다고 가정할 경우, 다음에 만날 때 그 사람을 식별할 수 있어야 한다는 것 또한 중요하다. 실험 증거는 신뢰할 수 있는 사람이라는 딱지가 붙어 있거나 아무런 관련이 없는 정보들이 나열된 사람의 사진보다 사기꾼이라는 딱지가 붙은 사람의 사진을 학생들이 더 쉽게 기억할 수 있다는 것을 보여 준다. 높은 지위에 있다는 딱지가 붙은 사람에게는 이러한 차이가 나타나지 않았다.[55]

사기꾼을 찾아내는 데는 집단 책임감 또한 필요하다. 어떤 사람이 제삼자에게 불공정하게 행동한다고 느끼는 사람은 도덕적으로 분개하여 개입할지 모른다. 사실, 사회에서 통용되고 있는 기준을 지키지 않는 사람을 보고도 아무런 제재를 가하지 않는다면 도덕적으로 비난을 받을 수 있다.[56] 그러한 '의분'이나 의분에 뒤이은 '도덕적 훈계'는 도덕률을 유지하는 데 도움이 될 수 있다. 컴퓨터 시뮬레이션은 만약 처벌에 따른 대가가 아주 크다면 서로 협력하고, 비협력자들을 처벌하며, 비협력자들을 처벌하지 않는 사람들을 처벌하는 등의 엄격한 전략들이 안정적으로 운용될 수 있다는 것을 보여 준다.57

정서

인간의 아주 흔한 정서 가운데 일부는 상호주의의 원리를 옹호하는 기능을 하며, 그 목적에 아주 적절해 보이기도 한다. 그래서 우리는 항상 그러는 것은 아니지만 불공정하게 대우받는다고 생각되거나 일반적으로 인정된 도덕률을 위반한 것을 알게 되면 분노하고 받아야 할 것보다 더 많은 이득을 취할 때는 불편함을 느끼기도 한다. 죄책감이나 수치심은 우리가 내면화된 도덕률에 일치하는 행동을 유지하는 데 도움을 준다. 죄책감, 수치심, 도덕적 분노, 도덕적 만족 등을 표출한다는 것은 사실상 그 사람이 도덕 계율을 내면화하였다는 최적의 증표라는 주장이 있다.58 더욱이 위반을 한 사람이 표출하는 죄책감이나 수치심은 그 위반을 목격한 다른 사람들의 공분을 피할 수 있게 해줄 수 있다. 감정이 표현되는 경우나 정도가 문화에 따라, 개인에 따라, 상황에 따라 매우 다양하긴 하지만,59 분노, 슬픔, 두려움, 기쁨, 혐오 등의 정서에 관한 표정이 범문화적으로 유사하다는 충분한 증거가 있다.60

그러나 이와 관련한 어두운 측면도 있다. 사회적 계약을 위반한 자신의 부정행위가 적발되고 도덕적 비난에 노출될 것을 두려워하는 사람은 시치미를 떼고 내면에서 우러나는 죄책감을 숨기려고 할 것이다. 실제로 기만과 기만의 탐지는 상호주의를 실천하는 데 있어서 매우 큰 역할을 할 가능성이 있다. 자신의 감정을 숨기는 건 쉽지는 않은데, 만약 누군가가 자신의 감정을 숨길 수 있다면 기만이 촉진될 수도 있다.

아마도 다른 사람을 속이거나 자기 자신을 속일 수 있고 다른 사람의 기만을 적발할 수 있는 능력은 모두 자연 선택의 대상이 되어 왔을 것이다.61

죄책감과 수치심 간의 관계는 다소 논란의 여지가 있는 문제이다. 하지만 탱니Tangney62는 죄책감의 부정적인 초점이 행위에 있는 반면(내가 저 끔찍한 일을 저질렀어)에 수치심은 자아와 직접적으로 관련이 있다(내가 저 끔찍한 일을 저질렀어)는 견해를 지지하는 설득력 있는 증거를 제시하였다. 수치심은 자신의 자아에 대한 스스로의 평가, 특히 자신을 바라보는 다른 사람들의 견해에 대한 자신의 견해와 관련이 있으며, 무가치함과 무기력함의 감정을 수반한다. 수치심의 감정은 흔히 호혜적 상호작용에서 속임수를 썼을 때뿐만 아니라, 성 도덕률을 침해하거나 적과의 협력에 따른 처벌로 등장하곤 한다. 이와 대조적으로, 죄책감은 고통스럽긴 하지만 자신의 핵심 정체성에 영향을 미치지는 않으며, 다른 사람에게 끼친 자신의 행동 결과와 관련이 있다. 따라서 죄책감은 친사회적 행동(혹은 인지된 일치를 복원하는 다른 방법)을 촉진하는 경향이 있다. 죄책감은 어떠한 행위로 인해 초래된 해로운 결과를 보상하고자 하는 시도를 통해서 혹은 상황을 자기 자신의 책임을 면하는 방식으로 오인함으로써(예컨대, '내가 그의 기분을 상하게 하긴 했지만, 그건 그가 자초한 일이야') 개선될 수 있다. 더욱 흥미로운 것은 죄책감이 용서로 완화될 수 있다는 것이다. 용서는 고해신부나 피해를 본 사람에게서 나온다. 용서를 구하고자 하는 마음은 심리적 조정과 연관되어 있다.63 이와 대조적으로, 수치심은 회피와 연관되어 있다. 수치심은 분노와 공격성으로 이어질 수 있으며, 죄책감과 달리 심리적 부조화와 관련이 있다. 그러므로 죄책감은 친사회적 행동을 증진하는 적절한 정서로 보는 것이 타당하지만, 수치심의 기능은 다소 문제가 있다. 어쩌면 수치심은 장기적으로 행동에 영향을 미칠 수 있다.64

마지막으로, 다른 사람이 겪는 고통이나 곤란함에 공감하거나 동정하는 능력은 친사회적 행동에 중요한 역할을 한다.

미덕

또한, 상호주의를 증진하는 경향이 있는 여러 가지 행동 양식은 모든 문화에서 미덕으로 여겨진다. 예를 들면, 단순히 부채를 인정한다고 해서 그것이 친사회적 행위와 그에 대한 보답 사이의 시간적 격차를 해소하기에 항상 충분한 것은 아니다. 상대에 대한 신뢰와 상대의 정직성, 성실성 및 헌신에 대한 믿음도 필수적일 수 있다.[65] 정직과 헌신(혹은 충성)이 미덕으로 여겨지는 것은 놀라운 일이 아니다. 이는 정직한 사람으로 알려지지 않아 상호 교환에 참여하는 것이 어렵다는 것을 안다면, 사람들은 이기심에서 정직을 강조할 수 있기 때문이다.

사람들은 상호 교환에 자신의 정체가 알려졌을 때보다 익명으로 참여할 때 관대하거나 정직하지 않을 가능성이 더 크며, 행동이 추적 관찰되지 않을 때 부정직할 가능성이 더 크다. 우리가 거래하는 사람을 끊임없이 추적 관찰하는 것이 거의 불가능하다는 점에서, 정직에 대한 평판은 매우 중요하다. 따라서 사람들이 정직에 대한 긍정적인 평판을 얻기 위해 상당한 노력을 기울이는 일은 충분히 있을 수 있다. 여러분이 정직하게 행동하기로 마음먹었다면, 다른 사람들에게 여러분이 그렇다는 것을 알리는 것이 여러분에게 도움이 될 것이다.[66] 만약 사회 구성원들이 서로 믿지 못한다면, 그 사회는 더 이상 기능할 수 없을 것이다. 그러나 우리는 이것이 가식의 가능성을 높인다는 것 또한 보았다. 즉, 사람들은 다른 사람이 자신의 정체를 잘못 알고 신뢰하는 것으로부터 이득을 얻고자 하는 바람 때문에 마치 정직하고, 배려하고, 자비로운 미덕을 지닌 사람인 것처럼 거짓으로 자신을 꾸밀 수 있다. 자신의 긍정적인 미덕들을 선전하면 다른 사람들이 이를 믿을 가능성이 커지므로, 사람들은 큰 비용을 들여서라도 자신을 알리려 한다. 그러나 실제보다 더 정직하거나 너그러운 사람처럼 가장하거나 가식적으로 꾸미며 잘난 체하는 것으로 확인된 사람들은 멸시당한다.

교환 관계를 장기적으로 유지하려면, 우리는 상대가 정직한지 뿐만 아니라 그 사람이 그 관계에 계속 헌신할 것인지를 알아야 할 필요가 있다. 긍정적인 인간관계에서는 보통 두 상대 모두 상대방에게 머물도록 격려하는 것이 서로에게 이익이 된다. 따라서 두 당사자로 이루어진 관계나 대규모 집단에서 공통적으로 성실과 헌신은 미덕으로 여겨지며, 물론 사회마다 취하는 형식이 매우 다르지만 도덕률로 권장되고 있다.67 헌신은 장기적인 목표와 보답을 추구하기 위해 단기적인 이익을 포기하는 것을 의미할 수 있다. 그것은 자신의 더 나은 판단을 제쳐 두고 자신의 정서를 따르는 것을 의미할 수도 있고, 정확히 그 반대를 의미할 수도 있다. 그런데도 우리는 상호작용을 할 때 우리가 신뢰할 수 있는 사람을 선호하고, 헌신을 칭찬하며, 관계에 헌신할 것으로 느껴지는 상대를 선택하는 경향이 있다. 믿음이 사랑을 낳고 사랑이 믿음을 낳는다는 것은 놀랄 일이 아니다.

신뢰

여기에서 신뢰의 본질을 더 언급하는 것은 슬쩍 지나가며 다뤘던 다른 미덕들이 공통으로 지니고 있을 토대를 예증한다는 점에서 의미가 있다. 먼저, '신뢰'는 적어도 어느 정도 상황이나 관계의 전반에 걸쳐 영향을 미치는 개인적 특성일 수 있지만, 신뢰 자체는 보통 두 사람 사이의 관계에서 구체적으로 작용한다. 즉, B에 대한 A의 신뢰와 A에 대한 B의 신뢰는 두 사람 간 관계의 양면이다. 그런 신뢰 관계는 서로에 대한 이전의 지식으로 가능해진다. 하지만 우리가 낯선 사람을 만날 때는 그 사람에 관한 확실한 증거가 없기 때문에 그를 믿을 것인지 말 것인지를 결정해야 한다. 신뢰하지 않는다는 것은 상호작용에서 오는 이점을 잃는 것을 의미하고, 신뢰한다는 것은 너무 쉽게 자신을 이용에 내맡긴다는 것을 의미한다. 균형을 찾아야 한다.

다른 사람을 신뢰하는 경향성은 당사자인 개인뿐만 아니라 사회마다 약간씩 차이가 있다. 사람들이 서로에 대해 별로 신뢰하지 않는 사회는 법률 제도가 취약하고 소득 불균형이 심각하며, 사회적 이질성이 매우 높은 경향이 있다.[68]

둘째, 우리는 일상에서 신뢰를 하나의 미덕으로 이해하며, 마치 A가 B를 신뢰하거나 신뢰하지 않는 양자택일의 문제인 것처럼 말한다. 그러나 실제로는 그렇지 않다. 우리는 신뢰에도 정도가 있고 극단을 거부하는 경향이 있음을 인정한다. 한편으로, 남을 믿지 못하는 사람과는 거의 모든 형태의 교류가 불가능하므로 우리는 그런 사람을 싫어한다. 그리고 또 한편으로는 남을 '맹목적으로 신뢰'하는 사람은 분별력이 없다고 생각하여 얕보기 쉽다.[69]

신뢰의 본질과 관련하여 서로 대조되는 관점이 있다. 하나는 일상적인 양자택일 접근방식으로, 이는 신뢰가 정서적 특성의 무언가를 지니고 있음을 암시하는 것으로 보인다. 또 하나는 가능성 접근방식으로, 이는 신뢰가 가능성에 대한 다소 합리적인 계산에 기초한다는 것을 암시한다. 두 관점 모두 어느 정도 사실에 가깝다. 보울비Bowlby[70]와 여러 발달 심리학자에 따르면, 신뢰할 수 있는 역량은 정상적인 성장 과정에서 유아가 자신의 필요에 민감하게 반응을 보이며 필요할 때 곁에 있을 거라는 믿음을 주는 어머니나 다른 보호자로부터 얻는 안정감에서 발생한다. 이는 곧 그런 안도감이 결핍된 유아는 나중에 다른 사람을 신뢰할 수 없어 긴밀한 관계를 형성하는 데 어려움을 겪게 될 수 있다는 것을 시사한다. 어린 시기에 부모와 적절한 안심 관계를 충분히 맺지 못하고 심각한 장애를 겪었던 사람은 나중에 관계를 형성할 때 어려움이 있다는 증거는 매우 많다.71 유아기에 경험한 애착 안정성이 성장 후 긴밀한 관계에서 갖는 이점은 장기적 추적에서는 다소 덜 분명하지만 단기적 평가에서는 뚜렷하다.72 다행히도, 대부분의 사람은 어렸을 때 다른 사람을 기꺼이 신뢰할 정도의 안심 관계를 경험한다. 만약 그렇지 않았다면, 사회적 삶의 형태가 대부분 불가능했을지도 모른다.

또한, 신뢰할 수 있는지에 대해 합리적인 계산을 하는 것은 우리가 일반적으로 경험하는 문제이기도 하다. 우리는 거래를 하는 사람에 대해 그의 과거 행동을 관찰한 결과로 얻은 지식, 소문, 옷 입는 방식 등의 표면적인 특징을 근거로 내린 결론에 따라 그의 신뢰성을 계산한다. 대체로 신뢰할 수 없다는 것을 입증하는 증거는 얻기 쉬울 수 있지만, 신뢰성을 입증하는 증거를 확보하기는 어렵다. 일반적으로, 신뢰는 적절한 증거에 의해서보다는 반대 증거의 부족으로 형성되기 때문에 기대에 일치하지 않는 경우가 많다. A는 B가 한 번도 자신을 실망시키지 않았기 때문에 그를 신뢰한다. 실제로 그는 그럴지도 모른다. 이와 대조적으로, 불신은 일단 형성되면 좀처럼 사라지지 않는다. 왜냐하면 불신은 그 자체를 강화하는 행동으로 이어지기 때문이다. 합리적 관점에서 볼 때, 보통은 신뢰하는 것으로 시작하는 게 이득이긴 하다. 왜냐하면 신뢰는 상대방이 믿을 만한 가치가 있는 사람이라는 확신을 갖기 위해서라도 필요하고 보답을 받을 수 있을 것이라는 기대를 할 수 있게 하며, 사용한다고 해서 고갈되는 게 아닌 자원(사랑처럼)이기 때문이다.73 그러므로 대부분의 사람이 다른 사람들을 보고 신뢰할 만하다고 스스로 착각할 수 있다는 사실은 그리 놀랄 일이 아니다. 실제로 신뢰는 직감, 애정, 사랑 또는 증오로 쉽게 타오르거나 사그라드는 특성이 있는 연민의 모습과 유사해 보일 수 있다.

우리는 신뢰하는 성향이 삶의 이른 시기에 맺는 관계로부터 획득된다는 것을 알 수 있다. 우리가 상호작용에 투입하는 신뢰의 정도는 합리적 평가에 따라 달라질 것이다. 하지만 그 평가는 우리에게 결코 완전한 답을 줄 수 없으므로 신뢰에 대한 초기 성향이 기본적인 토대를 제공하게 된다. 아울러 신뢰, 헌신, 정직, 의분은 관계에서 공정한 교환 — 더 일반적으로는 정의의 추상적 원리 — 의 유지와 밀접한 관련이 있다. 공정한 교환을 평가할 때, 정의와 공평함도 도덕적 미덕으로 여겨져야 한다.

동료

굳이 말한다면, 우정은 위에서 언급한 수많은 심리적 특성과 미덕을 집약한다. 우정은 단일 범주가 아니어서 다른 문화권에서는 다르게 이해된다. 피의 형제애, 피의 우정, 가장 친한 친구, 동지 관계 등은 서로 구분될 수 있으며, 그런 범주들은 제도화와 의례화가 될 수도 있고 안 될 수도 있다.74 어떤 사회에서든 한 사회 내에서 우정의 특성은 성별에 따라, 개인마다 다를 수 있다. 그렇기 때문에 우정은 정의하기가 쉽지 않다. 하지만 우정을 정의하고자 했던 대부분의 시도는 친사회적 행동과 상호주의를 언급하고 있다.75 친구로 알려진 자들은 친사회적 행동에 보답할 뿐만 아니라 필요할 때 그것을 제공할 것으로 신뢰할 수 있다. 예를 들면, 아오하겐Auhagen은 서구 사회의 우정에 관한 글에서 우정을 상호주의와 상호 끌림을 수반하는 두 당사자 간의 개인적이자 비공식적인 관계로서 자발적이고 오래가며 본질에서 긍정적일 뿐만

아니라 노골적인 성욕을 수반하지 않는 것으로 본다.76 이런 종류의
'특별한' 관계는 아마도 모든 사회에서 나타날 것이다.

상호주의를 뒷받침하는 규범과 관습

사회의 많은 관습은 친사회적 행동과 상호주의의 규범을 유지하는
데 도움이 된다. 그런데 사람들이 대체로 자신들의 문화에서 일반적으
로 인정된 계율에 따라 행동하는 이유는 무엇인가? 우선 먼저, 우리는
자신의 양심에 따른 행동이 자기체계의 일관성을 유지하는 것과 부합
한다는 것을 보았다. 앞에서 우리는 그런 부합이 자신의 자아 이미지,
자신의 행동에 대한 자신의 인식, 자신이 다른 사람들에게 어떻게 보이
는지에 대한 자신의 지각 간의 일치에 따라 좌우된다는 것을 보았다.
만약 도덕 계율이 자기체계에 내면화되어 있다면, 자신의 행동이 도덕
계율과 조화를 이룬다고 인식하는 것은 자기체계와의 부합을 의미할
것이다. 만약 내면화된 도덕 계율과 자신의 행위가 서로 일치하지 않는
다고 인식한다면, 양심의 가책과 죄책감이 뒤따라 수반될 것이다. 만
약 다른 사람들이 우리를 도덕 계율에 따라 행동하지 않는 사람으로 알
고 있다고 우리가 인지함으로써 부조화가 일어난다면, 우리는 그때 자
신이 행동한 방식을 부끄러워할 것이다. 우리가 문화적 규범을 준수하
는 두 번째 이유는 규범을 위반함으로써 다른 사람들로부터 처벌을 받
을지도 모르기 때문이다.

그러나 친사회적 행동은 구체적 결과로 이어진다는 이유 때문에도
유지될 수 있다. 이 문제는 특히 남아메리카의 아체족Aché과 동아프리
카의 하자족Hadza 같은 수렵 채집민들의 음식 분배와 관련한 규범의 토
대를 논의하는 과정에서 주목받았다. 인류학적 자료는 그런 집단의 경

우에 노동의 구분이 절대적이지는 않지만, 남자들은 사냥하고 여자들은 식량을 모으는 경향이 있다는 것을 보여 준다. 대부분의 수렵 채집민은 음식 분배와 관련한 규범을 갖추고 있으며, 음식을 나누지 않는다는 것은 극악한 범죄로 인식하였다.[77] 거대한 사냥감을 포획하는 데 성공한 사냥꾼은 집단의 다른 구성원들보다 자신과 가족에게 더 많은 몫을 분배하였다. 하자족 남자들은 몸집이 큰 사냥감을 쫓는 데 상당한 노력을 기울이는데, 음식이 여유가 있고 사냥에서 성공할지 예측하기가 어려울 때는 음식을 공유할 가능성이 더 크다. 그런데 거대한 사냥감을 잡은 사람은 작은 사냥감을 잡거나 식량을 모으는 경우보다 자신과 가족에게 돌아갈 몫의 총량이 더 적을 수 있다. 왜냐하면 그러한 사냥을 성공하는 비율이 훨씬 낮기 때문이다. 그런데도 도대체 왜 몸집이 큰 동물을 사냥하는 데 그렇게 많은 시간과 노력을 들이고 그렇게 힘들게 잡은 먹잇감을 구성원들과 나눌까? 이 부분에 대해서는 다양한 설명이 가능하다. 예를 들면, 사냥꾼은 단지 자기 가족이 먹을 수 있는 음식을 확보하면 더는 고기가 필요하지 않고, 고기를 보존하는 것이 어렵거나 불가능하였기 때문에 미래를 위해 서로 나눠 가졌을 수 있다. 그러나 고기는 말릴 수 있다. 또한 고기를 보존하는 것이 문제였다면, 사냥꾼은 더 쉽게 얻을 수 있는 작은 사냥감을 찾아 나서는 것이 더 나았을 것이다. 또 다른 가능성은 그가 먹을 수 없는 과한 양의 고기를 갖고 있음으로써 드는 비용이 그 과잉 고기를 여러 사람에게 나누어 줌으로써 얻을 수 있는 이득보다 더 크기 때문일 수 있다.[78] 그러나 이 경우에도 같은 이의가 제기된다. 어쨌든, 대부분의 수렵 채집 사회에서 거대한 먹잇감을 잡는 데 성공한 사냥꾼은 고기를 분배했을 때 다른 사람들이 얻을 수 있는 양보다 더 많이 차지하며, 이는 그가 자신이 가지고 있는 잉여물에 대한 처분의 통제권을 갖는다는 것을 시사한다. 여기에는 다음과 같은 다양한 가능성이 남아 있다. 순전히 관습의 힘이 그가 전

리품 중 많은 부분을 차지하게 하고, 그럼으로써 개별 수렵 채집민들의 예측할 수 없는 성공을 전체적으로 평균화시키는가? 이것은 자원에 대한 접근에서 더 큰 평등으로 이어지고, 모든 사람이 어려운 시기를 예상하여 이에 대비하는 하나의 보험으로서 역할을 했을 수 있다. 아니면, 비용과 이득을 실제로 계산하여 언제 공유하는 것이 도움이 될 것인지를 결정하는가?79 아니면, 사냥꾼은 다른 사람들과의 구체적인 거래에서 집단의 여성들로부터 성적 호의를 받는 형태의 보상 같은 가시적인 보상을 받는가?80 아니면, 후한 인심을 보이는 데서 오는 명성 때문에 나누는 것인가?81 호크스Hawkes는 거대한 동물을 포획한 사냥꾼이 받는 주목과 명성은 남자가 여자들의 관심을 끌고 다른 남성들에게 경고를 보내는 데 긴요하며, 이것은 자신의 가족이 이득을 얻지 못하는 사실보다 더 중요하다고 말한다. 그 문제는 여전히 논란이 있긴 하지만 그들이 다치거나 아픈 경우, 평균보다 더 많이 사냥하고 나누었던 아체족 남자들은 평균보다 적게 사냥하고 나누었던 사람들보다 더 많은 사람으로부터 음식을 받는 것으로 나타났다.82 따라서 평판과 명성은 집단생활에서 실제적인 문제로 보이며, 이는 다른 경우에도 적용될 수 있다. 이와 비슷한 원리가 현대 사회에도 적용될 수 있다. 현대 사회가 기능을 발휘하는 것은 즉각적인 실질적 가치가 거의 없는 상이나 찬사를 받으며 공익을 수행하는 사람들에게 적지 않게 의존하고 있다는 점에서 그렇다. 그런데 이것은 지위와 마찬가지로 명성이 종종 확실한 보상을 가져오거나 그럴 가능성이 희박하다고 하더라도 그 자체로 가치가 있기 때문일까?83 우리는 이 문제를 다음 장에서 다시 간략히 논의할 것이다.

종합적 견해

우리는 인지적 기능, 정서, 미덕, 우정의 현상, 행동의 규범과 같은 인간 행동의 다양한 측면이 친사회적 행동과 상호주의의 발휘를 뒷받침한다는 것을 검토하였다. 이 가운데 많은 것이 자연 선택의 영향 아래에서 진화한 것으로 보인다. 정서의 경우는 특히 더 그래 보인다. 다시 한번 말하지만, 이것은 개인의 성장 과정의 경험이 아무런 역할을 하지 않는다는 것을 의미하지 않는다. 놀랍게도, 아직 우리는 인간의 여러 능력이 초기에 어떻게 발달하는지에 대해 거의 알지 못한다. 또한, 그런 능력들이 친사회성에서 어떠한 역할을 하였기 때문에 애초에 자연 선택되었다는 것을 의미하는 것도 아니다. 그중 많은 것은 다른 맥락에서도 나름의 역할을 한다. 그러나 우리가 훨씬 더 확실하게 말할 수 있는 것은 이 심리적 특성 가운데 대부분, 아니 아마도 전부가 모든 인간 사회에서 발견된다는 것이다.

도덕 원리가 우선인가, 계율이 우선인가?

—

우리는 3장에서 '도덕감'이 단일 개념인지에 관한 의문을 다루었다. 거기서 우리는 그 개념이 내용의 습득과 병행하여 구성되기 때문에 다양한 유형의 행동과 관련이 있는 선과 악을 구별하는 경향을 설명하는 다소 유연한 용어로 이해할 때 최선이라고 결론 내렸다. 같은 의문이 다양한 도덕 계율과 연관되는 상호주의와 관련하여서도 일어난다. 우리는 '남한테 대접받고 싶은 대로 남을 대하라'는 원리가 그런 다양한 도덕 계율의 기본인지, 아니면 다양한 계율이 상호주의에서 비롯된 것으로 보이는 것은 원리가 자체적으로 발생하는 여러 계율을 사후에 개념화하는 것일 뿐임을 의미하는 것인지 물어야 한다. 전자의 경우, '살인해서는 안 된다', '진 빚은 갚아야 한다', '자신이 믿을 만한 사람임을 보여야 한다'는 계율이나 관습은 각각 독립적으로 기본 원리에 부합한다는 느낌을 그 근거로 들 수 있다. 그렇지 않으면, '남한테 대접받고 싶은 대로 남을 대하라'는 원리로 수렴되는 수많은 계율이 독립적으로 발생하였을 수 있고, 그 원리는 단순히 그런 계율들로부터 사후에 도출된 것일 수 있다. 따라서 문제는 인간 사회에서 그러한 계율들의 정교화나 영구화가 상호주의의 일반 원리를 기반으로 해왔는지 혹은 하는지에 있다. 일부에서는 물질을 대상으로 하는 교환 관계에서의 상호주의와 사랑하는 관계에서의 상호주의는 그 기반이 서로 다르다고 말하고 있다. 이것은 근본 원리로서 상호주의에 대해 반대 견해를 밝힌 것이다. 그러나 그러한 반대 견해와 상반되는 다양한 주장이 있다.

첫째, 비슷한 원리가 적어도 동물의 일부 행동을 설명한다고 한다. 그러나 이것은 그 자체로는 별로 설득력이 없다. 이는 동물들로부터 나온 증거들이 다양한 행동 유형에 작동하는 원리가 아니라 특정한 환경(위에서 인용했던 흡혈박쥐의 예를 볼 것)에서 상호주의를 언급하기 때문이다. 더욱이, 인간이 아닌 종들의 '상호주의'는 기술적인 용어이며 그 자체로는 그 기반에 대해 아무 말도 하지 않는다.

둘째, 우리는 특정 집단 구성원들이 다른 집단의 구성원들을 마치 그들이 서로 혈연적으로 관련이 있는 것처럼 대할 수 있다는 것을 보았다. 따라서 상호주의와 혈연적 관련성은 무관하지 않다. 친족 선택과 상호주의의 선택은 둘 다 특질을 공유하는 다른 사람들에게 친사회적으로 행동하고자 하는 특성에 근거를 두고 있을 것이다.[84] 따라서 상호주의의 선택은 집단생활에 도움이 되는 특질을 선호하는 선택의 기본적인 측면에서 이루어졌다는 제안은 타당하다.

앞서 보았던 것과 같이, 오히려 더 유력한 증거는 특정한 맥락과 무관하게 상호주의를 뒷받침하는 범문화적인 인간 특성들로부터 나온다. 위반을 한 사람들은 위반의 유형이 무엇인지와 상관없이 죄책감이나 수치심을 느낀다. 우리는 갖가지 위법 행위를 하는 사람을 목격하면 의분을 느낀다. 또한 신뢰는 다양한 맥락에서 중요하다. 이러한 범문화적 특성은 특정한 사회적 위반의 유형보다는 상호주의를 지향하는 일반적 성향을 뒷받침하기 위해 선택된 것으로 보인다.

성장 과정에서 적절한 경험이 주어지면 친사회적 행동 규범과 도덕 원리로서의 상호주의를 발전시키려는 경향은 인간 본성의 기본이자 자연 선택의 산물이라는 견해를 뒷받침하는 증거가 있다. 게다가 그것은 일반 원리로 구체화하였고 도덕 계율을 지지하는 데 적용되고 있다. 아이가 일단 마음의 이론과 공감 능력을 획득하면, 친사회적 행동과 상호주의는 부모가 '친구를 때리지 마라. 친구가 널 때리면 너도 좋아하지 않을 거다.'라고 훈계할 때 활용될 수 있다. 그런 훈계는 아마 인류 역사에서 오래되었을 것이다.

마지막으로 한 가지 주장을 더 언급한다. '남한테 대접받고 싶은 대로 남을 대하라'는 기본 원리인가 아니면 자체적으로 발생한 여러 계율을 개념화하는 사후적 방식으로 등장한 것인가? 그것은 문화 간 경계를 넘는 일반성을 가지고 있다. 그러나 그것이 곧 그와 관련이 있는 모든 계율과 가치가 반드시 문화 간 경계를 넘어선다는 것을 의미하지는 않는다. 다른 사회에서 사는 사람들은 다른 방식으로 대접받기를 좋아할 수도 있다.

요약

——

1. 한 가지 관점에서 보면, 관계는 교환의 과정을 수반하는 것으로 여겨질 수 있다. 사람들은 마치 상호주의의 원리에 의해 안내를 받는 것처럼 행동한다.
2. 일부 동물들 또한 상호주의적으로 행동한다.
3. 인간의 친사회적 행동과 상호주의의 정교화는 집단 간 친사회성의 차이, 개인이 다수의 행동을 모방하는 경향, 집단 간의 경쟁을 포함하는 생물학적 모델과 양립할 수 있다.
4. 다양한 범문화적인 심리적 특성은 상호주의를 유지하는 데 작용한다. 인간은 부정행위를 알아보는 데 능숙하고, 부정행위자로 추정되는 사람들의 얼굴을 쉽게 떠올리는 경향이 있다. 부정행위자를 적발하는 데에는 집단 책임감도 작용한다. 죄책감, 수치심, 의분과 같은 다수의 인간 정서와 미덕 또한 상호주의의 유지에 작용한다. 신뢰성, 정직, 헌신과 같은 상호주의를 뒷받침하는 특성은 선호된다.
5. 상호주의의 규범을 발전시키는 성향이 인간 본성의 기본임을 시사하는 증거가 있다.

9

도덕 계율의 근원: 지위, 권리

우리는 지금까지 친척과 그 밖의 집단 구성원들에 대한 긍정적인 행동과 관련된 도덕 계율과 관습을 논의하였다. 이제 우리는 다른 사람의 복지와 반드시 관련이 있는 것은 아니며, 친사회성보다는 이기적인 주장에 대한 성향에서 비롯된 도덕 체계의 다른 측면으로 눈을 돌린다.

지위

———

지위상의 차이는 모든 인간 사회에서 발견되므로, 그런 차이가 도덕률에 중요한 역할을 한다는 것은 그다지 놀랍지 않다. 지위의 차이를 유지하고 최소화하려는 두 가지 노력은 앞 장들에서 논의했던 것과 더불어 계율의 형성으로 이어질 수 있다.

우리는 대체로 사람들이 다른 사람들과 협력적이고 친사회적으로 행동할 뿐만 아니라, 자신과 자신의 이익을 궁리하고 유지하며, 주장하는 성향을 갖고 있다는 것을 보았다. 친족과 다른 집단 구성원들에 대한 친사회적 행동과 함께 상호주의와 관련된 도덕 계율이 필요한 것은 바로 후자 때문이다. 즉, 사람들의 이기적인 자기주장은 친족의 이익을 위해서도 그렇고 집단생활의 이익을 위해서도 제한될 필요가 있다. 그러나 도덕 계율이 집단 내에서 명성이나 지위를 성취하기 위한 노력을 통하여 이기적인 자기주장에 기생하는 역할을 할 수 있다. 지위는 권력을 불러오며, 높은 지위를 가진 사람은 자신의 이득을 유지하는 데 공헌하는 행동 방식을 장려할 가능성이 있다.

지위를 얻기 위한 경쟁은 일부 영장류 집단1과 대다수의 인간 집단에서 발견된다. 일부 소규모 지역의 인간 자치 집단은 대체로 평등한 것처럼 보이는데, 이는 사람들의 이기적 주장이 다른 사람들과 사회적 규범에 의해 저지당하기 때문일 것이다. 그런 집단에서 너무 지나치게 우두머리 행세를 하는 사람은 여론, 비판이나 조롱, 불복종 혹은 파면이나 암살을 통해 통제된다. 다시 말해 이기적인 자기주장의 성향이 표출되긴 하지만, 그것이 대인관계에서 소화될 수 있는 분쟁의 범위 밖으로 확장될 경우 억압된다는 것이다. 이러한 평등주의는 사냥에서 잡은 식용으로 쓸 커다란 동물 사체와 같이 일시적으로 사용 가능한 자원의 공유를 보장하는 데 도움이 되기 때문에, 결과적으로 개인들의 이익에 들어맞는다는 의견이 제기되었다.

그러나 인구 밀도가 점차 높아지고 사회 공동체의 복잡성이 증가하며, 식량을 저장할 수 있는 농업이 도래하게 되면서 대부분의 인간 집단에서 지위의 차이는 중심 특징이 되었다. 일부 사회에서는 큰 차이가 없을 수 있지만, 지위의 차이는 거의 모든 사회에서 나타나고 있다. 때로는 높은 지위를 차지하기 위해 치열하게 경쟁하기도 하지만, 대부분의 사람은 그 차이를 받아들이는 것이 자신에게 최선의 이익이 될 것 같다고 판단하면 그렇게 한다. 결과가 원인을 촉진하는 긍정적 환류가 작동할 수 있어 높은 지위를 가진 사람들의 자기주장은 지위 차이를 지원하고 강화하는 기제를 공식화하며 도덕 계율을 지속시킬 수 있다.

지위 관계는 흔히 계급 간, 집단 간, 남성과 여성 간 그리고 이들 각각에 속하는 개인 간의 차이를 수반함으로 매우 복잡하다. 더욱이, 적절한 방식으로 그 사회 구성원들에게 영향을 미치는 능력과 관련이 있는 지위는 이를 평가하는 기준이나 얻는 수단이 흔히 사회와 집단마다 차이가 있다. 그것은 경우에 따라 신체적 기량일 수 있고 물질적 소유나 부일 수도 있으며, 배움이나 지혜일 수 있고 후한 마음(너그러움)일 수도 있다. 19세기 무렵의 독일에서는 폭력과 용기를 결합한 명예 규범이 결투의 의식을 통해 유지되었고, 이는 20세기까지 상류층의 지위를 유지하는 데 도움이 되었다.[2] 다른 극단의 경우로는 일부 종교 공동체의 사례처럼 겸양의 표현이 높은 지위의 유지에 도움이 될 수 있다.

우리는 한편으로 개인적 자기주장과 공격성이, 다른 한편으로는 경제적 부가 지위에 공헌할 수 있으리라는 것을 직관적으로 느낄 수 있다. 이는 그 두 가지가 늘 다른 사람에게 영향을 미치기 때문이다. 후한 마음이 왜 높은 지위로 이어지는지는 다소 불분명하지만, 최소한 두 가지 설명이 가능하다. 첫째, 후한 마음이 공동체 구성원들에게 이익이 된다면, 결과적으로 기부에 대한 장려책으로 기부자에게 지위를 제공하는 것은 구성원들에게도 이익이 된다. 이와 유사한 또 다른 견해는 너그러움이 성공의 상징이라는 것이다. 즉, 너그러움을 감당할 수 있는 사람은 자신의 소유물 중 일부를 나누어 주고도 여전히 자신을 위해 충분한 것을 가지고 있을 만큼 적극적이고 성공적이었음이 분명하다는 것이다. 따라서 후한 마음은 롤스로이스나 다이아몬드 목걸이를 사는 것보다 성공을 과시하는 더 유용한 방식이 되며,[3] 그로 인한 높은 지위는 성공했음을 보여 주는 증표가 된다. 그러나 당신의 너그러움을 다른 사람들이 인정해 줄 때 외에는 너그러워져도 아무런 소용이 없다. 따라서 최소한 존중이나 감사의 형식을 갖춘 상호주의가 기대된다는 사실은 새삼스러울 것도 없다. 이런 관점에서 보면, 남의 이목을 끄는 너그러움이나 비용이 많이 들지만 다른 사람들에게 혜택을 제공하는 힘 또는 기술을 보여 주는 것은 의무를 새로 만드는 수단으로 보일 수 있다.4

여전히 논란이 있는 문제이긴 하지만, 지위는 즉각적으로 가져올 모든 물리적 보상과 상관없이 그 자체로 추구할 만한 가치가 있는 자원임을 시사하는 유력한 증거가 있다.5 지위를 얻기 위해서는 엄청난 노력, 스트레스, 자원이 투입되어야 한다는 점을 고려해 보면, 우리는 그것이 왜 그렇게 매력이 있는지를 물어야 할 것이다. 여기에서 우리는 두 가지 의문을 구분할 필요가 있다. 하나는 심리학자들에게 그리고 다른 하나는 생물학자들에게 중요하다. 첫 번째는 긍정적인 경험인 지위 획득으로 이끄는 근접 심리 기제에 관한 것이다. 두 번째는 기능적 의미에서 왜 인간은 사회에서 존경받는 지위를 차지하려고 해야 하는가이다. 첫 번째의 경우, 높은 지위가 가져오는 우월감, 자립심 또는 자율성을 추구하기 때문일 수 있다. 그런 감정에 내포된 긍정적인 성격은 그 자체가 자원에 대한 우선순위를 나타내는 자연 선택의 결과일 수 있다. 이는 자신이 원하는 지위를 달성할 수 없는 사람이 의롭고 겸손한 시민이나 인권 운동가와 같은 보상적인 방식으로 자신을 인식함으로써 자신의 자존감을 높일 수 있다는 연구 결과와 일치한다. 또는 같은 맥락에서, 아마도 성공은 노력을 강화하고 그 결과로 나타나는 자기 효능감과 자존감은 더 나은 일을 하는 박차의 역할을 함으로써, 성공만큼 성공을 보장하는 것은 없다는 속담과도 의미가 통한다. 이는 어떤 과업을 수행하는 자신의 능력에 대한 신뢰는 실제로 그 일을 수행하는 과정에서 가장 중요한 수단이라는 연구 결과와 일치한다. 더욱 중요한 것은 지각된 자아 효능감이 건강과 질병을 중재하는 광범위한 심리적 과정과 연결되어 있다는 점이다.6 물론 다른 사람의 행동을 통제하는 것이 목표라면 그런 대답이 중요할 수 있다. 하지만 필연적으로 추가적인 질문이 요구된다. 예컨대 왜 지각된 자아 효능감이 건강과 연결된다는 것인가?

그것은 우리를 지위 추구의 궁극적 기능 혹은 생물학적으로 유리한 결과와 관련이 있는 두 번째 질문으로 이끈다. 대부분의 연구에 따르면, 이는 식량, 공간, 이성과 같은 자원에 대한 접근과 관련이 있다. 스트레스가 없는 삶은 그 자체로 건강과 장수에 유리한 결과를 낳을 수 있다. 그 밖에도 다수의 연구7는 전통 사회의 경우 높은 지위가 높은 생식 성공과 연관이 있었으나(대부분 일부다처와 관련이 있기 때문이다), 현대 산업 사회에서는 그렇지 않음을 보여 주었다. 다수의 문맹 사회와 더불어 현대 사회에서도 사회적 지위가 장수와 연관이 있긴 하지만, 항상 생물학적으로 적응하는 것은 아닌 것 같다. 높은 지위를 얻고자 하는 시도는 때때로 에너지의 낭비를 초래하거나 심지어는 역효과를 낳기도 하기 때문이다.

일단 지위 서열이 정해지면, 권위는 다른 사람들이 자신의 도덕적 신념과 반하는 행동을 하도록 하는 데 사용될 수 있을 정도로 강력한 힘을 얻게 된다. 이는 피험자들이 실험자의 권위로 타인에게 강력한(비록 가짜지만) 전기 충격을 가하도록 유도되었던 밀그램Milgram의 유명한 실험에서 입증되었다.8 안타깝게도 이와 같은 원리가 홀로코스트의 공포에 대한 부분적인 원인이 되는 것으로 보인다.9

그러나 권위자들은 사회 질서의 유지가 낮은 계층의 사람들을 그 위치에 그대로 머물게 하는 것 이상을 함축하고 있는 것으로 여길 수 있다. 권력을 가진 사람은 사회에서 무질서가 점차 증가하게 되면 자신의 위치가 위협받을 수 있다고 인식할 것이다. 그래서 응징이 필요하다고 생각할 수 있다. 16세기 전반 무렵, 독일의 남서부에서는 음주, 폭력 및 싸움이 상습적으로 일어났고 급기야 공동체를 위험에 빠뜨릴 지경에 이르렀다. 권위자들은 정보원들을 활용하고 경범죄에 벌금을 부과함으로써 이러한 상황을 제압하고자 하였다. 그로 인해, 17세기 중반에 간음과 혼전 섹스에 대한 처벌이 60년에 걸쳐 몇 배가 증가하였다.[10] 그러한 사회적 무질서 외에도, 높은 지위를 가진 사람들은 낮은 계층의 사람들이 신분 상승을 꾀하려는 행동마저 사회 질서의 유지를 어렵게 만드는 요인으로 여길 수 있다. 흥미롭게도, 지위가 높은 사람들이 낮은 사람들보다 부정행위를 더 잘 탐지한다.[11]

　권력을 가진 사람들은 가능한 한 하층 사람들과의 갈등을 피하면서 위력과 설득 또는 간교한 속임수를 사용하여 현상 유지가 하층민 자신들에게 이익이 된다는 것을 확신시키고자 노력한다. 높은 지위가 도덕적 권리의 문제라는 것을 낮은 계층 사람들에게 확신시킬 수 있다면, 권력자들은 자신들의 기득권을 유지하기 위해 도덕률을 사용하여 하층민들을 통제할 수 있다. 그들은 신의 성원을 가장하고, 충성의 도덕적 정당성을 강조한다. 그들은 겸손이 하층 계급의 사람들을 궁극적인 보상으로 이끄는 미덕이라고 홍보할 것이다. 따라서 많은 사회의 도덕률은 사람들이 사회에서 자신의 위치에 적절한 행동을 보이며 자족할 수 있는 계율을 포함하고 있다. 영국 성공회의 교리문답Anglican Catechism은 견진성사를 받는 사람이 다음을 약속할 것을 요구한다.

　왕(또는 여왕)과 그(또는 그녀)의 권위 아래에 있는 모든 것을 존중하고 복종한다. 나의 모든 통치자, 교사, 영적 목사와 스승에게 복종한다. 나보다 나은 모든 사람에게 겸손하고 경건할 것을 나 자신에게 명령한다. ... 그리고 하나님께서 나를 부르기를 기뻐하시는 그 삶의 상태에서 나의 의무를 다한다.

그런 계율은 높은 지위에 있는 사람들의 위상을 보호하는 효과를 지니기 때문에 그들에 의해 강요되기도 하지만,12 사회의 갈등을 해소해 주는 효과 또한 지닌다. 아울러 낮은 계층의 사람들이 그런 계율을 수용하는 데에는 주어진 상황에서 겸손이 자신들에게 최선의 전략이라는 인식이 한몫하였을 수 있다. 그리고 실제로 일부 상황의 경우에 낮은 지위에 있는 사람들이 높은 지위에 있는 사람들의 보호나 자비로 혜택을 받기도 한다. 또한, 겸손하지 못하고 자랑을 해대는 사람들은 그들과의 비교로 자아 효능감이 떨어지는 다른 사람들에게 적대감을 불러일으킬 수 있다. 그때 겸양을 미덕으로 받아들이고 있는 낮은 지위의 사람들은 잘난 체하는 사람들을 모독하는 데 그러한 적대감을 사용할 수 있다.

따라서 지위 차이의 유지는 단순히 상위 계층 사람들의 즉각적인 압력의 문제라고 가정하는 게 간단할 것이다. 다시 말해 위계질서의 유지는 위에 있는 사람들의 힘도 중요하지만, 아래에 있는 사람들이 그러한 질서를 수용하는지도 매우 중요하다. 이는 사회적 인격이 개인으로서의 존재가 아닌 고정되고 위계적으로 배열된 사회적 범주에 따라 정의되는 짐바브웨Zimbabwe의 한 집단에서 전형적으로 나타난다. 그 집단 사회에서는 '경의를 표하는' 문제가 매우 중요한데, 아래로 경의를 표하는 것은 위로 경의를 표하는 것만큼 중요하다. 예의 바른 행동은 상대방의 개인적 존재에 대한 인정이라기보다는 상대방의 사회적 인격, 즉 그 사람이 자신과의 관계에서 차지하고 있는 사회적 지위를 인정한다는 것을 의미한다. 그 사회에서 위계는 사회적 인격의 기초이며, 상대방을 개인으로서가 아니라 사회적 존재로 대우하는 것은 하나의 의무이다. 어떠한 만남에서든 개인으로서의 자아는 숨겨져 있어야 하며, 엄격한 자기 통제와 격식을 갖추는 것이 이상적인 모습이다.13

자기주장의 결과에서 파생되는 지위의 추구는 모든 인간 사회에 등장한다. 지위는 그 자체로 추구되지만, 자원에 대한 접근의 용이성을 가져올 가능성이 있다. 높은 지위의 기준은 문화와 하위문화에 따라 다르다. 권력을 가진 사람이 자신의 지위를 유지할 수 있는 한 가지 방법은 도덕률을 조작하는 것이다.

개인적 자율성과 권리

자기 자신을 주장하는 사람들의 성향이 도덕적 문제와 연관되는 또 다른 방식은 개인적 자율성이나 '권리'와 관련이 있다. 많은 경우에 개인적 자율성과 권리에 대한 요구는 높은 지위에 있는 사람들의 통제로부터 자신을 보호하는 수단으로 여겨진다. 우리는 이미 개인의 도덕성 발달과 관련된 맥락에서 이 문제를 다루었다.

개인에게서 자신의 권리 의식이 발달하는 것은 주체 의식의 발달과 밀접하게 연관되어 있다. 일부 사회의 경우 그에 대한 중요성이 낮게 인식되고 있는 건 분명하지만, 서구 사회에서는 점차 중요시되고 있다. '자신의 자율성을 지켜라'라는 말은 많은 사람에게 기본적인 도덕 원리가 되고 있다. 적어도 일부 사람이 가지고 있거나 가져야 하는 특정한 권리들은 최소한 그리스 로마 시대 이후 인정되고 있다.14 평등과 개인의 자유 문제는 17세기 중반 영국의 청교도혁명 당시 평등주의자들Levellers의 요구 이래 서구 사회에서 점차 중요해졌다. 오늘날 신문은 거의 매일 인권에 관한 내용을 다루고 있다. 미국의 헌법은 '양도할 수 없는' 확실한 권리에 기초를 두고 있다. 사상의 자유, 언론의 자유, 이주의 자유, 기본적 자아실현의 자유는 절대적인 것으로 여겨지고 있다. 페미니스트들은 (반드시 이기적이지만은 않은) 자기주장과 그에 수반되는 자율권을 중요하게 생각한다. 일반적으로 그러한 자유는 평등과 민주주의 이상의 기본이 된다. 이는 내가 나의 의견을 주장할 수 있다면, 다른 사람들에게 그들의 권리를 허용해야 하기 때문이다. 개인의 권리는 다른 사람에게 유사한 권리를 부여할 책임과 연관되어 있다.

이런 권리는 어느 정도까지가 법적 문제일까? 일부 철학자(예컨대, 제러미 벤담Jeremy Bentham)는 어떠한 권리도 법으로 정리되지 않으면 존재하지 못한다고 주장하였다. 법이 개인의 권리에 대한 궁극적인 결정 요소라면, 개인의 자유를 필요한 방식에서 제한하는 법을 도입하는 정부에 대한 이의는 있을 수 없다. 만약 법이 도덕과 동등하게 여겨진다면, 경찰은 테러 용의자를 수색할 수 있는 도덕적 권리를 가질 것이다. 물론 어떤 사람들은 경찰이 그렇게 할 권리를 갖는 것이 도덕적으로 잘못이라고 생각할 수도 있을 것이다. (이 경우) 개인의 자유에 관한 선행하는 도덕적 원리가 경찰의 권리에 이의를 제기할 수 있으며, 어떤 경우에는 법을 변경할 수도 있다.15

서구의 현대 법체계에서는 이제 인권이 법에 근거한 것이 아니라 법이 인권에 기초한 것으로 간주하는 경향이 있으며, 권리는 단순한 문화적 관습의 문제가 아니라 도덕적 문제가 되었다. 그러나 그런 방향으로 너무 지나치거나 빠르게 움직이는 것은 도리어 사회에 역효과를 낼 가능성이 있다. 서구에서 개인주의의 융성은 점차 개인의 권리에 대한 강조로 이어졌는데, 이는 자칫 사회적 책임의 약화를 수반할 수 있다. 개인의 권리에 관한 주장이 개인에게는 이득이 될 수 있다고 하더라도, 공동체에는 그렇지 않을 수 있다. 개인의 자율성은 다른 사람들의 이익을 위해 제한될 필요가 있다. 이것은 단순히 다른 사람들에게 직접적인 피해를 주는 것을 제한하는 문제에 국한되는 것이 아니다. 왜냐하면 개인의 권리에 대한 제한은 모든 사람에게 유익한 영향을 미칠 수 있기 때문이다. 이것은 '공유지의 비극'이 잘 입증해 준다. 소위 말하는 '공유지'는 토지 소유자의 것이며, 일반인들은 자기 동물을 방목하고 나무를 베는 행위 등에 대해 제한된 권리를 가질 뿐이다. 권리를 제한함으로써 그 땅에 너무 많은 동물이 방목될 위험이 제거될 수 있다. 그러나 그 체계가 무너지고 일반인들이 토지에 대한 권리를 공동으로 소유하게 되면, 그들 간의 경쟁은 자원을 남용하는 결과를 초래하게 된다. 그러면 그들 스스로 사용을 자제하는 행동이 필요해진다.16

그런데 정말 우리는 권리를 관습의 문제가 아닌 도덕의 문제로 보아야 할까? 인정되고 있는 권리는 문화마다 상당한 차이가 있는데, 이는 권리가 관습의 문제라는 것을 암시하는 게 아닐까? 하지만 자율성을 추구하는 것은 이기적인 자기주장의 성향과 관련되는 것으로 보이며, 그의 표현 방식에는 문화 간에 분명히 차이가 있긴 하지만 범문화적인 심리적 현상일 수 있다. 추론이긴 하지만, 사람들이 성장 과정에서 일찍부터 자율성과 관련한 권리를 의식하고 점차 자율성의 확장을 추구함에 따라 그들은 특정 권리들을 주장하게 되며 그 한계가 주로 문화적 관습에 의해 설정된다는 것은 타당한 가정으로 보인다. 만약 그렇다면, 소위 말하는 '양도할 수 없는 권리'는 일부 사회에서 시간이 지나며 범문화적 기반으로부터 등장하게 되었고, 사회 문화적 구조에 확고하게 통합되면서 절대적인 것으로서의 특성을 확보하게 되었다고 볼 수 있다.

권리의 문제와 밀접한 관련이 있는 특정한 문제들은 도덕적인 것으로 여겨진다. 적어도 서구 사회의 경우, 우리는 자신의 재능을 최대한 발휘하고 스스로 개선하고자 노력하며, 자신의 온전함을 유지하는 사람을 괜찮은 사람으로 인정한다. '자아실현'은 적절한 목표로 여겨진다. 짐작건대 이 모든 것은 장기적으로 친사회적 목표와 관련이 있겠지만, 아마 단기적으로는 이기적인 자기주장이나 자율성에 대한 추구와 관련이 있다.

틀림없이 여기에는 매우 미묘한 균형의 문제가 있다. 어떤 사람들의 경우 장기적으로는 자아실현과 자신의 온전함 유지가 그리고 단기적으로는 욕구 표현이 최우선적인 도덕 원리로 구체화한다. 이는 자기표현의 억제가 좌절감으로 이어지지만, 그의 해방은 만족감과 다른 사람들에게 선의로 행동하는 경향이 동반된다는 이유에서 정당화될 수 있다. 또한, 개인적 온전함의 과시는 다른 사람들에게도 그와 똑같은 기회나 권리를 권장할 것이다. 따라서 모든 사람이 자신을 충분하게 표현할 수 있다면, 모든 것이 더 나을 것이다. 하지만 자기표현이 타인에게 해를 끼칠 수 있고, 또 그렇기 때문에 타인의 배려가 필요하다는 사실은 개인적 온전함의 과시가 최우선 권리로서 갖는 단점이다. 다른 사람들은 자기표현에 대한 자신의 욕구를 억제하거나, 아니면 자기표현에 대한 욕구가 다른 사람들을 위한 배려와 맞춰져야 한다. 자아실현과 자기표현은 개인주의와 동행하는 도덕적 권리로 여겨져야 하지만, 배려에 대한 필요로 인해 조정되어야 한다.

어떤 경우든 한 개인이 권리를 가졌는지 아닌지는 그 사람이 한 인간으로서 인정을 받는지의 여부에 달려 있다. 특정 범주의 사람들에 대한 어느 정도의 인격 부정은 앞에서 이미 언급되었다. 또한, 그런 사례들은 식민주의의 여파로 더욱 두드러졌다. 오스트레일리아 원주민이나 중북부 아메리카 인디언에 대한 학대는 잘 알려져 있다. 또 다른 사례를 들면, 19세기 말의 콩고에서는 토지권이 거의 절대적인 권력을 가진 사기업에게 주어졌다. 아프리카 사람들은 토지와 거기에서 나오는 수확물에 대한 권리를 박탈당했으며, 수확물 가운데 매우 적은 양을 노동의 대가로 받았을 뿐이다. 막대한 이득이 고무와 상아로 창출되었으나, 그러한 이득 대부분은 벨기에 왕 레오폴드 2세Leopold II의 호주머니로 들어갔다. 만약 적정량의 고무를 채취해 오지 못할 경우, 아프리카의 노동자들은 총살을 당하거나 손을 절단당했다. 당시 콩고 사람들이 당했던 착취를 기술한 책에는 추적당하는 여성들이 공황 상태에 빠진 채 아이들을 안고 덤불 속으로 달아나는 내용이 묘사되어 있다.[17] 짧게 말하면, 그 당시 아프리카 사람들은 인간으로 대우받지 못하였다.

거기에다가, 20세기 들어 발발한 전쟁에서 각 집단이나 국가의 선전기구는 적군의 인격을 무시하였고, 심지어는 자신들이 저지르는 파괴를 정당화하기 위해 적군을 동물로 격하시키는 데 열을 올렸다. 한 모의 교도소 실험 연구 결과에 따르면, 무작위로 감시 역할을 부여받았던 대학생들은 모멸적이고 징벌적인 방식으로 재소자의 역할을 부여받았던 사람들을 대우하기 시작하였다.[18] 그리고 피험자들에게 징벌 권한이 주어지자, 그들은 인간답게 특징화된 대상들보다 중립적인 용어로 특징화된 사람들과 비인간적으로 특징화된 대상들에게 훨씬 더 가혹한 징벌을 가했다.[19] 또한, 이 실험은 자신의 인간 됨됨이를 다른 사람들의 탓으로 돌리는 것이 어떻게 가능한지를 잘 설명해 준다. 사회에서 특정 범주에 속한 사람들(예를 들어, 미친 사람이나 범죄자)의 권리를 거부하고, 그럼으로써 사실상 비인간적으로 그들을 대우하는 것은 대개 정도의 문제이다.

요약

—

1. 바로 앞 장에서 논의된 바와 같이, 친사회적 행동을 촉구하는 도덕 계율은 이기적인 자기주장의 잠재력 때문에 필요해진다. 이기적인 자기주장은 지위에 대한 추구로도 이어진다.

2. 지위의 차이는 인간 사회에 거의 편재해 있다. 높은 지위는 흔히 그 자체로 하나의 목표로서 추구되는 것으로 보인다. 지위에 대한 추구나 그러한 추구로 이어지는 자기주장은 자원에 대한 접근을 용이하게 할 수 있으므로 선택되었다고 가정하는 것이 합리적이다.

3. 높은 지위에 있는 사람들은 자기 자신의 지위를 유지해 줄 가능성이 있는 계율과 가치(예를 들면, 겸손의 미덕)를 장려할 수 있다.

4. 사람들의 자기주장은 자율성과 권리의 주장에 기반을 둔 가치와도 연결될 수 있다.

10
도덕 계율의 근원: 성과 젠더 관련 문제

서론

———

    생물학적 의미의 성을 가리키는 섹스sex와 사회 문화적 의미의 성을 가리키는 젠더gender 사이의 관계는 최근 10여 년 동안 끊임없는 논쟁 거리를 제공하였다.[1] 1960~1970년대의 많은 페미니스트는 생식 기능 외에는 남자와 여자 간에 어떠한 차이도 존재하지 않는다고 주장하는 경향이 있었다. 하지만 그 견해는 더는 받아들여지지 않는다. 행동에서뿐만 아니라 뇌 구조에서의 생물학적 성차는 중요한 역할을 하는 태아 호르몬의 영향과 함께 오늘날 잘 규명되어 있다.[2] 물론, 그것이 출산 이후 성장 과정에서 겪는 경험의 중요성을 깎아내리지는 않는다. 즉, 성과 젠더 차이는 자연과 양육 두 가지 모두를 고려할 필요가 있다. 더욱이, 어떤 문화에서든 남자와 여자의 행동과 행동할 것으로 보이는 방식에는 차이가 있을 뿐만 아니라 젠더 차이가 인식되고 개념화되는 방식에도 문화적 다양성이 존재한다. 한 예를 들면, 마다가스타르

Madagascar의 베조족Vezo에게 있어서 정체성은 사람이 태어나 존재하는 고정된 상태가 아니라 상황과 조건에 따라 자신을 '베조' 부족으로 만드는 행동 방식이다. 따라서 베조인들은 자신이 하는 일에 따라 다른 성 집단의 일원으로 전환할 수 있다. 예컨대, 베조의 어떤 남자들은 옷을 입는 방식과 행동으로 인해 '여자 같은 사람들'이 된다. 그들의 젠더는 그들이 하는 일에 따라 창조된다.3 일찍이, 스트래선Strathern은 파푸아뉴기니 고원의 하겐 산 근처에 사는 집단에 관해 기술한 적이 있는데, 그 집단 사람들은 젠더를 그 사람이 누구인지보다는 하나의 과정으로 그리고 신체를 복합적인 성적 특징이 어우러진 것으로 인식하였다. 그러한 과정적 접근방식은 외부 생식기에 기반을 둔 분류와 함께 존재할 수 있다.4

젠더 차이와 관련한 어떠한 논의에 앞서, 두 가지 공통된 오해의 근원을 먼저 다룰 필요가 있다. 첫째는 거의 예외 없이 사실상 모든 인간이 자신의 생식기에 따라 남성이나 여성 가운데 하나의 성에 속하는 데 반하여, 태도, 가치, 행동에서의 젠더 차이는 사람들이 성장 과정을 통하여 유연성을 보이는 정도의 문제이다. 남자와 여자 간 젠더에서의 차이는 단지 통계적 차이일 뿐이라는 것을 분명히 하는 게 중요하다. 많은 남자가 흔히 여자들의 전형으로 여겨지는 특징을 보이며, 그 반대 또한 나타난다. 평균적으로 남자가 여자보다 신장이 크지만 일부 여자들은 남자보다 더 큰 것처럼, 심리적 특성에서도 광범위하게 교차하는 부분이 있다. 일부 남자들은 여자에게 어울리는 것으로 여겨지는 특징을 대부분의 여자보다 더 보이고, 일부 여자들은 대부분의 남자보다 더 남성적인 특징을 보인다.5 생물학적 성과 젠더 차이에 관한 연구를 보면, 사람들은 보통 그들의 생물학적 성에 따라 집단으로 분류가 된다. 하지만 평가된 특징이 사회화와 문화화에 따라 영향을 받기 때문에, 그런 연구들은 흔히 젠더 차이와 관련된 것으로 언급된다. 같은 생물학적 성 구성원 사이의 젠더 차이 비교(예를 들면, 다소 여성적인 성향의 남성 사이의 비교)는 별로 일반적이지 않은 것으로, 주로 심리학자들의 관심사에 속한다.

공통된 오해의 두 번째 근원은 생물학과 사회 과학 목표 간의 차이와 관련이 있다. 그 문제에 관해서는 이미 2장에서 논의하였으나, 그 성격으로 볼 때 여기에서 더욱 중요하며 부연 설명 또한 필요하다. 사회 과학자들은 대부분 한 사회 내의 문제나 사회, 집단, 연령 계층 간 차이에 관심이 있다. 아마도 그런 이유로 젠더 차이에 대한 사회 과학의 설명은 아이들이 문화나 하위문화에서 적절한 것으로 받아들여 진 사회적 소임을 다할 수 있는 사람으로 성장하는 방식을 강조하는 경향이 있다.6 반면에 생물학자들의 초기 접근방식은 대부분의 인간 사회에 타당한 일반 원리를 발견하려는 보다 광범위한 시도를 포함한다. 물론, 이와 관련한 예외의 경우가 반드시 그 접근방식이 틀렸다는 것을 입증하는 건 아니다. 전 세계의 남자와 여자의 수는 개략적으로 비슷한데, (예를 들어) 세계 국가 지도자의 97%가 남자라면 그건 설명이 필요한 하나의 사실이다. 이를 남자와 여자 간 생물학적 본성의 차이 측면에서 설명하는 것은 적절할 수 있다. 하지만 그것이 곧 완전한 설명이라거나 문화적 요인(아마도 사회적 역할을 포함하는)은 관계가 없다는 것을 의미하지는 않는다. 이와 마찬가지로, 예외인 나머지 3%로 인해 생물학적 요인이 중요하다는 제안이 반드시 틀렸다는 것을 입증하지도 않는다. 그러나 문화적 요인들의 관여는 그러한 문화적 요인들에 따른 행동의 발생과 양식 또한 설명이 필요하며, 게다가 또 생물학적 요인들이 아마도 궁극적으로 관련되어 있으리라는 것을 의미한다. 그렇기 때문에 변증법상의 지속적인 해결이 필수적이다(그림 2.1을 볼 것).

이 장은 도덕적 문제에 대한 특별한 언급과 함께, 생물학적 성과 젠더 차이 연구에 생물학적 접근방식과 사회 과학적 접근방식을 통합하려고 시도한다. 또한 다른 장에서처럼, 사람들이 실제로 행동하거나 행동할 것으로 기대하는 방식을 자연 선택의 원리로부터 예측되는 행동 및 행동 차이와 관련시키고자 시도한다. 둘 사이의 일치는 적어도 문화적 발달이 자연 선택의 요건과 유사하다는 것을 의미한다. 따라서 우리는 생물학적 기반의 성향, 문화적 고정관념과 문화 내에서의 도덕적 태도와 행동의 젠더 차이 간의 관계에 관심을 둔다. 물론, 우리가 복잡한 모든 것을 검토하다 보면 자칫 논의의 범위를 벗어날 수도 있을 것이다.7 생물학적 성향은 행동과 (간접적으로) 문화적 고정관념 및 기대에 영향을 미친다. 행동에서의 생물학적 성과 젠더 차이에 관한 문화적 기대는 남성과 여성이 실제로 행동하는 방식의 차이와 아주 유사할 수도 있고 그렇지 않을 수도 있으나, 그러한 기대는 그들의 행동에 영향을 미치고 영향을 받는다. 우리는 고정관념을 장려하거나 유지하는 것이 현실과 거의 관련이 없음에도 불구하고, 때로는 한쪽 성의 구성원들에게 이익이 된다는 것을 보게 될 것이다.

성관계

성교는 기본적으로 사적인 문제이다. 일반적으로, 성관계는 거의 모든 사회에서 은밀하게 행해진다. 이에 대해서는 직접적인 이유가 있다. 예컨대 일부 영장류에서 발생하는 것처럼, 질투를 유발하거나 다른 사람들의 간섭을 초래할 수 있는 위험 등이 있기 때문이다. 발각되면 매우 당황스러울 뿐 아니라, 대부분의 사회에서 사생활을 침해하는 것은 반감을 불러일으킨다. 문화마다 어느 정도의 차이는 있지만, 관음증뿐만 아니라 공공연하게 이루어지는 성행위 역시 도덕적으로 좋은 평판을 받지 못한다. 이는 성관계가 세계의 모든 문화에서 도덕 계율과 관습으로 구속당하는 방식에서 나온 부차적인 결과일 수 있다.

물론 문화마다 차이가 있긴 하지만, 모든 문화는 도덕 계율과 함께 법의 지위에 오른 규범을 갖추고 있으며, 성관계가 언제 어디서 허용되고 그렇지 않은지를 구체적으로 밝히고 있다. 많은 힌두교도는 성교를 신비적 합일의 모델로 간주하고 있다. 일부 개신교도들은 성관계를 영적 경험으로 간주하고 중요하게 여겼지만, 그 외 다른 사람들은 필요악으로 간주하거나 더 실용적으로는 단지 간통을 방지하기 위해 결혼 생활 내에서 성적 욕망이 충족되어야 하기 때문에 필요한 것으로 여겼다. 16세기 독일에서는 남편이나 아내가 성교를 거부할 경우 상대를 고소할 수 있었다. 하지만 혼외 성관계는 사회적 무질서의 지표로 간주하였으며, 당국은 가해자를 처벌할 수 있었을 뿐만 아니라 가정에서 불법 성관계를 신고하지 않은 사람에게 벌금을 부과할 수도 있었다.8

일부 사회는 일부일처제이고, 또 다른 일부 사회는 일부다처제이며, 소수 사회는 일처다부제이다.9 아내를 한 사람 이상 소유하고자 하는 남성의 동기는 성적 욕구와 (경제적 가치를 지닐 수 있는) 많은 자녀를 갖고자 하는 바람 혹은 한 사람 이상의 아내를 가질 수 있는 지위에서 비롯될 수 있다. 아마존의 아체족이나 바리족Bari과 같은 일부 사회의 경우, 여성은 많은 상대와 성교를 할 수 있고, 그럼으로써 추후 자녀 양육에서 그들의 도움을 얻는다. 이러한 관습은 태아에게 정액의 반복적인 주입이 필요하다는 믿음 때문에 지속된다.10 일부 사회에서는 관습에 따라 부와 모가 함께 살지 않는다. 중국 남서부의 모소족Moso은 생물학적 친자 관계를 인정하지 않는다. 그리하여 대부분의 형제자매는 그들이 태어난 '집'에 머물고, 남자들은 자매의 자녀들에게 아버지로서 역할을 하지만 밤에는 자신들의 성관계 상대를 방문한다.11 일부 사회는 청소년들의 성관계를 허용하거나 권장하지만, 어떤 사회는 그것을 금지한다. 그 다양성은 끝이 없을 정도이다.

성적 관행의 차이는 생식적으로 성공한 것으로 보이는 풍습이 이전에 사회적 계율로 전환된 결과라고 여겨질 수 있다. 일반적으로 배우자 간의 성교는 필요하며, 그래서 일부 종교에서는 피임을 금지하기도 한다. 또한 생리 기간에는 성교가 금지될 수 있는데, 이는 가임기에 성교의 빈도를 증가시킬 가능성이 있기 때문이다. 그러한 원칙들은 개인의 생식적 이익에 도움이 될 뿐만 아니라, 종교 공동체의 규모를 확장하는 경향이 있으므로 이를 옹호하는 전문 종교인들의 이익에도 도움이 된다.12

성적 자유에서 남성과 여성의 차이

—

많은 사회에서 성관계의 본질은 남성과 여성 사이에 차이가 있는데, 이는 상대방의 혼외정사로 인한 다른 생식 결과의 관점에서 이해될 수 있기 때문이다.13 여기서 중요한 것은 여자의 생식 이득과 남자의 생식 이득이 일치하지 않을 수 있다는 점이다. 여자는 항상 자신의 자궁에 있는 아이가 자기 것임을 알지만, 아버지로서 돌봄을 제공하는 남자는 자신이 양육하는 아이가 자신의 자식이라는 보장이 없다. 그러므로 대부분의 사회에서 남자의 혼외정사는 다른 여성에게 자원을 전용하지 않는 한 그의 아내의 생식 성공을 낮추지 않지만, 여성의 혼외정사는 남자가 자기 자식이 아닌 아이에게 부성애를 소비하는 결과를 초래할 수 있다. 그러므로 여성의 혼외(그리고 종종 혼전) 성교를 제한하는 것은 남성에게 이득이 된다. 많은 문화에서 여성의 정숙과 순결을 강조하고, 여성용 은닉 의류를 지정하며 이동을 제한한다. 여성에게 집에서 재봉이나 직조 같은 시간이 오래 걸리는 일을 하게 하는 사회적 규범조차도 여성의 자유를 제한하고자 하는 남성의 고안에서 나온 것으로 여겨졌다.14 그런 관습이 남자들보다는 여자들에게 적용되었던 것은 이러한 생물학적 관점에서 이해될 수 있다. 같은 맥락에서, 많은 사회에서는 남편의 간통보다는 아내의 간통을 더욱 엄격히 금지하였으며,15 대부분의 사회에서 남자들의 성적 방종은 여자들보다 더 많이 허용된다. 이런 관습은 의심할 여지없이 남자들이 가진 더 큰 힘에서 비롯되었다.

우리는 서로 다른 종교적·문화적 전통을 가진 지역에서 두 가지 사례를 고려할 수 있을 것이다. 이슬람 전통의 많은 지역에서 남성의 명예 개념은 금지된 하렘haram의 영역에 대한 도전과 관련이 있다. 여성의 도덕적 행동이 정숙의 개념과 관련되어 있긴 하지만, 이것은 본질에서 명예와 지위에 대한 남성적 관념에 종속된 것으로, 여성과 아이들은 남성의 명예를 훼손시키지 않기 위해 보호받는 일종의 부속물로 여겨진다. 여자는 자신의 행위로 자기 남편의 명예를 훼손할 수 있다. 이슬람 세계에서 하렘은 법적 및 도덕적으로 금지된 것을 의미한다. 그러나 역사적·지리적 요인의 결과로 그 개념이 실제로 실천되는 정도는 이슬람 세계의 지역과 그의 여러 전통, 사회적 계층 그리고 가족과 친족의 상황에 따라 차이가 있다. 이슬람 세계의 주변부에서는 그러한 금기가 많이 약화되었거나 사라졌으며, 여자들은 자신의 명예를 지킬 수 있는 존재로 여겨진다.16

서로 다른 종교적 전통을 갖고 있으나 근본적으로는 유사한 세계관을 지닌 멕시코에서는 똑같은 문제가 다소 다른 방식으로 전개된다. 여기에서는 남성과 여성을 위한 서로 다른 도덕이 공존한다. 여자들은 남자들 간의 관계에서 중재자 역할을 하며, 여자들의 행위가 남자들의 평판에 영향을 미치기 때문에 남자들에게는 하나의 위협이 될 수 있다. 신부의 순결은 신부의 가족과 미래의 남편 가족 모두에 대한 명예의 문제로, 남자들 사이의 유대를 확고히 해준다. 만약 이것이 반증되면, 그녀의 가족에게 보복이 가해질 수 있다. 따라서 가족 구성원들의 남자다움 과시는 여자들의 미덕과 관련되어 있다. 여자는 남자의 명예를 지키는 자로, 남자는 여자의 미덕을 보호하는 자로 인식된다. 이로부터 성생활은 남자들의 경우엔 정력, 여자들의 경우엔 순결의 측면에서 조명되는 결과가 생겼다. 그러나 남성성이 하나의 스펙트럼으로 평가되는 반면에, 여자들은 선한 사람이거나 선하지 않은 사람 둘 중 하나로 여겨진다. 남성성은 지배적 관계를 통해 표현되는 남성과 남성 사이 그리고 양성 사이를 모두 아우르는 가치로 여겨진다. 그러나 그와 동시에, 여성성은 남성성을 포함하는 것으로 여겨진다. 이러한 일은 순결이 정숙의 표현일 뿐만 아니라 여성의 잠재적인 성생활과 생식력의 표출로 여겨지기 때문에 일어난다. 성적 교합과 처녀성에서 모성으로의 전환은 결혼을 통해 제도화된다. 성모 마리아(특히 멕시코 과달루페의 성모)는 여자들에게 순결과 모성의 미덕을 갖춘 상징으로서 관심의 대상이 된다. 이는 동정녀와 모성이 자기희생이나 고통과 관련이 있기 때문이다. 말할 필요도 없이, 남성의 정력과 여성의 순결을 대비하는 것은 삶의 다른 영역에서 기대하는 바가 각기 다르다는 것을 암시한다. 예를 들어 남자는 그의 가족을 부양할 것으로 예상하며, 여자는 집에서 일할 것으로 예상한다. 여자에게 그런 기대를 하는 것은 남편이 적절한 부양자가 되어야 한다는 것과 더불어 여자가 집 밖에서 일하게 되면 순결을 잃을 위험이 있어서이다.17

이러한 문화에서는 순결과 모성에서 기인하는 고통이 도덕적 문제가 될 수 있다. 당신이 고통을 더 많이 받으면 받을수록 (미덕의 이유로) 당신은 더 좋은 사람이며, 어머니는 당연히 고통을 받는 존재로 인식된다. 이는 필연적으로 모호성을 유발한다. 왜냐하면 결혼 생활 안팎에서 고통받는 모성에 관한 긍정적인 연상은 미덕이 있는 여성과 미덕이 없는 여성의 구별을 무시할 수 있기 때문이다. 그러나 남자들에게는 이런 문제가 발생하지 않는다. 왜냐하면 충성심은 남성이나 여성에게 모두 똑같은 의미를 갖지 않으며, 남자들은 동시에 아버지와 남편 그리고 연인이 될 수 있기 때문이다. 그럼에도 불구하고 젠더와 관련된 모호성은 도덕적 해석에 있어서 다양한 목소리를 허용한다.

물론 가족의 명예와 여성의 순결 간의 관계는 많이 변하고 있지만, 최근까지도 서구 사회에 존재하였다.[18] 스웨덴에서는 혼전 성관계에 대해 별다른 거부반응을 보이지 않고, 미혼모는 대부분의 다른 나라에서보다 사회 체계의 혜택을 더 많이 받는다. 그리고 신부를 선택하는 남자들은 다른 유럽 국가들의 남자들에 비교해 순결을 그리 중요한 요건으로 인식하지 않는다.[19] 따라서 순결의 미덕은 그 기반이 생물학적 요소에 있긴 하지만, 그에 대한 중요성은 문화마다 차이가 있다. 여성은 여전히 성적 규범의 위반에 대해 더 많은 책임을 지는 경향이 있다. 대부분의 서구 국가에서 피임이 널리 이용 가능함에 따라, 혼인 관계가 없는 경우의 성관계는 남성에게 더 이상의 의무를 거의 수반하지 않는 것처럼 보인다. 예컨대, 이는 성관계로 여성이 임신할 경우에 남성에게 그 여성이 출산한 아이의 양육을 도울 의무가 수반되는 아체족의 관습과는 상황이 매우 다르다. 모든 사회에서 그러는 것은 아니지만 많은 사회의 경우, 버림받은 여성의 취약성을 인정하고 그런 여성과 그들의 아이를 보호하기 위한 특별한 대책을 마련하고 있다.[20] 여기에는 예컨대 원 가족으로의 복귀 또는 친족 집단 구성원에 대한 특별한 책임 등이 포함될 수 있다.

구속성이 있는 성과 관련된 관습은 문화 안팎의 사람들에 따라 종종 상당히 다르게 여겨진다. 이것은 특히 '생식기 변형'에 관한 논의에서 두드러진다. 남성의 경우는 서구 사회에서 보통 특별한 언급 없이 받아들여지지만, 여아나 성숙한 여성의 생식기 변형은 그들에게서 성적 민감 능력을 제거함으로써 혼외 성관계를 제한하는 수단으로 여겨지며, 이는 성기 훼손으로 평가된다.21 물론 일부 증거가 이를 다소 과장하고 있긴 하지만, 많은 증거는 조잡하고 야만적인 수술로 인하여 많은 의학적 부작용이 일어난다는 것을 보여 준다.22 그러나 이 문화에 속한 사람들에게는 성기 변형이 보통 성인으로서의 지위를 획득하고, 집단의 관습, 법, 종교에 대해 전면적으로 접근할 수 있는 수단으로 여겨진다. 따라서 이들은 이를 자신의 중요한 문화적 유산의 일부로 인식한다.23 옛날 중국의 전족 풍습 또한 여성의 혼외 성관계를 예방하기 위해 의도되었던 관습의 일종으로 인용되고 있다. 그런 관습이 혼외 성관계를 방지하였다는 확실한 증거는 보이지 않는다. 하지만 분명한 것은 그것이 여자들의 이동을 막지는 못했다는 것이다. 어떤 사람들은 그것이 남성들의 성적 환상을 위한 성적 대상으로서 여자들을 복종하게 하는 수단이었다고 주장한다. 그러나 그 당시 남자들과 여자들에게는 그 의미가 다소 다르게 받아들여졌을 수 있다. 중국 후기 제국 시대 당시 사람들은 그것을 엘리트 지위의 표지로서, 공손함과 한족의 정체성을 나타내는 것이자 한족 문화의 우월성을 과시하는 것으로 간주하였다.24 따라서 우리는 그러한 관습을 주의해서 해석해야 하며, 관습의 기원과 그에 따른 현재의 결과 그리고 관련된 사람들의 인식을 서로 구분할 필요가 있다. 문화적 관습은 종종 그의 기원이나 결과에 대한 성찰 없이 받아들여지고 소중하게 여겨진다. 하지만 그러한 관습의 정확한 본질과 그것이 경험되는 방식뿐만 아니라 그 의미는 시간의 흐름에 따라 변한다.

　남성과 여성의 생식 요건상 차이는 많은 사회에서 그들에게 적절하다고 여겨지는 심리적 특성의 차이와 상당히 유사하다. 남성들은 자신의 성적 상대를 얻기 위해 서로 경쟁해야 하며, 일단 자신의 상대를 확보하면 그 여성을 다른 남성들의 관심으로부터 보호해야 한다. 공격성과 자기주장의 남성적 특성과 남자다움을 과시하는 전통은 이와 일치한다. 여성에 대한 기사도 정신은 남성의 보호 역할과 어울린다. 이와 상반되게 여성은 순결하고 겸손하며 정숙한 사람이길 바라는 기대를 받기 때문에 남성보다 방종이 훨씬 덜 허용된다. 사회의 성 체계에 따라 차이가 있겠지만, 대부분의 사회에서 헌신은 남성이나 여성 모두에게 중요하다.[25] 양육은 여러 가지 필요 요건을 발생시킨다. 장기적 관계에서 봤을 때 남성은 '좋은 어머니'가 될 가능성이 많은, 높은 생식 잠재력을 지닌 여성을 선택하는 경향이 있다. 좋은 모성의 특질은 상황에 따라 다르나, 민감하고 친절한 반응은 대부분의 경우에 중요해 보인다. 다양한 사회를 대상으로 했던 한 연구에서, 여성은 잠재적 결혼 상대를 선택할 때 좋은 부양자가 지녀야 할 잠재력뿐만 아니라 신뢰와 헌신, 정서적 안정과 친절에 가치를 부여하는 것으로 나타났다.[26]

도덕성에 성과 젠더 차이가 존재하는가?

도덕적 성향에 관한 연구

한 생물학적 성의 구성원들이 다른 생물학적 성의 구성원들보다 '더 도덕적'이라고 말할 수 있는지, 다른 성의 구성원들과 다른 방식에서 도덕적이라고 말할 수 있는지에 대한 의문은 주로 길리건[27]을 포함한 페미니스트 심리학자들의 연구로 인해 세상의 이목을 끌게 되었다. 자주 사용되는 콜버그[28]의 도덕성 발달 단계와 관련된 추론에서 여성이 낮은 점수를 받는 경향이 있다는 것은 이전에 주장되었다. 길리간은 그 척도가 규칙, 권리, 상호성과 자율성에 초점을 두는 정의의 문제를 강조하는 반면에 배려, 책임, 관계의 여성적 미덕에 대해서는 덜 강조하였기 때문이라고 주장하였다. 이 견해에 대한 논의는 우리가 도덕적 성향의 차이를 넘어서 성과 젠더 차이와 관련된 몇 가지 일반적인 문제를 고려할 것을 요구한다.

길리간의 견해에 대한 증거는 상충되고 있다. 부분적으로 보면, 여자들과 남자들이 무엇을 해야 하는지, 주어진 사회에서 여자들과 남자들이 어떻게 행동해야 하는지에 대한 고정관념은 종종 그들이 실제로 하는 일과 밀접하게 일치하지 않기 때문이다. 어쨌든 최근의 여러 연구는 콜버그의 추론단계에서 여자들과 남자들 사이에 분명한 차이가 있다는 것을 입증하지 못하였으며,[29] 상황적 맥락과 문화에 따라 많은 영향을 받는 문제이기는 하지만 여자들과 남자들이 정의와 배려의 성향 두 가지 모두를 사용하는 것은 분명하다.[30] 실제로 청소년과 성인을 대상으로 한 도움 행위에 관한 메타 분석 연구(주로 북아메리카 사람)는 남자들이 여자들보다 더 많은 도움을 주는 경향을 보였다. 그러나 상황에 따라 다른 경향이 있었다. 남자들은 '영웅적인' 상황에서 낯선 사람들을 돕는 경향이 있었고, 여자들은 장기적인 관계의 과정에서 도움을 제공하는 경향이 있었다(이는 양적 연구의 여지가 별로 없다).[31]

다른 연구들은 여자들이 남자들보다 배려 성향을 더 많이 보이는 경향이 있음을 보여준다.[32] 또 일관성이 연구에 따라 상당히 부족하긴 하지만 아이들의 친사회적 반응에 대한 메타 분석 연구들은 여자아이들이 남자아이들보다 친사회적인 것으로 분류되는 행동을 더 많이 한다는 것을 보여 주었다.[33] 피험자들이 자신의 무엇이 평가되고 있으며 자신들의 반응이 통제되고 있다는 것(예를 들면, 자기 보고 측정 방법)을 알았던 연구에서는 그 차이가 나타났지만, 생리학적 측정 방법이나 미묘한 관찰 기법이 사용되었을 때는 분명하게 드러나지 않았다. 따라서 그 차이는 아이들이 젠더 역할 고정관념과 기대를 인식하고, 그들이 그런 관념과 기대를 내면화하기 시작하면서 점차 두드러진다는 일부 제안이 있었다. 다른 연구들은 청소년을 대상으로 하는 실험에서 등장하는 차이가 그 개인에게 주어지는 딜레마에 따라 달라진다고 말한다. 아이들이 가설적 딜레마에 대해 추론하도록 요청받았을 때는 거의 차이가 없었지만, 실생활 딜레마에 대해서는 성인들과 약간의 차이가 발견되었다.34 아이젠버그와 페이브스Eisenberg and Fabes에 따르면, 여성들은 자신의 친사회적 행동을 자신의 관계에서 드러낼 가능성이 더 있는가 하면, 남성들은 친사회적 행동을 자선단체에 기부하는 것과 같은 특정 개인과 상관없는 행동으로 드러낼 가능성이 더 크다.

다른 심리학 분야의 증거
—

실생활과 더 밀접한 관련이 있는 심리학의 여러 출처에서 얻은 자료는 대부분 여자들이 남자들보다 친밀한 관계에서 더 많이 배려한다는 제안과 일치한다.

1. 부부나 이성애자에 대한 여러 연구는 다른 사람과의 친밀한 관계가 남아와 남자보다는 여아와 여자에게 더 중요하다는 것을 보여 준다.35 그 차이는 매우 어린 나이에 나타난다. 남자아이들은 집단으로 놀이하는 경향이 있으며, 여자아이들은 일대일 관계로 놀이하는 경향이 있다. 성장 후, 힘든 결혼 생활에서 여자들은 더 친밀감을 원

하는 경향이 있고, 남자들은 더 자율성을 바라는 경향이 있다. 여자들은 남자들보다 부부 갈등을 다루려고 시도하는 경향이 더 많다. 여자들은 남자들보다 마음에 둔 것을 더 털어 놓으며, 자신의 관계를 설명할 때 친밀감에 초점을 두는 반면, 남자들은 공동 활동에 초점을 둔다. 여기서 중요한 것은 생물학적 성이 아니라 여성의 특성이라는 점이다. 한 연구의 보고에 따르면, 결혼한 두 사람 모두 여성적이거나 양성의 특징을 가진 부부가 가장 높은 관계의 질을 보였으며, 한 사람이 미분화 또는 남성적이었던 부부는 가장 낮은 관계의 질을 보였다. 또 다른 연구는 결혼 생활 만족도가 두 상대 모두 여성성이나 정서 표현성에서 높은 수치를 보인 부부에게서 더 높게 나났다고 하였다. 또 다른 연구는 각각의 배우자가 느끼는 행복감이 자신의 여성성에 대한 상대의 평가보다는 상대의 여성성에 대한 자신의 평가와 더욱 밀접한 관련이 있다는 것을 발견하였다.36 개인적 관계에서도 흔히 그러하듯, 중요한 것은 실제 상황이 아니라 서로의 상대가 인식하는 상황이다.

2. 성행위(적어도 북아메리카에서)는 남자들보다는 여자들에게서 훨씬 더 친밀한 관계와 연관이 있다.37

3. 7세 아동들38과 청소년들39을 대상으로 시행했던 걱정에 관한 한 연구는 그들에게 걱정을 물었을 때 남자들은 성취와 자율성의 문제를 언급하는 경향이 있고, 여자들은 관계에 대한 우려를 언급하는 경향이 있음을 보여 준다.

4. 14세, 18세, 23세 연령자들의 자존감에 관한 한 중요한 연구는 여자아이들과 여자들의 경우 다른 사람과 긍정적인 관계를 맺을 수 있는 능력이 자존감을 증진시키지만, 남자아이들과 남자들의 경우에는 대인관계 유대감의 중요성이 상대적으로 덜하며 사회적 불안을 조절하고 효과적으로 기능하는 능력에 따라 그들의 정체성에 대한

인식이 달라진다는 것을 시사한다. 특히, 여자아이들의 경우 이 연령대에서 자존감이 증가하는 것은 따뜻함과 공동체적 성향을 반영하는 성격적 특성과 관련이 있지만, 남자아이들의 경우에는 그의 증가가 자기 지향성과 관련이 있었다. "23세의 높은 자존감을 가진 젊은 여자들은 같은 나이의 높은 자존감을 가진 젊은 남자들보다 훨씬 더 대인관계의 유대감을 강조한다. 그들은 따뜻하고, 남과 잘 어울리고, 이야기하기를 좋아하고, 잘 주고, 사람들과 친밀한 관계를 갖는 경향이 있으나, 높은 자존감을 가진 젊은 남자들은 상대적으로 감정을 잘 드러내지 않고, 남의 일에 관여하지 않으며, 다른 사람들과 일정한 거리를 둔다."[40] 이 연구는 문화적 규범의 내면화가 높은 자존감과 연관이 있다는 것을 보여 준다.

5. 주로 친사회적 성향을 지닌 사람들은 개인주의적이거나 경쟁적인 성향을 지닌 사람과 비교하여 더 많은 자매가 있는 (그러나 형제가 더 많지는 않은) 것으로 보고되는데,[41] 이는 자매들이 친사회적 성격 발달을 촉진한다는 것을 시사한다.

이런 연구의 대부분은 유럽과 북아메리카에서 수행되었다. 따라서 다른 문화에서는 다른 결과가 나타날 수 있다는 것을 유념할 필요가 있다. 문제가 최종적으로 해결된 것이 아니고 차이점의 정도 또한 명확하지 않지만, 여러 증거가 남자들과 여자들의 도덕적 성향의 차이와 일치하는 것은 분명하다. 여자아이들과 여자들은 특히 다른 사람들과의 관계에 있어서 남자아이들이나 남자들보다 더 보살피거나 그런 사람이 되는 경향이 있다. 하지만 이들 연구에서 그것이 필연적으로 그렇다는 것을 보여 주지는 않는다. 어쨌든, 배려와 정의는 실제 삶의 상황에서 많은 경우 서로 얽혀 작용한다.

젠더 고정관념

여성과 남성에게 무엇이 '옳은' 행동인지에 관한 판단은 그들의 행동에 관한 문화적 고정관념과 관련이 있을 가능성이 크다. '여자'와 '남자'의 개념이 부분적으로는 문화적으로 구성된다는 점을 고려하면, 젠더 고정관념이 문화에 따라 서로 다르다는 것은 그리 놀랄 일이 아니다. 여자들은 보통 남자들보다 더 배려하고 친사회적인 것으로 그려진다. 윌리엄스와 베스트Williams and Best[42]가 1982년에 발간한 자료는 이것이 거의 어디에서나 볼 수 있는 현상임(혹은 이었음)을 시사한다. 이 연구자들은 25개국의 성인 학생들에게 300개의 형용사가 담긴 검사 항목을 제시하고, 어떤 형용사가 남자들이나 여자들에게 더 잘 연관되는지를 구체적으로 밝혀 달라고 요구하였다. 나라에 따라 52명에서 120명의 학생이 참여하였고, 남성과 여성의 인원은 대략 엇비슷하였다. 응답자의 67% 이상이 '남성과 더 연관된다' 혹은 '여성과 더 연관된다'라고 분류한 항목을 해당 국가의 여성과 남성 고정관념을 명시하는 데 사용하였다. 그 자료는 생물학적 성 고정관념이 나라마다 상당한 유사성을 내포하고 있다는 것을 보여 주었다. 북아메리카 표본은 남성과 여성의 차이 정도를 검증한 모든 국가의 중간쯤에 있었다. 연구자들은 25개국 중 적어도 19개국의 여성 혹은 남성과 연관되는 항목의 목록을 제시하였다. 여성과 연관된 목록에는 '자애로운'(24개국), '온화한'(21), '친절한'(19), '상냥한'(19), '민감한'(24), '마음이 부드러운'(23) 등이 포함되었다. 이와 대조적으로, 친사회적 특성과 관련된 것으로 말할 수 있는 형용사가 남성과 관련된 항목에서는 나타나지 않았다. 남성과 관련된 항목으로는 이기적 자기주장성과 관련이 있는 몇 가지 형용사 — 예컨대 '공격적인'(24개국), '뽐내는'(19), '기회주의적인'(20) — 와 반사회적이라 할 수 있는 형용사 — 예컨대 '잔인한'(21),

'독선적인'(21), '냉정한'(21), '불친절한'(19) — 가 있었다. 더욱이, 번 Berne의 교류 분석에 기초하여 이들 자료를 분석한 결과, '자녀 양육에 관심을 기울이는 부모' 점수는 25개국 가운데 24개국에서 남성보다 여성이 더 높았다. 따라서 적어도 대다수 국가에서 여성의 고정관념이 남성보다 더 친사회적이라는 견해가 상당한 설득력을 지닌다. 즉, 일 반적으로 여성은 남성보다 더 친사회적이고 양육적인 방식으로 행동 하는 것으로 믿어지고, 또 그렇게 행동할 것으로 기대된다.

고정관념 차이의 원천

한 가지 중요한 의문은 남자들과 여자들에 대한 이러한 기대의 차이 가 어떻게 등장하느냐는 것이다. 우리는 이 문제와 관련하여 종종 양립 하기 어려운 것으로 보이는 두 가지 접근방식을 고려할 것이다. 첫 번 째는 남자들과 여자들의 권력 차이, 두 번째는 그들의 생식 요건을 강 조한다.

▬ 사회적 및 정치적 영역에서의 남성 권력

도덕률은 우리가 보았던 바와 같이 권력을 가진 사람들의 영향을 많 이 받으며, 계층화된 대부분의 사회는 남성 중심인 것으로 보인다. 아 마도 남성과 여성의 지위 차이는 단순히 남자들에 의해 결정된다.

남성 지배는 대체로 몇 가지 근원이 있다. 첫째, 남자들이 체력 면에 서 유리하다는 주장이 있다. 여자들은 보호가 필요하다는 것도 아마 그 와 관련이 있을 것이다. 그러나 이와 관련된 또 다른 주장은 남성과 여 성이 본성, 특히 '성취동기'[43]에서 차이가 있다는 것이다. 미국의 경우 를 예로 들면, 실험적 증거는 남자들이 여자들보다 그 동기가 높다는 것을 보여 준다. 물론, 그것은 문화화의 결과일 수 있으며 남성이 지배하는 사회에서 정치적 미사여구의 하나일 수 있다.

어쨌든, 대다수의 사회에서 남자들이 사회 정치적 힘을 가지고 있다는 것을 고려한다면, 우리는 왜 그래야 하는지를 묻지 않을 수 없다. 여기에 생물학적 접근방식을 활용할 수 있다. 인간의 진화 과정에서 남성의 생식 성공은 여성에 대한 접근으로 제한되었으나, 여성의 생식 성공은 임신과 수유의 필요와 그에 따른 시간에 의해서 제한되었다. 여성에 대한 남성의 접근은 그들의 자기주장적 노력의 결과로 생긴 권력과 명성으로 더 쉬워졌으나, 사회적 지배에 대한 여성의 욕구는 남성과 비교하여 훨씬 더 많은 자녀 양육과 관련된 필요로 인해 약화되었다. 물론, 문화적 진화 과정에서 부모의 역할은 많이 변화하였으며, 일부 문화에서는 어머니가 수유의 책임을 간호사나 유모에게 위임하기도 한다.[44] 그러나 여기서 논의할 중요한 문제는 남성과 여성의 범문화적 성향 차이에 관한 것이다. 태도와 행동의 다른 점들을 다룬 광범위한 문헌은 자기주장성과 지위 추구에서의 차이가 남성과 여성 간에 본래 내재한 차이에서 기인함을 강력히 시사한다.[45] 그러나 남성 권력이 그 정도에서 문화에 따라 차이가 난다는 것은 거기에 문화적 요인도 내포되어 있다는 것을 방증해 준다.

남자들은 남성의 이익에 공헌하는 경향이 있는 신화와 고정관념을 활용하여 사회 정치적 힘의 차이를 강화하고 역설할 수 있었다. 일부 인류학자들은 남성 지배가 여성을 자연과, 남성을 문화와 동일시하고, 문화를 가진 남성의 (추정되는) 우월성을 널리 인정한 데서 기인한다고 하였다.[46] 많은 사회에서 여자들을 위험하고 사악한 존재로 묘사하기도 하는데, 이는 여성을 복종시키고자 하는 남성의 계책일 수 있다.[47] 같은 방식에서, 여자들의 본성으로 보살핌의 측면을 강조한 것 역시 남자들에게 이득이 될 수 있었을 것이다. 이는 남자들과 그들의 자녀들이 그런 보살핌의 수혜자이기 때문이다. 이것은 남성이 여성과 비교하여 더 큰 사회적 권력을 가진 것은 오직 생물학적 양성 간에 내재하는 차이 때문만은 아니라는 것을 시사해 준다. 왜냐하면 이미 존재하는 성향에서의 차이는 남성 이익에 공헌하는 고정관념에 의해 강조될 것이기 때문이다.

만약 고정관념에서의 차이가 남성 권력 때문이라면, 아직 더 검토해 보아야 할 의문이 있다. 즉, 그렇게 많은 사회에서 어떻게 남자들은 여자들보다 더 효과적으로 자신에게 이득이 되는 고정관념을 강요할 수 있었느냐는 것이다. 아마도 남자들만이 오롯이 한 일은 아닐 것이다. 여자들은 사회적 규범을 받아들이고, 그런 규범들에 영향을 받지 않는 방식으로 만족을 찾거나[48] 잘난 체하는 남자들 뒤에서 그들을 비웃음으로써 스스로 만족할 수 있다. 또 다른 견해가 있다. 많은 문화를 대상으로 했던 여러 연구는 여자들이 자신의 배우자로 높은 지위의 남자들을 선호한다는 것을 보여 주고 있다.[49] 추정컨대 높은 지위의 남성들이 더 좋은 유전자를 전할 가능성이 있고(인류 진화의 초기에는 그러하였다), 더 나은 부양자일 가능성이 있어서 자연 선택은 여성이 더 높은 지위를 선호하는 것을 유지해 왔다. 따라서 남성이 지위를 추구한다는 고정관념은 높은 지위의 남자들을 원하는 여자들과 자신이 되고 싶은 것이 무엇인지를 보여 주는 남자들에 의해 지지받을 것이다. 높은 지위를 얻을 수 있으며 기꺼이 얻고자 하는 남자들을 선택한 여자들과 그들이 선택한 남자들은 그렇지 않은 사람들보다 더 많은 자녀와 손자녀를 둘 것이며, 이에 따라 남성들의 높은 지위 추구는 인간 집단에서 유지되었을 것이다. 따라서 우리는 남성과 여성의 본성 차이라는 관점에서 해답을 찾게 된다.

물론, 사회가 남성 중심적이라는 일반화에는 일부 예외가 있다. 파푸아뉴기니 고원에 사는 두 공동체 중 한 곳의 경우, 여자들은 자신이 하는 일에 아무런 책임이 없고 남자들이 하는 사업을 위해 자기 돈을 포기하는 반면에 다른 한 곳은 그와 정반대이다.50 일부 아프리카 사회에서는 여성이 통치하고 있으며, 또 다른 사회의 경우 종종 '막후 실력자'의 형태이긴 하지만 여성이 일정 부분 정치적 영향력을 행사하고 있다. 특히 사하라 사막 이남 지역의 아프리카에서 그런 사례를 볼 수 있는데, 이곳 여자들의 지위는 일반적으로 지중해 지역의 여자들보다 더 높으며, 모계제가 발달해 있다.51 더불어 가나의 가Ga 부족은 남자들과 여자들이 각자 별도로 자기들의 집에 살며, 여자들은 자신들이 번 돈을 자신의 재산으로 소유할 수 있다. 남자들과 여자들은 자원을 공유하지 않으며, 소수의 성공한 여자는 자신이 축적한 부를 통해 권력을 얻고, 일부 여자는 그 권력을 남자로부터 독립하여 생계를 유지하는 방책으로 활용한다.52 그런데도 그 사회는 이념적으로나 제도적으로 가부장적이다. 위와 같은 여러 사례는 젠더 우위가 계층, 사회적 지위, 민족성, 종교 그리고 생활 주기 단계에 따라 많은 차이가 있다는 것을 보여준다.53 하지만 일반적으로 대부분의 사회에서 남자들은 여자들보다 공공 및 정치적 분야에서 더 많은 권력을 갖고 더 많은 대우를 받는다. 여자들이 정치적 권력을 가진 극소수의 사회에서도 그 권력은 이런저런 제한을 받는 경우가 많다.54

▬ 여성의 가정 내 권력

하루하루의 일상생활에 대한 권력은 가늠하기가 쉽지 않다. 우선, 권력이 평가되는 상황과 요구하는 물음에 따라 달라질 수 있기 때문이다. 영국의 결혼에 관한 연구에서 연구자들은 의사 결정을 여러 영역(공휴일, 자녀, 재정 등등)으로 나눠 검토한 후, 한 영역에서의 권력이 반드시 다른 영역에서의 권력을 의미하지는 않는다는 것을 발견하였다. 더욱이 각 영역 내에서 권력이 평가되어야 하는 수준에 대한 결정은 어느 정도 자의적이었다. 예를 들어 누가 휴가 때 사용할 표를 샀는지, 누가 어디로 가야 할지를 결정했는지, 어디로 가야 할지를 결정할 사람을 누가 결정했는지 물어보는 것이 더 적절했을까?55 따라서 일반적으로 남성의 정치적 권력은 반드시 삶의 모든 영역에서 남성이 권력을 쥐고 있다는 것을 의미하지는 않는다.

이와 함께, 어느 한쪽 성의 사람들이 자신들의 성을 정의하는 고정관념과 다르게 행동할 수 있고 행동한다는 것을 인식하는 것은 중요하다.56 일부 사회에서는 여자들이 조롱을 당하지만 그런데도 상당한 권력을 쥐고 있으며, 때로는 조롱을 당하면서 권력을 갖지 못하는 건 오히려 남자들이다.

권력에서의 젠더 차이를 일반화하는 데 따르는 어려움은 북부 수단의 이슬람 개척자 집단을 대상으로 했던 버티Berti의 연구에 잘 나타나 있다. 그곳에서는 남성 지배와 여성 복종의 모델이 유지되며, 이는 다양한 상징(예를 들면, 전해 내려오는 말인 '남자는 앞에 여자는 뒤에')으로 뒷받침된다. 여자들은 공적인 문제에서 남자들의 지도적 역할을 받아들이고 상징성을 지지하지만, 그들이 함께 있으면서 특히 남자들을 놀릴 때는 젠더 관계에 관한 다른 모델을 주장한다. 그 여자들이 옹호하는 모델은 노동 분업에서 분명하게 드러나는 바를 빗대어 남자들을 여자들에게 의존하는 존재로 묘사한다. 오직 남자들만이 하는 어떤 일들이 있고 관습적으로 여자들만이 하는 일이 있는데, 사실 그런 구분은 여자는 혼자 살아갈 수 있으나 남자는 그렇지 못함을 시사한다. 여자는 일시적으로 남자가 없어도 일반적으로는 남자들이 제공하는 물품인 고기나 가죽 가방을 살 수 있지만, 남자들은 음식을 만들지 못하고 맥주를 제조해 낼 수 없다. 게다가 공적 영역에서의 남성의 지위는 그가 가장이고, 그를 위해 요리할 아내가 있는지에 따라 결정된다. 그러므로 여자들은 자신을 남자들에게 그들의 지위를 제공하는 존재로 인식할 수 있다. 여자들은 성적 접근과 요리를 거부함으로써 가정에서 자신의 권력을 발휘할 수 있다. 후자의 경우는 특히 효과적이다. 이는 남자들이 함께 음식을 먹는 경향이 있어서 만약 아내가 자기 남편을 위한 요리를 거부하면 그 사실이 널리 알려지게 되고, 그러면 그 남편은 조롱의 대상이 되기 때문이다. 남자들과 여자들은 서로 상대 모델의 유효함을 받아들이며, 실제로 젠더 관계의 다른 모델에 서로 동의하는 태도를 보인다. 구두로 주장된 모델의 신뢰성은 젠더 관계의 표현에 대해 남자들과 여자들이 서로 다르게 해석함으로써 유지된다.57

이는 몇 가지 점에서 랑카위섬의 상황과 유사하다. 서로를 부를 때 사용하는 '정식' 용어는 이 집단이 남성 중심임을 나타낸다. 아내는 자기 남편을 부르는 호칭으로 '아방abang'(오빠)을 사용하고, 남편은 자기 아내를 '아딕adik'(여동생)으로 부르게 되어 있으나, 실제로는 이 호칭들이 거의 사용되지 않는다. 남자들은 공식적인 정치와 종교(이슬람)에서 권력을 장악한다. 여자들은 남자들의 정치를 불화를 일으키는 것으로 보며 이를 약간 경멸한다. 연회에서 역할이 역전되지만, 전적으로 그런 것은 아니다. 예컨대, 남자들이 요리를 하긴 하지만 먼저 먹는다. 집 밖에서의 남자들과 여자들의 일은 각각 어업과 벼 재배로 분리되어 있지만, 똑같이 중요하게 여겨진다. 부부는 서로 돈을 벌고, 그 돈을 공유한다. 중요한 결정은 함께 상의하여 내린다. 그러나 집 안에서는 사정이 다르다. 집안의 모든 일은 아내가 전적으로 관리한다. 아내는 가계 비용 지출의 책임자 역할을 한다.58 미얀마의 버마족Burma도 이와 유사한데, 사회 문화적 영역은 남성 중심이지만 가정 내 영역에서는 여성이 중심이다.59 자바에서는 여성이 일반적으로 열등한 존재로 여겨지지만, 집안일을 맡아 관리한다.60

따라서 가정 내 영역에서는 그 지위가 흔히 사회·정치적 영역과 정반대인 것이 분명하다.61 왜냐하면 여성이 집안일을 지배하는 경향이

도덕 계율은 어디에서 오는가? PART 2 —

있는 사회가 여러 곳에 존재하기 때문이다.62 많은 사례가 페미니스트 인류학자들에게 잘 알려져 있다. 하지만 문제는 젠더 역할에 관한 논의에서 그런 사실이 거의 인정되지 않고 있으며, 극히 소수의 사례만 고려된다는 것이다. 그러나 여기에 두 가지 주의사항이 있다. 첫 번째는 서로 다른 사회의 젠더 역할에 관한 연구 보고가 매우 다양하며 빠르게 증가하고 있다는 것이다(억울해하지 않길 바라는데, 여기에 인용된 연구들은 분명히 선별되었다). 둘째, 많은 사회에서 여자들이 집안의 중심에 있다고 해서, 그것이 곧 어디에서든 여자들이 그러하다고 제안하는 것은 결코 아니다.

제도상으로 봤을 때 적어도 케냐 엔도족Endo의 사회는 가부장적이다. 남자들이 모든 재산을 통제하고 모든 결정을 내린다. 여자들은 남편에게 복종해야 하며 토지 상속이 허용되지 않는다. 그러나 이러한 진술은 그 사회에서 통용되고 있는 생물학적 성 사이의 실제 관계를 제대로 보여 주지 않는다. 실제로는 여자들이 남편의 재산에 대해 실질적이고 잘 체계화된 사용권을 가지고 있다. 결혼은 하나의 공동 사업으로 인정되며, 여자들은 대부분의 경작을 관리하고 남자들은 소를 키우는 일을 맡는다. 아내는 집안의 부식 창고를 관리한다. 의식이나 관습에 관한 다양한 지식은 남자들이 참석할 수 없는 여성 입회식을 통해 전해진다. 또한, 중요한 결정의 경우 남자들은 여자들에게 의존하며, 여자들은 자기 남편의 행동을 인정하지 않거나 그의 결정이 못마땅할 경우 여러 가지 제재를 가할 수 있다. 그들은 요리하기를 거부하고 남편에게 성관계를 허용하지 않으며, 그에 대한 험담을 조장할 수 있다. 때때로 여자들은 자기 아내를 잘 대우하지 않은 남자를 혼내 주기 위해 돈을 갹출하기도 한다. 여자들은 일반적으로 긍정적인 자아상을 가지고 있으며, 여성성과 모성애에 대해 자부심을 느낀다. 여자들은 그 안에서 자기 자신을 존중하기 위해 지배적인 남성 체제를 지지하는 것으로 보인다. 지배적인 남성 체제 안에서 자신들을 중히 여기고 그 체제에 참

여함으로써, 여자들은 그런 질서가 갖는 특성 일부를 자신의 것으로 활용한다.63

상류계급의 힌두교도 여성들은 흔히 억압적인 사회 체계의 피해자로 묘사되지만, 많은 저술가는 그들이 남성 지배를 묵인하고 있는 게 분명하다고 말한다. 그들은 "앞에서는 군주나 신처럼 대우받는 남편이 뒤에서는 조롱당할 수 있다."64라고 주장한다. 실제로, 대가족 집안의 연장자 여자들은 재정적인 문제를 포함하여 모든 집안일을 통제하고 관리한다. 그들은 가족생활에 관여함으로써 삶의 의미와 힘을 얻는다. 남편의 친척에 적응하는 것이 어렵긴 하지만, 여자들은 그런 생활을 통해 자신이 재탄생한다고 생각한다. 나이가 어린 아내는 자신의 시간을 기다리며 나중에 지위를 얻을 가족에 동화하고자 노력한다.

북서 포르투갈의 소작농 아내는 집안에서 자기 남편과 동등하거나 더 큰 권력을 갖고 있으며, 종종 집안의 공동 책임자로서 역할을 하기도 한다. 토지가 없는 처녀는 남편을 만나기가 어렵다는 것을 알기 때문에, 딸들은 재산의 상속을 바란다.65 도회지의 그리스에서는 집에서 아내와 남편의 상보성이 인정되는데, 이는 집에서 누구도 다른 사람의 역할을 대신할 수 없다는 신념에서 나온 것이다. 남편이 궁극적인 권위를 지니기는 한다. 하지만 아내가 남편에 대해 상당한 권력을 행사할 수 있다는 것도 인정된다.66

중국에서는 집의 구조가 담장 안에 여자들을 격리하는 형태를 갖추고 있었는데, 이는 상류층일수록 더욱 그러하였다. 송 왕조 시대 때는 부계 혈통이 강조되긴 하였지만, 집안에서 이루어지는 유교 의식에서는 남자와 여자 모두 똑같이 중요한 역할을 담당하였다. 방직은 가족 내 여자들에게 실용적이고 상징적인 가치의 중요한 일을 제공하였다.67 송 왕조와 명 왕조 사이에 상업화가 증가하면서 점차 옷감 짜는 여자들의 역할이 축소되었다. 그런데도 상류층 집안의 경우 아내가 가계의 경제 운용을 맡았으며 집안의 질서유지를 책임졌다. 소작인들에게 임금을 지급하고 그들을 다루며 재산을 관리했던 사람은 여자였다. 그 위치에 있던 여자들은 심지어 사업에도 투자할 수 있었다. 제국 말기에는 사회적으로나 의례 절차적으로 아내는 남편과 동등한 위치에 있었다.[68]

현대 초기 독일의 기독교 도덕은 결혼이 사회 질서의 기초로서 하나님에 의해 창조되었다고 선언했다. 그러나 아내는 종종 결혼을 봉건제적 계약으로 이해했기 때문에 남편이 보호, 평화 및 양식을 제공하지 않으면 순종과 믿음의 의무감을 더는 느끼지 않았다. 여자들은 집안에서 남성 권위에 도전할 수 있었는데, 이는 아마도 부분적으로는 그들이 가족의 업무를 분담하였기 때문이었을 것이다.[69]

또 한편의 예외가 있다. 남자들이 가정에서 지배적인 역할을 하거나[70] 여자들의 자율성을 일부 제한하는 사회가 최소한 여러 곳이 있다.[71] 하지만 위에서 언급하였던 여러 사례는 가정에서 보통 여자들이 지배적인 역할을 한다는 것을 보여 주고 있다. 그렇다면 그런 자료는 어떻게 해석해야 할까? 우리가 여기에서 유념해야 할 점은 때로는 사회 정치적 영역과 가정 영역을 대조하는 게 부적절하다는 것이다. 많은 요소가 영향을 미치므로 단순한 대비는 실제 상황을 왜곡하기 쉽다. 왜냐하면 일부 문화에서는 두 영역이 겹치고, 서로 영향을 미치기 때문이다.[72] 예컨대, 앞에서 언급했던 중국 남서부에 있는 모소족의 사회성적합의를 생각해 보라. 그 부족은 형제자매들이 함께 살며 남자들이 자기자매의 자녀들을 기르는 데 협력하는 '가계' 중심의 사회 조직을 갖추고 있다. 법적으로 명시된 것은 아니지만 도덕적 권위를 가진 집안의 가장은 집안 문제에 책임을 지며, 사회적·정치적·경제적 문제에서 집안을 대표한다. 최근에는 가장의 절반 정도가 여자이며 나머지 절반이 남자이다.[73] 그러나 자료는 많은 사회에서 (예외는 있지만) 거의 항상 남자들이 사회 정치적 문제에서 더 큰 권력을 행사하며, 여자들은 가정에서 지배적인 역할을 하는 경우가 흔한 일임을 보여 준다.

가정에서의 여성 권력은 다소 놀라운 일일 수 있다. 이는 남자들 스스로 더 큰 신체적 힘을 사용하고자 한다면, 흔히 그렇게 할 수 있고 또 하기 때문이다. 이에 관한 극단적인 사례로는 배우자 폭력을 들 수 있다. 이러한 폭력은 보통 자기 집에서 완전한 통제권을 주장하고 여자가 그런 자신의 소망을 충족시켜 주지 못할 때 이를 질책하는 남자들에 의해 자행된다.74 흥미로우면서도 안타까운 사실은 폭력을 당하는 많은 여자가 남편의 학대를 처벌로 받아들이며 이른바 자기 잘못에서 비롯된 것으로 자책하고 죄책감을 느낀다는 것이다. 미국에서 이루어진 최근의 한 연구75는 폭력을 당하면서도 그 관계를 유지하는 두 범주의 여자들을 확인하였다. 첫 번째 범주에는 충성과 헌신을 강조하던 분위기에서 사회화되었던 여자들이 속한다. 이는 흔히 성직자를 포함한 외부의 충고로 강화된다. 두 번째 범주에는 부정적인 자아 개념과 관계가 어떻게 될 것인지에 대해 불안한 마음을 가진 여자들이 속한다. 이런 두 가지 범주는 모두 남성 중심의 가치 체계 — 여성 배우자가 지녀야 할 의무의 중요성과 여성의 일반적인 사악한 본성 — 안에서 어린 시절에 획득한 가치에 기초한다고 말하는 게 타당할 것이다.

물론, 남자들은 단순히 요리나 직조에 관여하고 싶지 않을뿐더러 그것이 경제권을 통제하는 문제와는 거의 관련이 없다는 주장이 제기될 수 있다. 아마 어쩌면 그 사회의 성격에 따라 남자들은 사냥하고 경작하거나 밥벌이로 생계를 꾸리는 데 너무 바빠 요리를 할 수 없는 반면, 여자들은 자녀를 양육하는 일이 너무 바빠 정치적 문제에 관심을 기울이지 못하지만 가사에 대해서는 통제할 수 있을지 모른다. 그러나 종종 그런 것처럼, 그러한 즉각적인 실제적 대답은 남자들이 험담이나 즐기면서 종일 앉아서 소일한다면 만족스럽게 들리지 않는다.

가정에서의 여성 권력에 대한 사례가 정말 여성이 원한다면 지배적일 수 있다고 주장하고 싶은 사람들에 의해 과장된 것일 수 있을까? 여자들이 권력에 대한 환상을 가지고 있는 것은 남자들이 권력을 허락하기 때문이고, 남자들이 원한다면 자기 아내로부터 가정 문제에 대한 통제권을 쉽게 빼앗아 버릴 수 있을까? 이는 아마도 위에서 언급했던 중국과 인도 가정의 경우에 대한 답이 될 수 있을 것이다. 그러나 많은 경우에 여자들의 권력은 자원에 대한 그들의 통제에 기인하는 것으로 보인다. 그것은 여자들이 성관계나 양육,76 더욱 일반적으로는 물질적 필수품을 통제할 수 있을 때만 해당하는 일이다. 자원의 공급은 현대 서구 사회에서 중요한 문제로 보인다. 미국의 부부에 대한 한 연구는 가정 권력이 배우자의 상대적 수익력에 의존한다는 것을 보여 주었다.77 그러나 위에서 인용하였던 여러 경우를 보면, 부양자로서 여자들의 역할은 남자들과 동등하지만 이게 반드시 권력에서의 균등과 연결되지는 않는다.78

젠더 차이에 대한 생물학적 접근방식

앞의 내용을 요약하면, 적지 않은 사회에서 여자들이 가정을 통제한다는 증거가 있다. 이것은 남자들이 원하는 가내 자원을 통제하는 그들의 능력 — 그들의 내재하는 특성이나 그들에게 많은 유형의 자원에 대한 통제권을 제공하는 사회 체계에서 기인할 수 있는 능력 — 문제일 수 있다. 어쨌든, 왜 사회에서는 남자들이 더 많은 영향력을 지니고 여자들은 가정에서 그러한지 그리고 왜 남자들은 집단의 안녕에 더 많은 관심이 있는 반면에 여자들은 가정과 아이에 관련된 일에 관심이 더 많은지에 대해 여전히 의문이 있다. 여자들이 가정에서는 권력을 행사하나 공공의 일에서는 그러지 않는 일이 어떻게 생겨났을까? 산업화 이전의 거의 모든 사회에서 여자들이 경작하고, 식물성 식품을 모으고 음식을 마련하는 일뿐만 아니라 거의 모든 가정 활동에 책임을 맡게 된 이유는 무엇인가?79 그러한 상황이 자연스러운 것처럼 보일지 모르지만, 왜 그것이 자연스러워야 할까?

진화론적 접근방식은 행동 차이의 즉각적인 인과관계보다는 생물학적 혹은 문화적 선택압selective forces과 관계가 있는데, 그건 여기에서 우리에게 도움이 될 것이다. 우리는 모든 종에서 자연 선택이 개체의 장기적인 생식 성공을 확보하도록 작동하며, 그것이 의존하는 요인들은 생물학적 성 사이에 차이가 있다는 것을 보았다. 젠더 차이에 관한 생물학적 이해는 남성과 여성의 차별적 필요 요건을 구체화하고, 그러한 차별적 필요 요건이 생물학적 성 사이에 관찰된 행동 및 성향의 차이와 어떻게 관련되는지를 보고자 시도한다. 만약 필요 요건과 행동 및 성향이 서로 관련이 있다면 젠더 차이는 자연 선택의 결과이며, 자연 선택이 두 생물학적 성의 발달 과정을 그에 더 알맞도록 조정하는 방향으로 작동한다고 가정하는 것은 합리적이다. 물론, 처음에 자연 선택이 남자들과 여자들의 생물학적 본성에 영향을 미쳤는지, 혹은 그들의 행동을 형성하는 문화적 고정관념이 영향을 미쳤는지, 아니면 그 두 가지 모두가 간접적으로 영향을 미쳤는지의 문제는 열려 있다. 이를 뒷받침할 수 있는 자료는 비교적, 개체 발생적, 유전적 자료로부터 확보될 수 있다.

첫째, 일반적으로 수컷의 경우 건강한 암컷을 최대한 많이 수정시키고 알이나 새끼가 종의 필요 요건에 따라 성공적으로 자라도록 함으로써 번식 성공을 극대화한다. 전자는 다른 수컷들과의 경쟁에서 성공할 것을 필요로 한다. 일반적으로 수컷은 암컷보다 체구가 더 큰 경향이 있는데, 그 차이는 짝짓기 체제에 내재한 수컷 간 경쟁의 정도와 관련이 있다. 암컷의 생식 성공은 적절한 짝에 매력을 풍기고 자신과 자기 새끼에게 적절한 먹이와 안전을 보장할 것을 필요로 한다. 인간을 포함한 포유동물의 경우, 임신과 수유의 필요 요건은 암컷이 수컷보다 더 많은 자원을 새끼나 어린 것들을 기르는 데 투입해야 한다는 것을 의미하며, 이것은 성공적인 새끼 양육이 생물학적 측면에서 수컷보다는 암컷에게 더 의미가 있다는 것을 뜻한다. 인간의 심리적 특성이 자연 선택의 영향을 받았을 때, 남성의 필요 요건은 높은 잠재적 생식능력을 가진 여자들을 유인하는 개별적인 남자들에 의해 충족될 수 있었다. 그들은 생식능력이 있는 한 명 혹은 그 이상의 여자들과 유대관계를 맺거나 뻐꾸기 신세가 되지 않도록 다른 예방 조처를 하여 자기 혼자만 접근할 수 있도록 하고, 여자들이 임신 상태나 그 밖의 다른 이유로 스스로 자원을 마련할 수 없을 때는 대신 확보해 주며, 유대를 맺는 여자들이 다른 남자들의 유괴로부터 보호받는다는 확신을 느끼게 함으로써 그러한 필요 요건을 충족할 수 있다. 또한, 기회가 있다면 다른 여자들을 수정시키는 것이 그들에게 유리할 수 있겠지만, 이것은 다른 남성들로부터 저항을 불러일으키기 쉽다. 여성의 필요 요건은 자기 자녀에게 유전적으로 잘 전달해 줄 수 있는 남성과 짝짓기함으로써 그리고 모든 사회는 아니지만 대부분의 경우 자신과 자기 자녀에게 적절한 자원과 보호를 제공해 줄 수 있는 배우자를 가짐으로써 충족될 수 있었다. 그 상대는 남성일 수도 있고 여성일 수도 있다. 즉, 자녀 양육을 함께할 수 있는 또 다른 여성은 많은 상황에서 이상적일 수 있지만, 여성을 임신시킨 남성은 이바지할 수 있는 가장 강력한 생물학적 동기를 갖고 더 나은 보호자가 될 수 있을 것이다.[80] 실제로 자녀 양육에서 남성이 하는 역할은 사회 안팎으로 그 차이가 매우 크며,[81] 분명히 여러 상황과 집단의 역사와의 관계에서 문화적으로 구축되었을 것이다. 자녀 양육에 필요한 자원에 대한 책임이 어머니의 남자 형제들에게 맡겨지는 사회의 경우, 생물학적 아버지는 실질적으로 아무런 역할이 없다.82 생물학적으로 자녀는 아버지보다 어머니에게 더 중요하게 여겨진다. 그리고 많은 사회성적 체계에서 남자들은 자신이 교제했던 여성이 낳은 아이가 자신의 아이라고 확신하지 못할 수 있기 때문에 남녀 간의 유대감은 남성보다는 여성에게 더 중요할 개연성이 있으며, 이는 특히 자원의 부양자로서 남성의 역할이 중요할 때 더욱 그렇다.

이러한 모든 필요 요건이 인간의 진화 환경에 존재했을 가능성이 있다. 물론 오늘날의 사회에서는 그런 모든 것이 반드시 존재하지는 않을 수 있다. 여러 사회에서 이러한 접근방식으로 수행되었던 연구는 남자들이 여자들보다 배우자의 성적 부정에 대한 질투에 더 민감하지만, 여자들은 남자들보다 정서적 문제에 더 질투하는 경향이 있다는 것을 보여 준다.83 후자의 경우, 아마 자원이나 보호를 자신으로부터 딴 데로 돌린다는 것을 의미하기 때문일 수 있다. 이와 맥락이 일치하는 것으로, 우리는 남자들과 여자들이 모두 생산자인 사회에서 여자들의 지위가 향상되는 것을 보았다.84 서구 사회에서 여자들의 수익력이 증가함에 따라, 자원 제공자로서 남자들의 중요성은 그만큼 감소할 가능성이 있다. 일부 사회에서는 남편과 아내가 자원을 공동 소유하지 않고 평등하게 교환하는 관계를 유지하기도 한다. 캐플란Caplan이 동아프리카에서 연구한 집단의 경우, 여성과 남성은 각자 재산을 소유하고, 공유하는 자원은 거의 없으며, 여자들은 자기 자원을 자기가 좋아하는 일에 사용할 수 있다.85

또한, 자손이 남자들보다 여자들에게 생물학적으로 더 의미가 있다는 것과 다시 한번 일맥상통하는 것으로, 만약 성공적인 부모가 되는 것이 남성의 협력에 달려 있다면, 우리는 남성과 여성의 관계가 남성보다 여성에게 더 중요할 것이라고 예상해야 한다. 이는 서구 사회에서 행해진 많은 연구와 일치하고 있다.86 같은 이유에서, 우리는 여자들이 자신과 자기 자녀를 위해 스스로 획득한 자원을 남자들이 자기 맘대로 처분하지 못하게 할 것이라고 예상할 수 있다. 그러한 필요 요건은 광범위한 포유동물의 세계에서 발견되는 행동적 차이 그리고 남아와 여아의 서로 다른 성향을 나타내는 발달 자료와 일치하고 있다.[87] 더 나아가, 성인을 대상으로 한 상당한 양의 자료는 질문지법에 기초하고 있긴 하지만 비슷한 경향을 보여 준다.[88]

■ 생물학적 접근방식과 사회 과학적 접근방식을 통합하기

생물학적 접근방식은 사회 과학의 자료와 전혀 상충하지 않고 그것을 훌륭하게 보완하는 것으로 보인다. 우리는 이를 다음과 같은 논의를 통해 알 수 있다. 인류 진화 초기에 남자들은 다른 집단으로부터 농작물이 약탈당하는 것을 방지하기 위한 집단의 적절한 조직과 더불어 집단 내의 다른 남성들로부터 자기 여자를 보호하기 위한 적절한 내부 구조가 필요하였다. 다시 말하면, 그들은 사회 정치적 영역에서 통제가 필요하였다. 대부분의 사회에서 여성은 남성과 유대를 할 필요가 있기 때문에, 그를 위해 요리를 해주는 것을 포함하여 성관계와 양육을 지속적으로 제공함으로써 그런 관계를 유지한다. 이것은 남성이 보호자이자 부양자로 사는 것을 보장해 준다. 더 나아가, 여자들은 가정에서 통제력을 행사하여 자기 자신과 자기 자녀에게 필요한 자원을 안전하게 지킬 수 있다. 자연 선택은 이러한 서로 다른 필요 요건을 충족시키기 위해 남성과 여성의 차이로 이어졌으며, 그러한 작동의 흔적은 오늘날에도 남아 있다. 이런 맥락에서 볼 때, 일부 수렵 채집민에게서 나타나는 노동의 분할은 새로운 의미를 지닌다. 남자들은 자기 가족에게 식량을 제공하는 가장 효과적인 방식은 아니나 자신에게 명성을 가져다주는 거대한 사냥감을 추적하는 반면, 여자들은 수확물을 통해 자기 가족들의 필요를 충족시켜 준다.[89] 생물학적 접근방식은 그러한 원리가 인간 집단마다 사회성적 합의에서 차이가 있음에도 불구하고 광범위하게 적용된다고 제안할 것이다. 또한 그것은 남성이 자녀의 양육에 관심이 있는 게 오로지 배우자가 제공할 수 있는 애정 어린 배려와 성관계 때문만은 아니라는 것을 의미한다. 즉, 남성과 여성 모두가 자기 자녀들에 대해 생물학적 관심이 있지만, 여성의 경우 생식 잠재력에 한계가 있어 그런 관심이 남성보다 더 높게 나타난다는 것이다.

따라서 남자들이 '정의'로 여기는 것에 대한 남성 지향과 자녀 양육에 대한 여성 지향은 생물학적 원리와 일치한다. 이런 차이가 남성과 여성의 본성에 원래 있는지, 아니면 문화적으로 선택되고 대대로 이어지는 사회화에서 젠더 고정관념의 결과로 등장하게 되었는지는 의문으로 남는다. 생물학자들은 유전적 차이의 측면에서 너무 쉽게 대답하는 경향이 있고, 마찬가지로 사회 과학자들은 문화적 차이의 측면에서 너무 쉽게 대답하는 경향이 있다. 더 적절한 대답은 아마도 그 둘을 포함할 것이다.

전자의 견해에 대한 증거는 몇 가지 원천에서 나온다. 첫째, 관찰된 차이점은 인간의 진화 초기 단계에 관련되었을 가능성이 있는 사회성적 합의와 양립할 수 있다. 그러한 합의는 생식 체계의 해부 생리학에 대한 비교 연구로부터 추론될 수 있다. 인간과 유인원을 포함하는 모든 동물의 종을 통틀어, 생식기와 생식 생리의 종 차이는 사회성적 행동에서의 생물학적 성차와 관련이 있다. 예를 들면, 수컷 침팬지의 부계는 부분적으로 암컷 내부의 정자 경쟁에 달려 있다. 왜냐하면 암컷은 종종 여러 수컷과 연속적으로 짝짓기하기 때문이다. 이와 양립할 수 있는 것으로, 수컷 침팬지는 커다란 성기를 갖고 있고 발기할 때는 눈에 잘 띄며, 비교적 거대한 생식선과 부속샘을 갖고 있다. 수컷 고릴라는 다른 수컷들로부터 암컷 무리를 지켜야 한다. 그런 맥락에서 암컷보다 덩치가 훨씬 더 크다. 그 수컷은 모두가 인정하는 암컷들에 대한 접근권을 갖고 있다. 그래서 정자 경쟁이 문제가 되지 않으며, 그런 차원에서 수컷은 비교적 작은 성기와 부속샘을 갖고 있다. 이 (그리고 많은 다른) 종들의 해부 생리학과 사회성적 합의가 아주 흡사하게 들어맞는 것은 그 두 가지가 협력 진화하였다는 것을 시사한다. 우리가 초기 인류의 사회성적 합의의 본질을 알 수 없지만, 성기는 그런 합의의 본질과 관련하여 일부 강력한 암시를 제공한다. 인간은 가까운 친척(침팬지와 고릴라)과 크기 면에서 중간 정도의 성별 차이가 있는데, 이는 우리 조상이 일부일처 또는 약간의 일부다처 짝짓기 체계를 갖췄음을 시사한다. 대부분의 다른 암컷 영장류와 달리, 인간 여성은 지속적으로 성적인 면에서 수용적이고 또 매력적인 유방을 가지고 있어 성관계가 유대의 유지와 번식에 중요한 역할을 했다는 것을 암시한다. 여성은 암컷 침팬지나 일부 다른 종과 달리, 배란이 감춰진다. 이것의 의의에 대해서는 많이 논의됐으나, 한 가지 가설은 남성이 부계에 대한 확신을 갖기 위해 상당한 기간 여성 곁에 머물면서 그녀와 성관계를 해야 하며, 아마도 여성에게 보호나 양육에 있어서 중요한 것으로 추정되는 유대 형성과 유지를 가능하게 할 필요가 있다는 것이다. 여성의 지속적인 수용성과 매력적인 가슴은 이와 일치한다. 남성의 성기는 대부분의 다른 영장류와 비교하여 큰 편인데, 이것 또한 이러한 견해와 잘 들어맞는다. 그리고 비교적 작은 남성의 부속샘은 남성이 정자 경쟁에서의 성공을 위해 강하게 선택되지 않았다는 것과 한 명 혹은 그 이상의 여성들에 대해 논란의 여지가 별로 없는 접근권을 가지고 있었다는 것을 시사한다.[90] 이런 특성은 남성에 의한 사회적 통제와는 일치하지만, 여성에 의한 유대 유지와 자녀의 복지와 관련한 여성 권력은 그렇지 않다.

남성과 여성의 차이가 부분적으로 생물학적 기원에 달려 있다는 또 다른 증거는 뇌 구조와 태도 및 행동에서 나타나는 생물학적 성 간의 차이로부터 나온다. 예를 들면, 남아와 여아는 어릴 때 행동에서 차이를 보이며(남자아이들은 집단을 형성하는 경향이 있고, 여자아이들은 일대일 관계를 형성하는 경향이 있다), 신체적 폭력이나 위험 감수에 대한 성향에서 현저한 차이(짝짓기를 위해 남성들이 서로 치열한 경쟁을 벌일 단계에서 정점에 이른다)를 보인다.

다른 한편으로, 젠더 고정관념과 행동의 생물학적 성차에서 상당한 범문화적 공통성이 존재하지만, 우리는 이미 커다란 문화적 차이 또한 존재한다는 것을 보았다. 사회화에서 문화적 규범과 가치가 주는 영향은 명백하다. 최근 십여 년 동안 서구 세계에서 일어난 젠더 관계의 변화는 행동, 태도 혹은 도덕성에서 나타나는 젠더 차이가 유전적으로 결정된다는 것에 강력한 반대 논거가 되지만, 남성적 또는 여성적 태도와 행동을 습득하려는 경향의 차이를 생기게 하는 역할을 한다는 것과는 양립할 수 있다. 2장에서 말했던 바와 같이, 다른 것보다 어떤 것을 배우고자 하는 성향과 학습될 수 있는 것에 관한 제약은 다른 종들 그리고 인간 행동의 많은 측면과 관련된 특징이다.

결론

———

현시점에서 가장 타당한 가설은 해부 생리학에서의 생물학적 성차가 아마도 행동과 도덕적 태도의 차이를 습득하고자 하는 성향을 포함하는 행동 성향에서의 생물학적 성차를 동반한다는 것이다. 생물학적 성향의 기반 위에서 생겨나는 문화적 고정관념과 기대는 사람들이 하는 일과 해야 하는 일 그리고 성장 과정에서 익힌 사회적 역할 사이의 양방향 관계에서 비롯된 결과이다. 남성과 여성의 성향은 기본적이고 본질적인 측면에서는 그 차이가 작을 수 있지만, 생물학적 성별에 따른 행동 특성과 문화적 규범 간의 상호작용이 그 차이를 증대시킨다. 여기에 부모는 자녀에게 남자아이나 여자아이라는 딱지를 붙이고 그 생물학적 성에 적절한 것으로 여겨지는 장난감과 시설을 제공함으로써, 아이의 자아개념이 점차 여성성 혹은 남성성의 개념을 포함하고 자신을 하나 혹은 그 이상의 집단 구성원으로서 인식하게 하는 데 한몫한다. 또한, 젠더 차이는 남아와 여아의 행동 차이로 더욱 가중된다. 아이들은 같은 성끼리 집단을 형성하여 노는 경향이 있는데, 우리 사회의 경우 최소한 중학교 시절에 이르면 다른 성 집단의 구성원들을 헐뜯는 경향이 있다('남자아이들은 더럽다', '여자아이들은 나약하다'). 나중에 그들은 다른 성에게 매력적이라고 생각하는 특성을 스스로 과장한다. 여기에는 젠더 고정관념에 맞는 행동과 이차 성징을 강조하는 옷 입기 등이 포함될 것이다.[91] 이러한 차이는 차례로 문화적 규범과 상호 작용하는 남아와 여아의 본성 차이에서 비롯되는 것이 분명하다. 따라서 미래의 문제는 상호작용을 분리하는 것이지, 유전적 결정의 관점에 동의하거나 문화적 결정의 관점에 동의하는 것이 아니다.

이것은 우리가 도덕적 가치에 대해 처음에 제기했던 의문에서 어느 정도 벗어나게 한 듯하다. 그러나 생물학적 성의 두 구성원들은 그들의 젠더에 정상적이고 바람직한 것으로 보이는 특성을 습득하고자 시도하며, 그런 특성을 '옳은 것'으로 보는 경향이 있어 보인다. 더 나아가, 각 성의 구성원들은 부분적으로는 생식의 성공을 촉진하고 여전히 그들의 본성에 존재하기 때문에 진화된 동기로 인해 다른 성에 관한 규범과 기대가 그들 자신의 이익에 유리하다면 그런 규범과 기대를 지지할 것이다. 신다윈주의 관점에 따르면, 여자들이 자상하고 보호를 받아야 한다는 것은 남자들에게 이익이 되는 일이었고, 지금도 여전히 그렇다. 자신과 유대를 맺고 있는 남자가 다른 남성들과의 경쟁에서 성공하는 것은 여자들의 이익에 도움이 되었고 지금도 여전히 그렇다. 젠더 고정관념의 차이는 심리적 특성의 차이에 기초를 두고 있는데, 심리적 특성의 차이는 진화 과정에서 선택되었으나 고정관념의 차이로 인해 더욱 가중되었다.

젠더 차이를 기본적인 심리적 성향과 관련시키고 궁극적으로는 자연 선택과 연관시키는 것은 남성과 여성 간의 이익 갈등을 강조하는 유감스러운 결과를 가져왔다. 일반적으로 여성과 남성은 성공적인 생식을 위해 서로 다른 필요 요건을 가지고 있었지만, 그들은 개인으로서 상호작용을 할 필요가 있다. 그들이 그러한 목적을 달성하기 위해서는 적어도 어느 정도는 서로의 관점을 이해해야 한다. 그러므로 아마도 각자가 도덕적 판단을 할 때 정의와 배려의 성향이 함께 작용하리라는 것은 처음부터 예상되었던 것일 수 있다.

그러나 고정관념의 차이는 (궁극적으로) 개인적 성향과 문화적 기대 간의 시간에 따른 양방향 상호작용의 산물인(그림 2.1) 사회 문화적 구조의 다른 측면들과도 관련이 있다. 따라서 생물학적으로 기반을 둔 경향, 즉 '자연적인' 경향이 반드시 '옳은' 것은 아니라는 점을 기억하는 것이 중요하다. 초기 인류 집단에서 자연 선택이 남성과 여성 간의 어떤 행동 차이를 조장했다고 해서 그것이 곧 오늘날에도 그런 행동 차이가 선호되어야 한다는 이유가 되지 않는다. 생물학적 관점과 문화적 관점 모두에서 상황이 바뀌었다. 남자들의 경우, 더는 정치적 및 사회적 권력과 생식 성공 사이에 긍정적인 상관관계가 존재하지 않는다. 사실, 산업 사회에서는 그 반대이다. 피임의 상용화는 남성과 여성 모두에게 있어서 성적인 관습에 영향을 미쳤던 몇 가지 요인이 제거된다는 것을 의미한다. 사회 조직의 변화는 자원 획득과 관련하여 생물학적 성간에 평등한 기회의 가능성을 높였다. 그것이 남자와 여자가 같은 기회를 얻어야 한다는 의미로 받아들여져야 하는지, 아니면 각자 그들 자신의 잠재력을 개발할 평등한 기회를 얻어야 한다는 의미로 받아들여져야 하는지는 추가적인 문제이다. 그러나 그 가운데 어떤 가능성이든 그것을 실현하기 위한 단계로 나아가기 위해서는 적어도 가치와 태도, 행동에서 일부 통계적 차이가 여전히 잠재해 있다는 것 그리고 그런 차이를 고려할 필요가 있다는 것을 기억하는 것이 중요하다.

근친상간과 친족 관계
—

생물학적 접근방식과 사회 과학적 접근방식의 통합이 필요한 또 다른 문제는 곳곳에 존재하는 근친상간의 금기이다. 이 문제는 생물학자들과 사회 과학자들 사이에 예리하지만 불필요한 의견 차이를 보이는 또 하나의 논쟁거리이다. 문제의 일부는 정의의 차이에서 비롯된다. 생물학자들은 근친상간을 혈연적으로 아주 가까운 사람들 간의 성관계로 정의하는 반면, 사회 과학자들은 근친상간 금기를 사회 집단 간아내의 교환을 규제하는 도덕 규칙으로 본다.[92]

생물학적 관점에서 보면, 동종 교배를 예방하는 기제가 동물들에게서 일어난다는 사실은 근친상간 금기가 생물학적 기반을 갖추고 있다는 것을 시사한다. 근친 교배는 인간을 포함한 다양한 포유동물에게서[93] 생식 성공의 감소와 관련이 있다. 왜 이런 현상이 일어나는지에 대해서는 논쟁의 여지가 있다. 한 가지 가능성은 많은 감염원이 숙주의 면역 체계에 의해 탐지되지 않은 채로 남아 있을 수 있는 방식으로 빠르게 돌연변이를 일으킬 수 있다는 사실에 달려 있다. 이 문제는 아주 가까운 친척이 아닌 부모들의 자손에게서 훨씬 더 개선된다. 혈연적으로 밀접하게 관련된 부모의 자손은 부모가 내성을 상실한 약제에 대한 면역학적 보호를 받을 만큼 부모와 유전적으로 충분히 구별되지 않을 수 있지만, 비근친 교배는 면역계가 더 넓은 범위의 감염원을 인식하고 처리할 수 있는 충분한 유전적 특성을 제공할 수 있다.94 보다 전통적인 또 다른 설명은 근친 교배가 동형 유전자를 형성하는 치명적인 열성으로 이어질 수 있다는 것이다. 여기에는 혈족 관계가 해로운 결과를 초래할 수 있다는 것을 보여 주는 증거들이 있다. 예를 들면, 사촌 간의 결혼이 흔한 파키스탄의 경우, 아이의 사망률은 낮은 교육 수준과 어머니의 나이, 짧은 출생 간격과 연관이 있었다. 그러나 이것들이 통제되었을 때, 혈족은 여전히 사망률 편차의 상당한 부분을 차지하였다. 인류의 초기 역사에서 이 변수들 가운데 처음 세 가지는 개인 간 차이에서 커다란 변수가 되지 않았기 때문에 덜 중요했으며, 혈족 관계가 상대적으로 더 중요하였을 것으로 추론하는 것은 합리적이다.95

동물 자료는 혈연적으로 전혀 관련이 없는 개체를 선호하는 것이 아니라 적당히 관련된 개체를 선호한다는 것을 보여 준다. 예를 들면, 일본 메추라기는 자기와 함께 자랐던 메추라기와 적당히 다른 메추라기를 선호한다.96 이에 대한 생물학적 이유가 제시되었다. 친척과 짝짓기하는 개체는 근친 교배에서 오는 위험이 있지만, 더 먼 친척과 짝짓기하는 것보다 자신의 것과 같은 유전자를 영속시킬 가능성이 더 크다. 그러나 동시에 매우 다른 유전자 복합체를 가지고 있어서 지역 환경에 적응이 덜 된 너무 먼 친척과 짝짓기하는 것이 유리하지 않을 수 있다. 따라서 이 부분에서 타협이 요구되는데, 실제로 짝짓기가 혈연적으로 적당히 밀접한 개체 사이에서 더 쉽게 일어난다는 증거는 여러 동물의 종에도 적용될 수 있다.

그러나 생식에 대한 생물학적 영향이 인간의 근친상간 금지와 관련한 유일한 문제가 아닌 것은 분명하다. 왜냐하면 근친 교배의 생물학적 영향은 친척과의 결혼을 금지하는 데 있어서 문화 간의 광범위한 다양성을 설명하기에는 훨씬 못 미치기 때문이다. 예컨대 친족으로 여겨지는 사람들이 유전적으로 가까운 친척이 아니거나 가까운 친족들이 친족으로 여겨지지 않는 사회가 많이 있다.97 사회적 부계가 생물학적 부계와 일치할 수도 있고 그렇지 않을 수도 있다. 모소족의 생물학적 친자 관계는 전통적으로 어머니의 연인에게 남겨졌고 알려지지 않았을 수도 있지만, 사회적 부권은 인정되지 않았다. 인도 나야족Nayar의 경우, 여자의 성행위 상대 가운데 한 사람이 친자 관계를 주장하며 그에 따라 아이의 계급이 확정된다.98 그러므로 인류학자들에게 근친상간은 문화적으로 성관계를 금지하는 사람들 간의 성관계를 포함한다. 관계가 혈연의 원근 측면에서 정의되거나, 어느 정도 사회적으로 경계가 정해진 집단의 신분 측면에서 정의될 수도 있다.

예외가 있기는 하지만99 대부분의 문화는 사촌보다 더 가까운 친족 간의 결혼을 금지하는데, 이는 그러한 금지가 생물학적 근거가 있다는 견해와 일치한다. 하지만 간혹 동족결혼의 촌수를 미리 정해 놓아서 가까운 친족과의 결혼이 허용되었고, 심지어 일부 사회에서는 권장하기도 하였다. 이로부터 얻을 수 있는 이점은 아마도 동물들이 얻을 수 있는 이점보다 더 광범위할 것이다. 규모가 작고 고립된 공동체에서는 혈연적으로 관련이 없는 배우자를 얻기가 어려울 수 있다. 친척과의 결혼은 혼전 채비를 단순화시키고 사돈과의 공존 가능성을 촉진하며, 지참금이나 신부 재산이 많아야 할 필요가 없고 소유물이 대가족 내에 그대로 남아 있게 되며, 혈통의 영속성을 도울 가능성이 크다. 고대 이집트에서 있었던 남매간 결혼이 예증한 바와 같이, 가까운 친족과의 결혼은 친족 집단 내의 관계를 돈독히 해준다.100 근동 및 중동 지역에서는 아버지 형제의 딸과 결혼하는 경우가 흔했다고 전해진다. 그러한 요소들의 중요성은 재산이 상속되는 방식에 따라 영향을 받을 수 있으며, 사회의 이해 당사자들에 의해 영향을 받았다. 유럽의 경우, 기독교 교회는 이전의 관습과는 반대로 씨족이나 친족의 유대를 약화하여 대중에 대한 교회의 통제와 함께 그들로부터 유산을 취득하는 교회의 권력이 위협당하지 않게 하려고 근친결혼을 금지하였다. 이것은 전문 종교인들에게 이득이 되었을 것이다.101 핵심 혈족이 아닌 친족 간 근친 교배를 규제하는 보다 일반적인 이유는 가족 내에서 권력과 부를 집중시키는 가계의 능력을 제한하기 위한 것이며, 이는 위계 사회에서 지배자들에게 이득이 된다.102

규모가 작은 공동체에 사는 사람들의 경우, 어린 시절부터 친숙해진 사람과는 짝짓기하기를 꺼리는 심리적 기제(혹은 짝짓기를 하지 않는 것을 배우려는 성향)가 발달한다는 증거가 있다. 이스라엘의 키부츠Kibbutz 체계 아래에서 함께 성장한 사람들의 경우 자기들끼리는 거의 결혼을 하지 않았으며, 대만의 민며느리 제도에서는 남편과 아내가 어린 시절부터 함께 성장하였지만 시원치 않은 생식 성공을 보였다. 일찍부터 지속하였던 형제자매 간의 동거는 성적 관심에 대한 일반적인 억제로서가 아니라, 잠재적인 생식 행위(성교)에 대한 장애로 작동한다는 증거도 있다.103 이를 지지하는 증거는 다른 종에 관한 연구에서 나온다. 앞에서 보았던 바와 같이, 메추라기는 친척보다는 멀지만 그렇다고 아주 멀지는 않은 동종 새와 짝짓기하는 것을 선호한다. 따라서 친숙한 이성과의 짝짓기에 대한 생물학적인 억제가 인간에게서 금지로 정교화되었으며, 정확한 형태는 모든 사회가 생물학적 이외의 고려사항에 의해 영향을 받는 관계로 사회마다 약간씩 다르게 나타난다.

결론적으로, 성행위와 관련된 대부분의 도덕 계율과 사회적 관습은 생식 결과를 증진하는 것과 연관이 있다. 성행위를 통제하는 많은 도덕 계율과 관습은 여성과 남성의 생식 이익이 서로 다른 방식에서 가장 잘 제공된다는 사실로 이해될 수 있다. 어떤 것들은 종교적 혹은 세속적 권력의 위치에 있는 사람들이 자신들의 이익에 유리하도록 도덕률을 조종한 결과이다. 남편과 아내 사이에 허용되는 친족 관계의 정도를 통제하는 계율이나 관습은 어린 시절부터 잘 알려진 사람의 성적 매력을 감소시키는 기본적인 심리적 억제에 근거한 것으로 보이지만, 관련된 사람들, 그들의 친척, 다른 이해 당사자들 그리고 아마도 집단 전체의 물질적 이익을 위해 다양한 방식에서 교묘하게 다루어져 왔다.

요약
---

1. 남성과 여성의 심리적 특성 차이는 어디까지나 통계일 뿐이다.
2. 사람들의 성관계는 모든 사회에서 규제되고 있다. 하지만 운용되는 금지와 처방은 사회마다 커다란 차이가 있다.
3. 남자는 자녀가 자기 아이인지 결코 확신할 수 없다. 그 결과, 남자보다는 여자의 성적 자유를 제한하는 경향이 더 있다.
4. 남성과 여성은 모두 정의와 배려의 도덕적 성향을 보인다. 심리학의 다양한 하위영역으로부터 나온 증거는 여자들이 남자들보다 친밀한 관계에 더 많은 관심을 보인다는 견해와 일치한다.
5. 범문화적 연구는 남자들과 여자들에 대한 사회적 고정관념 사이에 현저한 차이가 있음을 보여 주며, 친사회적 행동은 여자들에게서 더 강조된다.
6. 따라서 왜 그런지에 대한 의문이 생긴다. 한 가지 유형의 설명은 남성의 권력을 강조하는데, 남자들은 실제로 사회 정치적 문제에서 여자들보다 권력을 더 많이 행사하고 있다.

7. 그러나 대부분의 사회의 경우 여자들은 가정에서 지배적인 위치를 차지하고 있는 경향이 있다.

8. 사회 정치적 문제에서의 남성 권력과 가정 문제에서의 여성 권력은 남자들과 여자들의 서로 다른 생식 필요 요건과 일치한다.

9. 따라서 사회 과학적 접근방식과 생물학적 접근방식은 양립할 수 있다. 심리적 특성에서의 남성과 여성의 차이는 남성과 여성이 학습하고자 하는 성향의 생물학적 차이에서 기인하며, 그 결과로 나타나는 행동과 태도는 사회화와 문화화로 정교화된다고 제안한다.

10. 근친상간 금기는 거의 모든 사회에서 발견되지만, 상당한 문화적 차이가 있다. 그런 차이는 아마도 근친 교배 대 비근친 교배를 규제할 필요에서 나오지만, 그 사회의 구조와 문화에 의해 많은 영향을 받았을 것이다.

11

도덕 계율의 근원: 사회 및 종교 체계

사회 집단

우리는 가족 구성원 간의 관계, 혈연적으로 (가까이) 관련되지 않은 집단 구성원 간의 관계, 남자들과 여자들 간의 관계를 통제하는 계율의 개연적인 생물학적 토대를 논의하였다. 이제 그 방향을 집단의 통합과 다른 집단 구성원들과의 관계로 돌린다. 초기 인류 조상은 주로 혈연적으로 관련된 사람들로 구성된 소규모 집단에서 살았기 때문에 도움을 베풀었던 다른 집단 구성원은 친척이었을 가능성이 크고 그에 따른 보답을 받을 가능성 또한 컸다. 우리는 집단 구성원의 신분이 집단 내부에서 기술이나 자원의 교환을 원활히 하고 협동적 집단 사냥을 가능하게 하며, 정보 공유를 유리하게 하였을 것으로 추론할 수 있다. 그것은 집단 간의 경쟁에서도 중요했을 것이다.

앞에서(5장) 논의하였듯이, 사람들은 자신의 개인적 정체성, 즉 자기 체계의 온전함을 유지하는 데 상당한 에너지를 투입한다. 그렇지만 사람들은 자신을 개인으로 뿐만 아니라 집단에 속한 존재로도 인식한다. 그래서 사람들은 자신의 사회적 정체성 또한 유지하고자 하며, 자신이 속한 집단의 온전함을 유지하는 데에도 관심을 기울인다. 어떤 사람들에게는 집단 구성원으로서의 사회적 정체성이 개인적 정체성보다 더 중요하여 집단의 목표가 그들 자신의 원리를 압도할 수 있다. 이것은 나치 강제수용소의 경비원들이 보였던 잔혹성에 대한 부분적인 설명이 될 수 있다.[1]

여기서 말하는 인간 집단은 세 가지의 결정적인 특징을 갖고 있다. 사람들은 자신을 집단의 구성원으로서 인식한다. 즉, 그들은 자신을 어느 정도 상호 의존적인 존재로 이해한다. 그리고 그들의 상호작용은 그 집단에 다소 특유할 수 있는 규칙, 규범, 가치와 제도에 의해 조정된다.[2] 개인 심리의 여러 범문화적 특성은 대부분 자기체계와 관련이 있으며, 집단 응집력을 촉진한다. 성격은 어릴 적 가정에서 가족 간의 관계를 통해 발달하며, 대부분의 사람은 다른 사람들과 맺는 개인적 관계가 그 후 생활의 중심이 된다. 자신의 자아 개념은 다른 사람들이 자신을 어떻게 보는지에 대한 자기 자신의 인식에 따라 좌우된다. 이와 관련하여 좀 더 말한다면, 사람이 자신의 정체성을 유지한다는 것은 자신에 대한 불확실성을 최소화하는 것을 포함하는데, 그를 위한 한 가지 방법은 개인으로서 자신에게 초점을 맞추는 것을 줄이고 자신을 집단의 구성원으로서 범주화하는 것이다.[3] 더 중요한 점은 사람들이 자신의 세계관을 올바른 것으로 생각하며 자신의 자아 개념 안에서 일관된 세계관을 유지하기를 좋아한다는 것이다. 흔히 우리가 자기 자신을 좋아한다고 생각하는 사람들을 더 선호하고 그들과 어울리는 이유도 부분적으로는 이와 관련이 있다. 같은 맥락에서, 사람들은 집단 내 다른 구성원들을 외부인과 비교하여 자기 자신과 더 유사한 점이 많은 사람으로 인식한다. 자신의 자아 개념의 온전함과 일관성을 지키는 것은 자신의 사회적 측면을 포함한다는 점에서 자신이 속한 집단에 대한 충성심의 발달과도 관련이 있을 것이다. 사람들은 자신을 호의적으로 보는 것을 좋아한다. 그리고 그러한 맥락에서 사람들은 자신이 소속된 집단을 다른 집단보다 더 호의적으로 보는 경향이 있으며, 그래서 집단 구성원들과 서로 마음이 통한다는 것을 발견한다. 그러한 심리적 특성은 아마도 어디에나 존재할 것이기 때문에 그런 특성이 자연 선택의 결과로 등장하였다고 가정하는 것은 타당하다. 그러나 집단의 온전함에 도움이 되는 심리적 특성 중 적어도 일부는 아마도 집단생활의 유리한 결과 때문일 뿐만 아니라 다른 맥락에서의 결과 때문에 선택되었을 수 있다는 점에 주의해야 할 것이다.

　범문화적 특성에 기초한 다양한 문화적 장치는 집단의 온전함을 유지하는 데 이바지한다. 그것들은 도덕 계율부터 집단의 응집성과 특수성 유지에 공헌하는 사회적 규범에 이르기까지 폭넓은 범위를 포함한다. 규범과 계율은 애초에 모두 공통된 이해에 기초하였으나, 계율은 그 뒤에 구체적인 형태로 규정되었을 것이다. 이는 아마 사람들의 체제 순응 경향에 따른 결과일 것이다. 예컨대, 충성의 미덕은 전적으로 집단생활의 이득에서 발생한 것으로 보인다. 만약 사람들이 통합이 잘된 집단에서 생활함으로써 생활이 더 나아졌다면, 그들은 자신의 충성심을 널리 알리는 것이 더 도움이 될 것이다. 집단 지도자들은 자신들의 지위를 위해 그러한 태도를 고양하고, '충성하라'를 하나의 도덕 원리로 공표할 것이다. 국기나 국가와 같은 상징, 열병식 같은 의식 그리고 은유(전우와 같은)는 사람들이 자신을 상호 의존적이고 서로 밀접한 관계가 있는 존재로 인식하도록 하는 반면에, 외부 집단 구성원들에 대해서는 사악하고 위험하며 인간 이하의 존재로 폄훼하도록 부추긴다. 집단생활을 하는 대부분의 다른 종에는 없는 집단의 고유한 상징에 공을 들이는 것은 아마도 언어의 진화로 가능했을 것이며, 이는 인류가 대규모 사회를 형성하는 데 매우 중요한 역할을 하였을 것으로 추정된다.

상징은 일종의 신성함을 함의할 수 있으므로 일부 사회에서는 깃발을 향해 경례하는 것을 도덕적으로 옳은 것으로 칭송하는 반면에, 국기를 모욕하는 행위에 대해서는 도덕적 비난을 가한다. 또한, 상대적으로 경쟁 집단의 상징을 모욕하거나 불태우는 행위는 도덕적으로 옳은 것으로 여겨졌다. 도덕적인 벌로 이어지는 의분은 불충한 행위로 인해 유발된다.4 친족 관계를 빗댄 은유(예를 들면, 모국, 조국, 기독교의 교우 형제)의 사용은 친족 선택의 결과물과 그와 관련된 도덕 계율에 기생하는 것으로 간주할 수 있다. 그런 장치는 특히 전쟁에서 두드러진다.

그러나 전쟁은 그 이상의 무언가를 요구한다. 사람들은 집단을 위해 기꺼이 자신의 목숨을 희생할 각오가 되어 있어야 한다. 이는 보통 재정적 보상에 의존한다. 20세기 이전과 보다 최근 일부 국가에서는 상당수의 전투원이 용병이다. 그건 제쳐 두고라도 용기와 자기희생, 집단 충성의 특성은 고결한 것으로 여겨지며, 군사 훈련, 군대 문장과 훈장 그리고 군인 지위를 부여하는 것으로 보이는 자질들이 모두 그러한 목적을 가능하게 한다. 종교 체계는 전쟁에서 사망한 자들에게 특별한 지위를 부여한다. 영국의 경우 전쟁에서 사망한 군인들을 위해 많은 기념비를 세웠는데, 이는 그리스도가 십자가에 못 박혀 죽은 것을 암시하도록 함으로써 그들의 죽음을 고귀하게 하는 데 이바지하였다.5 에우리피데스Euripides에 따르면,6 고대 그리스에서 자기 죽음이 명예로울 것이라는 확신은 남자들이 전쟁에 나가는 잠재적인 동기가 되었다. 현세에서의 명예에 대한 기회나 내세에서의 보상에 대한 기대는 아마도 현대의 자살 폭탄 테러리스트들의 행위에 내재해 있을지 모른다.

집단의 특수성은 다른 집단과의 차별성을 고취하는 도덕 계율에 의해서도 유지된다. 레위기Leviticus(역주: 이스라엘인의 종교의식·예배·일상생활 속에서 지켜야 하는 율법을 기록한 책)에 있는 식이 금지, 남성 포경수술과 심지어 유일신은 아마도 집단의 특수성을 유지하기 위한 장치로 보인다.7 의식 또한 집단(그리고 종교)의 결속에 중요한 공헌을 한다. 이들의 의식은 흔히 독특하다. 의식을 제대로 수행하는 법을 배우는 것은 집단의 일원이 된다는 것을 의미하며, 의례의 특수성은 집단의 차별성을 영속화한다.

우리가 그저 당연하다고 여기는 많은 규범 또한 사실은 집단 통합에 이바지한다. 예를 들면, 사람들은 집이나 기관에서 흔히 집단으로 식사를 한다. 여기에는 음식 준비와 관련된 경제성과 같은 실용적인 이유가 있을 수 있다. 어쨌든 그것은 집단 통합에 공헌한다. 많은 대학에서 학생들이 식탁에 모여 함께 식사하는 것은 집단의 통합을 증진하는 것으로 보이며, 식전의 감사 기도는 공동체 의식을 조장할 수 있다. 서구 문화에서 사람들은 다른 사람과 함께 식사하기를 선호하며, 많은 사회의 사람들은 집단 활동에 참여하지 않는 것을 잘못이라고 생각한다. 개인주의자들은 폄하당하기 쉽다. 그러한 다양한 규범은 인간 본성에 내재한 이기적 자기주장이나 독립을 추구하는 측면과 대조적으로 집단의 화합을 촉진한다. 효과가 있으려면 집단 통합에 유리한 태도와 행동 방식이 개인의 자율성과 양립할 수 있어야 하며, 완벽하게 효과를 발휘하기 위해서는 그런 태도와 방식이 부과된 의무로서가 아니라 그 개인이 자발적으로 원하는 것이어야 한다. 초기 사회화(6장)와 순응주의 성향이 여기에서 특히 중요하다.

집단은 국가, 주, 제도화된 단체, 회사, 팀 등등 여러 수준에서 형성될 수 있다. 집단의 구성원이 된다는 것이 부차적이고 대수롭지 않은 문제로 보일 수 있지만, 어떤 경우에는 집단 구성원의 신분과 관련된 행위가 중요한 도덕적 문제를 수반할 수 있다. 예컨대, 전쟁에서 애국심이나 민족주의는 고결한 것으로 칭송된다. 그 중간 수준의 사례로, 마을의 집단 통합이 갖는 중요성은 영국 잉글랜드 북서부에 있는 컴브

리아주Cumbria 마을의 지역 주민과 외부인 간의 적대심에 관한 연구에서 잘 나타난다.8 외부인들은 (흔히 별장용으로 만든) 집과 (예컨대 교회와 같은) 기관을 인수하는 사람들로 여겨졌다. 갈등은 마을 공동체(예컨대, 토지가 비록 자신의 것이 아니지만, 마을 주민들은 토지의 사용에 관심이 있었다), 가정, 개인 등 여러 수준에서 감지되었다. 어떤 수준에서 일어난 갈등이든 토론에 등장한 어투의 성격과 목소리의 어조는 그 문제가 도덕적인 문제로 비쳤음을 시사하였다. 각 수준에서, 마을 사람들은 외부인들을 도덕적 모욕일 뿐만 아니라 근본적으로 다른 하나의 위협으로 여겼고, 그들이 존재한다는 것 자체가 도덕적으로 부끄러운 일이라 생각하였다.

이 경우에 사회적 자아에 대한 방어는 사회적 복잡성의 다양한 수준에서 일어났다. 그러나 한 개인은 어느 수준에서든 자신의 교회, 자신이 일하는 회사, 자기가 지지하는 축구팀, 심지어 다른 스타일의 축구에 대해 다양한 충성심을 가질 수 있다. 아르케티9는 도덕성의 개념을 폭넓게 사용하면서, 주로 아르헨티나인의 국가 정체성 의식에서 축구가 차지하는 역할에 대해 글을 썼다. 거기에서 그는 이를 '남성 정체성과 도덕성의 다원성'으로 설명하였다. 축구는 많은 아르헨티나인에게 엄청나게 중요한 문제이다. 아르케티에게 정보를 제공했던 사람들은 경기의 아름다움과 미학에 대해, 패배의 수치심에 대해, 고도의 숙련된 플레이를 봄으로써 우러나는 행복감이 며칠 동안 어떻게 지속되고 기억 속에 통합되어 관중을 좀 더 나은 사람으로 만드는지에 대해 말하였다. 그러나 여기에는 서로 대립되는 두 가지 도덕성이 있다. 하나는 드리블을 하는 과정에서 나오는 숙련된 볼 플레이(아름다움과 우아함)에 초점이 있었고, 다른 하나는 실행력(골과 승리)에 초점이 있었다. 그러므로 숙련된 볼 플레이 없는 단순한 득점은 지지자들을 만족시키지 못할 가능성이 항상 있었다. 관중은 이 두 가지 중 어느 것이 존재하거나 부재할 때 명예나 수치심을 느끼고, 이는 집단의 충성심과 남성의 국가적 자부심에 영향을 미칠 수 있었다.

요약하면, 집단의 온전함은 다양한 심리적 특성으로 가능해진다. 이러한 특성 가운데 많은 것은 자기체계의 온전함을 유지하는 것과 관련이 있는 것으로 보인다. 이와 같은 특성들은 보통 집단의 온전함을 유지하는 데 도움이 되는 행동과 함께, 사회적 규범과 도덕적 계율의 도움을 받는다. 따라서 집단생활에 유리한 특성이 진화의 과정에서 선택되고 문화적으로 정교화되었다고 가정하는 것은 타당하다.

지금까지 우리는 집단 내 구성원들 간의 관계만을 고려하였다. 그러나 집단은 다른 집단과 서로 관계를 유지해야 하며, 이는 경쟁이 적절한 협력 또한 동반해야 한다는 것을 시사한다. 이에 대한 논의는 우리의 영역을 넘어설 수 있을 것이다. 하지만 일부 사회에서 선물 교환이 갖는 중요성에 대해서는 이미 언급한 바 있다. 현대 사회에서는 이러한 집단 간의 관계가 (종종 군사력의 전시와 결합한) 상호 존중의 표시로 약화될 수 있다.

종교 체계

———

종교 체계는 왜 세계 곳곳에 존재하는가? 그에 대한 하나의 주장은 종교 체계가 우리의 기본적인 심리적 필요를 충족시켜 주기 때문이라는 것이다.[10] 대부분의 사회에서 도덕률은 종교 체계 내에서 유지되고 조달되어 왔다. 실제로 대부분의 도덕률에서 중요한 부분은 종교 체계와 전문 종교인들에 대한 존중과 관련이 있다. 문맹 인구가 많은 사회에서는 대부분의 세속 체계와 종교 체계가 서로 분명하게 구분되어 있지 않으며, 좀 더 선진화된 사회의 경우에는 그 두 체계가 보통 협력적인 관계를 유지하고 있다. 명백한 종교적 계율 가운데에서도 많은 계율이 집단의 유지에 공헌하고 전체 사회의 원활한 기능에도 도움이 될 수 있다. 그래서 산업화 이후 당국은 종교적 가치와 세속적 가치의 조합을 통해 사회 질서를 유지하고자 하는 시도를 하게 된 것으로 보인다. '신의 뜻을 행하라'라는 명령에는 종교적 의식뿐만 아니라 순전히 세속적인 행위도 포함될 수 있다. 그러한 계율을 믿고 따르라고 하는 것은 모든 사회 구성원의 이익을 위해서도 그렇지만, 사회에서의 위치가 종교 체계를 유지하는 데 있는 사람들의 이익에도 분명히 들어맞는다. 예를 들어 초기 현대 독일의 일부 지역의 경우, 교회에서 설교가 진행되는 동안 사람들이 가게를 열거나 집안일을 하는 것은 범죄로 여겨졌다.11

위에서 지적한 바와 같이, 레위기에 있는 식이요법이 사람들의 건강을 심히 염려하여 제시되었을 개연성은 크지 않다. 아마도 종교와 집단의 특수성을 유지하고자 하는 데 그의 주된 목적이 있었을 수 있다. 식이요법이 지닌 매우 비합리적인 특성은 경건한 유대인에게 일상생활에서 자신의 종교적 의무를 끊임없이 상기시킴으로써 특별한 삶의 방식을 강요한다.12 실천하는 데 특별히 의미를 부여하지 않는 유대인에게는 그런 의무가 단순한 관습처럼 보일 수 있겠지만, 엄격한 신봉자에게는 종교 체계에 대한 헌신을 어기는 것 또한 의식을 어기는 죄에 해당한다. 또한, 남성 할례가 음경암, 여성 할례가 자궁경부암을 유발할 가능성이 있다는 증거는 결코 보편적이지는 않지만, 8일째에 수술하는 관습은 아브라함과 하나님의 언약을 상징하는 것으로 간주하는 이슬람교도와 유대인들에게는 깊은 종교적 의미가 있다. 이는 집단 구성원이 되었다는 하나의 증표이다. 또한, 그런 계율을 고취하였던 사람들은 그 계율이 절대적인 타당성을 지닌다고 믿었을지 모르지만, 사람들은 그 계율이 그런 사람들의 지위나 후예들의 지위를 보장하는 성격을 지닌 것으로 알고 있다. 아마도 그들의 동기가 항상 순수하지는 않았을 것이다. 이는 마치 세속의 많은 지도자가 '신으로부터 권리를 받아 취임한다'라고 주장했던 것과 흡사하다. 그리고 때로는 과정이 거꾸로 진행되어 도덕 지도자들이 사회적 결과를 상정하여 자신들의 견해를 고수하는 방편으로 활용하기도 했다. 불교는 중국에서 처음으로 국가를 수호하기 위한 최고의 종교로 승격하여 기존의 위계질서를 정당화했으며,13 한나라 시대에 장려된 유교 문헌은 사회적 안정 및 응집을 유지하는 것과 같은 윤리적 이상을 담고 있었다.14

초기 기독교 교회의 선교사들이 남수단의 찰리Chali에서 만든 공식 규칙은 세속 생활과 관련된 계율이 어떻게 종교 공동체의 온전함을 조장하는 데 사용될 수 있는지의 사례를 제공해 준다. 선교사들은 개종자를 효과적으로 사회에서 분리하기 위해 규칙을 창안하였던 것으로 보인다. 예를 들면, 세례를 받았던 사람과 신도라고 불리는 사람은 음주뿐만 아니라 맥주를 제조하거나 그런 일을 돕는 것이 금지되었다. 들판에서 공동으로 작업하여 맥주를 만드는 일은 우둑족Uduk 마을 경제의 중심이었기 때문에, 이를 금지한다는 것은 친척이나 이웃과 정상적인 협력 관계를 단절한다는 것을 의미하였다. 기독교인은 춤과 흡연이 금지되었으며, 다른 종교의 관습을 따르거나 '흑인 남자Ebony Men'에게 자문하는 것이 금지되었다. 여성들은 멀리 떨어져 있을 수 있는 외삼촌 집에 자기 아이들을 데려가는 것이 허용되지 않았다. 전통적인 매장 관습은 금지되었고, 기독교인은 다른 사람들과 따로 매장되었다.15 교회는 부성적 권위에 근거하여 기독교인들만의 국지적인 공동체를 창조하고자 노력하였다.

도덕 계율 범주 간의 상호 관계

　문해 사회에서든 문맹 사회에서든 도덕률은 서로 완전히 관련이 없는 일련의 항목으로 구성되지 않는다. 우선, 기본 성향과 도덕 계율 간의 관계가 항상 그리 간단하지만은 않다. 예컨대 이기적 자기주장성은 도덕 계율을 전파하고자 하는 열정에 공헌할 수 있고, 친사회적 특성은 반사회적 집단이 온전함을 유지하는 데 공헌할 수 있다.

　둘째, 도덕 계율의 범주가 다양한 방식으로 서로 관련되어 있다. 예를 들어 인류 진화의 초기 단계에 집단 규모가 작았을 때, 가족에 대한 충성심과 집단에 대한 충성심은 거의 일치하였을 것이다. 게다가, 도덕 계율은 집단 간뿐만 아니라 한 사회 내의 하위 집단 간에 서로 나름의 특수성을 유지하는 데에도 사용된다. 예컨대, 힌두교의 중요한 성전 중 하나인 『바가바드 기타*Bhagavad-Gita*』에서 절대자에 이르는 세 가지 길 중의 하나는 자신이 소속된 신분 계층에 적절한 활동을 추구하는 것을 포함하는 행동의 길이었다. 도덕 계율은 개인의 지위에 따라 다양하게 적용할 수 있었다. 부처를 따르는 평신도, 가장, 승려의 삶은 점점 더 엄격한 방식으로 규제되었다.16

　지위 추구는 여러 가지 방식으로 도덕률에 영향을 미친다. 앞에서 보았듯이, 높은 권력을 가진 사람은 도덕률을 자신의 이익에 맞게 개정하고자 할 것이다. 종교 지도자는 자신의 권위를 높이는 방안을 찾을 것이며, 세속 권위자는 종교적 정당성을 예컨대 친사회적 원리를 부정하는 자신의 행동에 이용할 수 있다. 절도의 폐해는 훔친 무언가를 가지고 있는 사람이 강조하고, 사기의 해악은 은행에 돈을 넣어 놓고 있는 사람이 강조할 것이다. 지위 추구는 다양한 방식으로 성 윤리에 영향을 미친다. 그 가운데 일부는 개인적인 생식 성공에 유해하다. 즉, 전문 종교인에게 부여하는 (혹은 그들이 요구하는) 특별한 지위는 일부 사회에서 독신주의에 대한 요구를 수반할 수 있다(독신주의 종교 공동체에 가입하는 것이 개인의 친척들에게 유익한 생식 결과를 가져올 수 있다는 주장이 제기되었으나,17 이것은 그리 널리 적용되지 않을 수 있다). 산업화 이전의 사회에서는 높은 지위가 생식 성공을 높이는 경향이 있었다. 그 결과, 높은 지위의 남성들은 매우 많은 자녀를 둘 수 있었다.18 다수의 아내를 소유하는 것은 그 자체가 생식 성공에 대한 효과를 강화하는 남성 지위의 상징으로 보일 수 있다.19 일부 사회에서는 높은 계층의 위치에 있는 남성들이 자기 하인의 배우자에 대한 성적 접근의 권리를 가졌다(영주의 초야권). 성행위와 관련된 계율은 보통 그 사회의 구조와 밀접하게 관련이 있으며, 부분적으로 집단의 통합에 관여할 수도 있다.

도덕 계율이 문화와 관련이 되어 있는 한, 체계가 원활하게 작동하도록 조정이 이루어졌다고 가정하는 것이 합리적이다. 그런 가정은 기본 원리가 왜 문화에 따라 서로 다른 계율들로 구체화하여 나타나는지를 설명하는 데 어느 정도 도움이 된다. 물론, 그렇다 하여 계율과 문화 사이에 전혀 갈등이 일어나지 않는다는 것을 의미하지는 않는다. 그 문제에 대해서는 13장에서 논의할 것이다.

요약

1. 사회적 집단의 통합은 범문화적인 심리적 특성 — 그 가운데 많은 것은 자기체계의 유지와 관련이 있다 — 과 심리적 성향에 기반을 둔 도덕 계율을 포함한 다양한 문화적 장치에 의존한다.

2. 일부 도덕 계율은 종교 체계를 유지하는 데 이바지한다. 일부 사회의 경우 종교 체계는 사회 체계와 밀접하게 관련을 맺고 있다. 그런 계율들은 때때로 권력과 체제 유지의 기득권을 가진 사람들에 의해 널리 공표되었을 수 있다.

3. 도덕 계율의 몇 가지 범주는 서로 연관되어 있다.

12
도덕 체계의 출현에 관한 고찰

7장부터 11장까지 5개의 장에서는 도덕 계율이 일정한 범문화적 심리 특성과 관련이 있다고 주장하였다. 어떤 경우에는 그런 관련을 쉽게 볼 수 있다. 예컨대, 자신의 자녀를 돌보고 가까운 친족을 보살피고자 하는 성향은 아마도 대부분의 사회에서 나타나는 보육이나 상호 협력의 계율과 관련이 있다. 다른 경우에는 그러한 관련이 사회마다 그 정도에서 차이가 있다. 사회마다 차이가 있는 경우는 범문화적 심리 특성과 계율의 관계가 주로 사람들이 행동하는 방식과 행동해야 한다고 생각하는 방식 간의 양방향 상호작용을 통해 영향을 받았기 때문이라는 제안이 있다. 중요하면서도 어려운 문제는 과연 도덕 계율이 어떻게 출현하게 되었느냐는 것이다. 우리는 범문화적 심리 특성과 도덕 원리 사이에 유사점이 있고, 도덕 계율은 후자와 관련이 있음을 보아 왔다. 그러나 그에 뒤따라 제기되는 의문은 '인간의 기본적인 특성이 어떻게 시간이 지나면서 계율로 구체화하여 나타났는가?' 하는 것이다. 예를 들면, 친사회적 행동과 상호주의의 일반적인 성향이 어떻게 유대기독교 율법의 마지막 다섯 가지(살인하지 말라, 간음하지 말라, 도둑질하지 말라,

이웃에 대하여 거짓 증언을 하지 말라, 네 이웃의 재물을 탐내지 말라)로 이어질 수 있었는가 하는 것이다. 도덕규범이 궁극적으로 범문화적인 심리적 특성에서 기인한다고 주장하는 것과 그것이 정확히 어떻게 출현하게 되었는지를 아는 것은 완전히 다른 문제이다. 그런데 출현 과정에 내포된 시간 범위가 너무 방대하다는 것은 그에 관한 연구가 거의 불가능하며, 따라서 이 문제에 대한 어떤 접근방식도 필연적으로 가상적일 수밖에 없다는 것을 의미한다. 그러나 이 문제는 중요하다. 도덕률이 각 사회 내에서 시간이 지나며 어떻게 정교화되었는지를 이해하는 것은 도덕률의 본질을 이해하는 데 큰 도움이 될 수 있다. 상황이 이럴 때는 부득이하게 추측이 허용될 수 있다고 본다. 가능한 시나리오는 개별 연구들을 함께 묶고, 마치 단계를 나타내는 것처럼 정렬하며, 그럴 듯한 순서를 제공하는 일종의 이야기를 구성하는 것으로, 앞에서 언급했던 논의에서 나온다. 물론 도덕성의 발달이 사회마다 여러 면에서 달랐을 가능성이 크다. 그러므로 이 장은 이를 염두에 두고 읽어야 한다. 이 장의 목적은 도덕적 진화의 몇 가지 가능한 경로를 설정하기 위함이다.

우리는 초기 수렵 채집민들이 우리처럼 협력적인 친사회적 행동과 함께 이기적인 자기주장을 보여 줄 역량을 지녔다고 가정할 수 있다. 그들은 아마 틀림없이 소규모의 가족 중심 집단에서 살았을 것이다. 우리는 이런 집단의 규모를 알지 못하지만, 조상 형태의 집단 크기와 뇌 크기의 상관관계는 개인이 공동체적 관계를 유지할 수 있는 타자, 즉 '사회적 지식'의 수(집단 크기보다 큼)가 100명을 넘었을 수 있음을 시사한다.[1] 약탈자들을 방어하고 여러 사람이 함께 사냥하기 위해서는 집단에서 생활하는 것이 유리하였을 것이다. 집단에 사는 사람들이 서로 혈연적으로 관련이 있었을 것이기 때문에, 친족 선택이 도덕률의 기원에 부분적으로 역할을 하였다고 추정하는 것은 합리적이다. 또한 우리는 자기체계의 온전함(5장과 11장을 볼 것)과 일반적인 순응주의 성향에 의존하는 집단 응집력이 집단 온전함에 도움이 되는 도덕 계율이 공식화되기 전에 나타났다고 가정할 수 있다.

생활이 집단으로 이루어지긴 하였지만, 10장에서 논의되었던 비교 해부학의 증거는 인류 진화 초기에 사회성적 합의로 일부일처와 느슨한 형태의 일부다처가 포함되었던 것으로 보아, 여자들을 대상으로 남성 간에 어느 정도의 경쟁이 있었을 가능성이 있다는 것을 시사한다. 물질적 자원에 대해서도 남자들과 여자들 모두 이기적인 자기주장을 내세우며 분명히 서로 경쟁하였을 것이다(사실, 살인은 현대 수렵 채집민에게서 절대 드물지 않다). 그런데도 집단생활이 가능했다는 것은 협력적인 친사회적 행동이 자칫 집단을 잠재적으로 분열시킬 수도 있는 자기주장을 압도했다는 것을 의미한다.

초기 인류 집단의 구조와 관련한 문제는 논쟁의 여지가 있다. 하지만 유용하게 활용할 수 있는 유일한 증거가 현대 수렵 채집민들에서 나왔다. 그중 많은 사람이 이례적으로 서로 간에 또는 적어도 남성들 간에 소유물이나 권력을 다른 사람보다 훨씬 더 많이 가진 경우가 없는 평등주의의 관계를 유지하고 있다는 것이다. 우드번Woodburn[2]은 모든 수렵 채집민이 평등주의자는 아니라고 강조하긴 하지만 이것이 가능했던 원인을 그들의 관습에서 찾는다. 그들의 유목 생활은 각자 누구와 연합할 것인지를 자유롭게 선택할 수 있고 기본적인 필수품을 특정 타인에게 의존하지 않는 유연한 집단에서 이루어졌다. 그들의 관계성은 공유와 상호 의존을 강조하지만, 장기적인 헌신을 요구하지는 않는다. 남자들은 노름하면서 시간을 보내고, 금속 화살촉과 같은 가치 있는 물건은 반드시 서로 고르게 나눠 가졌다.

보엠[3]도 똑같이 수렵 채집 집단의 평등주의 성격을 강조한다. 전체 집단 구성원의 복지를 위협하지 않는다면, 아프고 무능력하거나 연로한 집단 구성원을 도와준다. 역경에 처한 사람을 돕는 행위는 다른 집단의 구성원에게까지 확대될 수도 있다. 다른 사람을 돕는 것은 마치 미래의 불운에 대비한 보험처럼 작용한다. 물론, 그들이라 하여 이기적인 자기주장의 성향이 전혀 없을 수는 없으며, 자신의 이익을 더 늘리고자 하거나 자신의 의지를 다른 사람들에게 강요한 사람들 또한 분명히 있었을 것이다. 보엠은 현대 수렵 채집민들에게 평등주의 관계가 유지될 수 있었던 것은 특정 개인의 권력이 확대되는 것을 방지하고자 서로 함께 행동하는 사람들 때문에 가능했던 것으로 보고 있다. 지도자가 되고자 하는 사람이나 카리스마가 넘치는 사람이 거드름을 피우거나 거만해지면, 그는 다른 사람들이나 연합체의 저항에 부딪히고, 부정적인 여론, 비판, 조롱을 당하며, 심지어는 암살을 당하기도 한다. 그러므로 지도자는 지도력을 발휘하더라도 자제하고, 낮은 자세를 유지하며, 자신을 동료들과 동등한 존재로 인식한다. 아마도 사람들은 특정한 개인의 이기적인 자기주장의 행동이 자신들의 자율성이나 집단의 안녕을 위협할 수 있다고 생각할 것이다. 보엠은 그러한 일탈 행동에 대한 억제가 처음에는 개인적인 문제였을 수 있으나, 아마도 언어의 발달과 더불어 집단 구성원들이 함께 관리하는 문제가 되었을 것이라고 본다. 도덕적 분노와 같은 일은 이에 도움이 되었을 수 있다. 자신들을 지배하고자 하는 사람을 집단으로 억제하는 것과 유사한 성향은 수렵 채집민의 생활 방식을 포기하였던 일부 사회에서도 발견된다. 예컨대 아프리카 수단 동부의 소수 종족인 우둑족의 경우, "강력한 지도력과 권력은 깊은 의심을 받고 있으며, 최근에도 영향력 있는 사람들이 살해당하고 있다."[4] 그리고 북아메리카 원주민의 한 종족인 블랙풋 Blackfoot과 같이 복잡한 사회에서도 의사결정이 주로 구성원들의 합의에 따라 이루어지고, 지도자는 그에 따른다.[5] 지도력 발휘를 집단으로 억제한다는 것은 최소한 어떤 행동은 받아들일 만하고 어떤 것은 그럴 수 없다는 이해를 공유하고 있다는 것을 의미한다.

그러나 평등주의가 과거는 말할 것도 없고 현대에 이르러서도 수렵 채집 집단의 어디에나 존재한다는 것에 대해서는 모든 사람이 동의하는 건 아니다.6 사실상 거의 모든 영장류의 사회적 집단은 위계질서에 따라 조직된다. 평등주의가 수렵 채집민들에게 발생한 곳의 경우는 주변에 있는 더 성공적인 집단에 의해 강요된 부차적인 결과일 수 있다.7 과거에는 인간의 수렵 채집 집단들이 각기 다른 환경에 적응하느라 현재보다 훨씬 더 다양한 사회 체계를 갖추고 있어서 현대 수렵 채집민 집단의 특성이 인류 조상의 상황을 잘 나타낸다고 보기는 어려울 것이다. 더 나아가, 사회학자인 블랙Black은 이기적 자기주장성과 지위 추구를 금지하는 집단 통제의 의의와 관련하여 의문을 던진다. 그는 수렵 채집민 집단에는 법과 같은 행동 규칙에 대한 집단적 개념이 존재하지 않는다고 주장한다. 사람들은 자신의 갈등을 스스로 해결하고, 대부분의 잠재적인 분쟁은 두 이해 당사자들이 서로 한발 물러서면서 종료된다. 더 나아가, 갈등의 후유증과 관련된 형태는 이해 당사자 간의 사회적 및 지위의 차이에 따라 달라 어떠한 일반적인 형태가 존재하지 않는다. 살인 후, 살인자에게 주어지는 결과의 가혹함은 살인자와 피해자의 관계 거리에 따라 심해지거나 줄어들고, 그들의 상대적 지위에 따라 달라진다. 윗사람을 살해한 경우는 지위가 같거나 낮은 사람을 살해한 경우보다 훨씬 더 가혹한 보복을 당한다. 블랙의 견해에 따르면, 이기적인 자기주장의 행동은 개별적으로 다루어지고, 집단 전체에 의한 사회적 통제는 거의 없거나 그런 행동이 집단에 해로울 수 있다는 인식을 거의 하지 않는다.

　　보엠과 블랙의 견해가 어느 정도는 옳을 수 있다. 왜냐하면 지도자가 되고자 하는 사람들을 억누르는 것은 개인적 분쟁의 해결과 다른 문제이기 때문이다. 초기 인류 집단의 구조가 어떠하였든 간에, 대부분의 이기적인 자기주장적 행동이 주로 특정 개인에게 영향을 미쳤고 피해자는 그것을 감수했을 것이라고 가정하는 것은 터무니없는 일이다. 실제로, 지도자가 되려는 자들의 이기적 자기주장은 그로 인해 자신의 자율성이 침해당했다고 생각하는 사람들이 그에 저항하는 원인이 되었고, 그들의 저항은 다른 사람에게 어떤 행동은 해도 괜찮고 어떤 행동은 해서는 안 된다는 이해를 공유하는 기반을 제공할 수 있었다.

영향력 있는 권위자나 법적 체계가 부재할 때, 기꺼이 저항이나 복수를 하고자 하는 태도는 공격으로부터 자신을 보호하는 최선책이며,8 부당한 취급을 받은 당사자가 복수를 할 수 있다는 가능성은 다른 사람들의 복지를 침해할 수 있는 모든 행동에 주요한 억제력으로 작용할 수 있다. 복수는 많은 문맹 사회에서 갈등의 중심에 자리한 주요 요소였던 것으로 알려졌다. 예컨대, 아프리카 수단의 누에르족Nuer에게는 살인을 당한 후 하는 복수가 가장 구속력 있는 친족 관계의 의무였다. 살인은 피의 갈등으로 이어질 공산이 컸으며, 그것은 그 갈등에 간접적으로 참여하였던 대규모 집단 간의 관계로까지 영향이 미칠 수 있었다.9 같은 대가를 치러야 한다(눈에는 눈, 이에는 이)는 요구 조건은 고대 그리스에서 널리 논의되었으며, 그의 기원은 분명히 훨씬 더 거슬러 올라간다.10 복수에 초점을 맞춘 이야기는 가장 오래된 보존 문헌에서 발견되고 있고,11 북유럽, 중국, 인도뿐만 아니라 유럽 문헌에서도 중요한 역할을 하였으며,12 의심할 여지없이 다른 많은 문학 전통에서도 그러하였을 것이다. 유럽에서 복수는 중세 초기까지 계속하여 정의의 주요 도구로 여겨졌다. 친족과 협력하려는 성향이 친척들의 복수 행위를 돕거나 필요한 경우 인계받았다는 것은 의심의 여지가 없다.13

복수는 다른 사람에게 해를 가하는 것을 포함하기 때문에 친사회성에 대한 일시적인 억제는 적어도 같은 집단의 구성원들에게 더 일반적으로 나타났다. 복수를 하고자 하는 동기의 근접 원천은 무엇일까? 아마도 자기주장의 성향에서 기인한 공격성이 그 역할을 하였을 것이다. 어떤 형식이든 법 집행이 부재할 경우, 자기 자신이 부당하게 취급받았다고 생각하는 사람이 할 수 있는 행동은 무엇이 있겠는가? 에반스 프리차드 Evans-Pritchard[14]는 누에르족에 대해 다음과 같이 기술하였다. "어떤 남성이 모욕이나 피해를 보더라도 불평불만을 호소하고 그에 대해 보상을 받을 수 있는 권력자가 존재하지 않을 경우, 그는 자신을 부당하게 취급한 자에게 결투를 요청한다. 그러면 가해자는 그 도전을 받아들여야 한다. 분쟁을 해결할 다른 방도가 없으며, 남자의 용기는 다른 사람들로부터의 공격에 대한 그의 유일한 보호책이다." 우월적인 권력자의 부재는 뉴기니New Guinea의 고질적인 전쟁에서도 마찬가지로 중요한 요소로 여겨져 왔다. "정치적 부대들이 방어를 위해 조직되었으며, 자신들의 안전을 자신들보다 더 높은 조직에 의지할 수 없었다. … 그들은 질서를 위해 도움이나 보복을 일치시킬 수 있는 상호주의 원리, 앙갚음, 선물이나 무력을 주고받을 수 있는 동등한 권리에 의존하였다."[15]

복수는 상호주의의 한 형식으로 여겨질 수 있다. 복수할 때는 취한 행위가 받았던 피해보다 더 크지 않아야 한다는 현실적인 근거에 따라 이루어질 때 바람직하다. 이는 복수하는 사람이 애초 공격자에게 자신이 받았던 것보다 더 큰 피해를 주게 되면, 그것은 또 다른 복수를 부르게 되어 악순환이 거듭되기 때문이다.[16] 복수가 실제로 널리 행해지고 있긴 하지만, 그것은 공정한 보상에 대한 합의점을 찾기 어렵다는 점에서 분쟁을 해결하는 전적으로 만족할 만한 방식이라고 할 수 없다. 복수가 공정하거나 최소한 받아들일 만한 해결책을 제시할 수 있는 상위 수준의 권력자가 부재할 때 주로 일어나는 것도 그런 이유에서이다. 우리는 그러한 권력자가 존재할 때에는 발생한 피해를 초과하는 벌칙으로 복수가 보완될 수 있다는 것을 나중에 보게 될 것이다.

어쨌든, 복수는 무엇이 받아들일 만한 행동이고 무엇이 그렇지 않은 행동인지에 대한 공유된 이해에 따라 달라진다. 도둑질이 부당하다는 공통된 이해가 없다면, 자신의 소를 도둑맞았을 때 복수해야 할 명분이 없을 것이다. 아마도 친족 선택과 상호주의에 기반을 두고 있을 공유된 이해가 어떻게 개인 간의 상호작용을 규제하는 다소 형식화된 규칙으로 대체되게 되었는지는 그에 뒤따른 의문이다. 규칙이나 계율이 정교하게 만들어진 것은 어느 정도 도덕 원리와 계율을 구체적인 행동으로 이끄는 순응주의의 결과로 볼 수 있다.17 사람들은 보통 많은 사람이 하는 것을 따라 하고 대부분의 사람이 가치 있게 여기는 것을 소중하게 생각하는 경향이 있다. 순응주의는 대부분의 사람이 하는 것을 사람들이 마땅히 해야 하는 일로 전환하고, 소수 사람이 하는 것을 거부하도록 하는 데 있어서 중요한 역할을 하였을 것이다. 만약 친사회적 및 협동적 행동이 성공적인 집단에서 자주 일어난다면, 그런 행동은 모방이 될 것이며 어떤 형식이든 이기적 자기주장의 행동은 거부될 것이다. 순응주의는 개인 간의 분쟁을 집단의 평화를 방해하는 것으로 간주하게 하는 집단 연대감과 거의 필연적으로 관련이 있었을 것이다.

계율이 형식을 갖추게 된 것은 단순히 사람들의 경험이 축적된 결과일 수도 있고, 그러한 공유된 이해가 특정 계율로 공식화된다면 공동체가 더 잘 기능할 것이라는 모세Moses와 같은 통찰력을 가진 인물들의 행동에서 나온 결과일 수도 있다. 아마도 둘 다 관련이 있었을 것이다. 예컨대, 사람들의 일반적인 경험이 카리스마를 가진 인물에 의해 공식화되었을 수 있다. 계율을 준수하지 않을 때 복수는 그에 대한 처벌로 여겨질 수 있었고, 이는 다른 사람들의 반사회적 행동을 예방하거나 처벌하고자 노력한 사람들에 대한 보상으로 이어질 수 있었다.

그러나 집단의 온전함은 오직 파괴적 행동을 하는 가해자들에 대해 거부 반응을 보이는 것만으로는 유지되기 어렵다. 집단이 형성되고 존속할 수 있었다면 어느 정도의 친사회성과 협력은 당연히 존재하였을 것이고, 순응주의는 집단생활에 도움을 주는 행동의 미덕으로 여겨졌을 것이다. 또한, 친사회적이고 호혜적으로 행동하는 다른 사람들과 상호작용을 하는 것은 사람들에게 이익이 되기 때문에, 그런 사람은 선호되고 칭찬받을 것이다. 친사회적 행동이나 친사회적으로 행동한다는 평판은 그 사람에게 지위를 가져다줄 수 있고, 또한 덤을 가져다줄 수도 있다. 즉, 사람들은 높은 지위를 가진 사람과 더욱더 기꺼이 친사회적, 호혜적으로 행동하고자 할 것이며,18 높은 지위는 일상생활과 더불어 생식에서도 더 큰 성공을 가져올 가능성이 있다. 따라서 긍정적인 환류가 작동할 수 있어 더욱 발전하는 집단 응집력은 더 많은 정황을 제공했을 것이다. 사회적 규범이 인정받게 되면서 그런 규범은 '당위'가 될 수 있었고, '당위'는 일탈자를 찾아내고 도덕적 분노를 표출하는 정황을 제공하였을 것이다. 그러한 변화는 처음에는 습관적이었으나 이후 형식화되고 규범으로 선택되었을 것이다.

이런 설명은 모든 사회에서 이와 유사한 일련의 사건을 가정한다. 그러나 사실 친사회적 행동과 이기적인 자기주장 간의 균형은 인간 집단과 사회마다 많은 차이가 있다. 그렇다면 이것은 어떻게 설명될 수 있을까? 여기에는 생물학으로부터 나온 한 가지 힌트가 유용하다. 변동이 심하고 예측할 수 없는 조건에서 생존하는지 아니면 일정하고 예측 가능한 조건에서 생존하는지에 따라 자연 선택이 동물과 식물에게 다르게 작동하였다는 것이다. 전자의 조건에 있는 유기체는 빠르게 번식하며 새로운 서식지로 흩어지는 탁월한 능력을 갖춘 경향이 있다. 반면에, 일정한 조건에 사는 유기체는 느리게 번식하며 후손에게 더 큰 경쟁 능력을 부여하는 데 초점을 맞춰 발달하는 경향이 있다. 호모사피엔스의 성공은 인간을 특정한 환경에 특화하지 않고 다양한 범위의 환경에서 어려움을 극복하고 정착할 수 있는 유연성을 갖추도록 진화가 이루어진 것에 상당 부분 기인한다. 이 환경 중 일부는 협력적인 사람들이 서로 화합하는 집단을 선호하였을 것이지만, 또 다른 환경에서는 다른 사람들에 대한 더 큰 경쟁 능력이 성공으로 이어지게 하였을 것이다. 집단이 이동하게 되면서, 다른 방식에 의해 제공된 상대적인 이점은 차이가 있었을 것이다. 같은 지역에 남아 있던 집단의 경우에도 기후 조건이 극적으로 변했을 수 있다.[19] 그렇기 때문에 우리는 다양한 환경을 스스로 극복할 수 있는 사람들과 그렇게 할 수 있는 그들의 후손이 가장 성공적이었을 것으로 가정할 수 있다. 우리는 친사회성과 이기적 자기주장성 간의 균형이 초기의 사회적 환경, 특히 부모의 양육 방식에 의해 영향을 받는다는 것을 이미 6장에서 언급했다. 권위 있는 방식으로 접근하는 부모는 자녀가 더 많은 친사회성과 더 적은 이기적 자기주장성을 보이도록 하는 경향이 있다. 현재의 환경이 나중에 아이들이 경험하게 될 환경에 대한 합리적인 지표를 제공한다고 가정할 때, 부모의 훈육 방식과 그 후의 아이들의 특성 사이의 관계는 부모가 그들이 생각하는 조건에 맞는 특성으로 아이들을 양육하는 경향이 있다는 관점에서 해석될 수 있다. 가혹한 조건을 경험하며 권위주의적인 양육 방식에서 성장했던 부모는 자기 자녀들에게도 혹독한 훈육과 매우 낮은 민감성을 보이는 등 비슷하게 행동하는 경향이 있고, 그에 따라 아이들은 어려운 조건에서 경쟁 우위를 제공하는 이기적인 자기주장의 특성을 보일 것이다. 지배적인 방식이 도덕 계율에 영향을 미친다는 점을 고려하면, 이것은 두 가지 결과를 초래할 것이다. 상대적으로 일정한 조건 아래서 생활할 수 있는 비교적 단순한 사회의 경우, 우리는 도덕률이 그런 조건에 적합한 양식으로 형식화될 것으로 예상할 수 있다. 이것은 사회마다 도덕률이 다양한 까닭을 설명하는 데 도움이 될 것이다. 사람들이 다양한 조건 아래에서 생활하며 자원의 격차가 매우 광범위하게 존재하는 복잡 사회의 경우, 우리는 이미 보았던 바와 같이 다양한 양육 방식을 예상할 수 있을 것이다.

지금까지 우리는 단순한 사회 구조를 가정하였다. 그러나 일부 현대의 수렵 집단은 많은 소규모 무리가 모여 대규모 집단을 형성하는 복잡 사회 구조를 갖추고 있으며, 그렇게 이루어진 집단 또한 아마도 더 큰 사회의 일부일 것이다. 그런 집단은 공통된 언어, 제도, 의식과 관습 등으로 통합되어 있음에도 소규모 무리로 분리된 채 생활을 유지하지만, 어려운 시기에는 서로 연락을 취하며 협력할 것이다. 이 단계에서 집단 간에 우호적인 관계를 유지하기 위한 수단이 필요하게 되었을 것이며, 집단 간 또는 집단을 대표하는 개인 간의 선물 교환이 중요한 역할을 했을 수 있다.

　더욱 정착된 사회나 사회적 복잡성이 점차 증가하고 개인의 재산권이 인정되는 사회에서는 사람들의 자기주장이 일반적으로 위계적 구조로 이어짐으로써 지위 차이가 대부분의 집단과 사회를 특징짓게 되었다.[20] 집단이 평등주의적이고 집단 구성원들이 다른 사람들의 이기적인 자기주장을 억압하고자 노력했다고 하더라도, 우리는 항상 거기에는 다른 사람들보다 집단의 결정에 더욱 영향을 미쳤던 누군가가 있었을 것으로 추정해야 한다. 처음에는 그런 사람들이 지도자로 인정받지 못하였을 수 있지만, 그들의 조언을 따르는 것에서 그들의 명령에 순종하는 것으로의 전환은 원활하였을 수 있다. 또한, 일탈자들에 대한 도덕적 처벌에 앞장섰던 사람들은 지도자가 될 가능성이 더 컸을 것이다. 대부분의 사회에서 어느 정도의 지위를 성취했던 사람들은 현상 유지에 도움이 되는 계율을 강조함으로써 자신의 위치를 강화해 나갈 수 있었다. 또한 높은 지위를 가진 사람들은 권력에 반대하고 경쟁하려는 하급자들을 물리력을 사용하여 통제할 수 있었다. 따라서 약 3,000~4,000년 전 바빌로니아의 지도자들은 법을 자신들의 권위와 미덕을 정당화하는 것으로 시작하였다.[21] 집단의 규모가 점차 커지면서, 집단의 통제는 제한된 권한을 상위로부터 책임 사슬을 통해 하위 지도자 또는 집단에 분산시킴으로써 쉬워졌을 수 있다.[22]

그러나 무한의 권력을 가진 지도자들은 항상 자신의 권력 확대를 위해 자신의 지위를 사용하기 쉽고, 그것은 결과적으로 그들을 타도하고자 하는 시도로 이어질 수 있다. 따라서 현재 상황이 유지되기 위해서는 정상에 있는 사람들의 권력이 아래에 있는 사람들로부터 또는 그렇게 하도록 설치된 규정에 따라 제한을 받아야 하고, 그들의 추종자들은 최고의 권력을 묵인해 주는 것에 대한 대가를 받아야 한다. 초기 유럽 사회의 군주는 영주의 봉사와 존경에 대한 보상으로 자원에 대한 보호나 접근을 제공해야 했다. 앞에서 보았던 바와 같이, 지도자들은 물리력보다 저항을 덜 불러올 겸손과 같은 특성을 미덕으로 칭송하는 등의 다른 수단을 쓸 수 있다. 그러한 접근은 예컨대 빅토리아 시대에 아이들을 향해 '연장자와 더 나은 사람을 존중하라'라고 강조했던 것처럼 오랫동안 존재했음이 틀림없다. 또한 지도자들은 사회 규범에 따른 행동이 칭찬이나 명성을 얻을 수 있도록 보장할 수 있다. 이러한 명성은 다른 방법으로 현금화할 수 있다. 복잡 사회의 경우, 지도자들은 지방의 정치적 조직을 허용하고 그들의 권고를 고려하기로 동의하기도 한다.[23]

　전문 종교인들에는 또 다른 수단이 있다. 그들은 유일신이나 여러 신이 그들의 종교 체계를 유지하고 그 안에 있는 현직자들을 존중하는 데 도움이 되는 행동에 대해 보상할 것이라고 강조할 수 있다. 그들은 종교 규칙을 위반하면 추방당하거나(예를 들면, 제명) 지옥에 갈 수 있고, 현세에 불운을 맞거나 내세에서 지위가 격하된다고 위협할 수 있다. 또한 그들은 각 가정의 수입 중 일부를 받는 것이 도덕적으로 옳다고 공포할 수 있다. 아니면 사회적 제재가 사용될 수 있다. 여성의 공적 및 성적 행동에 대한 엄격한 규율을 강조하는 파키스탄과 같은 일부 이슬람 국가에서는 외부인이 봤을 때 비교적 가벼운 위반으로 보일 수 있는 행동이 살인으로까지 이어질 수 있으며, 가해자가 저지른 그러한 살인은 정당한 것으로 여겨진다.[24] 세속적 지도자와 전문 종교인은 서로 간의 동류의식을 바탕으로 혹은 밀통을 통해 위계적 차이를 유지하고, 그런 계율에 추가로 힘을 실어주는 규칙을 정할 수 있다. 지배자들과 전문 종교인들은 자신의 지위를 간접적 수단으로 고양할 수도 있다. 우리는 이에 관한 사례를 누구와 결혼할 수 있는지와 관련한 규칙을 정교화하는 데에서 보았다.

친사회적으로 행동함으로써 획득한 명성과 지위가 도덕 계율을 유지하는 데 공헌한다고 하더라도, 그런 계율을 회피하고자 하는 일부 사람이 존재할 개연성은 항상 있다. 따라서 이차적인 기제를 통해 관습과 도덕 계율을 준수하도록 강화해야 한다. 관습을 따르지 않는 것에 대한 제재는 가벼운 사회적 비난을 수반할 수 있다. 하지만 폐쇄된 상류 집단에서는 적절하지 않은 의상도 사회적 외면으로 이어질 수 있다. 도덕 규칙의 위반은 사회적, 법적, 종교적 제재뿐만 아니라 죄책감이나 수치심으로 이어지기 쉽다. 관습을 일탈한 행위에 대한 제재는 권력을 가진 사람들이 고려하여 내린 결정의 결과일 것이다. 대부분의 경우, 제재의 심리적 기제는 제재를 발동하는 사람들에게는 거의 비용을 수반하지 않으나, 제재의 이행은 사회 전체나 일부 구성원들에게 중요한 영향을 미친다는 데에 기초한다.

역동적인 복잡 사회도 단순한 사회에 존재하는 심리적 기제, 즉 가장 분명하게는 권력을 가진 자들과 그 아래 제한된 권력을 받아들이는 자들의 지위 추구, 권력에 대한 욕망, 지방 정치 단체 구성원들에 의한 높은 평가와 명성, 친사회적 성향 등을 여전히 포함하고 있을 것이다.

근친상간 금지가 다양한 방식으로 정교화된 것은 다소 다른 문제를 제기한다. 동물들이 관련성의 정도에 따라 번식 상대를 조정하는 증거가 있고, 가까운 근친 교배는 인간에게 해로운 결과를 초래할 수 있으므로, 근친상간 금지의 시작이 자연 선택의 결과였다고 가정하는 것은 합리적이다. 그렇다고 이것이 관련성의 정도가 초기 인류 진화에서 확인되었다는 것을 꼭 의미하는 것은 아니다. 어릴 때 함께 살았던 사람이 갖는 성적 매력의 감소는 근친상간을 애초부터 제한하는 그럴듯한 기제를 제공한다. 실제로 대부분의 사람이 서로 간에 생활을 속속들이 잘 알고 있었던 소규모 집단의 경우, 다른 집단 구성원들이 자신의 집단 구성원들보다 성적 측면에서 더 매력적으로 보였을 수 있다. 다른 집단 구성원들과의 성관계는 규범으로 자리 잡게 되었고, 그 후에 집단 간 관계를 규제하는 일반적인 수단이 되었을지도 모른다. 그러나 보다 최근에는 집단이나 사회에서 어느 정도 권력을 가진 이해 당사자들 때문에 근친상간 금지에 대한 정교화가 이루어졌다.

마지막으로, 명백한 사실 한 가지를 강조할 필요가 있다. 이는 모든 사람에게 익숙하면서도 때로는 도덕성에 관한 논의에서 소홀히 취급되는 것으로, 규정이나 금지가 요구하는 것과 실제로 사람들이 하는 행위 간에는 상당한 차이가 있을 수 있다는 사실이다. 이러한 불일치는 변화의 주요 수단을 제공하기도 한다. 맥락에 따라 영향을 받는 도덕률과 행위의 관계가 이런 불일치로 인해 종종 이런저런 변화로 이어진다. 종교 정통파들은 될 수 있는 대로 이러한 변화의 속도를 늦추려고 시도해 왔다.

적절한 과정에서 발생한 도덕 계율과 관습이 사회마다 차이가 나는 것은 생태(위에서 언급한 바와 같은)와 역사의 결과 그리고 부분적으로는 집단 간의 문화적 선택의 결과로 보아야 한다. 수렵 채집민들은 사냥에서 요구되는 행동과 관련된 규칙들을 갖추고, 농업인들은 토지의 분배와 관련된 규칙을 발달시켰을 것으로 예상할 수 있다. 현대 사회는 새로운 이해 충돌을 다룰 수 있도록 규칙을 정교화한다. 예컨대 특허권, 저작권과 회계법 같은 것이 그런 사례에 속한다. 그리고 1960년대에 분명히 그랬던 것처럼, 시대적 상황은 예컨대 자율성이나 자기표현과 관련된 계율 같은 특정 계율을 더 강조하게 한다.

많은 변화는 현재 상황을 변화시킬 수 있는 위치에 있는 사람들에 의해 이루어지는데, 이는 변화에 반대하는 보수주의자들과 필연적으로 갈등을 수반하게 된다. 변화를 주도하는 사람이나 이에 반대하는 사람 모두 자신들이 '옳다'고 간주하는 바를 향해 나아갈 것이며, 그들 모두 무엇이 자신들에게 최선의 이익일 것인지에 의해 영향을 받을 것이다. 그 상호작용은 보통 복잡하다. 영국에서는 교회가 낙태, 동성애, 이혼과 같은 문제에 대해 보수적인 견해를 공식적으로 지지하는 경향이었다. 그러나 여론의 변화는 일부 교회 관계자를 동화시켰고, 그들은 더욱 자유로운 생각을 반영하는 입법의 후속 변화에 한몫했다. 도덕 철학자들은 때때로 계율과 그의 정당성의 변화에 압력을 가하는 새로운 판단을 끌어내며 측면에서 행동에 영향을 미쳤다.

이전부터 존재하는 원리와 성향으로부터 도덕 계율이 등장하는 과정은 합리적 사고나 집단적 결정이 중요한 역할을 한다는 점에서 반드시 항상 점진적이지만은 않다. 합리적인 결정은 다른 사람들의 복지와 즉각적으로 관련이 있지 않은, 즉 친사회적 성향에 기초를 두지 않은 관습과 기타 계율에 특히 중요하였다. 그러나 위로부터 부과된 규칙이 집단이나 개인에게 반드시 유리한 것은 아니다.25 예컨대, 우리는 유럽에서 결혼을 할 수 있는 사람을 통제하는 규칙의 변화가 교회의 부를 위협할 수도 있는 친족 집단의 통합을 저지하는 데 작용했으며, 그와 반대로 자의적으로 보이는 일부 규칙은 집단의 온전함에 공헌할 수 있다는 것26을 이미 살펴보았다.

법체계 발달과의 유사점

일반적으로 대부분의 사회에서 도덕 체계와 법체계는 밀접하게 관련이 있으며, 실제로 이를 구분하기 어려운 경우가 많다. 서구의 법체계는 종교적 가치를 강화하는 경향이 있었으며, 세속의 권력자들은 가해자에 대한 가혹한 처우를 신의 허락 아래 이루어지는 것으로 정당화하였다. 반대로, 종교적 권위는 시민법에서 도출된 용어로 종종 표현되었다. 우리가 아는 바와 같이, 법의 기초는 세속적 권위와 종교적 권위의 상호작용 기반 위에 세워졌다.[27] 초기 근대 독일 사람들은 성도덕을 위반하면 온 마을에 신의 분노가 넘친다고 믿었다. 계몽주의와 더불어 법적 '의무'와 종교적 '의무'가 어느 정도 구분되기 시작했던 것은 이보다 한참 뒤였다.[28] 법체계가 도덕적인 문제보다는 법적인 문제를 다루고 또 어떤 관점에서는 초월적 권위보다는 세속적 권위를 다룬다는 점에서 도덕 체계와 차이가 있기는 하지만, 우리는 법체계가 초기에 어떻게 발달하였는지를 유추해 봄으로써 도덕률의 발달 역사를 어느 정도 규명해 볼 수 있다. 이 장은 생각만으로 인식하는 추측의 장이다. 이에 나는 서로 다른 문명 사이와 수천 년의 시간 사이를 염치없이 왕래하는 것이 허용될 수 있다는 가정하에 다음의 자료를 사용한다.

이 문제와 관련한 최초의 몇 가지 유용한 자료는 기원전 2000년대 초에 함무라비 법전에서 나왔다. 그 법전은 무엇이 받아들일 만한 행동이고 무엇이 그렇지 않은지에 대한 공유된 이해를 함축하고 있는 것으로 보인다. 메소포타미아인들의 종교는 모든 인간보다 더 우월한 존재로 여겨지는 의인화된 무리를 숭상하였다. 사람들은 신의 소망을 성취하는 일에 헌신한다고 주장하는 왕으로부터 모든 생활필수품을 하사받았는데, 그런 물건들은 신의 의지를 나타낸다는 점에서 가치를 지닌 것으로 여겨졌다. 법전에는 공식화된 법률에 대해 아무런 언급도 되어 있지 않으나, 세대를 거쳐 전해 내려오는 전통의 집적임을 암시한다. 그것은 이전에 발생하지 않았거나 이전에 다르게 다루어졌던 사회생활의 문제들과 관련하여 왕이 내린 결정들을 기록하고 있으며, 그가 특정한 범죄에 대해 적절하다고 생각했던 처벌을 구체적으로 적시하고 있다. 판결은 선례가 아니라 해결하기 어려운 것으로 보이는 문제를 다루는 데 있어 판사와 행정관으로서 그의 지혜를 주로 증명하는 것으로 제시되었다. 그러한 결정들은 공유된 이해의 형식으로 사람들에게 동화되었던 보편적 원리의 기초 위에서 이루어진 것이 분명하다.[29]

그러한 공유된 이해는 모든 법적 및 종교적 계율에 앞서서 이루어진 것이 틀림없다. 하지만 처음에는 공유된 이해를 구체화하고 이를 강조하는 일에 굳이 통치자의 권위가 필요하지 않았을 수 있다. 이미 아는 바와 같이, 복수 혹은 복수하겠다는 위협은 아마도 초기 인류 집단에서 질서를 유지하는 데 중요했을 것이다. 동해복수법('받은 그대로 갚아 주기')이 '법' 원리로서 공식화된 것은 아마도 나중일 것이다. 복수는 상호주의와 똑같은 심리적 기반을 갖추고 있을 것이다(8장). '눈에는 눈'이라는 단순한 표현은 억지력으로서 부적절할 수 있다. 아테네의 법은 단순한 상호주의에서 좀 더 나아갔다. 다시 말해, '그 이상의 무언가'에 한계를 두긴 하였지만, 현상의 회복 이상의 무언가를 포함하는 처벌의 필요성을 인정하였다.

애덤스Adams는 『앵글로 색슨 법의 역사Essays on Anglo-Saxon Law』[30]에서 두 가지의 관련 관심사를 언급한다. 우선, 개인이나 공동체에 대한 위법행위로 지목된 범죄가 처음에는 왕의 평화에 대한 위법행위로 여겨졌다. 따라서 과거 앵글로 색슨 시대에 평화를 위해 집단으로 연맹을 구성했던 민중 공동체는 왕과 더불어 유지되었다. 민중의 평화는 곧 왕의 평화가 된 것이다. 평화를 파괴한 자는 '민중에 불충한' 존재였을 뿐만 아니라 곧 왕의 적이 되었으며, 사회에서 매장될 수도 있었다. 애당초 피해 당사자나 그의 친족에 의해 행사되던 보복이 공동체에 위임되었고, 나중에는 그 권한이 (적어도 명목상으로는) 왕에게 넘어갔다. 그러므로 이것은 준평등주의 체계에서 지위 중심 체계로 변화하였다는 것을 의미한다.

관련된 변경 사항은 위반의 후유증에 관한 것이었다. 초기에는 그 체계가 처벌보다는 일종의 상호주의 형식으로 보일 수 있는 복수에 기반을 두었다.31 앞서 이야기했던 것처럼 집단의 응집력은 어떤 행동은 받아들일 만하고 어떤 행동은 그렇지 않은지에 관한 동의에 의존하는데, 이것은 범죄에 대해 적절한 처벌을 요구하는 법체계의 등장으로 이어졌다. 처음에는 살인과 거의 모든 범죄가 불법으로 선언되었고, 범법자는 민중뿐만 아니라 왕의 적으로 간주되었다. 하지만 이후 많은 위법행위가 심각하지 않은 것으로 공인받았고, 그런 행위는 상환으로 속죄받을 수 있었다. 처음에는 상환이 당사자 간의 합의에 따라 이루어졌지만, 나중에는 권력자가 개입하였다. 상환금 일부는 피해 보상금으로 피해를 본 당사자에게 지급되고, 나머지는 박탈당한 민중 평화의 회복을 위해 노력하는 국가 또는 왕에게 지급되었다. 상환으로 종료될 수 있는 범죄에는 살인도 포함되었지만, 중범죄자는 화해금이 지급되지 않으면 사회에서 매장당할 수 있었다. 시간이 흐르면서 반역, 탈영, 비겁, 간통 등의 범죄는 세 번째 부류의 범죄로 구분되었고, 이에 속한 범죄는 수치스러운 것으로 공인되었다. 이 경우 국가는 사회 구성원에 대해 호전적인 당사자가 아니라 처벌을 내리는 징계자로서 역할을 하였다. 처벌은 일정 기간의 공권력 박탈을 포함할 수 있었는데, 이는 범죄의 심각성을 고려한 기간이었을 수 있다. 대부분의 경우 피해를 본 사람이 더는 법정을 통하지 않고서는 복수를 실행하는 일이 허용되지 않았다. 그래서 권력자가 개인적 복수를 완전히 대체하게 되었다. 범법행위는 이러한 방식으로 타협이나 보복 체계에 그리고 다른 한편으로는 보상(속죄)될 수 없는 범죄에 관한 처벌 이론에 영향을 미쳤다. 시간이 지남에 따라 보상될 수 없는 범죄의 빈도가 증가했으며, 범죄가 보상될 수 있을 때라도 범죄자는 왕으로부터 처벌받을 수 있었다. 처벌은 미래의 범죄에 대한 예방 가능한 억제 수단으로 여겨졌다. 또한 왕은 무제한 사면권을 가졌다.

솔트먼Saltman은 비교 연구를 통해 단순히 사회 질서의 개념에 기초한 체계가 어떻게 폐쇄적인 법체계로 전환되는지를 추정할 수 있는 통찰력을 제공해 주었는데, 그것을 종합하면 다음과 같다.[32] 그는 법체계를 '공식' 법체계와 '사변' 법체계라는 두 가지 유형으로 구분한다. '공식' 법체계는 권력, 권위 또는 주권과 관련된 원칙들을 포함한다. 즉, 공식 법체계는 사회 내의 공유된 이해를 반영하는 1차적인 의무 규칙과 공유된 이해에 법의 효력을 부여하는 권위 있는 기준이 수반된 2차적인 승인 규칙을 포함하는 것으로 볼 수 있다.[33] 그러한 '공식' 법체계는 논리적 엄격함을 권력의 사용에 관한 공리로부터 끌어낸다.[34] 이와 대조적으로, '사변' 체계는 "사회 질서, 정의와 도덕의 추상적 개념, 이념적 고려, 심지어 인간의 본성에 대한 심리적 가정과 관련된 각각 다른 개념"과 관련이 있다. 하지만 사변 체계 또한 공식화될 수 있다.[35] 솔트먼이 제시한 이 두 체계의 구분과 관련하여 제기될 수 있는 첫 번째 의문은 어떤 사회적 이해나 이념에 기초한 체계가 어떻게 폐쇄적 법체계, 즉 결정이 체계의 구성요소인 규칙들로부터 추론되는 논리 실증주의적 법체계로 전환될 수 있느냐이다. 그러나 더 중요한 의문은 종교체계의 권위가 쇠퇴하는 경향을 보이는 곳에서 사변 체계가 어떻게 권력에 기반을 둔 공리에 의존하지 않고 공식화될 수 있느냐이다.

솔트먼은 이와 관련하여 몇 가지 사례를 인용하였다. 그는 사회적 질서에 기초를 둔 사변 체계가 폐쇄적 법체계로 전환되는 과정을 논의하면서 원래 사회 질서 개념에서 비롯된 토지법과 관련된 사례를 들었다. 하

나는 중세 영국이었고,36 다른 하나는 우간다의 부소가Busoga 왕국37이
었다. 두 경우 모두 초기 상황은 대다수의 권력이 낮은 자로부터 극소수
의 높은 자로 배열되는 오름차순 계층 구조에서 상위자와 하위자 사이의
개인적 유대를 기반으로 연계된 봉건적 사회 질서의 개념을 포함하고 있
었다. 토지에 대한 보호와 권리에 대한 대가로 토지 소유자에게 제공되
는 봉사를 포함하는 상호 간의 권리와 의무에 관한 공유된 이해가 있었
다. 하위자는 상위자에게 경의를 표하는 한 자신의 땅에 대해 양도할 수
없는 권리를 가졌다. (최초의) 법체계는 단순히 봉건적 관계의 의미, 즉
관계의 기반을 형성하고 있는 봉건적인 사회 통제에 대한 공유된 이해를
설명함으로써 결정되었다. 예를 들어 노르만 정복 이후, 윌리엄 1세
William I 는 모든 영국을 정복의 권리에 따른 자신의 것으로 간주하였으
나, 토지는 완전히 이전하지 않고 일정한 조건을 달아 허락하는 방식으
로 추종자들에게 분배되었다. 그런 조건에는 왕에게 어느 정도의 군사
적 지원을 제공하거나 특별한 봉사를 수행하는 것 등이 포함되었을 것이
다. 이런 방식으로 허용된 토지에 대한 권리는 다른 사람들에게 토지를
대여하고 그에 대한 봉사를 대가로 받을 수 있었으며, 이런 과정이 되풀
이될 수 있었다. 토지는 소작인이나 그의 후손 혹은 그의 다른 고용인이
살아 있는 한, 평생 유지될 수 있었다. 그러나 모든 토지는 궁극적으로
왕의 소유였다.38

따라서 하위자의 토지 분배에 대한 권리는 그가 지배자에게 표시하
는 경의와 그가 이행하는 의무에 달려 있었다. 지배자는 하위자 혹은
하위자의 후계자가 그런 의무를 다하지 못할 때는 토지를 돌려달라고
할 수 있다. 그러나 같은 조건으로 소작인에게 보장되었던 세습 원칙이
토지 소유자의 반환권과 충돌할 때는 토지 소유자와 소작인 간 평생 지
속하는 관계에 여러 문제가 발생했다. 그러면서 봉건적 의무는 점차 순
전한 금전적 지급으로 대체되었다. 영국에서는 기사에게 봉사의 대가

로 지급했던 토지가 매우 일찍부터 현금으로 전환되었는데, 기사를 세습하여 계승할 경우에 종종 수수료를 요구하였다. 예를 들어 계승자가 여자나 미성년자일 경우, 봉사의 의무 대신에 수수료가 요구되었다. 세습 체계나 반환권과 관련된 갈등과 더불어, 변화하는 환경은 과거 법체계에 변화를 가져왔다. 예전의 법체계로는 봉건적 질서의 정당성을 재해석하는 데 어려움이 있었다. 우간다에서는 족장이 소작인을 쫓아낸 후, 토지를 재분배하고 새로운 소작인에게 가입비를 청구하였다. 영국 토지법은 실제로 토지를 경작하는 소작인과 토지의 최종 양도인인 왕 사이의 관계가 더욱 벌어지게 되면서 토지에 대한 지분을 점차 현재의 소유자에게 이전하도록 하였다. 1290년 이후에는 보유한 토지를 수수료로 간단하게 양도할 수 있도록 하였으며(즉, 소작인이나 그의 상속인 가운데 누구든 살아 있는 한 보유하였다), 여기에 군주와 소작인 간의 관계는 포함되지 않았다. 따라서 토지는 충성과 보호의 상호 의무로 이루어진 봉건적 구조의 요소로서가 아니라 법으로 규정된 사용권을 가진 경제적 상품으로 취급되기 시작하였다. 모든 토지가 공식적으로는 여전히 군주의 소유였지만, 이것은 공동체의 법이 가진 효력을 나타내는 상징에 불과하였다.

이러한 변화는 권위에 대한 갈등을 동반하였다. 이에 영국의 왕은 봉건 영주들에 대한 자신의 지배력을 확고히 하고자 노력하였고, 결과적으로 왕실 법원이 설립되었다. 우간다에서 아프리카 지방 정부는 추장과 촌장의 권한을 축소하려고 사법에 대한 대안적 접근을 제공하는 법원을 설립하였다. 두 경우 모두 과거의 역사적 현실과 연속성을 유지하면서 소송에 다른 논리를 적용하는 일종의 관습법이 등장하였다. 소유권이 토지 소유의 기준이 되었고, 토지 소유자에 대한 충성의 문제는 더 이상 상관없게 되었다. 따라서 법이 법 외부의 이념적 체계 원리에 따라 유도되던 조건에서 관찰 가능한 행위(예를 들면, 토지의 최초 배당)의 기반 위에서 결정이 이루어지는 조건으로 전환되었다. 이것은 차례로 법적 사고 자체에 의해 만들어진 추상적 개념을 사용하여 규칙을 표현하는 법체계로 이어졌다.

아마 이것이 도덕률의 발달과 도대체 무슨 관련이 있냐고 물을 수 있을 것이다. 물론, 그것은 비유에 지나지 않는다. 그러나 봉건제에 대한 '공유된 이해'는 사람들이 상호주의와 지위 추구 등 서로의 성향을 인정하고 그에 따라 행동하는 국가와 유사할 수 있다. 공유된 이해는 공동체에 대한 의무로 그리고 나중에는 중앙 권력에 대한 의무로 여겨졌다. 그러한 이해는 피지배자들의 질서 유지 등에 관심이 있는 왕이나 지도자들의 영향을 통해 규칙의 체계로 표준화되었다. 그러나 법체계의 형성에 적어도 명목상으로 영향이 컸던 왕이나 지도자의 역할은 법과 그 수행 기관이 그 역할을 이어받으면서 약화하는 경향이 있었다. 이전에는 신성하게 제정된 것으로 여겨졌던 도덕률이 오늘날 현대 유럽과 미국 사회에서 신성한 권위보다는 사회와 사회의 법에 대한 의무를 수반되는 것으로 간주하는 방식과 유사하다고 할 수 있는지 궁금하다.

이제 두 번째 의문을 검토해 보자. 솔트먼은 사변 체계가 어떻게 권력에 기반을 둔 원칙에 의존하지 않고 공식화될 수 있는지에 대해 여기에서는 서로 간에 상당한 차이가 있긴 하지만 두 가지 경우를 인용한다. 첫 번째는 케냐의 킵시기스Kipsigis 부족의 경우이다. 원래는 토지가 남아도는 곳에서 가축을 사육하는 일에만 관심이 있었던 부족민들은 영국의 식민 통치로 인해 보호 구역 내로 생활이 제한되었고, 그럼으로써 경작에 더욱 중점을 두게 되었다. 그들은 소들이 자신이나 다른 부족민의 사유지로 들어가지 못하도록 경작지를 둘러싸야 했다. 그 결과, 토지의 개인 소유권이 발달하였고 그에 따라 분규가 발생하기 시작하였다. 이 부족에게는 새로운 돌발 사건에 적용할 수 있는 법체계는 물론, 법률을 제정할 수 있는 족장과 지도자의 전통적인 위계도 존재하

도덕 계율은 어디에서 오는가? PART 2 —

지 않았다. 영국의 식민 정부는 지역 공동체의 장로들이 결정을 내리도록 하였다. 킵시기스 부족민들은 공유된 이해 — 즉, 자신의 오두막 근처에서 작은 땅을 경작하는 사람은 다른 부족민의 소가 자신의 경작지로 들어와 돌아다니면 그 소의 주인이 누구든 그에게 피해를 보상해 달라고 요구할 수 있다는 것 — 를 토대로 추정하여 상황을 해결하였다. 그 땅에 대한 권리는 그의 사용 여부에 달려 있었고, 실제 사용하는지를 규정하는 기준 체계가 정교화되었다(돌을 치우고, 울타리를 치고, 오두막을 설치하기 등등). '예상을 벗어난 더 많은 요구'로 문제가 발생함에 따라 그에 대한 기준이 추가되었다. 장로들의 결정은 일반적으로 유효하였으나, 이를 받아들이지 않는 부족민의 경우 치안 법원에 항소하는 것이 허용되었다. 그러한 방식으로 그 지역 고유의 법률 절차에서 주 법원으로 제재를 연장하는 것은 결정에 정당성을 제공했다. 따라서 솔트먼이 말했던 처음의 사변 체계는 고위 권력자들의 입김을 최소화하는 방향으로 공식화되었다.

두 번째 경우가 훨씬 더 흥미로운데, 이는 이스라엘 키부츠 운동 내에서의 발전과 관련이 있다. 키부츠 운동은 원래 반법anti-law 이념을 따르고 있었다. 초기 단계에서는 사회적 통제가 이념적으로 조건화된 공유된 이해에 기초를 둘 수 있다고 가정하였다. 공법public law은 주로 자본주의 아래에서 발달한 중산계급의 이념적 무기로 여겨졌으며, 이는 사회가 정의를 확립한다면 점차 사라질 것으로 간주하였다. 그러나 그런 일은 일어나지 않았고, 도리어 수많은 명시적 규칙과 규정이 생겼다. 분명히 사람들이 원하는 것대로 하지 않는다면, 시간이 지날수록 제때에 처방이 필요할 것이다.

각 키부츠는 모든 내부 문제를 다루는 총회를 두고 있었고, 여기에서 위법행위를 저지르는 자들에게 제재를 가할 수 있었다. 또한 결정은 사례 대 사례에 근거하여 내려지는 것이 아니라, 각각 그 사례 나름의 실태에 따라 다루어졌다. 판단은 특정 행위의 옳고 그름에만 의존하지 않고 개별 범죄자의 특성도 고려하였다. 예컨대, 두 사람이 같은 범죄로 고소된 경우, 사람들에게 존경을 받고 공동체에 상당한 공헌을 한 것으로 여겨지는 사람은 사실상 사면되었다. 반면에 만회할 만한 특징을 갖고 있지 않은 사람은 키부츠를 떠나야 했다. 결정이 실용적 고려에 근거하여 내려졌던 것이다. 다시 말해, '온전한 사람Whole Man'은 공통된 이념적 입장에서 파생된 공유된 이해와 대조하여 끊임없이 측정되고 평가되었다. 규칙 제정은 오직 일반적으로 수용된 이념적 입장을 강화하는 데 사용되었다.

우리는 위와 같은 사례들을 통해 일군의 '사회적 이해'가 그 사회에서 직면하고 있는 문제에 대해 일관된 해결책을 제공하는 법체계로 전환된다는 것을 볼 수 있다. 앞서 등장했던 체계의 구체적인 성격은 서로 달랐다. 하지만 그런 차이는 그 사회의 과거 역사와 현재 조건으로부터 영향을 받았다. 예를 들어 우리는 킵시기스 부족의 경우 이전의 사회적 이해로부터 추론한 반면, 이스라엘 키부츠의 경우는 초기 키부츠 구성원들이 직면했던 어려운 조건과 전체주의 체제에서 탈출한 역사가 결합되어 민주적으로 결정을 내리는 등 공동체에 대한 유용성을 수반하는 체계의 확립으로 이어졌다고 추측할 수 있다.

법체계는 도덕 체계와 또 하나의 유사점으로 불안정성(4장을 볼 것)이라는 특성을 보인다. 일반적으로 법이 시민들의 행동에 대해 판결을 내리는 것으로 보이지만, 그 반대로 시민들의 행동이 법에 영향을 미치기도 한다. 13세기에서 16세기 무렵에 시행되었던 베네치아Venice의 사치규제법은 흥미로운 사례를 제공한다. 이 법은 시민들이 값비싼 옷, 호화로운 연회, 사치스러운 장식품에 너무 많은 돈을 지출하는 것을 방지하려는 의도에서 제정되었다. 그 법의 목표는 주로 평등주의적이었고 아마도 새로 생성된 세습 귀족 계급에서 배제된 상인 가족들의

도덕 계율은 어디에서 오는가? PART 2 —

불만을 억제하는 것이었다. 그러나 그 법은 성공하지 못하였고, 시민들은 이웃을 능가하기 위한 과다 지출로 파산에 이를 지경이었다. 사치 규제법은 250여 년 동안 20여 차례에 걸쳐 개정되고 재천명되었으나, 결국 철회되고 말았다.[39]

다시 말하지만 이것들은 단지 유추일 뿐이다. 하지만 이런 사례들은 복수를 통해 정의를 달성하던 시도가 권력자 또는 공유된 이해를 기반으로 한 합의에 따라 부과된 정의로 전환되는 과정을 보여 준다. 특히 키부츠의 경우는 규칙 체계가 왜 불가피하게 필요한 것인지를 보여 준다. 또한 인간의 기본적인 성향에서 파생된 도덕적 사례와 더불어 그런 성향에 기반을 둔 공유된 이해와 관련이 있는 법적 사례를 통해, 우리는 공유된 이해가 어떻게 공통의 기본 원리를 공유하면서도 사회마다 다른 계율을 갖춘 규범으로 변환될 수 있는지를 이해할 수 있다.

결론

—

앞 장들에서는 인간의 범문화적 심리 특성과 도덕 계율 간의 관계가 강조되었다. 친사회적 성향은 인간 본성의 일부이며, 사람들은 흔히 명시적 규칙을 깊이 고려하지 않고도 친사회적으로 행동한다. 그러나 사람들에게는 항상 자기 자신의 이익을 돌보는 성향 또한 있기 때문에 도덕 계율과 법이 필요하다. 따라서 도덕 계율이 기본적인 심리적 성향으로부터 시간이 지나면서 어떻게 발생하게 되었는지에 대한 의문이 일어난다. 이 장은 이런 문제에 대해 사변적 접근방식을 채택하였다. 이때 몇 가지 과정이 제시된다. 평등주의적 집단에서조차, 사람들은 공유된 이해에서 친사회적 성향에 기초한 수용 가능한 행동을 기대하였다. 분열적 행동은 피해를 본 사람이나 연합체로부터 복수를 당할 수 있다는 위협으로 인해 제한될 수 있다. 권력자가 개인들이 해결하였던 복수를 대신할 가능성이 커졌고, 이전에는 '개인에 대한' 것으로 그리고 나중에는 '공동체에 대한' 것으로 보였던 범죄들이 집단 대표자로서의 지도자에 대한 범죄로 여겨졌다. 규칙이 공식화되었고, 순응주의와 여타 기본적인 심리적 원리들은 그러한 규칙의 실체화에 도움을 주었다. 또한, 규칙을 따르지 않는 행동을 금지하는 계율들이 정교화되었다. 집단은 점차 규모가 커졌고 위계적으로 조직되었으며, 복수를 통한 정의는 완전히 권력자에 의한 정의로 대체되었다. 동시에, 권력을 가진 사람은 자신의 위치를 유지할 수 있는 계율들을 정교화할 수 있었다.

그러나 역사적 증거가 상당히 부족한 상태이다. 그에 대한 부분적 대안으로, 법체계의 발달에 관한 몇 가지 연구가 인용된다. 이런 사례들은 법체계가 복수의 위협에 의한 조화로운 관계의 유지에서 시작하여 공동체에 대한 의무로, 권력자에 의해 집행되는 법률로, 권력자의 최소 개입으로 변화하는 등 비교할 만한 여러 경우를 제공한다.

요약
—

1. 보다 추상적인 원리가 공식화된 계율 체계로 발달하는 과정을 설명하는 가능한 시나리오가 있다.
2. 법체계의 발달은 도덕 체계의 발달을 시사하는 몇 가지 가능한 유사점을 제공한다.

몇 가지
실제적 및
이론적 문제

SOME PRACTICAL
AND THEORETICAL ISSUES

선이 좋은 이유

도 덕 성 의   근 원

PART 3 몇 가지 실제적 및 이론적 문제

SOME PRACTICAL AND THEORETICAL ISSUES

13장은 갈등이 어디든 존재한다는 것과 현실에서 일어나는 문제에 도덕률을 적용하는 데 따른 어려움 같은 실제적인 문제를 다룬다. 14장은 도덕성과 자유 의지 간의 관계와 같은 보다 이론적인 문제에 초점을 둔다. 마지막으로, 15장은 이전에 언급되었던 여러 가지 논의를 종합하고 도덕률의 근원을 이해하는 것이 우리가 도덕적 문제를 다루는데 도움이 될 수 있다고 주장한다.

13

갈등의 원천

도덕 원리가 절대적이고 다른 원리와 결코 양립할 수 없다면, 옳고 그름을 분별하는 데 어려움이 없을 것이다. 그러나 실제로는 어려운 경우가 매우 많다. 도덕은 분명히 현실 세계의 실제적인 문제와 관련이 있으며, 그런 문제는 보통 단순하지가 않다. 도덕 계율은 보통 특정 개인과 상관이 없고 보편적으로 적용할 수 있는데, 아주 구체적인 상황에서는 적용이 어렵거나 부적절하거나 불충분해 보일 수 있다.[1] 우리는 너무나 자주 양립할 수 없는 '당위'에 직면한다. 갈등은 개인의 내면에서 일어날 수 있고, 다른 이해관계나 다른 목적 혹은 다른 세계관을 가지고 있는 사람들의 집단에서 발생할 수 있다. 갈등에는 각기 다른 도덕 계율 간에 일어나는 문제, 도덕 계율과 사리사욕 사이에서 빚어지는 충돌, 추상적인 개념(예컨대, 애국심, 용기 혹은 사랑)이나 관습에 대한 충성에서 나오는 문제 등이 포함될 수 있다. 계율이나 가치가 서로 갈등하더라도 그 가운데 한 가지를 확고하게 내면화하고 있을 때는 갈등이 기계적으로 쉽게 해결될 것이다. 하지만 많은 경우에 의사결정이 고뇌에 찬 과정일 수 있다. 어떤 결정이 마침내 합리적이며 객관적인 근거에서 이루어졌다고 하더라도, 다른 고려사항이 개입될 수 있다. 특히 많은 경우에 대안적 행위가 개인의 자기체계와 얼마나 양립할 수 있는지가 매우 중요하다. 이는 정서가 결정에 동반되고 심지어 유도할 것이기 때문이다. 우리는 도덕적으로 옳은 방향을 향했다고 생각하면 도덕적 만족감을 느끼지만, 지각한 행위가 내면화된 계율과 일치하지 않을 때는 용서나 속죄가 필요한 죄책감이나 수치심을 느낀다. 대부분 그런 경우에는 맥락의 중요성과 개별 경우의 특수성을 강조하는 페미니스트 철학자들의 주장이 상당한 설득력을 얻게 된다.

현실에서 일어나는 많은 문제는 우리가 도덕적으로 일관하는 생활을 하는 데 있어서 어려움을 수반한다. 우리는 다양한 태도와 신념이 서로 일치하는 것으로 생각하길 선호한다. 그리고 우리는 가끔 스스로 그 계율이 현재 상황에는 적용되지 않는다고 치부하고, 문제를 비껴가거나 수반되는 상황을 스스로 예외로 간주한 후 변명하기도 한다. 그러나 흔히 우리는 도덕적 문제에서 자신의 불일치를 인식하지 못하는 경우가 많다. 이는 우리가 방어 기제를 사용하여 우리 자신으로부터 불일치를 감추기 때문이다. 앞에서 논의했던 바와 같이, 우리는 자신에 대한 인식, 자신의 행동, 다른 사람들이 자신을 어떻게 인식한다고 지각하는지 간의 일치를 추구한다. 그런 일치성이 부족할 경우 우리는 보통 사태를 바로잡기 위해 행동이나 태도 혹은 인식에서 변화를 찾게 된다. 우리가 일관성을 선호하는 데에는 즉각적인 실용적 이유가 있다. 그것은 우리에게 이익이 되기 때문이다. 만약 우리가 일관적이지 않으면, 다른 사람이 우리를 신뢰하기 어려운 사람으로 간주하고 우리를 상대하지 않을 가능성이 있다.

발생하는 문제들은 복잡하고 다양하여 쉽게 이를 일련의 범주에 포함시키기가 어렵다. 더 나아가, 도덕 계율과 관습은 그 구분이 금방 모호해지는 경향이 있다. 특히나 이 장에서는 도덕성의 개념이 매우 광의적으로 사용된다. 아래 절들은 갈등이 발생하는 다양한 방식과 관련이 있다. 갈등의 다양성을 보여 주고 학문적 논의와 현실 사이의 최소한의 연결고리를 제공한다. 또한, 갈등이 일어나는 근거를 구분하는 것은 해결에 도움을 줄 것이다. 그러나 우리가 잊어서는 안 될 사실은 여기서 논의된 예들의 경우에는 비교적 간단하지만 실제 생활에서는 문제가 훨씬 더 복잡할 수 있다는 것이다. 왜냐하면 한 가지 결정에도 많은 고려사항이 포함될 수 있기 때문이다.

실용적 고려사항들

우리의 주목을 별로 받지 않는 경우는 아마도 도덕 계율이 단순히 개인의 실용적인 고려와 충돌하는 경우일 것이다. 그 경우는 도덕적 문제와 도덕과 무관한 문제 사이의 선택과 관련이 있다. 우리는 몸에 상처를 입고 길옆에 누워 있는 여행객을 보고 도울 시간이 없다거나 자선 단체에 기부할 여유가 없다고 생각할 수 있다. 도덕적 행동으로 얻게 될 자긍심은 그에 수반될 희생과 갈등한다. 그런 경우 흔히 방어 기제는 그 여행자가 괜히 서둘러서 그런 일이 발생했다고 치부함으로써 자신의 행위에 대한 도덕적 정당성을 확보한다.

좀 더 흥미로운 사례로는 정직과 가식 사이에서 결정을 내려야 하는 경우이다. 진실성, 자기 이익, 타인의 안녕이라는 상반되는 욕망 사이의 타협을 위해서는 많은 설명이 필요하다. 다른 사람들과 의사소통을 하면서 자신의 의견이 거의 없는 것도 그렇지만, 너무 솔직하게 자신의 주장만 고집하는 것 또한 사회적 관계에 악영향을 줄 수 있다. 이 경우 자기 자신의 온전함에 대한 존중은 타인의 온전함이나 관계에 대한 존중과 갈등을 빚을 수 있다.

여기에 사람마다 서로 다를 수 있다는 사실을 고려할 때는 문제가 더욱 복잡해진다. 예를 들면, 우리는 모든 아동이 그들의 기본적인 욕구를 충족해야 한다는 것을 도덕적으로 옳다고 간주할 것이다. 하지만 다시 말해 그것이 모든 아동은 모든 경우에 동등한 권리를 가진다는 것을 의미한다면 어떻게 되는가? 이것은 단순히 '욕구'의 범위를 설정하기가 어렵다는 것이 아니라 아동들의 욕구가 서로 다를 수 있다는 것을 의미한다. 자원의 공급이 충분하지 않다고 가정해 보자. 불치병과 최소 기대 수명을 가진 아동은 사회에 공헌할 충분한 기대 수명을 가진 건강한 아동과 그런 자원에 대해 똑같은 권리를 갖고 있는가?

결과의 다양성

어떤 한 가지 행위의 결과가 다양하기 때문에 문제가 발생할 수 있다. 예컨대 러셀Russell의 말을 인용하면,[2] "성 윤리의 영향은 개인, 부부, 가족, 국내 및 국제간에 정말 다양할 수 있다. 그 영향이 한 측면에서는 좋지만 다른 측면에서는 나쁠 수 있다." 공리주의적 태도를 지닌 사람은 결정을 내리기 전에 가능한 모든 결과를 고려해야 한다. 또 다른 예를 들면, 이혼의 옳고 그름에 관한 논의는 해당 당사자들의 행복, 자녀의 행복, 종교적 문제 등을 포함할 수 있는데, 그런 문제는 각각 자체의 도덕적 혹은 관습적 계율을 내포할 것이다. 하지만 그와 관련하여 비교 자체가 안 되는 다양한 계율이 존재한다. 물론, '이혼은 옳지 않다'라는 것을 절대적인 계율로 받아들이는 사람에게는 그 문제가 매우 단순한 것일 수 있다. 그런 방식의 해결은 가치 유지를 통해 사회 전체에 이득이 되는 것으로 보일 수 있다. 그러나 또 다른 사람은 그러한 경우 관련된 모든 사람에게 가장 좋거나 가장 덜 해로운 결과를 가져오는 대안을 확인하는 데에 따라 결정이 달라질 수 있다고 주장할 것이다.

실제로는 각 대안이 의사결정자들의 자기체계에 어떻게 영향을 미치는지에 따라 달라질 가능성이 있다.

계율들의 위계

사람들은 종종 도덕 계율들이 갈등하는 상황에 부닥친다. 예를 들어 우리는 다른 사람을 도와야 한다고 생각하면서도 그건 그 사람의 사생활을 침해하거나 그의 자존심을 건드리는 일일 수 있다고 생각한다.3 이것은 장애인이나 환자 혹은 노인에게 사회적 지원을 제공하는 사람들이 거듭하여 제기하는 문제이다. 일부 그러한 경우에 우리는 자신이 내면화하고 있는 도덕 원리 가운데 특정 도덕 원리가 다른 것보다 더 '중요하다' 혹은 우선해야 한다고 생각하거나, 자신의 행위가 도덕률과 '실제로' 배치되지 않는다고 스스로 확신함으로써 자신을 이해시키고자 할 것이다. 반두라Bandura는 원래 확고한 종교적 신념에 따라 양심적 병역 거부자가 되었던 요크 상사Sergeant York가 훌륭한 전사로 변화하는 과정을 설명해 준다. 그는 한 장교가 건넨 성경 구절과 그후의 기도를 통해 헌신적인 전사가 됨으로써 하나님에게 봉사할 수 있다는 신념을 스스로 갖게 된다. 그는 이후 매우 뛰어난 군 이력의 소유자가 되었다.

결정의 어려움은 콜버그의 딜레마 문제가 잘 보여 준다. 도둑질하는 것은 비도덕적이지만, 도둑질이 아니면 얻을 수 없는 약을 훔쳐 자기 아내의 생명을 구할 수 있다면 그때는 그 행동이 도덕적으로 정당화될 수 있다. 사랑하는 사람의 생명을 구하는 것이 '도둑질하지 말라'는 계율보다 우선하는 것으로 보일 수 있다. 그런데 단순히 잠깐 앓는 병을 예방하기 위해 도둑질을 하는 것은 어떤가? 혹은 그 환자가 자신이 전혀 모르는 낯선 사람이라면? 우리가 그런 딜레마적인 의문들을 고려해 보면, 대안적 행동의 결과가 그 사람의 자기체계에 어떤 영향을 미칠 것인지가 결정에서 중요한 요인이 될 가능성이 분명해진다.

한 개인이 그런 상황에서 내리는 판단은 시간이 지나면서 변할 수 있다. 삶의 사건이나 상황이 바뀌는 경우 자아 체계 안의 핵심에서 변화가 일어날 수 있기 때문에 도덕적 대안의 우선순위가 바뀔 수 있다. 생명을 위협하는 병으로부터 회복할 경우 가족과 친구가 얼마나 중요한지 새롭게 인식할 수 있고, 도둑질을 당하고 난 후 남은 소유물이 참으로 소중하다는 것을 깨달음으로써 도덕적 판단을 변화시킬 수 있다.4

또 한편으로, 특정한 행위는 관찰자의 관점에 따라 더 도덕적인 것으로 혹은 덜 도덕적이거나 부도덕한 것으로 여겨질 수 있다. 이것은 사회적 변화를 가져오기 위해 폭력을 사용하는 문제에서 잘 드러난다. 어떤 사람에게는 테러리스트이지만 또 어떤 사람에게는 용감한 자유의 투사이며, 테러리스트들은 의심할 여지없이 자신의 행동을 영광스럽게 생각한다. 그리고 사회적 수준에서 볼 때, 반란을 일으킨 사람들에 대해 물리력을 사용하는 것은 사회의 민주적 원리와 모순될 것이다. 게다가 보통은 비도덕적으로 보일 수 있는 행위가 더욱 악랄한 행위와 비교됨으로써 정당화될 수 있다. 자신들의 권리라고 여기는 것을 지키고자 행동하는 테러리스트들은 무고한 사람들을 죽일지도 모르며, 자신들의 그러한 행위를 억압자들의 잔혹성과 비교하거나 사회 전체의 장기적인 집단적 죄책감으로 인식하는 측면에서 정당화할 것이다.

미덕과 도덕성

도덕 원리로부터 파생하는 미덕들이 다른 도덕 계율과 갈등하는 경우가 종종 일어난다. 사랑의 관계라는 이상을 고려해 보면, 사랑 자체는 도덕적으로 가치 있고 지켜져야 할 것으로 보인다. 그런데 삼각관계에서는 사랑을 유지하는 것이 개인적 충성이나 사회적 관습과 갈등을 빚을 수 있다.

이 책의 주제와 관련하여 특히 중요한 문제는 과학적 진리에 대한 추구와 그의 사회적 함의 사이에서 과학자들 간에 느끼는 갈등이다. 대부분의 사람은 진리 추구를 미덕으로 간주한다. 그러나 오늘날 (절대 전부는 아니지만) 많은 과학자는 발생 가능한 사회적 결과가 도덕적 문제를 수반하기 때문에 추구해서는 안 될 특정 연구 계통이 있다고 생각한다. 대량 살상용 무기 개발은 대표적인 사례이다.5 하지만 대부분의 경우, 문제가 그렇게 분명하지는 않다. 예를 들면, 인간 본성과 관련한 진리를 추구하는 과학자들의 활동은 그로부터 파생될지도 모르는 사회적 함의 때문에 비난을 받아 왔다. 나쁜 과학이 정치적 목적으로 이용될 수 있음은 소련에서 후천적 특성의 유산에 대한 리센코Lysenko의 옹호로 명백하게 입증되었다. 그러나 사회적 함의 때문에 비판을 받기 쉬운 것은 단지 나쁜 과학만이 아니다. 여기에서 분명한 예는 생물학적 원리가 인종차별을 정당화한다는 이유로 인간 행동에 적용하는 것에 대한 공격이다. 세거스트라일Segerstråle은 이러한 논쟁의 과정을 훌륭히 입증하였다.6 물론 이것이 결코 좋은 과학도 잘못 사용될 수 있다는 가능성을 부정하는 것은 아니다. 어떤 사람들은 과학적 진실을 다른 무엇보다 중요한 미덕으로 보는가 하면, 또 다른 사람들은 과학적 진리가 많은 사람의 마음에 평화를 가져오는 종교적 지향을 해칠 수 있다고 주장한다. 의심할 여지없이 일부 사람들은 인간의 도덕성에서 생물학적 및 심리적 요인의 역할에 대한 현재의 논의가 자유 의지의 개념을 약화시키고, 우리가 지금껏 해오던 방식으로 행동하지 않을 수 없음을 암시한다고 느낄 것이다. 그러한 비판을 예상해 본다면, 현재 상태의 불안정한 초월적 토대보다 더 확고한 도덕성의 기초를 마련하는 데 도움이 될 것이라는 희망에서 지금의 기획을 추진했다고 할 수 있다. 자유 의지의 문제는 14장에서 더 논의될 것이다.

개인적 도덕성 대vs 사회적 관습 및 사회적 도덕성

앞에서 제시한 사례 중 일부는 개인과 사회 간의 관계를 다룬다. 한 사람의 도덕적 견해가 사회의 관습과 갈등을 빚을 때 심각한 문제가 발생한다. 여기서 도덕성과 관습이 서로 구분된다는 것을 받아들인다면, 도덕적 위반행위가 일반적으로 관습을 위반한 행위보다 더욱 심각한 것으로 여겨지는데도, 사람들은 자신의 도덕적 원리에 반하여 사회적 관습을 따르는 경우가 있다. 관습에 어긋나는 행동을 하면 사회적 제재를 받게 되나, 도덕적 계율을 위반하는 행동은 쉽게 은폐될 수 있을 때 특히 그럴 가능성이 크다. 그래서 사람들은 종종 관습을 위반할 경우 다른 사람들의 비난이나 조롱을 받게 되므로 발각되면 도덕적으로 비난받을 수 있음에도 거짓말을 한다. 다소 다른 유형의 경우에서 보면, (외부인의 눈에) 반사회적 행동에 관련된 많은 집단의 힘은 집단 내 구성원들의 서로에 대한 충성심이나 그 집단의 이상이 요구하는 것에 대한 충성도에 달려 있다. 집단 내 구성원들이나 집단 이상주의에 대한 충성심은 더 넓은 집단의 구성원들이나 인류 자체에 대한 본질적인 의무보다 우선한다. 2001년 9월, 미국의 세계무역센터와 국방부에서 발생한 재난에 책임이 있는 마피아7와 테러리스트 집단이 이런 상황에 해당한다.

도덕 계율이 통상적인 권위와 갈등을 빚는 경우 역시 그와 밀접한 관련이 있다. 밀그램의 유명한 실험에서,8 피험자들은 통상적으로 인정되는 권위를 가진 실험자로부터 다른 사람에게 해를 끼칠 것으로 여겨지는 행동을 수행하라는 지시를 받는다. 놀라울 정도로 많은 피험자가 실험자의 권위 때문에 이에 동의하고, 자신의 도덕 원리에 반하는 행동을 하였다. 훨씬 더 중대한 실제 사례는 홀로코스트 캠프 경비원들의 행동이다. 당시 경비원들에게 필요했던 도덕적 행위는 불복종과 함께 비판 없이 받아들인 관습에 공공연하게 저항하는 것이었다.9

도덕성과 집단 영향 간의 갈등은 다른 많은 경우에도 발생한다. 예를 들면, 우리는 어떤 사람이 곤경에 처했을 경우 아무런 행동을 취하지 않는 방관자들이 곁에 있을 때보다 홀로 있을 때 그 사람을 도와주는 경향이 더 있다.10 가족이나 친구와의 관계에서 흠잡을 데 없이 성실한 직원이 소매점이나 통신 판매점에서는 고객들을 의도적으로 속일 수 있는데, 그 경우에는 회사에 대한 충성심과 자신의 정직성이 상충할 수 있다. 그러한 갈등은 추상적인 원리(예컨대, 충성심, 정직성)와 상황의 현실성이 관련된 것으로 볼 수 있다.

또 다른 사례를 든다면, 전시에 일부 군인들은 적을 사살하는 자신의 의무를 이행하는 데 큰 어려움을 겪는다. 그러한 갈등은 그가 만약 사회의 요구에 굴복하면 자신의 자존감이 떨어지고, 굴복하지 않으면 사회로부터의 외면이나 다른 부정적인 결과가 뒤따를 것에서 온다. 흔히 그러한 행위는 불가피성 때문에 — 만약 내가 그를 죽이지 않는다면, 그가 나를 죽일 것이다 — 정당화되는 것으로 여겨진다. 혹은 새로운 자아 개념이 그러한 상황이 요구하는 행동을 가능하게 할 수 있다. 예컨대, 군 신병을 가혹하게 훈련하는 것은 이를 제공하기 위한 것이다. 또는 다른 유형의 방어 기제가 작동할 수도 있다. 예를 들면, 개인이 스스로 자기가 지닌 도덕 계율들의 상대적 영향력을 재평가할 수 있다. 에델Edel[11]은 도덕 규칙의 유형을 구별하면서 '오직 후회하는 마음으로만 어기기'라는 규칙을 인정하였다. 그래서 '살인하지 말라'라는 계율은 폭력이 가능한 모든 상황에서 반드시 고려되어야 할 하나의 요소이지만, 합법적 권위에 의해 부과된 '의무'나 살인이 더 많은 생명을 구할 것이라는 다른 고려사항이 더 중요하게 평가될 수도 있을 것이다. 이것은 전쟁에 참여하는 군인의 행동에 공헌하고, 더 나아가 강제수용소 경비원들이 자신의 행동을 정당화하는 데 공헌한다. 그로 인해 죄수들은 비인간적인 취급을 당했다.[12]

의무나 세속적 권위가 도덕 원리와 갈등할 때, 전자와 일치하여 취해진 행위는 완곡한 어법으로 그 상황의 중대성을 최소화함으로써 정당화될 수 있다. 예컨대 폭탄 공격은 '초정밀 공습'으로, 민간인 사상자는 '어쩔 수 없이 그에 부수적으로 발생한 피해'로 묘사될 것이다. 죄수를 고문하거나 살해한 교도관들이 명령에 따라서 행동했을 뿐이라고 주장하듯이, 표면상 의무에 따라 수행된 비도덕적 행위에 대한 책임은 다른 사람에게 전가될 것이다. 또한, 피해자에게 폭력을 가한 것은 그가 자기방어 행위를 도발적으로 하였기 때문이라고 강변함으로써 오히려 책임을 피해자에게 귀속시킬 수 있다.[13]

공공선과 관련이 있고 일반적으로 개인의 도덕성과 상충하지 않는 도덕 계율은 종종 개인의 강렬한 선호로 다른 원리를 압도하기도 한다. 외부인은 그 결과로 초래된 행동을 받아들일 수 없다고 판단할 수 있다. 단식 투쟁을 하는 사람의 주장에 동조하지 않는 사람은 그가 스스로 목숨을 끊을 권리가 없다고 볼 수 있다. 정의와 인류에 대해 매우 헌신적인 어떤 사람들은 일반적으로 자신의 자선 행위로 인해 자기 가족에게는 결과적으로 손상을 끼친다.[14] 공공선에 헌신할 것인가 아니면 가정에 충실할 것인가는 의료진이나 간호 전문직 종사자들과 그들의 파트너가 다르게 인식할 수 있는 문제이다.

상황이 변했다고 인식하면 사람들의 가치 판단이 사회의 도덕률과 일치하지 않을 수 있으며, 도덕률은 관성으로 인해 사람들이 하는 일과 해야 할 일 간의 지속적인 변증법을 따라가지 못할 수 있다. 그래서 사람들이 이전에 옳은 것으로 받아들였던 것에 동의하지 않을 수 있는 것은 이해할 만하다. 예컨대, 다른 인종 사람들에 대한 백인의 태도, 노예제도, 가축에 대한 처우는 모두 많은 사람이 도덕적 문제로 인식하게 된 사안이다.[15]

정당한 것으로 여겨지는 개인적 이해관계 및 가치와 도덕 계율 간의 갈등: 개인적 자율성과 권리

도덕적 선택은 종종 과도한 자기 이익을 포함하며, 개인이 자신에게 이익이 되는 행위를 정당화하기 위해 방어 기제를 사용함으로써 일반적으로 도덕적 방향이라 여겨질 수 있는 것이 선택되지 않을 수 있다. 그러나 여기에서 '도덕과 무관한 정당한 이해관계'와 사리사욕을 구분하는 것이 중요하다.[16] 사람들은 사회적 가치에 반하기는 하나 정당한 것으로 인식하는 개인적 이해관계에 의미를 부여할 수 있는데, 그럴 경우 불가피하게 개인적 이해관계를 어느 정도 고려해야 할 것인가의 문제가 발생한다. 책임이 권리와 갈등할 수 있다. 예컨대, 친구의 도움 요청은 자신의 행동 자유에 대한 '권리'와 갈등할 수 있으며, 연로한 부모의 요구가 자신의 직업상 요구와 충돌할 수 있다. 6장에서 언급했던 바와 같이, 이 문제는 부모와 자녀 간의 관계에서 불가피하다고 할 수 있다. 부모는 청소년기의 자녀가 일정 시간 집에 머물기를 요구하지만, 자녀는 부모의 그러한 요구가 자신의 자율성에 대한 침해이자 부모가 요구할 수 있는 일이 아니라고 주장할 것이다.[17] (자율권에 대한 자녀의 인식은 자녀가 대우받는 방식의 결과일 수 있다. 부모는 자녀가 무엇을 먹고 싶어 하는지 묻거나 침실 문을 노크할 수 있다. 그렇게 함으로써 부모는 자녀에게 자율성이나 사생활에 대한 권리 의식을 심어 줄 수 있다. 그러한 부모의 관행이 서구 개인주의의 근원을 이루고 있는 것으로 알려진다.)[18]

우리는 미국 헌법에 '양도할 수 없는'으로 구체화된 개인의 자유가 도덕적 사안으로 여겨진다는 것을 보았다. 그러한 개인의 자유가 자신에게 보장되기를 바란다는 점에서 다른 사람들 역시 마찬가지로 보장받아야 한다고 생각할 수 있으며, 따라서 개인의 자유는 황금률과 관련이 있다. 그러나 자신이 원하는 것이 반드시 다른 사람이나 사회 전체에도 좋은 것은 아니므로, 개인의 자유와 관련된 계율이 공공선과 관련된 계율과 갈등을 빚을 가능성이 있다. 대부분의 미국 시민은 추상적인 면에서 언론, 의견 등의 자유에 대한 개인의 도덕적 권리를 열렬히 지지하지만, 그런 자유가 공익이나 특정한 사람들의 복지와 같은 다른 도덕적 고려사항과 충돌할 때에는 다른 견해를 취한다.[19] 예컨대, 미국 시민의 대다수가 표현의 자유를 지지하지만, 헬위그Helwig(1995)는 조사연구에서 응답자들에게 폭탄 제조 방법을 알려주는 책이 공공 도서관에 비치되어야 한다고 생각하는지를 물었을 때 응답자의 오직 14%만이 찬성한다는 답변을 내놓았다.[20] 또한 헬위그는 자신의 연구에서 청소년들이 언론과 종교의 자유를 법으로 제한되어서는 안 되는 도덕적 혹은 보편적 권리로 간주한다는 것을 발견하였다. 청소년 중 절반은 일부 경우에 시민의 자유를 제한하는 법을 어길 수 있다고 생각하였다. 그러나 많은 응답자는 자유가 다른 사람들에게 심리적으로나 신체적으로 해를 끼치는 것과 같은 다른 도덕적 개념과 갈등을 빚게 되는 상황일 때는 시민의 자유를 긍정하지 않았다. 그들은 그런 경우에 해당 권리의 적용 가능성에 제한을 가하는 것이 정당하다고 보았다. 또 다른 예를 들면, 영국에서 연료에 적용한 세금에 대해 대중이 벌이는 시위가 연료의 유통을 방해하여 개인적으로 사람들을 어렵게 할 뿐만 아니라 병원, 학교와 기타 기관을 마비시켰을 때, 영국의 교통부 장관은 "국민은 평화로운 시위를 할 권리를 가지고 있으나, 국가의 중요 물자 공급을 방해하거나 다른 사람의 생활과 편의를 위험에 빠뜨릴 수 있는 권리를 갖고 있지는 않다."[21]라고 말했다.

시민의 자유를 지지하지 않는 그러한 특수한 경우는 추상적 원리와 복잡한 사회적 상황의 특수성이 서로 충돌하는 것에서 비롯된다고 볼 수 있는데, 그렇다고 이런 갈등이 시민의 자유 자체를 무력화시키는 것은 아니다. 헬위그의 연구에서 권리의 추상적 개념은 도덕적 기준(예를 들면, 그의 일반화 가능성)에 의해 평가되고 자유의 유형에 따라 달라지는 복잡한 이유에 의해 정당화된다. 따라서 종교의 자유는 사람들이 집단 정체성과 공유된 전통을 통해 자신을 표현하는 중요한 방식으로 인식되며, 언론의 자유는 진리와 지식의 추구에서, 사회적 진보를 촉진하는 데 있어서 중요한 것으로 이해된다. 헬위그는 도덕적 원리를 특수한 경우에 적용하는 데 관련되는 심리적 복잡성을 다음과 같이 강조했다. 이에 대해서는 이 책의 맨 마지막에서도 언급될 것이다.

도덕이 맥락에 따라 어떻게 적용되는지를 이해하기 위해서는 각기 다른 상황과 판단에서 구체적으로 드러난 개념의 유형(도덕적, 사회 조직적, 심리적), 이러한 개념으로 수행되는 역할(정보에 근거한 가정으로서, 평가로서)과 암묵적 계약, 상황에 관한 정의, 개인의 사회적 추론에 영향을 미치는 다양한 환경에서 작동할 수 있는 의미를 구분하기 위한 체계적인 노력이 필요하다.

따라서 추상적 개념의 권리가 문화 내에서 (비록 문화마다 다를 수 있겠지만) 보편적으로 인정되고 권리에 관한 언어가 굉장한 웅변력을 지닐 수 있으나, 그에 대한 정의와 실제 적용에는 상당한 어려움이 따를 수 있다. 두 사람의 권리는 때때로 충돌한다. 특히 태아가 위험한 상황에 놓였을 때 의사는 수술로 태아의 생명을 살릴 수 있다고 하고 산모는 이를 거부하는 경우 어려운 문제가 발생한다. 태아는 산모의 의지에 반하여 자신을 보호하기 위한 수술을 할 수 있는 권리를 의사에게 위임한 것인가? 미국의 일부 법원은 태아를 위해 합리적 성인으로서의 산모의 권리를 거부하였다. 그럼으로써 원하지 않는 성인 산모의 몸을 심각하게 침범하게 만든다. 이와 관련된 맥락에서 워녹22은 무엇이 옳고 무엇이 그른지를 정의하는 데 따른 어려움, 권리와 다른 도덕 원리 간의 잦은 갈등, 권리가 자원의 고갈(예컨대, 기금의 부족으로 국립 보건원이 시민들이 받을 권리를 갖고 있다고 생각하는 돌봄 치료를 제공할 수 없는 것)로 인해 인정될 수 없을 때 일어나는 실제적인 어려움을 지적한다.

그런 경우, 선택은 도덕적으로 올바른 방향과 가치의 고려라고 하는 바에 의해 정당화될 수 있는 또 다른 행동 노선 사이에서 이루어진다. 한 연구는 학생들에게 어느 연구원이 명성 높은 실험실이 있는 외국에 일 년 동안 머물게 되면 연로한 부모와 멀리 떨어져 부모에게 상당한 슬픔을 안겨주게 되는데 그런데도 연구를 위해 가야 하는지를 물었다. 70%는 외국에 가지 않고 부모 곁에 머무는 것이 도덕적으로 옳은 일이라고 말했다. 그런데 그 가운데 30%의 학생들은 그 연구원에게 가라고 충고할 것이라고, 혹은 비슷한 상황이라면 자신은 갈 것이라고 말하였다. 도덕적 판단과 선택 간의 불일치를 보였던 학생들에게 그 까닭을 설명해 달라고 요청하자, 그들은 자아실현을 고려한 것이라고 하였다. 그들은 그러한 행동이 그 연구원에게 양심에 부담을 줄 수 있다는 점을 인식하였다. 그러면서도 그들은 자아실현이라는 것이 반드시 도덕적인 것으로 여겨지는 일은 아니지만 누구든 자신을 성취해야 할 의무가 있다고 생각했다. 따라서 개인적 선호, 개인의 발달과 심리 상태 및 유용성 측면에서 평가되는 개인적 '가치'와 타인과 사회의 복지 측면에서 평가되는 도덕을 구별하는 것이 필요하다.23 도덕 계율과 개인적 가치가 갈등할 때, 사람들은 자기 정체성의 균형을 가장 잘 유지할 대안을 선택하는 경향이 있다. 개인적으로 가치가 있는 어떤 대안이 그 사람의 자기 개념에 현저한 의미가 있으면, 사회적으로 중요한 가치를 지닌 대안보다 선택될 가능성이 더 클 것이다. 그런 경우 그 사람이 결정한 선택은 외부인이 한 판단과 다를 수 있으며, 후자인 외부인은 전자의 행위를 이해할 수 있기 때문에 비난하지 않을 것이다. 자율성과 자아실현이 개인의 가치로 여겨지긴 하지만 사회적 관습이나 도덕과 상충하는 경우, 다른 가치가 그 균형에 영향을 줄 수 있다. 예컨대, '자기 자신의 확신을 따르는 데 요구되는 용기', '사랑', '충성'은 그때그때 자신의 자율성에 따라 행동하는 데 있어서 추가적인 지원 역할을 할 것이다.

　서구 사회의 사람들은 사회의 응집을 위해서는 개인에 대한 어느 정도의 통제가 필요하다는 것을 인정하지만, 개인의 자유를 중요한 권리로 보고 사회 구성원에게 허용하는 자유의 수준에 따라 사회를 평가하는 경향이 있다. 개인의 자율성은 흔히 사회적으로 옳은 것으로 보이는 행동과 불가피하게 부딪히며, 그 균형은 사회마다 다르다. 일반적으로 개인주의 사회의 구성원들은 집단주의 사회에서 통용되는 사회적 제한을 못마땅해하며, 집단주의 사회의 구성원들은 일반적으로 개인주의 사회 구성원들의 사회적 무책임을 탐탁지 않아 한다. 물론 자기체계의 중요한 측면을 온전히 유지하는 것과 사회에서 바라는 요구 사이에 일어나는 갈등은 항상 우리 안에 존재하는데, 그 균형은 시간이 지나면서 변화한다. 아마도 그 갈등은 자신의 이익보다 남의 이익을 먼저 생각하는 빅토리아 시대의 이상을 거부하는 등 전통적인 도덕성을 훼손시키면서 개인의 자유를 강조한 1920년대의 일부 사회 계층에서 특히 두드러졌다. 1960년대의 도덕은 개인의 자유와 자아의 성취('너 자신이 되어라')를 더욱 강조하였으며, 그것은 다시 전통적인 사회적 도덕성 및 관습과 갈등을 빚게 되었다. 어쩌면 그러한 갈등은 사회의 본질을 형성하는 한 부분이어서 해결되지 않을지도 모른다.

시간의 흐름에 따른 변화의 또 다른 사례를 들면, 20세기 초까지 영국의 여성들은 투표할 권리가 없었다. 여성이 정치에 대해 실제로 알지 못했을 수도 있지만, 당시 영국 여성의 투표권은 지능 차이에 대한 잘못된 추정으로 합리화되었을 수 있는데, 사실 이는 여성에게 완전한 인격이 부족하다는 것을 암시했다. 1993년에 이르러서야 여성들에 대한 폭력이 비로소 인권침해로 인정되었다는 것을 기억하는 것은 시간의 흐름에 따른 변화를 읽는 데 도움이 된다.

서로 다른 종교 체계의 도덕성과 관습 간 갈등

중요한 갈등이 서로 다른 종교 체계의 신자들 간에 일어난다. 기독교 내에서조차 산아제한, 낙태, 평화주의에 대해 의견이 엇갈린다. 그리고 세계 종교 간에는 여성의 지위 같은 여러 문제에 대해 그보다 훨씬 더 큰 차이가 존재한다. 일부 종교 체계는 음식과 같은 문제에 관하여 특유한 규칙을 갖고 있다. 어떤 사람은 그런 건 진정한 도덕적 문제가 아니라고 말할지 모르나, 그런 규칙을 지키는 사람들에게는 관습적인 의미보다 훨씬 더 중요한 의미가 있다.

서로 다른 세속 집단의
도덕성과 관습 간 갈등

현대 사회에서 대부분의 사람은 몇 개의 집단에 소속되어 있으며, 그 집단들은 서로 다른 관습이나 도덕률을 갖고 있다. 따라서 개인이 한 집단에서 다른 집단으로 이동하는 것은 자신의 본 모습과는 다른 또 다른 모습을 채택해야 하므로 어려움이 따를 수 있다. 젊은 사람들은 종종 퇴근하여 집에 왔을 때 스트레스를 받는데, 이는 여전히 그들이 집에서 어린아이처럼 대우받을 뿐 아니라 도덕적 및 관습적 가치도 직장과 다르기 때문이다. 예를 들면, 직장에서 사용하는 언어가 가정에서는 도덕적으로 비난받을 만한 것으로 여겨질 수 있다.

때로는 사적 도덕성과 공적 도덕성 간에 갈등이 일어나기도 한다. 아마도 가장 익숙한 사례는 내전이 발발하였을 때 집단에 대한 충성과 가족에 대한 충성 사이의 갈등이다.

문화적 차이

개인이 가지고 있다고 인식하는 권리와 의무는 그 사람이 사회화된 문화에 의해 상당한 정도가 결정된다. 이는 그 문화의 계율이 그 사람의 자기체계에 깊숙이 통합되어 있기 때문이다. 한 문화에서 개인에게 양도할 수 없는 것으로 인정된 권리는 다른 문화 혹은 같은 사회의 다른 사람들에 대해서도 마찬가지일 것이다. 중국 사상가들은 무엇이 인간을 만드는지에 관심이 있었으나 개인의 권리에 대해서는 많은 관심을 두지 않았으며, 개인의 권리는 오늘날 중국에서 논쟁거리다.

여기에서 중요한 문제는 인격인데, 일부 현대 사회에서 정신이상자로 여겨지는 사람과[24] 범죄자는 인격체로서 인정받지 못한다. 다른 방식으로 말하면, 노예들은 일찍이 남아메리카 문명과 아프리카에서 사실상 인간 이하의 취급을 받았으며, 일반 사람들이 사회에서 자신의 권리라고 주장했던 권리를 부정당하였다. 완전한 인격체의 기준은 매우 복잡하지만, 하나의 흥미로운 경우로 우리는 서아프리카의 탈렌시족Tallensi을 들 수 있다. 그곳에서는 한 사람의 인격성이 정상적이고 합법적으로 출생했는지, 한 명 이상의 남자 후손과 고인이 된 조상이 있는지, 자기 죽음이 조상이나 다른 신비로운 힘(즉, 대재앙, 천연두, 익사나 자살이 아닌)으로 귀속되는지에 따라 결정되었다. 따라서 완전한 인격체는 사후까지 결정될 수 없었으며, 완전한 인격체로서 무언가 부족했던 사람은 장례식의 유형으로 구분되었다.[25]

대부분의 사회에서 문화적 영향은 종교적 영향과 분리되기가 쉽지 않다. 그래서 어떤 사람에게는 종교적인 문제로 보이는 데 반해 또 다른 사람에게는 세속적인 문제로 보일 수 있다. 소수를 위한 종교적 자유가 다수의 관점과 충돌할 때 문제가 발생하며, 최근 십여 년 사이에 많은 인구가 이동하면서 이 문제가 두드러졌다. 이민자 공동체의 존재는 서구 도시에서 모스크 건축, 일부다처제, 종교 교육, 여성의 베일 사용 등 건축 및 문화적 충돌과 같은 이질적인 문제에 대한 분쟁으로 이어졌다. 예를 들어 어떤 사람들은 머리에 쓰는 스카프를 이슬람 이념의 요소로 보며, 그것을 금지하는 것은 민주주의의 원리와 종교의 자유에 반하는 것으로 여긴다. 하지만 또 어떤 사람들은 그것을 이슬람교도 여성에 대한 억압이자 서구 가치에 대한 거부의 상징 혹은 이슬람 지도자들이 국가와 독립적으로 개인에 대한 통제를 행사하려는 시도를 내포하는 것으로 본다.[26] 생식기 변형의 경우에 대해서는 앞에서 언급하였다.

특히 최근에 문제가 되는 것은 일부다처제다. 프랑스의 많은 가족이 일부다처 가정과 관련이 있다. 프랑스에서 노동자들이 필요했을 때 일부다처가 문제가 되지 않았던 나라의 사람들이 프랑스로 들어왔다. 그러나 프랑스 법률은 일부다처를 금하고 있으며, 지금은 일부다처 가정을 종식하기 위해 노력하고 있다. 대부분의 경우에 남편과 아내 모두 일부다처제를 반대한다. 국가는 특정 시민들이 애초에 태어나 자랐던 문화와 결별하도록 강제할 권리를 갖고 있는가?

이미 지적한 바와 같이, 유대교의 음식 규정은 외부인에게는 단순한 사회적 관습의 문제로 보일 수 있으나 내부 유대인들에게는 본질에서 도덕적인 문제이다. 인도의 의상 및 식사 관습 문제와 관련한 슈웨더 Shweder와 그의 동료들27의 견해는 투리엘Turiel28로부터 그러한 관습 뒤에 있는 세계관을 고려하지 못하고 있다는 이유로 비판을 받아 왔다. 투리엘은 도덕성에 관한 문제로 보이는 문화 간의 많은 차이를 사실상 도덕 원리가 아닌 실존적 신념의 차이에서 비롯된 것으로 여긴다. 예를 들면, 슈웨더와 그의 동료들은 인도 문화에 '생리 중인 여성이 부엌에 들어가면 사망한 조상이 몇 세대 동안 그 집을 떠날 것이기 때문에 가족에게 커다란 불운이 생길 것'이라는 신념이 널리 퍼져 있음을 발견하였다. 투리엘은 그러한 경우 지구에서 일어나는 일이 관찰할 수 없는 불가사의한 존재들에 영향을 미친다고 믿기 때문에 특정 행동과 잠재적 피해를 맥락에 따라 관련지어 생각한다고 말한다. "또 다른 예로, 일부 문화의 사람들은 죽을 때 누리는 것과 똑같은 건강 상태로 다음 세계로 이동한다고 믿는다. 이러한 믿음은 연로한 부모를 죽이는 행위를 정당화시켜 준다."29 그런 문제는 우리가 범문화적 원리를 특정 문화의 계율과 구분하고 내부자의 견해와 외부자의 견해를 구분하는 것이 매우 중요함을 시사해 준다. 이에 대해서는 15장에서 좀 더 자세히 논의할 것이다.

도덕적 판단이 다른 문화에서 타당해 보이는 정도는 이용 가능한 제2의 문화에 대한 정보에 달려 있다. 미국의 피험자들에게 다른 문화권

몇 가지 실제적 및 이론적 문제 PART 3 —

에서 저질러진, 잠재적으로 해악이나 불의와 연관될 수 있는 행위에 대해 판단하도록 요청했을 때, 그들은 그 행위가 다른 도덕적 가치의 맥락에서 행해진 경우보다는 다른 정보에 근거한 가정의 맥락에서 행해졌을 경우 그에 대한 평가를 훨씬 더 많이 변경하였다. 도덕적 가치와 대조적으로 정보 변화에서 오는 효과의 차이는 확실히 그런 행동을 한 의도가 무엇이었는가를 추론하는 데서 비롯되는 것으로 보인다. 예를 들면, 부모가 자기 자녀를 때리는 것은 잘못이라고 응답했던 피험자들에게 만약 잘못된 행동을 하는 아이는 엉덩이를 맞아야 홀려 있는 귀신에게서 벗어날 수 있다고 믿는 문화에 사는 부모가 그런 행동을 했다면 어떻게 생각하느냐고 물었을 때, 많은 피험자가 자신의 견해를 바꾸었다. 그런 피험자들은 엉덩이를 때렸던 부모의 행동이 고의성이 없었다고 보고 엉덩이 때리는 행동을 나쁜 것으로 여기지 않았다.[30]

관계에 대한 다른 관점: 무엇이 공정한가?

상호주의는 교환이 '공정'하게 보일 것을 요구하는데, 관계에 참여하는 자들이 서로 다른 관점을 가질 경우 문제가 발생한다. 예를 들면, 우리는 어느 정도 희생이 따르더라도 부모에게는 자기 자녀를 돌보아야 할 도덕적 의무가 있다는 것과 함께 자녀는 부모가 제공해 줄 수 있는 것보다 더 많은 것을 받기를 기대한다는 것을 보아 왔다. 이에 따라 부모와 자녀 사이에는 점점 더 많은 이해 상충이 일어나는데, 부모는 자신들이 '올바른' 행동이라고 믿는 방식에서 자녀들이 행동하도록 설득하려는 경향이 있다. 부모는 자녀 스스로 공정하다고 생각하는 것보다 자신들이 공정하다고 생각하는 대로 행동하길 바란다. 그것이 그들의 이익에 도움이 되기 때문이다.31 비슷하지만 좀처럼 쉽게 풀리지 않는 딜레마는 생물학적 성 간의 관계에서 일어난다. 어떤 사람들은 '공정'을 평등과 같은 것으로 보지만, 또 다른 사람들은 생물학적 성 간의 태도, 가치, 필요의 차이가 고려되어야 한다고 말한다. 이 문제에 관한 논의는 종종 집단 수준과 개인 수준 간의 모순을 수반하게 된다. 예를 들면, 의과대학에 입학하고자 학생들이 치열하게 경쟁할 때 남학생보다 여학생이 더 많이 입학할 경우, 남녀 간의 기회 평등을 유지하기 위해 더 유능한 여학생을 제쳐 놓고 재능이 떨어지는 남학생을 발탁해야 하는가?

더 나아가, 모든 대인관계에서 무엇이 정당하거나 공정한 것으로 여겨져야 하는지에 대해 서로 다른 견해가 존재할 것이며, 이것은 상호주의 원칙의 적용에 있어서 매우 중요하다. 상품이 돈으로 교환되는 상거래에서는 별문제가 없을 것이며, 문제가 있더라도 그 상품의 '값어치'가 어느 정도인지 혹은 그 상품이 다른 곳에서 얼마나 많이 팔릴 것인지에 따라 해결된다. 그러나 항상 그렇지만은 않다. 어떤 사람이 다른 사람들에게 봉사할 때 — 예컨대 법정 변호사가 고객들에게 혹은 의사가 환자들에게 — 적절한 보상은 얼마가 되어야 하는가? 이게 치즈와 분필을 따져 보는 것과 같은 의미일지라도, 각자는 거래에서 반드시 동등한 이익을 확보해야 하는가? 그 행위자가 필요한 역량을 습득하는 데 요구되는 훈련 기간, 받는 사람의 경제적 어려움, 행위자의 재정 상황, 받는 사람의 자산을 고려해야 하는가? 아니면 그 밖의 다른 무엇이 또 있는가? 시장경제의 법칙을 따라야 하는가? 법정 변호사나 의사는 고객이나 환자가 낼 의사가 있는 것만큼만 받고 있는가? 만약 그런 문제들이 고려되어야 한다면, 사용되는 잣대가 간호사나 학교 교사 혹은 팝 스타의 임금이 평가되는 것과 매우 다를 것이다. 그러한 판단은 사회 상류층 사람들의 이기심에 의해 부당한 영향을 받기 쉽다.

어떤 개인이 자신은 누릴 자격이 있다거나 있는 것으로 보인다고 생각하는 것은 그 사람의 특성에 따라 다를 수 있다. 부, 지위, 미모, 성별 등이 영향을 미칠 것이며, 그 가운데 어느 것이 더 역할을 하는지는 문화마다 다를 것이다. 많은 사회에서 사람들이 공정과 관련하여 고려해야 할 중요한 요소 가운데 하나가 지위다. 경영진은 작업장에서 일하는 노동자들보다 더 많은 임금을 기대하며, 군 간부는 낮은 계급의 병사보다 더 많이 받기를 기대한다. 하지만 사람들은 일반적으로 그 차이에 대해 이의를 제기하지 않는다. 권력을 가진 사람들은 그러한 가치 차이를 구체화함으로써 특권을 덜 가진 사람들이 자신의 몫을 별 저항 없이 받아들이도록 할 수 있다. 동시에, 더 큰 권력이나 역량은 더 큰 책임과 다른 사람들의 복지에 더 큰 공헌을 할 것이라는 기대와 결부될 수 있다.

발달상의 관점에서 볼 때, 무엇이 공정한가에 관한 아이들의 판단은 자기 이익, 평등, 공평, 사회 정의의 단계를 따라 나아가는 것 같다.[32] 러너Lerner[33]는 성인의 경우 공정에 관한 판단이 관련된 사람 간의 두 가지 관계의 차원, 즉 서로 알아보고 공감하는 관계인가 아니면 서먹서먹한 관계인가, 다른 사람이 한 인격체로 보이는가 아니면 단순히 사회에서 어떤 지위를 가진 존재로 여겨지는가에 따라 다르다고 제안하였다. 한 연구에 따르면, 사람들은 자신이 다른 사람의 성과를 바라보는 관찰자 입장일 때는 분배 기준(평등, 공평 등)을 적용하지만, 그들 자신의 성과를 판단하는 처지일 때는 절차적 기준과 대인관계 기준을 적용할 가능성이 더 크다.[34] 두 당사자가 공정에 관해 서로 다른 기준을 언급하면 논쟁이 발생한다. 예컨대 대인관계에서 한 당사자가 자신은 지위로 보아 더 많은 보상을 받을 자격이 있다며 공평을 주장하는데 상대방이 평등을 주장하면 갈등이 발생하게 된다. 혹은 공정이나 정의에 대해 부여한 의미가 서로 다를 수 있다. 즉, 한 사람은 응징을 공정하다고 보지만 다른 사람은 공평을 공정하다고 볼 수 있다.

그뿐만 아니라, 공적 영역이나 거의 공적이라 할 수 있는 영역에서 공정에 관한 판단은 결정에 이르는 데 사용된 절차에 의해 영향을 받는다. 예를 들면, 규칙을 일관되게 적용하는가? 모든 이해 당사자가 자신의 견해를 밝힐 기회가 있는가? 이와 더불어 판단에 도달하고 자신의 결정을 전달하는 방식과 같은 대인관계에 관련된 문제도 중요할 수 있다(관련된 사람들이 존대를 받고 그 결과를 이해할 적절한 기회를 얻는가?). 무엇이 공정한가에 관한 고려사항이 갈등을 발생하게 하는 많은 기회를 제공하는 것은 분명하다.

세계관에 따른
도덕적 개념의 해석

갈등의 중요한 원천은 관련된 사람들의 자기체계에 통합된 기본적인 세계관의 차이에서 비롯된다. 인류의 진화에서 애초의 작은 공동체는 아마도 적절한 행동에 관한 이해를 공유함으로써 서로 잘 단합됐지만, 현대 사회에서는 서로 현저하게 모순된 견해를 가진 집단과 개인이 공존해 있다. 사람들이 같은 도덕적 개념에 대해 다른 의미를 부여하는 데서도 갈등은 흔히 일어난다. 예를 들면, 자유를 개인이 경제적 주도권을 잡는 것으로, 정의를 올바른 생활로 보는 사람들과 자유를 사회적으로 (개인적 권리로서) 그리고 정의를 경제적으로 (공평으로서) 규정하는 사람들 간에는 합의가 있을 수 없다.35

보통은 일상에서 양립 불가능한 견해 사이에 약간의 타협이나 협의할 여지가 발견되지만,36 집단 간의 차이는 반대 집단의 성격이나 논쟁 중의 문제에 대한 잘못된 고정관념과 태도로 인해 악화되는 경우가 너무 많다. 미국에는 진화 사상에 대해 세계관의 차이에서 비롯된 강력한 견해들이 있다. 즉, 미국인들은 성경의 창조 이야기를 문자 그대로의 진실로 받아들일 것인가 아니면 진화에 대한 과학적 증거를 받아들일 것인가의 문제에 대해 개인의 세계관에 따라 다른 입장을 내세운다. 피어스와 리틀존Pearce and Littlejohn37은 '보수적인 종파'와 이른바 '세속적 인본주의자들' 사이의 공개 담론을 분석한 훌륭한 예를 제공한다. 그들은 '각 진영 내에서 이루어지는 담론의 합리성, 명료성, 인류애 및 연민'과 두 담론 간의 '근본적인 벽'에 깊은 인상을 받았다고 말한다. 통상적인 담론은 공개적으로 '서로 주고받은 비판으로 구성되었다.' 그 차이는 근본적으로 양쪽의 서로 다른 세계관에서 비롯되었다. '보수적인 종파'는 절대적이고 명료해 보이는 하나의 범주인 도덕성의 중요성에 초점을 맞추었다. 사실상 모든 주제는 옳고 그름이 명확하게 확립된 도덕적 문제였다. 이와 대조적으로, '세속적 인본주의자들'은 '학문적 자유, 인문 교육, 언론의 자유, 사회적 문제에 대한 과학적 및 기술적 접근, 사회에 대한 상대주의적 및 다원주의적 개념을 지지하는 다소 유연하게 결속된 집단'이었다. 쌍방은 서로 자기 진영의 기본적 가치가 위협받는다고 느낌으로써 상대 진영을 반대하지 않을 수 없어 보인다. 그래서 그들 간의 담론은 사실상 불가능하였다. 그처럼 서로 다른 사회적 세계가 대척점에 서 있을 때 각 세계에 속한 사람들의 목적과 신념은 서로 다를 수밖에 없으며, 기본적인 도덕 원리를 공통으로 유지하고 있을 때조차도 서로 상대방의 행위를 악이나 거짓으로 이해한다.38

의료

지금까지 고려된 접근방식은 사회의 변화와 과학 및 기술의 발전이 제기하고 있는 실생활의 새로운 도덕적 문제와 직접 관련된 것이 아니라 일반 원칙에 관심이 있는 사람들이 주로 사용한 접근방식이다. 우리는 실생활과 관련한 새로운 문제의 사례로 의학에서 새로운 기술의 적용을 둘러싸고 제기되는 도덕적 문제를 들 수 있다. 치료 혁신과 관련한 논의에는 의료 및 기타 기관의 구조, 자금 출처 및 가용성, 의료 전문가와 과학 전문가 간의 경쟁, 절망적인 환자와 그 가족의 요구, 과실에 대한 기소의 불안 등이 포함된다.39 게다가 그런 것들은 주창자들에게 내면화되어 있는 의학적 혹은 다른 세계관의 영향을 받을 가능성이 크다. 우리는 세 가지 사례를 통해 이를 검토해 볼 수 있을 것이다.

첫 번째는 후천면역결핍 증후군HIV/AIDS 환자의 치료에서 유발된 새로운 치료법의 시험과 죽어가는 환자들의 돌봄과 관련된 것이다. 예컨대 의료진에게는 미래의 연구나 기타 측면에서 이점이 있으나 환자에게는 이점이 모호할 때 새로운 치료에 대한 윤리적 결정 문제가 발생한다. 환자에게 병의 진행 상태를 알려주는 것은 얼마나 도움이 되는가? 특정한 병의 말기 환자에게 공격적인 치료를 어느 정도 지속해야 하는가? 치료와 일시적 완화 사이의 균형을 어떻게 찾아야 하는가?40

두 번째 사례는 도덕 원리를 보건의료 분야의 과학적 진보인 '유상 난자 공유'로 두드러지게 된 새로운 문제에 적용하는 경우이다. 이는 불임 치료를 받는 여성이 치료비를 충당받는 대가로 자신의 배란된 난자 일부를 치료비 제공자에게 기증하는 것과 관련이 있다. 이는 많은 윤리적 문제를 일으키는데, 존슨Johnson41은 이 문제에 비첨Beauchamp42이 개발한 의료윤리의 네 가지 원칙인 자율성 존중 원칙, 정의의 원칙, 선행의 원칙, 악행 금지의 원칙을 적용하였다. 이 원칙들은 다양한 관심사를 한데 아우를 수 있는 기준점을 제공하지만, 추상적인 원리가 새로운 문제에 적용될 때 나타날 수 있는 몇 가지 복잡한 문제를 잘 보여 준다. 자율성을 고려할 때, 의사는 기증자와 수혜자 모두에게 기밀 유지, 동의의 질 그리고 가능한 대안, 위험 및 예상되는 결과에 대한 자신의 정직성 등과 관련한 문제를 고려해야 한다. 게다가 이해의 충돌이 일어날 수 있기 때문에 기증자와 수혜자는 서로 다른 의사에게 치료받는 것이 더 바람직할 수 있다. 이는 의사 한 명만 관여할 경우 그 의사가 각 당사자의 자율성에 대한 요구를 충분히 존중하기 어려울 수 있기 때문이다. 그리고 사적으로 자금을 지원받아 치료를 할 경우, 재정적 이해관계가 있는 의사는 치료 대가에 대해 언질을 주어야 하는가? 정의와 관련해서는 세 가지 문제가 있다. 첫째, 치료의 가용성과 비용이 균일하지 않아 특정한 사람들이 다른 사람들보다 쉽게 접근할 수 있다는 제도적 불평등이 존재한다. 의사들은 이 문제를 극복하기 위해 제도를 정비하는 운동이나 시도 외에는 할 수 있는 일이 거의 없다. 둘째, 사람들이 난자 값을 내야 한다는 것을 수용할 수 있는가? 대부분의 사회에서 금지된 신체 기관 판매와 비교할 때 과연 어떤가?[43] 셋째, 유상 난자 공유가 법의 형식과 내용의 범위 안에 있는지 상당히 의심스럽다. 마지막으로, 선행 원칙과 악행 금지 원칙의 고려는 의사들이 자신의 기술을 개발하고 유지하며, 자신의 치료를 최적화하고 위험에 대해 분명히 말하면서 순수한 이익을 위해 열심히 노력할 것을 요구한다. 이러한 문제들은 결국 아래에 언급된 체외에서의 인간의 난모세포 성숙oocyte maturation과 그것들의 냉동 보존에 관한 연구에 의존할 것이다. 이 기술을 권장할 것인지의 여부를 결정해야 하는 의사라면 누구든 광범위한 영향을 미치는 윤리적 문제에 직면하게 되며, 개별 사례에 맞게 일반적인 원칙을 조정해야 하는 것이 분명하다. 하지만 우리는 실생활과 관련된 문제의 해결책을 신학자나 관련 학자들이 논의한 윤리적 계율에서 그리 쉽게 읽어낼 수 없다.

세 번째 사례는 체외 수정과 낙태의 도덕에 관한 격렬한 의견 차이, 생명의 기원과 존엄성, 인격의 시작에 관한 신념의 차이와 관련이 있다.[44] 이 문제를 다루는 영국 위원회의 의장이었던 워녹은 이러한 문제에 대한 입법의 틀이 어떻게 여론, 실현 가능성, 법률 등을 고려하는지 보여 주었다. 체외 수정의 경우에 가장 중요한 논점은 인간 배아에 관한 지속적인 연구의 필요성에 관한 것이었다. 기본적으로 공리주의적인 관점을 취하는 위원회는 많은 사람에게 불임이 극심한 고통의 원인이며, 인공수정은 세계 인구 문제에 미치는 영향이 미미할 것이라고 생각했다. 그러나 많은 사람은 아무도 고의로 인간의 생명을 빼앗아서는 안 된다는 점에서 배아를 연구에 사용한 다음 파괴하는 것은 옳지 않은 것이며 따라서 그 문제는 규제되어야 한다고 보았다. 위원회는 이 문제의 핵심이 배아가 언제 한 인간으로서 여겨질 수 있는지에 있다고 결정하였다. 선택은 개념, 특정 세포 단계, 뇌파의 출현, 최소한의 지원에 의한 생존 가능성, 출산 등으로 광범위하게 열려 있었다.[45] 위원회는 배아가 수정으로부터 14일까지 느슨한 세포 무리를 구성하며 각각의 세포가 배아의 어느 부분이든 이를 형성하는 데 공헌할 수 있다는 사실에 초점을 맞추었다. 14일에 장차 중추신경계를 형성할 '원시선primitive streak'이 형성되기 시작하고, 세포들이 분열을 시작한다. 그래서 위원회는 오직 14일 이후에야 한 개인으로서의 인간이 존재한다고 말할 수 있다는 점에서 14일을 전후한 세포 사이에는 도덕적으로 중요한 차이가 있다고 주장하였다. 따라서 그들은 배아를 연구에 사용할 수 있긴 하나 최대 14일 이전 단계까지만 사용할 수 있고 이후 파괴해야 한다고 권고하였다. 워녹은 물론 수정 전의 난자와 정자도 인간이고 살아 있지만, 그보다 중요한 것은 우리가 다른 사람을 한 인간으로 대우하듯이 그것들을 어느 시점부터 그렇게 대우해야 할 것인지에 대한 문제임을 강조한다. 워녹의 관점에서 볼 때는 '물리적으로 아무리 작은 규모라고 하더라도 한 인간의 진정한 출현은 우리가 이 단계 이전의 세포 무리를 그 이후 단계의 세포 무리와는 다르게 처리할 수 있다는 판단인 것 같다.' 이 문제는 과학적 증거를 고려해야 하긴 하지만, 결국 사회가 결정해야 하는 문제이다. 배아의 생리적 변화는 인간 배아에 대한 모든 실험이 더 위험한 결과를 초래할 수 있는 시작, 즉 훨씬 더 큰 허용으로 이어질 수 있다는 견해를 논박하는 데 사용할 수 있는 편리한 기준을 영국 위원회에게 제공한 셈이다.

워녹은 영국의 인간 배아 실험과 관련한 법률과 임신한 지 28주까지 태아의 파괴를 허용하는 낙태에 관한 법률을 대조하며 두 경우 간의 많은 차이를 지적하고 있다. 여기에 두 가지 독특한 문제가 있다. 첫 번째 문제는 임신한 여성이 어떤 행동 방침에 대한 선택권을 갖는지 혹은 태아가 생명에 대해 양도할 수 없는 권리를 갖는지와 관련이 있다. 여기에서 중요한 실제적인 문제를 고려해야 한다. 즉, 불법을 저지르더라도 낙태는 매우 바람직하지 않은 조건 아래서 분명히 계속될 수 있다. 두 번째는 낙태가 허용될 경우 발생하는 문제로, 낙태가 행해질 수 있는 태아 발달 상태가 어느 지점까지냐는 것이다. 여기서 워녹은 이미 법이 낙태는 성인을 죽이는 것만큼 나쁘지는 않지만 잘못된 것이라고 가정하고 있다고 지적한다. 그러므로 낙태는 규제되어야 한다는 것이다(이것은 법적 문제가 도덕적 문제보다 우위에 있다는 것을 말하는 것이 아니라, 단지 이 경우에 법이 선행 의견의 지침이라는 것을 말하고자 할 뿐이다). 우리에게는 이미 '조기 유산, 즉 임신한 지 12주 이내에 하는 유산이 늦은 낙태보다 더 낫다는 강력한 믿음이 있다.' 이는 부분적으로 실용적인 문제이긴 하지만, 태아가 독립적으로 존재할 수 있는 능력을 더 많이 획득하면 할수록 낙태가 영아 살해와 더 닮아 살인이 된다는 일반적 관점에 의존하고 있다. 그러나 불행히도 이 경우에 기준으로 사용할 만한 명확한 발달 단계가 없다. 공공 정책 수준에서 보면, 어쨌든 낙태는 일어날 것이고 대부분의 사람이 '수용할 수 있는' 방식에서 규제되어야 하는 일이다. 개인적인 수준에서 보면, 각각의 경우는 상황에 따라 서로 분리해 판단되어야 한다.

종합적 논의

갈등은 사실상 언제 어디서든 일어나고 회피할 수도 없는 것이 분명하다. 일련의 간단한 도덕 계율과 금지는 서로 밀접한 거리에 있다. 절대적인 것으로 보이는 계율들이 갈등하는 경우는 결코 드물지 않다. 사람들 간에 일어나는 수많은 딜레마에는 관련된 당사자들의 자기체계가 내포된 것으로 간주할 수 있다. 자기체계의 가치, 계율 또는 세계관과 당면한 문제 간의 관계는 종종 상충하는 문제를 합리적 관점에서 고려하는 것보다 결정에 더 중요한 영향을 미친다. 이것은 흔히 일상에서 볼 수 있는 사실이지만, 그렇다고 합리적인 고려를 제쳐 놓고 늘 자기 마음대로 해도 된다는 것은 아니다. 오히려 우리는 도덕적 해방을 위한 방어 기제와 장치를 끊임없이 경계함으로써, 그것들이 부도덕한 행동을 허용하는 일이 없도록 해야 한다.46 그리고 그런 경우에 어떤 대안이 다른 대안과 비할 바 없이 차이가 난다고 하더라도 대안을 따져 보고자 하는 시도는 필수적이다. 그리고 아마도 행위에 대한 욕구가 일어나기 전에 그런 비교가 자기체계의 조정으로 이어진다면 가장 유용할 것이다. 만약 이런 견해가 옳다면, 사회 체계의 안팎에서 일어나는 갈등을 줄이는 방법에 대한 논의는 개인의 사회화에 초점을 맞춰야 할 것이다. 그것은 개인들에게 경직된 원리를 주입하는 것이 아니라, 합리적 논의를 위한 예비적 준비로서 관점 채택과 관용을 고취하는 것이다.

마지막으로, 갈등의 존재 자체가 도덕적 문제일 수 있다. 그저 대중에 순응하기보다는 도덕적 문제에 대해 공개적으로 말하는 용기를 갖는 것이 필요할지도 모른다. '옳은 일을 위해 일어서는 것'은 '평화로운 자들은 복이 있나니'와 양립할 수 없다. 타협은 어떤 사람에게는 미덕이 될 수 있지만, 다른 사람 혹은 다른 상황에서는 도덕적 태만이 될 수 있다.

요약

도덕적 갈등은 불가피하며 여러 수준에서 일어난다. 결정은 많은 경우에 자기체계의 일관성을 유지하고자 하는 시도를 수반한다.

14

자유 의지와 생물학적 결정론

: 생물학적 기반에 대한 강조가
생물학적 결정론을 의미하는 것은 아니다

여기에서 제시된 논제가 도덕 계율은 생물학적 성향으로부터 발생한다는 것이기 때문에, 아무리 간접적이라고 하더라도 도덕 계율은 생물학적 결정론의 한 형태라는 것[1]과 우리가 자유 의지를 갖고 있다고 느낀다는 것은 이 접근방식이 틀렸음을 입증한다는 비판에 대해 해명할 필요가 있다. 도덕성은 우리 자신과 다른 사람의 행동에 대한 우리의 태도와 관련이 있다. 그래서 일부 사람들은 만약 어떤 사람이 그(혹은 그녀)가 했던 방식 이외에 달리 행동할 수가 없었다면, 그 사람이 칭찬이나 비난을 받을 자격이 없다고 주장한다. 왜냐하면 그 사람의 행동은 도덕성의 범주 밖에 있기 때문이다. 이러한 관점에서 보면, 도덕적 판단은 선택과 예측 불가능성이라는 가정에 의존한다. 만약 우리의 행위가 이미 결정되어 있다면, 우리는 선택권을 갖지 못할 것이며 그럼으로써 도덕 판단은 행위와 아무런 상관이 없을 것이다. 즉, 행동은 완전히 예측 가능해질 것이다. 도덕적 판단이 생물학적 기원을 갖는다는 제안은 인과적 결정론을 암시하는 것일 수 있으며, 그러면 우리가 이런저런 방식에서 행동하는 것을 선택할 수 있다는 우리의 인식과는 양립할 수 없는 것으로 보인다. 이와 비슷한 문제가 의지를 가진 개별적 행위자와 문화에 의해 제공되는 행동 결정요소를 동시에 고려해야 하는 인류학자에게도 발생한다.

이 논제는 오래된 것으로, 철학자들은 이미 수 세기 동안 이에 대해 논쟁해 왔다. 일부의 이른바 양립 가능론자는 자유 의지가 결정론과 양립 가능할 것이라고 주장한다. 그들의 관점에서 보면, 자유 의지를 갖는다는 것은 어떤 종류의 제한에서 벗어난다는 것이다. 성격 특성, 선호와 동기는 이미 형성되어 있을 것이지만, 내가 나임을 고려한다면 나는 육체적으로나 심리적으로 어떤 하나의 행동 방향에 구속받지 않고 행동할 수 있다.2 이런 관점과 대조적으로, 또 다른 사람들은 심지어 선택에도 원인이 있어서 우리는 자유 의지를 가질 수 없다고 주장한다. 그러므로 분명히 이 문제는 도덕성의 본질에 있어서 매우 중요한 사안이다. 생물학자인 내가 철학자들의 이런 중요한 영역에 관여하는 것이 적절하지 않다는 것을 충분히 인지하면서도, 나는 자유 의지에 관한 이처럼 까다로운 문제가 사실은 도덕성이 인간 본성에 기반을 두고 있느냐는 문제와는 별 상관이 없다고 주장하고자 한다. 특히, 행동의 일부 원인을 식별한다고 해서 그것이 행동은 결정되어 있는지 아닌지에 대해 어떤 식으로든 우리에게 알려주는 것이 아무것도 없으며, 현재 우리의 목적에서 중요한 문제는 우리가 자유 의지를 갖고 있다고 인식한다는 것이다.

먼저, 양극단을 고려해 보자. 나는 우리의 의지가 완전히 자유로우며 우리가 하는 모든 선택은 전적으로 열려 있다는 견해가 흔히 겪는 경험과 일치하지 않는다고 가정하고자 한다. 모든 개인의 행위에는 적더라도 어느 정도는 예측 가능성이 존재한다. 우리는 정통파 유대교도인 X가 돼지고기를 먹지 않으리라는 것을 안다. 높은 곳에 잘 올라가지 못하는 Y가 에펠탑에 올라가고 싶어 하지 않으리라는 것을 안다. 또한, 열정적인 골퍼인 Z가 하이킹 가는 것보다는 골프 하는 것을 더 선호하리라는 것을 안다. 그리고 만약 X, Y, Z가 예상했던 대로 행동하지 않는다면, 우리는 또 다른 적절한 결정요인을 찾을 수 있다. 예컨대, 아마도 X는 배가 너무 고파서 돼지고기를 먹는다고 생각할 수 있다. 그러나 부분적 예측 가능성은 여전히 자유 의지에 대한 여지를 남겨 놓으며, 어떠한 상황에서도 X는 정통파 교도로서, Z는 열정적 골퍼로서 그에 초점을 맞춰 선택할지도 모른다.

선택이 완전히 결정되어 있다는 다른 극단은 무시하기가 더 어렵다. 우리는 과거의 경험이 잠재하여 행동한다거나, 일반적으로 행동한다거나, 실제 또는 상상된 유인 동기 때문에 행동한다는 등 거의 항상 그 원인을 가정할 수 있다. 그런데도 우리는 종종 마치 다른 방식으로 결정이 내려질 수도 있었던 것처럼 느낀다. 우리는 뇌의 활동에 영향을 미치는 비물질적 행위자인 '나'가 존재한다는 인상을 받고 있다. 다시 말하면, 우리는 모두 스스로 자유 의지를 가진 것 같은 느낌이 들고, 다른 사람들도 자유 의지를 가진 것으로 상정하고 그들을 대우한다. 만약 우리가 다른 사람들의 행동이 전적으로 결정되어 있다고 믿는다면, 우리는 그 행동을 변경하는 것이 어렵거나 불가능하다고 생각할 것이다. 사실 다른 사람들이 자유 의지를 갖고 있다고 믿는 것은 우리에게 유리할 수 있다. 왜냐하면 그러한 믿음은 그들이 우리에게 해를 끼칠 때 우리가 그것을 받아들이지 않게 해주기 때문이다. 그렇다면 자유 의지에 대한 우리의 인식은 그러한 믿음을 갖는 것이 우리에게 유리하기 때문에 본성이나 양육으로 획득된 환상일 가능성이 있는가? 어떻든 간에, 만약 우리가 다른 사람들의 행동이 적어도 어느 정도의 자유 의지를 그들이 갖고 있다는 것을 암시한다거나 그들의 행동이 전혀 예측 불가능하다는 견해를 취한다면, 그것은 우리 자신에 대해서도 마찬가지라고 가정하는 것이 타당하다. 우리는 이 문제를 이 장의 뒤에서 다시 다룰 것이다.

나는 철학적 관심이 실제 문제 해결의 필요성과 밀접하게 관련되어 있고, 행동이 생물학적으로 결정된다는 견해에 반대한 영국 윤리학자 워녹이 제시했던 특정 주장에 초점을 맞추고자 한다. 생물학적 결정요소들은 도덕적 선택과 양립하기 어렵다는 자신의 견해를 뒷받침하기 위해 워녹3이 제시했던 첫 번째 주장은 원인과 예측 가능성 간의 관계와 관련이 있다. 그녀의 주장에 따르면, 자연 과학은 모든 사건이 이전의 사건에 기초하고, 인과적으로 결정되며, 원칙적으로 예측 가능하다고 가정한다. "사건이 발생하면, 그것은 인과적으로 결정된다. 앞선 상황을 고려했을 때, 일어난 바로 그 일이 일어날 수 있었을 것이다."(우리는 모든 과학자가 자연 과학에 관한 그녀의 견해에 동의하지는 않을 것이라는 사실을 무시해도 좋을 것이다)4 그녀의 관점에서 볼 때, 인과관계는 예측 가능성과 연결된다. 따라서 그녀는 과학이 일반적으로 선택의 여지를 남겨 놓지 않으며, 그렇기 때문에 도덕성에 대한 여지도 없다고 주장한다. 그러나 이러한 주장은 과학이 원칙적으로 예측 가능성의 가정에 의존한다는 견해를 바탕으로 하고 있다. 과학이 그에 의존하든 그렇지 않든 실제로는 인간 행동 과학이 부분적 예측 가능성 그 이상을 성취할 수 없기 때문에 자유 의지 혹은 자유 의지의 환상에 대한 여지를 많이 남겨 놓고 있다.

생물학적 주장으로 되돌아가 보면, 워녹은 사람들이 전부 경험이 다르고 그에 따라 서로 다르게 변화함으로써 한 종의 두 개체가 같은 방식으로 세계를 인식하지 않는다고 지적한다. 그녀는 "동물의 뇌는 컴퓨터처럼 고정되어 있지 않다. 뇌는 상황이 변화함에 따라 스스로 변한다."5라고 말했다. 그녀는 황금 방울새 무리 속의 개체들이 보이는 행동의 복잡성을 기술하면서, "무리 안에 있는 개체의 행동을 예측할 수 있게 해주는 어떤 법칙도 발견할 수 없었다."라고 말한다. "나는 예측 가능성이 극히 희박하다고 말하고자 한다. 이는 새들이 저마다 중요한 물체를 인식하고 그것을 찾거나 피할 수 있는 시기와 시간을 정확히 예측하는 것이 불가능할 것이기 때문이다." 개별적 인간 행동의 경우에는 더더욱 그렇다. 그녀의 관점에서 보면, 단순한 복잡성은 예측 가능성을 배제한다. 그래서 그녀는 인간이 컴퓨터와 같지 않다고 결론 내린다. 그러나 이러한 주장은 충분하지 않다. 이 경우, 워녹의 주장은 원칙적 측면에서의 예측이 아니라 실제적 예측 가능성과 관련이 있다. 무리에 있는 개별 새의 행동을 정확하게 예측하는 것이 실제로 불가능하다는 것과 가까운 미래에 그렇게 될 것 같지도 않다(누군가가 그렇게 겉보기에 쓸모없는 작업을 수행하기를 원해야 하는가)는 것에 동의한다고 하더라도, 전적으로 신뢰할 수 있는 것은 아니지만 유능한 조류학자는 인정하건대 어느 정도 예측할 수 있을 것이다. 다시 말하면, 부분적 예측 불가능성은 자유의지 혹은 인간 관찰자에 의한 자유 의지의 가정에 대한 여지를 남겨 놓긴 하지만, 그와 더불어 원칙적으로 예측 불가능성을 입증하지도 못한다. 워녹은 여기에서 '원칙적으로'라는 말을 '유용한 방어 문구'로서 일축했지만, 우리는 원칙의 문제를 다루고 있지 실현 가능성을 다루고 있는 것은 아니다. 또한, 어떤 한 수준에서 예측하기가 매우 어렵다는 것이 각 개인의 행동이 신경계와 환경의 현재 상태에 영향을 받거나 그로부터 많은 부분이 결정된다는 견해가 틀렸음을 입증하지도 않는다. 인간의 행동에 대한 정확한 예측 가능성이 대체로 우리가 도달할 수 있는 범위를 넘어선다는 것은 인간의 행동이 원칙적으로 인과관계의 측면에서 이해할 수 있는 것이 아님을 입증하는 것이 아니며, 사실 그런 측면에서 인간 행동을 이해하고자 하는 과학자를 말려서도 안 된다. 하지만 그것은 분명히 자유 의지가 작동할 여지를 남겨 놓는다.

워녹은 이러한 공격적 입장을 추가적으로 뒷받침하고자 뉴런과 신경세포 수상돌기가 배아의 뇌에서 발달할 때 '예측할 수 없는' 방식으로 상호 연결되어 한 종의 어떤 두 개체도 동일하지 않다는 것을 보여주는 연구를 인용한다. 같은 종 구성원들의 뇌 사이에 있는 광범위한 유사성이 더 정밀한 수준에서 드러나는 균일성의 결핍을 은폐한다는 것이다. 그래서 워녹은 예측 가능성이 단순히 어려운 게 아니라 원칙적으로 불가능하다고 결론짓는다. "이 연구 결과는 완전히 사라지지는 않더라도 물리 법칙의 관점에서 인간의 행동을 완전하게 예측할 수 있다는 망령을 물러나게 했다. 이제 우리는 적어도 생물학의 주제 내에서는 결정론이 사실이 아니라고 말할 수 있다."6 그런데 여기에는 두 가지 생각해야 할 문제가 있다. 첫째는 발생학적 측면이다. 워녹은 뇌 발달 연구의 초기 단계를 언급하고 있다. 그러나 생리학자들은 오늘날 워녹이 강력히 주장하는 결론이 틀렸음을 입증할 수 있는 발달하는 뇌 요소 간의 촉각, 화학 및 전기적 상호 작용에 대해 충분한 자료를 갖고 있다. 즉, 뉴런 간의 연결은 적어도 부분적으로는 예측 가능하다고 할 수 있다.7 둘째는 논리적 측면이다. 두 가지 가능성을 생각해 보자. 그런 일이 너무나 복잡하여 우리의 현재 능력을 벗어난다고 하더라도, 개개의 뉴런에 의해 만들어진 연결이 원칙적으로 예측 가능하다고 가정하자. 그럴 경우 우리가 행동이 뇌로부터 비롯된다는 것을 받아들인다면, 행동은 원칙적으로 예측 가능할 것이다. 이번에는 그와 달리 개별 뉴런의 행동이 예측 불가능하다고 가정해 보자. 그때도 워녹은 개인의 행동이 어떤 한계 내에서 예측 가능하다는 경험적 사실을 부인할 수는 없을 것이다. 개인 간에는 공통성이 그리고 개인 내에는 일관성이 존재하며, 우리가 정확하게 예측하기는 어렵다고 하더라도 그런 사실은 적어도 그 사람이 할 수 있는 일과 하지 않을 일이 있다고 말할 수 있게 해준다. 우리는 워녹의 주장 대부분이 '원인'과 '결정'을 혼동하고 있다고 해석할 수 있을 것이다. 즉, 질료적 원인material cause은 그저 미래 행동에 대한 가능성을 제한할 뿐이므로 '자유 의지'에 대한 제한된 영역을 남겨 놓는다. 어쨌든, 어떤 한 수준에서의 예측 불가능성이 필연적으로 또 다른 수준에서의 예측 불가능성과 연관되는 것은 아니다. 뇌세포의 연결이 적어도 통계적으로 예측 가능하다면, 이러한 복잡성 수준에서의 통계적 예측은 다른 수준에서 더 정확한 예측을 가능하게 할 수 있다. 기체 입자설에 비유한다면, 특정 입자들의 움직임이 실제로는 그렇지 않더라도 기체의 압력을 예측할 수 있는 것과 같은 이치이다. 워녹은 과학의 상당 부분, 특히 매우 복잡한 체계를 다루는 과학이 100%의 확실성이 아니라 개연성을 다룬다는 사실을 인식하지 못한 것 같다. 따라서 원칙적으로 "무한한 환경의 다양성에 대한 개인의 반응은 예측할 수 없다."[8]라는 그녀의 결론은 근거가 없다. 환경이 예측할 수 없다는 의미로 받아들여진다면, 그것은 자명한 이치라는 점에서 제쳐 두자. 그런데 만약 그것이 모든 특정 환경에 대한 반응을 예측할 수 없음을 의미하는 것으로 받아들여진다면, 정확하지는 않다고 하더라도 예측이 가능한 한에 있어서 그것은 거짓이다. 워녹은 예측의 실제적인 어려움 때문에 인과 분석의 힘을 거부했다는 것을 부인하지만, 그녀의 유일한 주장은 개인이 무엇을 할지 정확히 예측하는 건 현실적으로 불가능하다는 것이다. 현재 있을 수 있는 예측의 부정확성은 예측이 원칙적으로 불가능하다거나 원인과 결과의 측면에서 행동을 생각하는 것이 어리석다는 주장이 아니다. 개별 뇌 요소들의 발달을 예측할 수 없다고 하더라도, 그러한 예측 불가능성이 더욱 복잡한 수준에서의 발달 결과가 예측 가능한 인과관계에 의존하지 않는다는 견해에 반하는 주장이 아니며, 과학적 분석에 따르지 않는 또 다른 종류의 주관적 인과관계의 여지가 있다는 워녹의 관점을 입증해 주는 증거도 아니다. 다시 말하지만, 단지 부분적인 예측만 가능할 뿐이기 때문에 그 증거가 자유 의지의 존재를 입증하지도 않고, 그렇다고 틀렸음을 입증하지도 않는다.

우리는 그 문제에 또 다른 방식, 즉 오히려 더 단순한 방식으로 접근할 수 있다. 선택은 하나 혹은 그 이상의 대안을 의도적으로 고르는 것을 의미한다. 동전 던지기나 무작위로 하나의 대안을 고르는 것은 우리가 여기에서 논의하고 있는 의미에서의 선택과는 거리가 멀다. 그런 점에서 선택은 틀림없이 어느 정도 초기의 선호에 의존할 것이다. 원인 없이 선택해서 하는 행동은 임의적인 행동일 것이다. 미즐리9가 말한 바와 같이, "어떠한 의지와 타고난 취향이 없는 존재는 플라스틱 젤리 덩어리나 마찬가지로, 그 존재는 자유를 누릴 수 없다." 선호는 의식에 잡히지 않는 방식으로 과거의 경험에 의해 결정될 수 있다. 따라서 부분적 결정은 명백한 선택과 자유 의지에 어긋나지 않는다.

워녹이 자신의 두 번째 주요 주장으로부터 도출한 결론은 좀 더 받아들일 만하다. 그녀가 말하는 요점은 도덕성이 다른 사람을 우리 자신과 유사한 감정과 의도를 가진 존재로 이해하는 데 달려 있으며, 그들의 행동이 어느 정도는 그들의 주관적인 경험과 관련이 있다는 사실에 근거를 두고 있다. 이를 최근의 심리학 용어를 사용하여 말하면, 도덕성은 마음 이론을 소지하느냐에 달려 있다. 여기에서 그녀는 우리의 도덕적 행동과 다른 사람들이 그것을 받아들이는 관행이 "사실은 우리의 도덕적 태도의 표현이지 우리가 계산적으로 규제하고자 하는 목적에서 사용하는 장치가 아니다. 우리의 관행은 단지 우리의 본성을 이용하는 것이 아니라 그것을 표현한다."라는 스트로슨의 이전 주장을 내세운다. 우리는 의도가 있으며, 그런 의도를 변화시킬 수 있다고 믿는다. 또한, 우리는 다른 사람들도 나름대로 의도와 다른 주관적 경험을 가진 존재로 여기고 대한다. 워녹은 우리의 행동과 주관적 경험이 우리의 뇌에 달려 있다는 것을 받아들인다. 하지만 그녀는 각각의 뇌 상태가 이전의 뇌 상태에 의해서만(혹은 짐작건대, 외부 사건에 의해) 생겨난다는 것을 부인한다. 그녀의 관점에서 보면, 행동은 과학적 인과관계 용어로 설명될 뿐만 아니라 "'주관적인' 현상과 사람들의 정신적 내면의 사건에 의해서도 설명될 수 있다. 이것은 사람들이 왜 그렇게 느끼는지 또는 왜 그들이 그런 동기에서 행동하는지에 대해 우리가 제시하고 받아들이는 설명의 종류를 의미한다."(이와 관련해서는 이미 앞에서 언급한 바 있다) 우리는 사람들을 책임감 있게 행동할 수 있는 존재로 대하지만, 그들이 실수를 저지른 경우와 같은 특정 상황에서는 책임을 면제해 줄 수 있다. 예를 들어, 어떤 사람이 다른 사람에게 가하는 고통에 대해 우리가 보이는 즉각적인 반응은 동정을 통해 더욱 일반적인 도덕적 태도와 연결된다. 고통을 준 행위가 '우연'이 아니라면 우리는 그에 분노한다. 워녹의 관점에서 보면, 우리가 다른 사람을 인간성의 일부로서 이런 식으로 대해야 하는 것은 '명백'하며, 이는 '물리적 결정론이 인간의 자유와 책임과는 무관하다는 결론'에 이르게 된다. 하지만 왜 그럴까? 행동이 뇌 활동의 결과라면, 우리가 하는 '선택' 역시 뇌 활동의 결과가 되어서는 안 되는 이유가 있는가? 우리가 다른 사람들을 마치 마음 이론이 있는 것처럼 대하는 경향은 사실 우리의 인간성의 일부이다. '인간의 내면적 삶에서 생기는 일'의 영향은 반드시 그들의 뇌에 의해 조정되어야 하며, 다른 인과관계의 영역을 끌어들일 필요가 없다. 다시 말하지만, 수준에서 혼돈이 있는 것 같다. 하지만 우리는 "결정론은 인간의 자유나 책임의 사실과는 무관하다. … 우리는 우리가 자유로운지 아니면 결정되어 있는지에 대한 의문을 잊을 수 있다. 실생활의 현상에서 시작하여 우리가 아는 것은 사람들에 대한 우리의 즉각적이고 보다 일반적인 반응이 우리를 개인적 책임에 대한 믿음으로 이끌고 그럼으로써 윤리를 마음에 새기게 한다는 것이다."라는 워녹의 최종 결론에 동의할 수 있다.

결론적으로 과학적 관점에서 보면 나의 뇌는 내가 하는 것을 결정하지만, 이것은 복잡한 일련의 중립적 사건을 포함하기 때문에 외부 사람들은 나의 행위 선택을 단지 부분적으로만 예측할 수 있을 뿐이며, 이것은 그들에게 내가 자유 의지를 실행하고 있다는 생각을 하게 한다. 나의 자아 개념은 외부 사람들이 나를 어떻게 인식하는지에 관한 나의 인식에 의존하며, 외부 사람들이 마치 내가 자유 의지를 가진 것처럼 대한다는 점에서 나는 내가 자유 의지가 있다고 믿는다. 이것은 그런 복잡한 과정이 궁극적으로 인과적 측면에서 이해할 수 없다는 것을 의미하지 않으며, 아울러 내가 '실제로' 자유 의지를 갖고 있는지의 철학적 의문은 열어 놓는다.

따라서 인과관계의 철학적 분석은 자유 의지의 존재나 가정과 양립 불가능하지 않으며, 그 때문에 도덕성은 생물학적 기반으로부터 정교화된다는 제안과 양립 불가능하지 않다.

요약
---

1. 일부 사람들은 도덕성이 자유 의지의 가정에 의존하며, 그 자유 의지는 인과관계의 과학적 분석과 양립 불가능하다고 주장한다.
2. 행동이 전혀 결정되어 있지 않았다는 견해는 받아들이기 어려우며, 그러한 견해는 증명되지도 않았다. 우리는 다른 사람들이 마치 자유 의지를 가진 것처럼 행동하며, 그렇게 하는 것이 우리에게 유리할 것이다. 그렇지 않으면 우리가 그들의 행동에 영향을 주려고 하지 않아야 할 것이기 때문이다.
3. 모든 사건에는 원인이 있다는 과학적 가정은 선택이나 자유 의지에

대한 여지를 남겨 놓지 않는다고 주장되어 왔다. 그러나 실제로는 행동으로 이끄는 임의적 결합의 단지 일부만 확인된다. 따라서 예측 가능성은 단지 부분적일 수 있으며, 자유 의지(의 가정)에 대한 여지는 남아 있다.

4. 동물과 인간의 행동 그리고 신경 체계의 기능을 예측할 수 없다는 주장은 원칙적으로가 아니라 실제적인 측면에서 예측 가능성을 언급하는 것이다. 그러므로 행동은 질료적 원인이 있다는 견해나 우리는 자유 의지를 갖고 있다는 견해가 틀렸음을 입증하지 않는다.

5. 만약 우리가 선택의 능력을 갖고 있다면, 선택은 선호도를 기반으로 함이 틀림없다. 그러므로 선택은 인과관계의 역할을 무시하지 않는다.

6. 과학적 결정론은 자유 의지의 존재나 가정과 양립 불가능하지 않다는 것이 결론이다. 중요한 점은 이것이 가정이라는 것이다.

15
결론

과학의 역할

───

흔히 과학은 있는 그대로의 세상 모습에 관심을 가지며 도덕성에 대해서는 아무 말도 할 수 없다고 한다. 하지만 나는 다소 다른 견해를 갖고 있다. 사람들은 항상 사회가 어떠해야 하고, 사람들이 어떻게 행동해야 하는지에 대해 의견을 가지고 있다. 그들이 적용하는 기준은 어디선가 나와야 한다. 한 가지 가능성은 도덕률이 초월적인 권위로부터 전수되는 것이다. 또 다른 가능성은 도덕률이 궁극적으로 경험 세계와 상호작용하는 인간의 본성에서 비롯되는 것이다. 이 책은 첫 번째 가설을 다루지 않은 이유를 설명하려는 것이 아니라 두 번째 가설에 대한 사례를 탐구하는 데 초점이 있다. 그것을 확인할 수 있다면, 첫 번째의 초월적 가설은 불필요해 보일 수 있다.[1] 인간 본성을 이해하기 위한 과학적 접근이 정확하지는 않다고 하더라도, 우리가 왜 사람들이 세상은 어떠해야 하고 사회 구성원들은 어떻게 행동해야 한다고 생각하는지를 이해하는 데 도움을 줄 수 있다.

우리가 도덕성을 이해하는 데 과학이 도움을 줄 수 있다는 관점은 우리의 가치가 진화 생물학으로부터 직접 도출될 수 있다는 것을 의미하는 것은 아니다. 또한, 자연 과학과 사회 과학에 기반을 둔 접근이 오늘날 사회를 둘러싼 절박한 도덕적 문제를 해결하는 데 유일하게 적절하다고 제안하는 것도 아니다. 하지만 나는 자연 과학, 사회 과학, 인문학의 학제적 접근이 언젠가는 우리에게 기본적인 인간의 심리적 성향이 도덕률로 변환되는 상호 영향을 이해할 수 있게 해주고, 문제 상황에서 어떻게 행동해야 하는지를 알 수 있도록 도와줄 것이라는 가능성을 마음에 그릴 수 있다. 이 책은 그런 방향을 조명해 보는 것이다.

접근방식의 개요

내가 사용해 온 일부 개념은 불가피하게 현실을 단순화시킨다. 이 마지막 장에서 그런 개념들을 요약하고 진행된 논제의 기초에 대해 개략적으로 설명하는 것이 도움이 될 수 있을 것이다.

심리적 특성들

내가 사용한 모델은 분명히 현실을 단순화하는 것으로, 모든 인간이 경험하는 다양한 환경의 측면과 상호 작용하여 범문화적인 심리적 특성을 유발하는 범문화적 잠재력을 포함하고 있다. 이러한 특성은 특정한 행동 유형을 보이는 경향과 더불어 무엇보다 어떤 특정한 것을 학습하고자 하는 성향을 포함한다. 있을 수 있는 여러 가지 기본적인 심리적 성향 가운데 나는 주로 친사회적 성향과 이기적 자기주장의 성향, 이 두 가지에 초점을 맞추었다. 그러나 3장에서 나는 이런 성향이 다양한 행동 유형을 단순히 편리하게 묶어 지칭하는 문구인지, 아니면 기본적인 인과적 범주casual categories인지에 대해서는 열려 있다고 밝혔다. 또한 나는 사람들의 두 가지 성향, 즉 이기적 자기주장성과 관련되는 것으로 여겨지는 자신의 자율성을 보존하고자 하는 성향과 아마도 특정한 사람들에 대한 친사회적 행동을 집단 전체로 확장하는 것으로 이해할 수 있는 집단 정체성을 보존하고자 하는 성향을 논의하였다. 그러한 성향들은 아마도 모든 사회의 사실상 모든 사람에게서 발견되기 때문에 인간 본성의 일부로 여겨질 수 있다. 이것은 그런 성향들이 유전적으로 결정되었다는 것을 의미하지는 않는다. 왜냐하면 현재 상황에 적절한 행동을 배우고자 하는 성향과 경험의 공통성도 그런 성향들의 발달과 관련되어 있을 수 있기 때문이다. 어쨌든 그들의 상대적인 영향은 개인마다 크게 다르며, 아마도 사회화 과정과 그 이후 경험의 결과일 것이다.

도덕 원리

심리적인 친사회적 성향과 이기적인 자기주장적 성향은 범문화적 도덕 원리와 밀접한 관련이 있다. 이 중에서 나는 특히 친사회성과 관련이 있는 것으로 '혈육을 돌봐라'와 '남한테 대접받고 싶은 대로 남을 대하라'를, 이기적 자기주장성과 관련이 있는 것으로 '다른 사람을 희생하더라도 자신의 이익을 돌봐라'를 논의하였다. 우리에게 '황금률'

로 알려진 '남한테 대접받고 싶은 대로 남을 대하라'는 다른 사람들의 복지와 관련이 있는 도덕 계율, 가치, 관습의 기본으로 이해된다. 다른 사람들에 대한 친사회적 행동은 황금률과 불가분하다. 왜냐하면 궁극 진화의 의미에서 볼 때 상호주의는 친사회성이 없다면 유지될 수 없기 때문이다. 그 둘은 집단생활에 필수적이다. 간단히 말해, 우리는 다른 사람들이 우리에게 친사회적으로 행동하길 원하고 친사회적으로 행동하는 사람은 지위를 얻을 가능성이 있어 친사회성과 상호주의는 서로 연결된다.

'다른 사람을 희생하더라도 자신의 이익을 돌봐라'라는 원리는 이기적 자기주장의 성향에서 비롯하며, 실제로는 그렇지 않을지 몰라도 대부분의 사람은 그 원리를 반도덕적인 것으로 여길 것이다. 또한, 나는 자아실현이나 이기적 자기주장성과 관련되는 '자기 자신의 자율성을 보전하라' 혹은 '자기 자신이 되어라' 그리고 집단의 온전함과 관련되는 '충성을 다하라'라는 원리를 언급하였다.

나는 인류 역사의 과정에서 그런 원리들이 문화적으로 서로 다르게 구체화되기 시작하였다고 제안한다. 원리의 구체화는 대개 종교적 이념 체계와 연관되어 왔는데, 그 둘은 도덕률을 지탱하였고 도덕률로부터 지원을 받았다.[2] 처음에 언급한 세 가지 원리는 아마도 보편적으로 인정될 것이다. 나머지 원리들은 특정 집단에 의해 그리고 특정 시대에 구체화하여 왔다. 구체화하기 이전에는 그런 원리들 또한 다른 여러 심리적 성향과 그저 동등한 위상에 지나지 않았을 것이지만, 외부인에 의해 다양한 유형의 행동을 요약하는 말로 사용되었을 수 있다. 구체화한 후 그 원리들은 행위에 대한 지침으로 공헌할 수 있었고, 도덕 계율의 근원으로 여겨질 수 있었다. 이 원리들 각각이 지닌 상대적 중요성은 사회마다, 한 사회 내의 집단마다, 개인마다 서로 다르다.

도덕 계율과 관습

도덕 계율과 관습은 행동을 더욱 구체적으로 안내한다. 그것들은 거의 경험적 사실에 가까운 것으로, 반드시 구체적인 형태로 공식화될 필요가 없고 사람들이 직관적으로 인식할 수 있다. 도덕 계율과 관습은 종종 사람들이 충돌하는 경향이 있어 발생하게 된다. 도덕 원리가 계율들을 집약한 것으로 보아야 하는지 아니면 계율들의 원천으로 보아야 하는지는 열려 있는 문제이다. 물론 나는 주로 후자의 입장에 있다.

대체로 계율이 사회에서 다른 사람들의 '행복'과 사회 전체의 갈등을 최소화하는 데 도움이 되면 도덕적인 것으로 여겨진다고 말할 수 있다('행복'하다고 판단되는 정확한 기준은 그 당시 사회에서 통용되는, 궁극적으로는 범문화적 원리로부터 비롯하는 가치에 달려 있을 것이다). 이에 대한 예외는 대부분 권력의 위치에 있는 사람들에 의해 공포된 겸손의 미덕 같은 계율과 일부 성적 행동에 대한 제한과 관련된 것이다. 이러한 예외는 사람들의 행복을 조장할 수도 있고 그렇지 않을 수도 있다.

많은 심리학자는 도덕 원리와 계율을 관습과 구분하지만, 이 책의 목적상 나는 반드시 그래야 할 필요성을 발견하지 못하였으며, 많은 맥락에서 나는 '도덕적'이라는 용어를 아주 광범위하게 사용하였다. 나는 도덕이 더 기본적인 것으로 보이기는 하지만(한 수준에서 관련된 심리적 기제에 차이가 있을 수 있다), 도덕적으로 행동하는 것과 관습에 따라 행동하는 것에는 많은 공통점이 있다는 데에서 그 정당성을 찾는다. 일반적으로 도덕은 적어도 한 문화나 하위문화의 모든 사람에게 공통적인 것으로 여겨지지만, 어떤 관점에서는 소규모 집단, 두어 명, 심지어는 개인들에 특유한 행동 지침과 구분이 잘 되지 않는다.

다른 사람들의 복지나 정의 등에 도움이 되는 도덕 계율의 발달과 행동 방식은 이기적이고 비도덕적인 행동에 도움이 되는 계율(종종 개인적으로 구성되는 계율)과 많은 측면에서 닮았다. 도덕성에 관한 연구가 이 두 가지 계율에 적절하게 관심을 기울였다고 하더라도, 주된 관심은 긍정적 행동에 도움이 되는 계율에 두어졌다.

자기체계

내가 강조하고자 하는 것은 도덕 계율이 개인들의 자아개념에 내면화된다는 것이다. 즉, 자아개념은 사람들이 스스로를 바라보는 방식의 일부이다. 나는 '자기체계'라는 용어를 더욱 넓은 의미에서 자기 자신, 자신의 관계성, (도덕률을 포함하는) 문화, 사회에 관한 한 개인의 관점을 포괄하는 것으로 사용하였다. 사람들은 자신의 자기체계, 자신의 행위에 관한 인식, 다른 사람들이 자신을 어떻게 인식하는지에 관한 자신의 지각 사이에서 일관성을 유지하고자 한다. 자기체계는 어느 정도 융통성이 있긴 하지만 대체로 초기 아동기에 형성되며, 성장 기간에 형성된 태도가 그대로 지속되는 경향이 있다. 나는 자기체계에 깊이 통합된 도덕률에 대한 표상과 실제로 한 행동이나 하고자 하는 행동에 대한 표상 간에 불일치가 존재할 때 '양심이 발현한다'라고 말하였다. 그러한 불일치는 행위자가 의도했던 행동을 변화시키거나, 방어 기제를 활성화하여 다른 시각에서 자신의 행위를 인식하도록 하거나, 다소 다른 방식에서 일관성을 유지하고자 하는 시도로 이어질 수 있다. 만약 일관성이 유지되지 않으면, 그 행위자는 죄책감이나 수치심을 느낀다.

개인은 자신이 속한 사회에서 자신의 도덕률과 양립할 수 있는 방식으로 행동하지만, 사회에서 일반적으로 유지되는 도덕률과 양립할 수 없는 것으로 보이는 경우에 그의 행동은 잘못된 것으로 여겨진다. 그 행동이 개인 자신의 도덕률 견지에서 보면 '이해할 수 있는' 것이거나 어쩔 수 없는 상황의 결과로 보일 수 있다고 하더라도 잘못된 것으로 간주할 것이다.

발달

'왜 우리가 지닌 가치를 유지하느냐'에 대한 대답은 우리가 그런 가치를 어떻게 획득하는가와 왜 우리가 다른 가치보다 그 가치를 지니게 되는가 하는 두 가지 문제를 고려해야 한다. 전자를 고려할 경우, 우리는 본성 대 양육이라는 논의의 덫에 걸려들지 않아야 하지만, 무엇보다 어떤 특정한 것을 배우고자 하는 성향을 지니고 있다는 것을 인정해야 한다. 친사회성은 대부분의 사회적 환경에서 이기적인 자기주장성보다 더 두드러질 가능성이 있지만, 개인의 내부에 동화된 도덕 계율은 가정에서 가족 간에 그리고 사회에서 다른 사람들과의 상호 작용을 통해 유지되고, 또 변화한다. 따라서 범문화적 원리와 관련이 있다고 하더라도, 성향에 근거하여 내면화된 계율의 본질과 그의 상대적 중요성은 사회가 존재해 왔고 현재 존재하고 있는 조건에 따라 다르다.

도덕률의 진화

집단생활이 가능해지려면 이기적 자기주장성보다 친사회성이 확실히 더 두드러져야 하지만, 그런 일이 어떻게 일어나는지에 대해서는 진화적 문제를 제기한다. 이는 이기적인 사람이 친사회적인 사람보다 더 번창하고 후손을 남기는 데도 더 유리할 것 같기 때문이다. 그러나 진화론은 친족과 친족으로 보이는 다른 사람들에 대한 친사회성을 쉽게 설명한다. 그것 말고도, 모델링 기법은 자연 선택이 특정 조건에서 혈연적으로 관련이 없는 다른 사람들에 대한 친사회성이 상호주의와 결합하여 진화할 수 있는 방식으로 작용할 수 있다는 것을 보여 준다. 이러한 견해는 정직과 신뢰성의 미덕, 죄의식, 분노, 도덕적 분개와 같은 정서, 조화를 이루고자 하는 경향성과 같은 상호주의를 지원하는 다른 많은 인간 행동의 범문화적인 측면에 의해 확증되었다.

계율의 정교화

행동 성향이 어떻게 도덕률로 정교화되어 가느냐는 의문은 주로 사회 과학과 관련되는 추가적인 문제를 제기한다. 이에 대해 초기의 인간 집단에서는 질서가 개인적 복수의 위협으로 유지되었다는 제안이 있다. 그러나 그것은 어떤 행동은 받아들일 만하고 어떤 행동은 받아들일 수 없는가에 대해 어느 정도 서로 간에 이해가 있음을 암시하고, 이기적인 자기주장성과 대립하는 친사회성과 상호주의 원리의 적용을 시사한다. 시간이 흐르면서, 그러한 상호 이해는 범문화적 원리에 기반을 둔 계율로 체계화되어 나타나기 시작한다. 이런 계율은 각 집단에서 사람들이 하는 것과 (다른) 사람들이 해야 할 것 사이의 상호 영향으로 정교화되었으며, 각 사회의 생태와 역사가 서로 달라 사회마다 다르게 나타나게 되었다(12장). 계율은 보통 종교 체계와 관련이 있었다. 사회에서 많은 사람의 성공적인 생식을 위한 필요 요건에 반하는 계율은 존속하기 어려웠을 것으로 추정하는 게 합리적이다. 넓게 보면, 반드시 그러한 것은 아니지만 한 문화 내에서 정교화된 계율은 보통 자연 선택의 영향력과 조화를 이룬다. 하지만 사회의 일부 계율은 특정 사람들에게 불리할 수도 있다.

도덕 계율이 어떻게 사회에서 수용되는지를 이해하기 위해서는 도덕률을 뒷받침하는 이념, 즉 일반적으로는 종교적인 이념 체계와 함께 개인적 성향, 상호 작용, 관계성, 집단과 사회, 사회 문화적 구조 간의 복잡한 상호 영향을 고려해야 한다. 그리고 이때 그 영향은 사회의 역사와 환경에 따라 서로 다를 수 있다(그림 2.1). 또한 계율의 정교화는 높은 권력에 있는 사람들의 영향도 받는다. 그러한 영향력 있는 사람들은 사리사욕에서 혹은 모든 사람의 복지에 대한 진정으로 선견지명이 있는 관심에서 혹은 보통은 그 둘 모두의 측면에서 행동할 것이다. 권력을 가진 사람들의 영향을 통한 계율의 정교화는 나치 독일의 경우처럼 친사회성과 상호주의의 원리를 압도하는 규범이나 가치의 창출로 이어질 수 있다.

　사람들은 한 사회 내에서조차 매우 다른 환경에서 성장하며, 그런 경험의 결과로 자신의 세계관을 발달시킨다. 사람들이 한 사회의 구성원으로 서로 인정하는 한, 그들의 도덕성과 세계관은 어느 정도 일치하는 것이 분명하다. 하지만 그들의 자아 개념에 내재하여 있는 도덕 계율과 세계관에 어느 정도 차이가 나는 것은 불가피하다. 개인 간, 서로 다른 사회 사람들 간, 사회 내의 서로 다른 집단 간 나타나는 세계관의 차이는 곧잘 오해, 갈등, 심지어는 폭력으로 이어진다. 더 나아가, 복잡 사회에서 사람들은 다양한 집단에 속할 것이며, 그 집단들은 일부 측면에서 다른 도덕률과 세계관을 유지하고 있다. 그러므로 한 개인 안에서도 서로 다른 도덕 계율이 맥락에 따라 우위를 차지할 것이다. 그리고 개인마다 도덕 계율이 서로 다른 것은 그들의 세계관에서의 차이와 관련된 것으로 보인다.

갈등의 우회

도덕성에 대한 이러한 접근방식은 도덕 계율이 절대적이고 보편적이며 변화할 수 없다고 암시하지 않고, 전적으로 문화마다 다르다고 암시하지도 않는다. 이러한 접근방식은 기본적인 심리적 성향과 도덕 원리를 범문화적인 것으로 간주한다. 그런 이유로 그리고 적절한 상황에서 각자는 개인의 포괄적 적합성을 선호할 수 있으므로, 성향을 개발할 잠재력은 분명히 자연 선택의 산물로 추정될 수 있다. 그러나 선택은 융통성 없는 엄격한 특성을 생성하는 것이 아니라, 요구되는 조건에 따라 친사회적이거나 이기적인 자기주장의 행동을 선호하도록 작동하였다. 그 균형은 문화마다, 경우마다 다를 수 있다. 계율은 각 사회의 상황에 맞게 정교화되었다.

따라서 도덕률(사실은 문화의 모든 측면)은 단순하게 인간의 행동에 고정적이고 불변적으로 영향을 미치는 것이 아니다. 그보다 계율은 행동과 문화 간의 상호 영향으로 창조되고, 유지되며, 조정된다. 도덕률과 가치에서의 문화적 차이는 관련된 사회의 현재 상황과 과거의 생태 및 역사 간의 차이에 달려 있다. 그러나 발생할 수 있는 차이는 각 사회에서 생존의 필요성과 사회 구성원들의 관용에 의해 제한된다는 점에서 인간의 본성에 달려 있다고 할 수 있다.

절대주의와 상대주의 사이를 조정하는 것 외에도, 이 접근방식은 종종 문제가 되는 것으로 여겨지는 다른 두 가지 이분법을 피하고 그러한 논의를 불필요하게 만든다. 도덕적 행동은 의도적이거나 자동적일 수 있고, 그 둘 간의 어딘가에 속할 수도 있다. 도덕 계율은 자기체계에 내면화되며, 단순한 상황에서는 계율이 우리가 '기계적으로' 해야 할 바를 결정해 줄 것이다. 대부분의 사람은 수많은 사회적 상황에서 다른 사람의 감정과 욕망을 존중한다. 그래서 대부분의 경우 사람들은 도덕적 행동을 의도적으로 선택할 필요가 없다. 그러나 상황이 복잡하고 갈등이 심할 때는 아마도 길고 고통스러운 심사숙고가 수반될 것이다. 물론, 그 결과로 나온 행동이 자기체계 안에서 충분히 일관성을 유지하지 못할 때는 그로부터 비롯된 정서적 반응으로 여전히 영향을 받을 수 있다.

그와 관련하여 도덕성이 정서에 달려 있는지 아니면 인지에 달려 있는지에 대한 의문은 이와 무관한 문제이다. 우리는 그 두 가지가 도덕 계율을 습득하는 데 관여하며, '양심의 각성'은 종종 인지적 비교에 따른 감정을 수반한다는 것을 알 수 있다.

자연적인 것, 도덕률이 규정하는 것, 옳은 것

범문화적인 심리적 특성이 도덕률에 영향을 미치고 장기적으로는 도덕률을 결정한다는 것이 곧 자연 발생적인 것이 옳다는 것을 의미하는 것은 아니다. 협동적으로, 친사회적으로 행동하는 것은 자연스러운 일이지만, 행동이 이기적인 독단성에 의해 동기화되는 것도 자연스러운 일이다.

도덕률의 습득과 정교화에 영향을 주는 심리적 특성이 자연 선택의 결과였을 가능성이 있다는 견해는 사람들과 그들의 문화 간의 상호 영향에 의해 발달한 계율이 그 사회에서 주류를 형성하고 있는 문화적 상황에 반드시 '좋다', '옳다' 혹은 적절하다는 것을 의미하는 것은 아니다. 기본적인 심리적 특성을 선택한 생존과 생식 성공의 기준은 우리가 오늘날 세계에서 도덕률을 평가하는 데 사용하는 기준과 같지 않다. 단기적으로 보면, 우리가 도덕적이라고 부르는 계율 대부분은 친사회적인 행동을 선호하고 이기적인 자기주장의 행동을 억제하는 데 균형을 잡게 하며, 대부분의 상황에서 우리가 사용하는 지침을 제공하고 안정적인 대인 관계와 사회의 온전함을 유지해 준다. 장기적으로 보면, 우리가 준수하는 도덕 계율의 대부분은 대체로 사람들의 생물학적 요구와 조화를 이루며 생존 가능한 사회로 이끈다. 그러나 계율들은 종종 서로 상충하며, 항상 행동에 명확한 지침을 제공하는 것은 아니다. 예를 들면, 각 개인과 심지어 그들이 속한 집단조차도 그들 자신의 이익을 돌봐야 한다고 생각할 수 있는 상황들이 있다.3 그리고 일부 계율과 미덕은 좀 더 큰 사회 안에서 특정 개인이나 집단의 이익에 유리할 수 있게 장려되었다.

이 접근방식은 인류를 전적으로 명예롭고 선한 존재로 보지 않으며, 그렇다고 문명화가 필요한 전적으로 악한 존재로 보지도 않는다. 또한, 이 접근방식은 이른바 사회의 '문명화' 영향을 전적으로 좋거나 나쁜 것으로 보지도 않는다. 사회적 영향은 사람들이 타인과 사회의 안녕에 이바지하도록 그들의 인성을 강화할 수 있지만, 이와 똑같이 이기적이며 파괴적인 인성으로 이끌 수도 있다. '문명화'의 영향은 인간의 고통을 크게 줄일 수 있는 과학적 지식으로 이어졌고, 아울러 핵무기에 의한 대량 학살이나 홀로코스트의 체계적인 살인을 가능하게 했다.4 그러나 이 접근방식은 사회에서 정교화되어 온 도덕 체계의 본질과 관련하여 우리에게 합리적인 관점을 제공해 준다. 도덕 체계는 인간의 본성과 인간이 살고 살아온 세상의 사회적 및 물리적 특징의 공동 산물이라는 것이다.

'존재'와 '당위'의 관계

나는 이 책의 제목이 암시하는 문제에 대한 대답이 세 가지라고 제안하였다. 우리는 일부 행위, 미덕, 태도에 대해서는 선한 것으로 보지만, 또 다른 것은 그렇지 않다고 본다. 이는 다음과 같은 세 가지 이유 때문이다.

1. 자연 선택이 인간의 본성을 형성한 방식
2. 인간의 특성(인류의 역사 과정을 통해 그에 영향을 미쳐 왔고 또한 영향을 받아 온)과 문화적 요소 사이의 상호 영향
3. 어린 시절과 그 이후에 각 개인이 맺는 (그리고 영향을 미치는) 관계

그러나 그것으로 충분한가? 사람들이 어떻게 어떤 행동에 대해서는 선하거나 옳은 것으로 받아들이는지, 또 어떤 행동에 대해서는 악하거나 나쁜 것으로 받아들이는지에 대한 이러한 설명이 사람들이 어떻게 행동해야 하는지를 결정하는 근거를 제공하는가? 우리는 도덕 계율이 때로는 불충분하다는 생각이 들 것이다. 즉, 도덕 계율이 우리가 무엇이 옳은지 그른지를 판단하는 데 항상 도움을 주는 것은 아니다. 계율들이 서로 상충할 수 있는데도, 우리는 마치 어떤 행위 방향이 더 '옳은지' 또는 덜 '잘못되었는지' 판단하는 것처럼 행동한다. 받아들인 계율이 우리에게 명확한 답을 주지 않는다는 데에서 새로운 도덕적 문제가 발생한다. 그리고 우리는 다른 문화의 도덕률을 '옳지 않은 것'으로 판단할 수 있다. 따라서 이 모든 것은 우리가 외부에서 가치의 원천을 찾아야 한다는 것을 의미하는가? 사회의 도덕 계율이 때로는 행동에 대한 지침으로서 불충분하다는 점을 고려한다면, 우리는 도덕 계율을 서로

비교할 수 있고 계율이 도움을 주지 못할 때 우리가 의지할 수 있는 절대적인 가치가 '바깥의 다른 곳'에 존재한다고 가정해야 하는가? 도덕 철학자들의 영역을 또다시 침범하는 것이지만, 나는 인간의 본성과 문화 사이의 세대를 초월한 관계 이외의 밖에서 절대적인 것을 추구하는 경우는 없다고 주장한다.

어떤 사람들은 계율 그 자체뿐만 아니라 그런 계율이 불충분해 보이면, 지침이 오로지 초월적 권위로부터만 나올 수 있다고 주장한다. 그것은 내가 볼 때(여기에서 나의 편견을 고백한다) 많은 사람에게 요긴한 상상이긴 하지만 해결책은 아닌 것 같다. 나는 지침이 항상 인간에 의해 중재된다는 이유에서 이 관점을 어느 정도는 받아들인다. 흔히 사제나 그 밖의 종교 전문가가 중재자 역할을 하지만, 주체가 신과 직접 접촉한다고 느낄 때도 그 접촉의 성격은 경험하는 주체의 특성에 따라 결정된다.5 더 나아가, 만약 계율이나 지침이 유신론적 선언에서 유래한 신이 부여한 것이라면, 그 신의 본질은 큰 관심사이다. 실제로 대부분의 신은 인간적 특성과 있음직하지 않은 특성이 혼재한다.6 신들의 속성이 인간인 한에서는 도덕성의 근원은 도덕성 자체가 그러하든 말든 인간의 본성에 있다. 유신론적 근원의 속성이 의인화될 가능성이 없는 한, 모든 곳에 있고 모든 것을 한 번에 알 수 있는 능력을 갖춘 창조주 신 또는 도道의 절대 원리처럼, 신이란 부분적으로 종교 체계를 유지(또는 상호 작용)하기 위해 만들어진 것으로 생각할 수 있다. 그 경우에, 그것은 또한 인간이 갖는 어떤 한계를 신을 통해 극복하고자 하는 인간 본성을 암시할 수도 있을 것이다. 그게 사실인지를 보여 줄 수는 없지만 현재의 접근방식은 도덕성의 유신론적 근원에 대한 믿음을 불필요하게 만든다고 생각되는 대안을 제시하고 있다. 그리고 만약 도덕성이 초월적인 힘에서 나오지 않는다면, 그것은 궁극적으로 인간의 본성에서 비롯되어야 한다.

또 어떤 사람들은 도덕성이 합리적으로 구성되고 정당화될 수 있다거나 우리가 '직관적으로' 무엇이 옳고 그른가를 알 수 있다고 말할 것이다. 만약 '합리적으로 구성되었다'라는 것이 그 구성을 감시할 수 있는 외부 기준이 존재한다는 것을 의미한다면, 그것은 초월적 권위에 대한 믿음과 단지 그 정도에서만 다른 이원론을 내포하는 것으로 보인다. 인간의 이성으로 그 기준을 추론한다면, 그것은 일반적으로 최대 다수의 최대 행복과 같은 하나 혹은 그 이상의 공리의 형태를 취한다. 만약 그러한 공리들이 신으로부터 주어진 것이 아니라면, 그것들은 인간 본성의 산물임이 분명하다. 그리고 만약 도덕성이 '직관적인 도덕적 감각'을 통해 우리에게 알려진다면, 그것은 결과적으로 도덕성이 인간의 본성에서 비롯된다는 것을 또한 말해 준다. 물론, 그 직관적인 감각의 본질이 무엇인가에 대한 의문은 여전히 남는다. '직관적인 감각'과 관련하여 우리는 '본능 오류instinct fallacy'를 주의해야 한다. 먹는 행동을 설명하기 위해 '식욕'을 가정하는 것은 그 자체로는 어떤 것도 설명해 주지 않는다. 이와 마찬가지로, '직관적인 도덕적 감각'은 우리가 하는 도덕적 판단에 대해 아무것도 설명해 주지 못한다.

이것은 우리에게 '도덕감moral sense'이 무엇을 의미하는지에 대한 질문으로 돌아가게 하고, 아마도 우리가 이전에 도달한 입장을 한 단계 넘어설 수 있게 해줄 것이다. 우리는 이것이 경험 법칙에 의할 때 유용한 단순화일 수 있다는 조건을 전제로, 인간이 친사회적 행동과 이기적인 자기주장적 행동을 하는 성향이 있다고 하였다. 우리는 이러한 성향이 자연 선택의 작용을 통해 우리 행동 목록의 일부가 되었고 범문화적 도덕 원리가 그런 성향을 바탕으로 하고 있다는 증거를 검토하였다. 또한 나는 자연 선택이 융통성 없는 경직된 특성을 촉진하는 것이 아니라 때에 따라 유연성, 특히 친사회성과 이기적 자기주장성의 적절한 균형의 발달을 발휘하는 방향으로 작용했다는 것을 지적하였다. 도덕 계율

체계는 결과적으로 문화마다 내용에서나 균형에서 약간씩 차이가 있긴 하지만 끊임없이 정교화되어 왔다. 우리의 행동은 우리의 자기체계에 통합되어 있는 도덕 계율과 우리가 실제로 하고 하고자 의도하는 행위에 대한 우리의 인식 간의 관계에 따라 유도된다. 우리가 '도덕감'이라는 용어로 지칭하는 것은 바로 그 관계이다.

그런데 다른 사람들에 대한 우리의 판단은 어떠한가? 우리는 자신의 행동에 대한 자기인식(친사회성의 원리와 이기적 자기주장의 원리 사이의 균형을 포함하는 인식)과 다른 사람들이 우리를 보는 것에 대한 우리의 지각 사이의 일관성을 유지하고자 노력한다는 것을 보아 왔다. 만약 다른 사람들이 그들 자신이 지닌 계율의 기준에 따라 행동하고 그들 자신의 기준으로 우리를 판단한다면, 우리가 지닌 계율에 반하는 행동을 하는 사람은 우리의 행동을 옳지 않은 것으로 볼 것이다. 그와 반대로 우리가 우리 자신의 계율을 유지하고자 한다면, 우리는 그들의 행동(그리고 계율)을 옳지 않은 것으로 보아야 한다. 따라서 우리의 '도덕감'은 우리가 자신의 행동에 관심이 있을 때와 마찬가지로 다른 사람들의 행동에 관심이 있을 때 우리의 자기체계에 통합된 도덕률과 우리가 실제로 하거나 하고자 의도한 행동에 대한 우리의 인식 사이의 관계에 의존한다.

우리가 다른 사람들의 행동을 우리 자신의 계율과 우리 자신을 지배하는 원리 사이의 균형적 측면에서 판단한다는 이러한 제안은 여러 가지 사실에 들어맞는다. 우리는 보통 친사회적으로 행동하지 않거나 상호주의적으로 행동하지 않는 사람들의 행동을 옳지 않다고 판단한다. 이는 그들이 자신의 행위를 옳다고 본다면, 아마도 우리의 행동을 그른 것으로 볼 것이라고 우리가 느끼기 때문이다(물론 우리가 내리는 도덕적 판단은 그들의 행동이 그들이 처한 제약과 관련하여 '이해할 수 있다'라는 느낌과는 구별되어야 한다). 그러나 친사회성이 지배'해야 하는' 정도는 상황에 따라 다르다. 즉, 우리는 어느 정도의 자기주장성과 개인적 자율성이 필요하다고 생각하고, 실제로 그렇게 행동하는 경향이 있다. 그것은 아마도 우리가 다른 상황에서 어떻게 행동할지를 감지하기 때문일 것이다. 지나치게 비이기적인 태도나 친사회성이 반드시 '옳지 않다'라고할 수는 없겠지만 당혹스럽게 느껴질 수도 있는데, 이는 아마도 그것이 우리가 결코 갚기 어려울 것으로 생각하는 빚을 우리에게 떠안기기 때문일 것이다. 개인의 자기주장성과 자율성이 친사회성에 영향을 미치는 정도는 우리가 개인의 자율성이 사회 전체에 미칠 수 있다고 생각하는 영향에 의해서도 제한된다. 이러한 영향은 제한적인 범위에서는 이득이 될 수 있지만(자본가가 기업가 정신을 강조할 때 이 주장을 활용한다), 때로는 파괴적일 수도 있다. 우리의 도덕적 판단은 끝없는 친사회성을 옹호하기보다는, 상황에 따라 친사회성과 개인의 자기주장성 사이의 균형을 추구하는 것이라고 할 수 있다.

친사회성이 지배하는 정도는 문화와 상황에 따라 다르다. 따라서 우리는 다른 사회를 판단할 때 범문화적 원리와 그 문화에 가능한 고유한 계율을 서로 구분할 필요가 있다. 통용되고 있는 도덕률이 친사회성과 상호주의 원리에 저촉되는 사회나 집단은 잘못된 것으로 여겨진다. 따라서 암살단이나 나치 강제수용소를 정당화하는 도덕률과 함께 집단 구성원들의 행위가 황금률에 배치되는 집단에 속한 사람들은 잘못된 것으로 보인다. 그 사람들이 사회화되거나 강요되어 왔던 방식의 측면에서 볼 때, 아무리 그들의 행동이 '이해할 만한 것'일 수 있다고 하더라도 말이다. 그러나 근친상간 금지나 식이 제한처럼 단순히 자신의 계율이나 관습과 어긋나는 다른 사회의 관습은 외부인에게 이상하게 보일 수 있겠지만 반드시 그것이 '옳지 않은 것'이라고 판단할 수는 없다.

우리는 흔히 다른 사회의 도덕률을 우리 자신의 문화적 기준을 들이대어 판단하는 경향이 있다. 따라서 민주적인 국가에서 성장한 사람들은 전체주의 정부를 개인의 자율성과 자유를 지나치게 제한하는 정부로 판단하는 경향이 있는 반면에, 전체주의 국가에서 다른 나라에 관한 지식이 거의 없이 성장한 사람들은 민주주의 국가를 이기주의적이며 반사회적인 국가로 볼지도 모른다.

그러므로 무엇이 옳고 그른가에 관한 어떠한 기준 그리고 우리 자신과 다른 사람들이 행동하는 것을 지각하는 방식인 자신의 자기체계와 우리가 사는 문화의 도덕 계율 간의 상호 작용에 따른 결과를 초월하는 도덕성의 근원을 상정하는 것이 불필요해 보인다. 대부분의 경우 도덕률은 우리에게 꽤 도움이 된다. 물론, 때로는 그렇지 못하기도 한다. 어떤 결정을 내려야 하는데 도덕률이 별 도움이 되지 못할 때, 우리는 의도한 행동과 도덕률 간의 불일치에서 일어나는 정서적 반응을 최소화하고자 한다. 장기적으로 볼 때, 합리적 접근방식은 우리가 기본 원리에 더 잘 맞도록 그 규범을 조정하는 데 도움이 될 수 있다. 우리가 최종적인 판단 기준으로 사용하는 것은 그러한 원리들과 우리가 생각하기에 그런 원리들 사이의 상황에 맞는 적절한 균형이다.

이러한 견해는 다른 사회에 대해 도덕적 판단을 할 때 상당한 어려움이 발생할 수 있다는 점을 결코 부정하는 것이 아니다. 이는 식민주의자들이 다른 문화를 판단하면서 저질렀던 일부 잘못이 잘 입증해 준다. 어린 소녀가 부모의 강요로 그들이 선택한 남자와 결혼을 하고, 그럼으로써 더 이상의 교육을 받을 기회를 상실하게 되는 경우를 예로 들어 보자. '강요'는 상호주의 원리와 배치되며 자율성이 박탈당한다는 것을 의미한다. 따라서 그것은 옳지 않은 것으로 여겨져야 한다. 그러나 그 소녀가 그렇게 하는 것이 옳다고 생각하여 자기 부모의 바람을 따르길 원한다면 어찌 되는가? 그녀는 도덕적으로 잘못된 것인가 아니면 단순히 잘못 생각한 것인가? 그녀가 자신이 옳다고 믿는 바를 행할 기회를 거부하는 것이 옳은 일일까? 외부인인 우리 눈에는 부모가 이기적인 사람으로 보일지도 모르지만, 만약 그들이 자신의 원리에 따라 행동하고 있다면 어떠할까? 우리가 교육 받을 기회를 상실하는 선택에 대해 개탄하는 마음은 문화에 대한 우리의 외부적 시각에서 비롯될 수 있다. 하지만 중매결혼은 특정 문화 내에서는 그렇게 여겨지지 않을 수 있다. 그리고 우리 대부분이 그러하듯 지금 그러한 결혼이 잘못된 것이라고 주장한다면 어떠한가? 사회가 교육으로 제공하는 가능성을 포함하여 서구의 가치를 아직 접촉하지 못했을 경우, 우리는 그 사회에서 이루어진 결혼이 항상 잘못된 것이라는 견해를 가져야 하는가? 우리는 그런 경우 선교사들의 편을 들어 그 사람들을 무지한 야만인으로 간주하는 것이다. 아니면, 그건 역사의 문제인가? 즉, 그때는 옳았지만 지금은 그렇지 않다? 그런 경우 우리는 도덕률이 그리고 친사회성과 이기적 자기주장성 간의 균형이 불안정하고 상대적이라는 것을 받아들여야 한다.

과부가 불에 태워지는 훨씬 더 극적인 사회의 경우를 예로 들어 보자. 서구 문화의 누구도 그런 관습이 옳지 않은 것이라고 비난하는 데 주저하는 사람은 없을 것이다. 그러나 우리는 문화적 관습과 그것을 실행하는 사람들의 도덕적 판단을 서로 구분할 필요가 있다. 우리는 그런 문화적 관습이 옳지 않다는 것을 의심하지 않는다. 그것은 친사회성 원리와 배치되며 우리가 인간으로서 그녀의 본질적 권리로 보는 인격권을 부정하는 것이다. 그러나 그 문화 내의 사람들은 그런 관습을 도덕적으로 옳은 것으로 본다. 그것은 과부 스스로도 마찬가지일 수 있다. 우리는 그들이 따라 행동하는 계율과 그들이 의존하는 문화 체계가 기본 원리에 비추어 볼 때 옳지 않다고 말할 수 있다. 그러나 계율에 따라 행하는 것이 옳다는 것 외에 다른 것을 고려할 기회가 없었던 자들을 비난할 수 있을까?

그것은 차례로 무엇이 지배적인 도덕 체계가 아닌 특정한 도덕 체계에 편입할 기회를 만드는지에 대한 훨씬 더 어려운 문제를 제기한다.

이런 문제는 우리가 일반적으로 잘못된 것으로 간주하는 체계에 살고 있으면서도 '더 잘' 알 수 있는 기회를 가진 사람들에게서 발생한다. 우리는 완전한 도덕적 방식으로 간주할 만한 환경에서 성장하였으면서 집단 학살 정책을 수립해 둔 전체주의 정권이 집권한 국가에 사는 한 개인을 생각해 볼 수 있다. 그가 그 정책을 수행하라는 명령을 받은 강제수용소 경비원이 된다고 상상해 보라. 그가 정치적 목적을 받아들이고 그 정책을 '옳은 것'으로 본다고 하더라도, 우리는 그가 명령을 이행한 것에 대해 무죄로 여기지 않을 것이다. 왜냐하면 그는 그 명령이 친사회성 원리와 배치된다는 점에서 옳지 않음을 알 수 있었을(알았어야 할?) 것이기 때문이다. 만약 그가 다르게 행동했더라면 자신이 처형당했을 것이라는 이유에서, 우리는 왜 그가 그렇게 행동했는지를 이해할 수 있을 것이다. 그가 정말 처형당할 것이 두려워 자신의 가치와 다르게 행동했는지를 명확히 구분하기는 어렵다. 그러나 그건 또 다른 문제이다.

나는 도덕적 판단이 외부 원천이나 기준에 의존한다는 생각은 잘못이라고 주장하고 있다. 우리가 경험을 통해 습득하는 도덕적 기준은 우리가 도덕적 판단을 하는 데 사용되고 있고, 사용해야만 한다. 그런데 실제로 종종 그러는 것처럼 도덕 계율이 우리에게 별 도움이 되지 않을 경우, 우리는 그것을 판단하는 데 도덕 원리와 우리에게 익숙한 친사회성과 이기적 자기주장성 간의 균형을 적용할 수 있다. 우리는 다른 문화의 도덕 체계를 옳지 않은 것으로 판단할 수 있으나, 만약 그들이 다른 체계를 알 기회가 없었다면 그런 문화에 사는 사람들의 행위를 무조건 비난해서는 안 된다.

도덕적 딜레마

———

이 책은 특정한 도덕적 딜레마에 대한 해결책을 제시하려고 하지 않으며, 여기서 취한 접근방식 또한 불가피하게 다른 접근방식이 갖는 많은 한계를 공유한다. 13장에서 논의되었던 것처럼, 우리가 일상생활에서 접하는 실제적인 문제에서는 도덕 계율이나 미덕 혹은 가치가 불가피하게 상충하는 경우가 많다. 그런 갈등은 인간의 본성에서 비롯된 결과이며, 어떤 사회에서나 사람들이 경험하는 생활의 한 부분에 속한다. 그뿐만 아니라, 사회 구성원들이 동의한 도덕률이 어떨 때는 주어진 상황을 해결하는 데 별다른 도움이 안 될 수도 있다. 그럴 때 일부 사람들은 도덕률이 기본 원리에 부적절하거나 일치하지 않는 측면이 있음을 인정하고 그것을 변경하고자 할 것이다. 일부 도덕률은 권력을 가진 사람들이 조정한 결과일 수 있으며, 어떤 사람들은 재차 그것을 기본 원리에 맞게 바꾸고자 할 것이다. 최근 10여 년 사이에 사람들이 이혼을 받아들이거나 임상 의학 연구에 지원하는 일이 부쩍 늘어난 것처럼, 변화는 매우 빠르게 일어날 수 있다. 그런 변화가 수용되어야 할 것인가 혹은 거부되어야 할 것인가 하는 문제는 늘 논쟁이 될 수 있으며, 그렇다고 기본 원리를 곧장 그런 논쟁에 적용하기에는 사안이 그리 간단치 않다. 그런 사실을 인정한다고 하더라도 도덕적 결정을 내려야 할 필요성이 절대 사라지는 것은 아니다. 어차피 우리는 복잡한 사회생활을 영위해 나가야 한다.

여기에서 논의된 도덕성에 대한 접근방식은 개인의 자기체계에 통합된 기본 원리와 전혀 별개의 옳고 그름에 대한 절대적인 기준을 상정할 필요가 없다. 우리가 지닌 도덕률은 우리가 생활하는 사회적 상황에서 수 세대에 걸쳐 정교화된 것이다. 우리는 도덕적 딜레마를 해결하고자 할 때 계율이 항상 우리에게 필요한 모든 것을 제공해 주지는 않으므로 기본 원리를 활용한다. 그런 원리는 범문화적일뿐더러 인간의 본성에서 비롯된 결과이기 때문에 문화가 서로 갈등을 빚을 때 발생하는, 특히 다문화 사회에서 발생하는 어려움을 해결할 수 있는 수단을 제공한다. 서로 다른 전통에서 성장한 사람들의 종교적 신념 차이는 종종 상호 이해에 대한 걸림돌이 된다. 종교 간 도덕 계율의 차이는 갈등 해결에 별반 도움이 되지 않는데, 특히 그런 차이가 신의 작정divine decrees으로 여겨진다면 더더욱 그렇다. 그러나 범문화적 도덕 원리를 통해 이를 해결할 수 있는 능력은 전 인류에게 공통으로 존재한다. 그런 이유로 갈등을 해결하기 위해서는 공통성에 역점을 둘 필요가 있다.

생물학적 접근방식은 그 어떤 방식보다 모든 사람이 인간으로서 공유하는 특성에 역점을 두고 있다. 이것은 단지 일상생활의 기본적인 욕구만의 문제가 아니라, 관계에 대한 이해와 생산적인 사회생활에 대한 욕구를 포함한다. 공평한 관계와 집단생활은 최소한 어느 정도의 친사회적 및 협력적 행동을 요구하기 때문에, 우리는 대부분 본성적으로 같은 집단의 구성원들에 대한 친사회적 상호주의가 이기적 행동보다 우세한 균형을 유지하는 계율을 선택하는 경향이 있다. 이와 같은 일반적인 기본 가정은 문화 간 갈등이 빚어질 때 논의를 위한 최상의 출발점을 제공해 준다. 물론 그러한 논의에서 우리는 자율성과 집단 내 충성을 추구하는 것과 같은 다른 인간 성향도 고려해야 할 것이다. 그러나 다른 전통에서 성장한 사람들의 세계관이나 같은 사회에서 살고 있긴 하지만 다른 세계관을 지닌 사람들의 관점을 '이해'하는 것은 인간의 보편적 특성과 욕구에 대한 강조에서 출발해야 한다.

물론, 나는 여기에서 일반적인 원칙을 강조하고 있다. 또한, 문화적 차이에서 비롯한 갈등으로 제기된 엄청난 어려움을 절대 과소평가하지 않는다(그리고 실제로 이미 언급하였다). 특정한 문화에서 성장한 사람들과 자체의 고유한 종교 체계에서 살았던 사람들은 필연적으로 자신들의 방식이 옳다고 주장하고 그 밖의 다른 방식에 대해서는 그다지 호의적이지 않을 것이다. 그러나 그런 사람들을 자신의 세계관이나 종교 체계로 바꾸고자 시도하는 '선교' 방침은 반드시 항상 최선일 수만은 없다. 또한, '다른' 집단의 문화적 신념과 관습을 단순히 설명하고 재해석한다고 해서 서로 쉽게 조화를 이룰 가능성도 크지 않다. 여기서 취하고 있는 접근방식은 무엇보다 인간 본성의 보편성에 주목하는 것이 다른 문화적 관습과 더불어, 심지어는 다른 종교가 어떻게 서로 다른 방식으로 공통적인 인간의 욕구와 심리적 특성을 충족시킬 수 있는지를 설명해 줄 수 있는 가장 희망적인 방법임을 보여 준다.

만약 한 사회 내에서의 도덕률의 변화와 관련한 논의에 현재의 논지를 적용한다면, 그런 변화에는 어떤 지향적인 태도가 필요함을 시사한다. 도덕률이라는 것이 사람들이 어떻게 행동하는지와 어떻게 행동해야 하는지 간의 상호 영향으로 구성되고 유지된다고 하더라도, 그것이 지나치게 불안정해서는 안 된다. 또한 우리는 현재 우리가 있는 곳에서 시작하여 그 위로 구축해 나가야 한다. 우리가 신뢰, 정직, 충성, 연민, 이해, 책임, 사랑에 부여하는 가치는 현재 우리의 필요와 성장 가능한 사회에서 살고자 하는 우리의 욕구의 결과로 생겨난 것으로 폐기되어서는 안 된다. 개인 간 경쟁의 증가와 같이 친사회성과 이기적 자기주장성 간의 균형에 중대한 변화를 수반하는 모든 변화에 대해 의문을 제기해야 한다. 사회에서 인정된 도덕률은 지금까지 적절히 그 기능을 발휘해 왔다는 것을 뜻하기 때문에 변화를 가볍게 여겨서는 안 된다. 받아들일 수 있는 계율에는 항상 어떠한 제약이 따른다. 즉, 인간 본성의 많은 측면과 어긋나게 나아가는 변화는 이행하는 데 어려움이 있을 것이며, 장기적으로 볼 때 실현 가능성이 없다.

또한 도덕률과 사람들이 행동하는 방식 간의 상호 영향을 고려해 볼 때, 도덕률의 변화와 관련된 어떠한 제안은 해당 사회의 사람들에 의해 인식된 결과의 가치에 의해 평가되어야 한다. 물론 규칙이 부과될 수 있지만, 이는 종교적 틀에 첨부될 수 있는 경우를 제외하고는 도덕적 규칙으로 여겨지지는 않을 것이다. 그리고 간혹 선견지명이 있는 지도자가 사회 구성원들에게 이득이 될 것인지가 불분명한 상황에서도 전체 사회에 도움이 되는 결정을 내릴 수는 있지만, 도덕적 문제에 대한 경우는 그리 많지 않다. 그러므로 만약 사회의 일부 사람들이 체외 수정의 정당성 같은 도덕적 문제에 관해 결정을 내려야 한다거나 법을 변경하여 도덕적 인식의 변화를 구체화하려는 제안에 직면한다면, 그들은 제안된 변화가 황금률을 침해하는지 뿐만 아니라 받아들일 만한 것인지를 물어야 한다. 변화를 위한 제안이 사람들이 하는 일과 서로 어긋나거나 사람들이 해야 한다고 믿고 있는 일과 너무 일치하지 않을 때는 받아들여지지 않을 것이다. 그런 문제와 관련된 논의는 반드시 여론을 고려해야 한다.

이는 (넓은 의미에서) 도덕적 문제에 관한 결정이 현재의 문화에 상대적이라는 것을 의미한다. 친사회성과 상호주의 원리는 어디에서나 볼 수 있고 어떤 딜레마에서나 가장 중요한 사안일 가능성이 있긴 하지만, 어느 시점에 특정 문화에서 적합했던 계율이 다른 문화에서 혹은 다른 시점에서는 적합하지 않을 수 있다. 사회가 변하기 때문에 도덕 계율에서 일어난 변화가 타당한지 혹은 바람직한지에 관한 판단은 특정 문화의 특정 시대를 참고해야 한다. 물론 절대적인 판단은 될 수 없겠지만, 그것은 현재 상황을 참고하여 평가되어야 하고 아마도 그 문화에서 자란 사람들이 예상할 수 있는 도덕률과의 비교만으로 평가되어야 할 것이다.

한 사회 내에서조차 관련된 사람들의 세계관 차이로 인하여 많은 도덕적 논쟁이 발생한다. 어떤 사회도 그 사회를 구성하고 있는 사람들의 세계관이 어느 정도 일치하지 않는다면 제 기능을 발휘하기가 어렵다. 하지만 사람들은 서로 전혀 다른 환경에서 태어나 자라기 때문에 세계관의 차이는 항상 우리에게 존재할 가능성이 있다. 사실, 그렇지 않다면 지루하고 정적인 세상이 될 것이다. 그러므로 사람마다 도덕 계율에 부여하는 중요성이 상대적으로 다르리라는 것을 인식하는 것은 중요하다. 모든 사람은 남한테 대접받고 싶은 대로 남을 대하라는 황금률이나 이를 다소 변형한 것 그리고 자아실현과 자율성이 중요하다는 것에 동의할 것이다. 그러나 이 두 원리가 상충할 때, 어떤 원리를 어떻게 적용할 것인가와 각각의 원리에 상대적 우선성을 어떻게 부여할 것인가는 매우 중요한 문제이다. 따라서 범문화적 원리와 자기체계 안의 도덕률은 물론, 다른 사람들이 지니고 있을 다양한 도덕 계율에 대한 공감 또한 필수적이다. 쟁점이 되는 특정 사안 자체보다는 세계관의 차이로부터 갈등이 더 일어난다는 것을 이해한다면 그리고 다른 세계관을 관용하고자 하는 통합으로 사회화와 교육이 이어진다면, 그런 문제의 해결에 도움이 될 것이다. 여기에 균형과 관련한 어려운 문제가 있다. 우리 모두는 세계를 관조하고 평가할 인지적 및 도덕적 틀이 필요하지만, 우리 자신의 틀이 반드시 항상 다른 사람의 것보다 '더 나은' 것은 아니라는 것을 인식해야 할 필요가 있다.

또 다른 요점은 다소 부정적으로 보일 수 있다. 개인 내에서 갈등이 일어날 경우, 자신이나 다른 사람에 대한 의무가 우선일지 혹은 우선 '해야 하는지'를 결정할 방법이 없을 수도 있다. 한편으로 어떤 사람들은 모든 사람이 자신의 온전함을 보존할 수 있다면 세상은 '더 좋은' 곳이 될 것이라는 이유에서 개인적 온전함을 보존하는 것을 일차적으로 고려해야 한다고 주장할 것이다. 다른 한편으로, 대부분의 사람은 바람직한 세상이 되기 위해서 사람들 간의 조화로운 관계가 필요하며, 친밀한 관계에서는 개인적인 소망이 상대의 복지를 포함하는 경우가 많지만 조화로운 관계가 개인적인 희망의 희생을 요구하는 경우도 심심찮게 발생한다고 말할 것이다. 자신이나 다른 사람에 대한 의무를 우선으로 할 것인지는 사실상 그 문화의 도덕률을 통합하고 있는 그 사람의 자아 개념에 달려 있을 것이다. 일관성을 유지하는 것은 중요하지만, 반드시 그것이 다른 것을 우선하는 영향력을 지니지는 않는다. 도덕률이 상황에 적용되는 방식과 그것이 영향을 미치는 힘은 그 사람이 상황을 어떻게 보는지에 달려 있을 것이며, 그 사람이 상황을 어떻게 보는지는 차례로 그의 관행과 이전의 경험에 달려 있을 것이다. 그러므로 사회화와 교육의 성격은 한 사회의 개인이 취하는 도덕적 결정에 매우 큰 영향을 미친다.

마지막으로, 개인 간의 차이도 고려되어야 한다. 남한테 대접받고 싶은 대로 남을 대하라라는 원리가 (아마도) 어디에나 있다고 하더라도, 사람들이 어떻게 대우받기를 원하는지는 문화마다 다를 수 있다. 그것은 심지어 개인 간에도 다르기 때문에 아마도 황금률조차 다른 사람들이 해주기를 바라는 대로 그들에게 하라고 바꾸어 말해야 할지도 모른다. 개인은 남자로서 혹은 여자로서, 친구로서 혹은 상급자나 하급자로서, 소작농으로서 혹은 지주로서 대우받기를 선호할 수 있다. 그러나 개인마다 차이가 있다는 사실은 수많은 어려운 문제를 일으킨다. 만약 남자와 여자 사이에 기본적인 심리적 차이가 존재한다면, 남자와 여자는 서로 다르게 대우받아야 하는가? 그들의 행동은 서로 다르게 판단되어야 하는가? 그리고 우리가 이것을 개인 수준으로 낮추면 우리는 얼마나 관대해야 하는가? 아마도 반사회적인 사람은 그의 심리적 기질을 고려할 때 최선을 다하고 있지만, 그의 행동이 용인되지는 않을 것이다. '옳은' 것은 '이해할 만한' 것과 구분되어야 한다. 분명히 여기에 그어야 할 어려운 선이 있다. 그리고 이 수정된 황금률조차도 사회의 이익에 맞게 조정되어야 한다. 예컨대 우리는 정신병이 있는 살인자를 사회적 결과를 무시한 채 그가 대우받기를 바라는 대로 대우할 수는 없다.

　문제는 항상 있을 것이다. 예를 들면, 인간은 낯선 사람을 미심쩍어 하는 경향이 있다는 것을 고려한다면, 과연 인종적 편견이 사라질 수 있을까? 그렇지 않다면, 최소한 교육은 사람들이 다양성의 긍정적인 면을 제대로 인식할 수 있는 방향으로 이루어져야 할 것이다. 그리고 겸손은 사회의 안녕에 도움이 되는 미덕으로 분류되는가? 아니면 그 사회 내의 특정 개인에게 도움이 되는 미덕으로 분류되고 있는가? 겸손의 가치가 권력을 가진 사람들이 자신의 지위를 안정적으로 유지하고자 하는 바람에서 칭송되었다면, 그것은 일부 사람에게는 좋을 수 있으나 나머지 사람에게는 그렇지 않을 것이다. 복종은 때때로 박해받는 소수에 대한 실용적인 조언이었을 수 있다. 그리고 아마도 '다른 뺨을 내주어라'라는 기독교의 훈계는 겸손에 부여된 가치의 확장일 수 있다. 그러나 그것이 일반적으로 적용될 수는 없다. 만약 그렇다면, 노상 강도들이 득실거릴 것이다. 그리고 어떤 유형의 자기주장이 장려되어야 하는가? 현재의 접근방식은 맨 먼저 친사회성과 상호주의 원리의 기본적인 성격을 인정하면서 사람들이 도달한 해결책에 어떻게 그리고 왜 이르게 되었는가를 묻는다. 그런 다음 이 해결책이 범문화적 원리와 같은 선상에 있는지 그리고 그런 원리 간에 적절한 균형을 유지하는지를 고려하라고 제안한다.

　결론적으로, 자연적인 것이 반드시 옳은 것은 아니다. 하지만 나는 여기에서 옹호한 생물학적 및 심리적 접근방식이 도덕 계율의 토대를 이해하는 데 그리고 도덕적 딜레마를 해결하는 데 유용할 수 있다고 주장하였다. 한편으로, 지금으로써는 어쨌든 그것만이 반드시 딜레마를 해결할 수 있다고 주장한 것은 아니다. 그러나 문화가 상충할 때 생물학적 및 심리적 접근방식에 의해 제시된 보편적인 인간의 심리적 특성을 강조하는 것이 최고의 출발점이 될 수 있다고 생각한다. 그리고 이 접근방식은 한 사회 내에서도 도덕적 문제가 인간 본성의 복잡함으로부터 뿐만 아니라 도덕 계율, 관습, 사람들의 인지된 권리와 의무 간의 갈등으로부터 그리고 이것들이 상황과 세계관에 따라 사람들에 의해 해석되는 다양한 방식으로부터 발생한다고 지적한다. 역사적 상황에서 기본적인 성향과 원리가 어떻게 도덕 계율로 바뀌게 되었는지를 이해하면, 우리가 도덕 계율과 그들 사이의 갈등을 평가하는 데 도움이 될 수 있을 것이라고 희망한다. 또한 이 접근방식은 급속도로 변화하는 사회에서 영향력 있는 사람들이 과학의 발전으로 제기된 도덕적 도전을 해결하고, 심지어 그러한 변화를 유익한 방향으로 이끄는 데 도움이 될 것이다.

주석

서문

1   종교 체계가 왜 곳곳에 존재하는지에 대한 문제는 내가 이전에 출판한 책에서 다루었다(Hinde, 1999). 그 책에서 도덕률은 거의 모든 종교 체계를 구성하고 있는 하나의 요소로서 간략히 논의되었다. 그런 논의는 여기에서도 계속된다.

2   예를 들어 Rublack, 1999.

3   Holloway, 1999.

4   Dalai Lama, 1999.

5   Hinde, 1999.

6   Davies, 1994.

7   Dawkins, 1976.

8   어떤 사람들은 여기에서 일종의 '진리'라고 말하고, 또 어떤 사람들은 과학적 '진리'가 항상 언덕의 반대편에 있다고 말할 것이다.

9   Wilson, 1978; Alexander, 1979/1987; Irons, 1991/1996; Boyd and Richerson, 1991; Richerson and Boyd, 1998/1999.

1장

1   Gustafson, 1996.

2   Holloway, 1999: 14.

3   Davidson and Youniss, 1991.

4   Hare, 1968.

5   정의에 대해서는 이 책의 3장을 볼 것.

6   비교해 볼 것. Wren, 1993.

7   Montada, 1993.

8   Rawls, 1971.

9   Williams, 1972.

10 Strawson, 1961.

11 Wallace and Walker, 1970.

12 M. Warnock, 1998.

13 공중도덕은 가능한 한 법률의 개정으로 누가 이득을 얻고 누가 손해를 보게 될
    지를 면밀하게 계산해야 하는 입법자들과 특별히 관련이 있다(Warnock,
    1998).

14 Poole, 1991.

15 Gilligan, 1982. 이에 관한 비평은 Porter(1999)를 볼 것.

16 Smetana, 1995b.

17 Muriel, 1983/1998.

18 Blair, 1997; Helwig, Tisak and Turiel, 1990; Nucci and Lee, 1993;
    Turiel, 1983.

19 예를 들어 Dunn, Cutting and Demetriou, 2000; Turiel, 1998.

20 Auhagen, 2000.

21 Adler, 1931/1992.

22 민족지학상의 연구 대부분에는 사람이 해야 할 일과 하지 말아야 할 일에 대한 자
    료가 포함되어 있지만, 도덕성에 관한 최근 연구에는 거의 그런 것이 들어 있지
    않다. 잉골드Ingold의 『인류학 백과사전Companion Encyclopedia of Anthropology』(1994) 색인에
    는 도덕성 항목이 수록되어 있지 않다. Edel and Edel(1959), Howell(1997)을
    볼 것.

23 Jacobson-Widding, 1997.

24 C. Humphrey, 1997.

25 Edel and Edel, 1959.

26 Midgley, 1983.

27 Howell, 1997: 4.

28 Jacobson-Widding, 1997: 49.

29 Archetti, 1997: 100.

30 James, 1988: 144~6.

2장

1 여기에서 사용된 것과 유사한 관점에서 종교 체계의 본질을 논의한 것은 Hinde(1999)를 볼 것.

2 Howell, 1997: 10.

3 예를 들어 Alexander, 1979; Boyd and Richerson, 1991; Irons, 1991/1996.

4 이것이 단순화를 수반하는 정도는 이 책의 62~4쪽에서 강조된다.

5 예를 들어 Dentan, 2000.

6 물론 '본성'과 '문화'는 추상적인 개념이며, 이와 같거나 비슷한 맥락에서 구체화한 것으로 여겨지지 않는다.

7 Boehm, 1989: 922.

8 Murdock(1945)과 대조를 이룬다.

9 생물학자들은 그 문제가 지난 세기 중반에 종식되었다고 생각하지만, 여전히 종종 나타나고 있다. 따라서 Güth and Güth(2000)은 '도덕성이 유전자형으로 진화되었는지 아니면 표현형으로 학습된 것인지'를 묻는다.

10 Oyama, 1985.

11 Nesse, 2000: 229.

12 Malinowski, 1944/1960.

13 Neisser, 1976.

14 Garcia and Koelling, 1966; Hinde and Stevenson-Hinde, 1973; Lorenz, 1937; Seligman and Hager, 1972; Flinn, 1997.

15 Thorpe, 1961; Marler, 1991.

16 여기에서 강조하는 것은 인간의 언어이다. 침팬지는 의사소통 방식을 학습할 수 있다.

17 Candland, 1993.

18 Geertz, 1970.

19 이것은 이 책의 목적상 중심적인 문제가 아니므로, 이 문제를 여기에서 검토할 필요가 없다. 이 책의 중심 목적은 도덕성에 대한 이해에서 생물학 및 심리학과 다른 사회 과학의 상호 관련성을 확립하는 데 있다. Tooby and Cosmides(1992)가 사용한 '좋은 설계'의 준거에 의하면, 그것들은 확실히 적응형으로 분류될 수 있었다. 그러나 보편적인 인간 특성의 개체발생은 여전히 불충분하게 이해되고 있어서 조심할 필요가 있다.

20 Foley, 1996.

21 Cronk, 1991; de Vries, 1984.

22 포용적 적합성은 개인과 가까운 친척의 생식 성공을 의미하며, 관련성의 정도 에 따라 평가 절하된다.

23 이들 용어가 사용되는 방식에 관한 논의는 이 책의 3장을 볼 것.

24 나는 '이타성'이란 용어를 회피하려고 노력했다. 왜냐하면 진화 심리학에서 그 용어가 갖는 의미는 일상적인 관례와 일치하지 않고, 진화론적 이타성과 심리적 이타성을 혼동할 수 있기 때문이다.

25 Goody, 1991; Haas, 1990.

26 Sober and Wilson, 1998/2000.

27 Kagan, 1989.

28 Bauman(1989)은 홀로코스트를 이해하고자 하는 시도에서 사회화가 친사회적 행동뿐만 아니라 이기심도 고양할 수 있다고 지적하였다.

29 Frank, 1988.

30 Count, 1973; Geertz, 1970.

31 Flack and de Waal, 2000.

32 Kummer, 2000; Mooore, 2000.

33 '문화'는 다루기 힘든 개념으로, 이미 수많은 정의가 내려져 있다. 나는 그것을 인간 집단이 다른 방식으로 개인 간에 소통하는 방법을 언급하기 위해 사용해 왔다. 문화는 개인의 마음속에 존재하며 개인의 사회적 상호작용에 따른 활동을 통해 지속해서 창조, 유지 및 소멸하는 일련의 과정에 있는 것으로 여겨질 때 최 선으로 보인다. 따라서 문화는 개인에게 영향을 미치며 또한 개인으로부터 영향 을 받는다. 개인의 행동은 자신이 어떻게 행동해야 한다고 생각하는지 또는 문 화가 어떻게 행동해야 한다고 규정하는지와 일치하거나 일치하지 않을 수 있다 (Hinde, 1987).

34 예를 들어 Wilson, 1975.

35 생물학적 복잡성의 연속적인 수준 사이에 발견되는 변증법적 관계에 관한 논의 는 Hinde(1991/1997)에서 찾아볼 수 있다.

3장

1 Moore, 1903: 6.

2 Finlayson, 1997.

3 자기주장적 성향과 친사회적 성향은 심리적 의미에서 매개 변수로 보일 수 있다.
4 생물학적으로 보면, 이타적 행동은 장본인과 그의 가까운 친척의 성공적인 생식을 줄이면서 아무런 관련이 없는 한 명 이상의 다른 사람들의 성공적인 생식 가능성을 높이는 행위이다.
5 Pervin, 1996.

4장

1 Colby and Damon, 1995; Walker 외, 1995.
2 Edel, 1955; Weber, 1930.
3 Triandis, 1991. 추가적인 논의는 이 책의 79쪽을 볼 것.
4 Dion and Dion, 1996.
5 Triandis, 1991. 그리스 사회의 목축과 어업에서 개인의 자율성에 대한 강조와 중국의 벼농사에서 협력에 대한 강조 사이에 차이가 발생한 것으로 알려졌다 (Nesse, 2000).
6 Miller and Bersoff, 1995.
7 '사회적 자본'은 가족 관계, 공동체 사회 조직 등을 통해 개인이 이용할 수 있는 자원을 말한다. 이에 대해서는 Coleman(1990)을 볼 것. 이 개념의 사용은 여전히 검토 중이다. Portes(1998)를 볼 것.
8 Schluter, 1994; Davies, 1994.
9 Szreter, 2000.
10 Teiser, 1996.
11 Bambrough, 1979a.

5장

1 Blasi, 1993; Davidson and Youniss, 1991.
2 최근에 많이 논의된 자아에 관한 개념은 Baumeister(1999)를 볼 것.
3 Morris, 1987.
4 Heelas, 1981; Spiro, 1993a.
5 예를 들어 Lienhardt(1985)를 볼 것.

6   이것은 양심이 무엇인지에 대한 하나의 제안인데, 다른 문화에서는 매우 다르게 경험될 수 있다는 사실에 주목해야 한다. 예컨대, 자아를 덜 자율적으로 경험한 딩카족들은 양심을 피해를 당한 당사자가 지시하는 외부 동인으로 여기는 것 같다. Heelas(1981)에 인용된 Lienhardt(1961)를 볼 것.

7   그리고 이미 논의한 바와 같이, 그녀가 자신의 내면된 계율과 그녀의 본보기나 영향력에 얼마나 부합하는지에 대한 여부는 결국 그녀가 속한 사회에서 자신이 해야 할 역할의 미래에 영향을 미칠 수 있다.

8   혹시라도 어떤 오해가 있을까 봐 하는 말인데, 여기서 도덕적 판단의 본질을 고려할 때 관심을 두어야 할 것은 합리성의 역할이 아니라 행동의 이면에 있는 동기이다.

9   특이한 규범과 가치를 포함하는 것이 이상하게 보일 수 있지만, 그것들은 연속체의 한 부분을 형성한다. 또한, 제재의 본질이 외부 압력 없이 내부의 감정(죄책감)을 수반할 수 있지만, 더 널리 공유되는 규범과 똑같은 심리적 과정을 많이 공유해야 한다.

10 Haste, 1993.

11 자기인식의 몇 가지 측면은 저자의 관심에 따라 서로 다르게 분류되어 왔다. Neisser(1988)를 볼 것. 부분적으로는 그것을 과거에 습득하고 행동에 영향을 미치고 있는 대본과 이야기로 보는 것이 유용하다(Bruner, 1986).

12 Nucci and Lee, 1993.

13 Pitt-Rivers, 1973.

14 Baumeister(1999)는 자기 이해, 대인 관계에 수반되는 자아, 자아의 실행 기능을 서로 구분한다.

15 Sedikides, 1993.

16 Swann 외, 1990.

17 Shrauger, 1975.

18 Carrithers, 1985; Tajfel and Turner, 1986. 그리고 이 책 228~33쪽을 볼 것.

19 Fortes, 1987.

20 Jacobson-Widding, 1997. 죄책감과 수치감 간의 관계에 대한 약간 다른 관점은 이 책의 159쪽에서 논의되었다.

21 Geertz, 1975: 49~51.

22 예를 들어 Tajfel and Turner, 1986.

23 Turner, 1976.

24 다른 사례를 검토하고 추가적인 자료를 제공한 Shweder and Bourne(1984)

를 볼 것.

25 Shrauger and Schoeneman, 1979.

26 Backman, 1988.

27 Steele, 1988.

28 Bowlby, 1969/1982.

29 Bretherton and Munholland, 1999: 95.

30 Bowlby, 1969/1982; Bretherton, 1995; Bretherton and Munholland, 1999.

31 Bowlby, 1969/1982; Bretherton, 1995. 그러한 모델을 형성할 수 있는 능력은 사회 세계에서 미래의 사건에 대한 통찰력 있는 행동과 기대를 촉진하는 데 유리한 진화적 기원에 기인한다고 제안되었다.

32 예를 들어 Schank and Abelson(1977). 이런 이론적 접근방식은 발달 심리학자들(예컨대 Stern, 1995)에 의해 확장되고 강화되고 있다. 게다가, 그것은 대본 이론에 대한 생크Schank의 수정과 관련이 있다. 그것은 새로운 사건이 해독되고 처리되는 방식과 정보가 분석되고 정렬되는 방식을 결정하는 상호 연결된 인지적 도식의 다층적 위계를 가정한다(Bretherton, Ridgeway and Cassidy, 1990).

33 Nisan, 1993.

34 Keller and Edelstein, 1993: 310.

35 Pearce and Littlejohn, 1997.

6장

1 Damon, 1996; Eisenberg and Fabes, 1998; Hoffman, 2000; Kagan, 2000; Killen and Hart, 1995; Nucci and Lee, 1993; Turiel, 1998. 정신분석학적 관점의 설명은 Wolf(1993)를 볼 것.

2 Keller and Edelstein, 1993.

3 Colby and Damon, 1995. 또한, Youniss and Yates(1999)를 볼 것.

4 Blasi, 1993.

5 Rheingold and Hay, 1980.

6 Kagan, 1989; Eisenberg and Fabes, 1998. 이것이 발달에서 경험적 요소들의 중요성을 최소화하고자 하는 의도가 아니라는 것을 덧붙여야 할 것이다. 친

사회적 행동과 관련하여 강조하는 바는 문화에 따라 광범위한 차이가 있다.

7   Hoffman, 2000.

8   공감은 다른 사람의 정서적 상태나 조건에 대한 염려와 이해에서 비롯되며, 다른 사람이 느끼고 있는 바나 느낄 것으로 예상하는 것과 같거나 비슷한 정서적 반응으로 정의된다(Eisenberg and Fabes, 1998).

9   Kagan, 2000.

10 Dunn, 1988.

11 Bowlby, 1969/1982.

12 Hoffman, 1981. 이처럼 친사회적 행동을 보이고자 하는 성향을 강조하는 것은 학습하고자 하는 성향을 강조하는 여러 문헌과 일치한다(Seligman and Hager, 1972; Hinde and Stevenson-Hinde, 1973). 아이들이 경험을 통해 자신의 이기적 성향에 반하는 본질에서 합리적인 도덕적 자율성을 발달시킨다는 관점과는 다소 차이가 있다(Piaget, 1932).

13 다음 논평을 참고할 것. Eisenberg and Fabes, 1998.

14 Eisenberg and Fabes, 1998; Goody, 1991.

15 Killen and Nucci, 1995.

16 Baron-Cohen, 1997; Baron-Cohen, Leslie and Frith, 1985.

17 Eisenberg and Strayer, 1987; Hoffman, 2000.

18 Keller and Edelstein, 1993.

19 Harris, 1989.

20 Dunn and Munn, 1987.

21 Eisenberg and Fabes, 1998; Hoffman, 1984.

22 Byrne and Whiten, 1988; de Waal, 1996; Hare, Call and Tomasello, 2001.

23 Kochanska, 1994. 아무튼, 인지와 정서는 밀접하게 연관되어 있다. 도덕성에 가장 영향을 많이 미치는 뇌 손상은 인지적 체계와 정서적 체계 사이의 관계에 영향을 미친다(Damasio, 1994).

24 Hoffman, 1981/2000. 단지 현상학적으로 공감적이라 설명할 수 있는 행동은 드 발(de Waal, 1996)에 의해 침팬지와 다른 위대한 유인원에서 기록되었다. 드 발은 이들 종에게서 나타나는 도덕성의 징후가 사회적 집단을 통합하기 위한 수단을 암시한다고 말한다.

25 Eisenberg, 1986.

26 Kagan, 1984.

27 Arsenio and Lover, 1995.

28 Kagan, 1984.

29 예를 들어 Dunn, Brown and Maguire, 1995; Eisenberg and Fabes, 1998.

30 Grusec and Goodnow, 1994a/b.

31 Damon, 1977. 양심의 발달은 자신이 무엇을 하고 있는지에 관한 지각과 함께 기준과의 비교를 요구한다.

32 Ainworth 외, 1978; Barnett, 1987; Bowlby, 1969/1982.

33 Nucci and Lee, 1993.

34 Baumrind, 1971; Maccoby and Martin, 1982; Hoffman, 2000. 또한, 아래에서 인용된 Kochanska(1997)를 볼 것.

35 Smetana, 1981. 또한, Grusec and Goodnow(1994a/b)를 볼 것.

36 Vygotsky, 1981.

37 Killen and Nucci, 1995; Nucci, 1996; Smetana, 1995a.

38 Grusec and Goodnow, 1994a/b.

39 Kochanska, 1993/1997.

40 Damon, 1977.

41 Smetana, 1995a/b.

42 케이건Kagan은 미덕으로 간주하는 것의 가변성을 강조한다. 예를 들면, 그는 청교도들이 미국 개척 당시 검소함을 소중히 여기고 부를 은폐했던 당시의 뉴잉글랜드와 '부가 검소와 상충하지 않는 미덕의 상징이 되었고, 우리는 그것을 보여줘야 할 의무가 있다'(Kagan, 1998: 154)라는 오늘날의 미국을 대비시킨다.

43 Kagan, 1998: 152.

44 Damon, 1996.

45 Dunn, 1999; Dunn 외, 1995.

46 Youniss, 1980.

47 '관점 채택'은 다른 사람이 상황을 인식하는 것처럼 상황을 인식하는 능력을 말한다.

48 Piaget, 1932/1965.

49 Berger and Luckman, 1966.

50 Killen and Nucci, 1995.

51 Turiel and Nucci, 1995.

52 Kohlberg, 1984.

53   Nunner-Winkler, 1994.

54   Gilligan, 1982.

55   다음 논평을 참고할 것. MacDonald, 1988.

56   Dunn and Munn, 1985.

57   Hay, Castle, Stimson and Davies, 1995.

58   Dunn, Cutting ans Demetriou, 2000.

59   Nucci, Killen and Hart(1995)에서 인용함.

60   Nucci, and Lee, 1993.

61   Caspi and Elder, 1988; Patterson and Dishion, 1988.

62   Van IJzendoorn and Bakermans-Kranenburg, 1997.

63   C. Humphrey, 1997. 앞에서 논의된 바와 같이, 도덕성이 여기에서는 보다 넓은 의미로 사용된다는 것에 주의해야 한다.

7장

1   2장에서 언급된 바와 같이, 경험적 이유에 근거하여 처음에는 계율이 원리로부터 나온 것으로 논의될 것이다. 그 문제는 이 책의 169~70쪽에서 더 논의된다.

2   Dawkins, 1976; Trivers, 1974.

3   Hamilton, 1964.

4   Hamilton, 1964; Trivers, 1974.

5   이 책의 46~8쪽을 볼 것.

6   Trivers, 1974.

7   Blurton Jones, 1986.

8   Hrdy, 1999; Laland 외, 1995.

9   Bray, 1997.

10 남성 우세의 추정치는 다소 과장된 것일 수 있다. 왜냐하면 일부 나중에 출생한 아이들은 당국이 이를 덮어 통계에 반영되지 않을 수 있기 때문이다.

11 McLeod and Yates, 1981.

12 Scheper-Hughes, 1992.

13 Rublack, 1999.

14 Daly and Wilson, 1988/1996.

15 Hetherington, Henderson and Reiss, 1999.

16 Daly and Wilson, 1988/1996. 상당히 작은 표본을 대상으로 했던 스웨덴의 한 연구는 영아 살해가 양부모를 포함하고 있는 가정에서 일어날 가능성이 더 크다는 가정을 확인해 주지 못했다(Temrin st al., 2000). 이에 대해서는 다양한 설명이 가능하다. 예를 들면, 원치 않는 출생의 빈도가 스웨덴보다는 캐나다에서 훨씬 더 높다. Burgess and Drais(1999)는 사회적 및 경제적 조건이 아동 학대에 영향을 미칠 수 있다고 제안한다. 크로닌Cronin은 사용된 통계 방법과 양부모의 분류에 문제가 있음을 지적한다(저자와 개인적으로 소통함).

17 Buss, 1999.

18 Anderson, Kaplan and Lancaster, 1999.

19 Silk, 1980.

20 Carsten, 1997.

21 Bray, 1997; Strathern, 1992.

22 Bodenhorn, 2000.

23 Bray, 1997.

24 Goody, 1982/1997/1999.

25 Silk, 1990.

26 더 일반적으로, 그것은 기증자와 수혜자 간의 유사성에 따라 달라진다(Sober and Wilson, 1998/2000).

27 Betzig 외, 1988; Essock-Vitale and McGuire, 1985; Irons, 1991.

28 Daly and Wilson, 1988.

29 O'Neil and Petrinovich, 1998.

30 많은 동물의 종 또한 비친족보다는 친족에게 더 사회적으로 행동하는 것으로 보이는데, 이는 '친족 관계'가 뇌에 어떻게 저장되는지에 대한 흥미로운 문제를 제기한다. 인간은 형제자매, 고모, 이모, 숙모, 조카 등등의 범주를 갖고 있지만, 다른 동물의 경우에는 그렇지 않아 보인다. 우리는 나중에 인간과 다른 종 모두에서 작동하는 또 다른 가능한 기제인 '친족은 생의 초기 단계에서 친숙해져서 그렇게 인정된다'를 고려할 것이다(이 책의 224쪽을 볼 것).

31 유전자 발현에 미치는 영향을 무시할 경우.

32 스티븐슨 하인드Stevenson-Hinde는 여기에 생물학적 논란거리가 있을 수 있다고 말한다. 한 개인의 자녀들이 자신의 처남이나 올케 등과 유전자를 공유한다(저자와 개인적으로 소통함).

8장

1   보엠Boehm 또한 이런 종류의 설명을 고려한다(Boehm, 1999). 불행히도 그는 친족과 비친족에 대한 지원이 같은 유전자 때문이라면, 같은 유전자가 두 가지 다른 일, 즉 하나는 개인의 포괄적 적합성을 향상하고 다른 하나는 집단에 대한 유용성을 증진하고 있음을 의미한다고 주장한다. 또한, 이것을 다면 발현(한 개의 유전자가 그 이상의 형질 발현에 작용하는 것)과 비교함으로써 불필요한 문제를 초래한다. 이 주장의 근거는 유전자가 (이 경우) 관련된 행동의 측면에서가 아니라 선택과의 관계의 측면에서 정의된다는 것에 있는 것으로 보인다. 만약 이 문제를 (많은 사람이 의심할) 가상 유전자의 측면에서 논의하는 것이 정말로 도움이 된다면, 더 경제적인 제안은 유전자가 친족에 대한 친사회적 행동을 단순히 증진하고, 이것은 여러 가지 결과를 가져온다는 것인 듯하다.

2   다음 논평을 참고할 것. Hinde, 1997.

3   Thibaut and Kelley, 1959; Kelley, 1979.

4   관련된 설명은 물질적 상품의 교환과 가까운 개인적 관계에서의 교환 간의 차이에 의존한다. 만약 A가 B에게 돈을 준다면, A는 돈을 이전보다 덜 갖게 된다. 그러나 만약 A가 B에게 우정, 애정, 사랑을 보인다면, A는 더 많이 갖게 된다. 혹은 최소한 스스로 더 많이 가진 것처럼 느낀다(Foe and Foa, 1974). 왜 그런가? 아마도 그 차이에 대한 부분적인 설명은 다음과 같을 것이다. 물질적 상품을 교환하는 경우에는 쌍방이 공정한 거래를 했다고 느낀다면 그것 자체가 자신이 좋은 일을 했다는 느낌을 높여 주지는 않지만, 다른 사람에게 애정을 보이는 경우는 특별한 방식으로 자신의 자존감을 높여 준다. 우리의 문화에서 적어도 진정한 애정을 보이는 사람들은 다른 사람들이 좋아하는 경향이 있고, 다른 사람의 인정을 수반하면 강화된 자존감이 정당하다고 느낀다. 우리가 자기체계를 논의할 때 보았던 바와 같이, 사람들은 자신을 좋게 생각하고 싶어 한다. 따라서 애정을 표현하는 것은 보람이 있으며 더 많이 표현하려는 의지로 이어질 수 있다(Hinde, Finkenauer and Auhagen, 2000).

5   Walster, Walster and Berscheid, 1978.

6   Prins, Buunk and van Yperen, 1993.

7   Walster 외, 1978.

8   Foa and Foa, 1974.

9   Frank(1988), Heal(1991)을 볼 것.

10   문학적 사례에 대해서는 Kerrigan(1996)을 볼 것.

        선이 좋은 이유 —

11 Alexander, 1987.

12 Blackmore, 1999.

13 Gintis, 2000; Batson, 2000.

14 Küng and Kuschel, 1993. 겐슬러Gensler는 황금률을 우리는 양심적이라는 원리(우리는 우리의 도덕적 신념과 조응하는 행동과 욕망을 유지한다)와 불편부당(우리는 유사한 행동에 대해 유사한 판단을 한다)으로부터 파생된 것으로 간주한다(Gensler, 1998). 이것은 앞에서 논의했던 닭과 달걀 문제의 또 다른 사례이지만, 도덕적 분노가 상호주의의 원리를 가장 기본적인 것으로 만드는 것 같다. 상호주의가 도덕적 분노로부터 파생된 것으로 상상하기는 어렵지만, 그 반대는 타당해 보인다.

15 Strawson, 1974.

16 Smart, 1996; Yang, 1957.

17 예를 들면, Malinowski, 1922; Mauss, 1950/1954.

18 Mauss, 1950/1954: 3.

19 Heal(1991), Sober and Wilson(1998)을 볼 것.

20 Wilkinson, 1988.

21 Cheney and Seyfarth, 1990.

22 De Waal, 1996. Harcourt and de Waal(1991)이 제시한 협력 행동에 관한 논의를 볼 것.

23 Pusey and Packer, 1997.

24 Alexander, 1987; Boyd and Richerson, 1991; Frank, 1988; Irons, 1991; Ridley, 1996; Symons, 1979; Wright, 1994.

25 특히 Irons(1996)와 Frank(1988)을 볼 것.

26 마치 두 가지 유형의 존재가 있는 것처럼 협력자와 비협력자를 대조하는 모델은 경험 법칙적 문제해결 방법의 목적에는 유용한 도구이지만, 실제 생활은 그렇지 않다고 말할 필요가 거의 없다. 사람들은 이기적인 자기주장적 행동과 친사회적 행동의 성향을 모두 갖고 있으며, 어떤 것이 우세한지는 상황에 따라 다르게 나타난다. 소위 말하는 '까다로운' 기질(아마도 자기주장과 관련이 있고 대부분 사회에서 사회적 조화에 도움이 되지 않는 기질)을 가진 아이들이 아프리카의 기근 조건에서 생존할 가능성이 더 큰 것처럼(de Vries, 1984), 이기적 자기주장이 강한 행동과 친사회적 행동의 결합은 상황에 따라 다르게 혼합되는 것이 적절할지 모른다.

27 Axelrod and Hamilton, 1984; Hauert and Schuster, 1997.

28 Nowak, May and Sigmund, 1995.

29 Nowak and Sigmund, 1988; Dunbar, 1996.

30 Boyd, 1992.

31 스컴스Skyrms는 문화적 진화와 사회적 학습에 관한 역동적 모델이 합리적 선택에 기초한 모델보다 성공할 가능성이 더 크다고 주장한다(Skyrms, 2000).

32 Cronin, 1991; Dawkins, 1982; Lack, 1966; Williams, 1966.

33 Boyd and Richerson, 1991; Sober and Wilson, 1998; Wilson and Kniffen, 1999. 집단 선택과 다수준 선택 이론multi-level selection theory의 발표에도 비판이 없었던 것은 아니라고 봐야 한다. 예를 들어 Reeve(2000), Smuts(1999)를 볼 것. 이것이 기본적인 문제를 쓸모없는 것으로 만들지는 않는다.

34 진화론적 연구에서, 혈연적으로 관련이 없는 사람들의 성공적인 생식 가능성을 증가시키고 행위자의 생식 가능성을 감소시키는 행위는 흔히 '강한 이타주의'를 수반하는 것으로 언급된다. 또한, 행위자의 생식 잠재력을 감소시키지 않는 유사한 행위는 '약한 이타주의'로 언급된다. 강한 이타주의의 진화는 집단 간의 불규칙 변이보다 더 큰 변이가 필요하다(Sober and Wilson, 2000).

35 Boyd and Richerson, 1991/1992; Soltis, Boyd and Richerson, 1995; Wilson and Kniffin, 1999.

36 Hamilton, 1975.

37 Boyd and Richerson, 1991/1992; Richerson and Boyd, 1998.

38 Alexander, 1987.

39 Boehm, 1999. 이 연구자는 선사 시대 수렵 채집민 집단의 평등주의적인 성격이 이기적인 자기주장적 행동의 표현을 억제하였고, 집단 내의 표현형 변이 phenotypic variation를 감소시키고 집단 사이에서 그것을 증진하여 집단 선택을 가능하게 만든다는 가설을 선호한다.

40 어떤 사람들은 그런 행동의 경우 보상에 대한 기대 때문에 한다는 점에서 이타주의가 아니라고 말할지 모른다. 그러나 그런 행동과 더 넓은 친사회적 행동의 범주를 구분할 필요가 있다. 이는 개시자가 투입하는 비용이 즉각적으로 받는 이익보다 크지 않다면, 특별히 다윈식의 자연 선택론적 설명이 필요하지 않을 것이기 때문이다.

41 N. Humphrey, 1997.

42 Hinde, Finkenauer and Auhagen, 2001.

43 다음 논평을 참고할 것. Hinde, 1997.

44 Noam, 1993.

45 Asch, 1956.

46 흥미를 불러일으키는 책에서, 블랙모어Blackmore는 친사회적 행동의 모방을 포함한 일반적인 모방 능력에 대한 가능한 근접 기제를 제안하였다(Blackmore, 1999; Dawkins, 1976). 그녀의 주장은 '밈' 전달에 관한 광범위한 이론 가운데 일부로, '밈memes'(역주: 생물체의 유전자처럼 재현·모방을 되풀이하며 이어가는 사회 관습·문화인 비유전적 문화 요소)이란 모방을 통해 개인 간에 전달할 수 있는 모든 정보를 가리키는 용어이다. 결론을 바꾸지 않고 장시간 토론을 해야 하므로 나는 여기서 밈 이론meme theory을 활용하지 않았다. 또한, 그 이론은 복제가 적어도 뇌의 수용력에 똑같이 의존할 때 복제자로서의 밈을 강조한다.

47 Henrich and Boyd, 1998.

48 Boehm, 1999.

49 Roccas, Horenczyk and Schwartz, 2000.

50 Trivers, 1985.

51 Cosmides and Tooby, 1992.

52 Evans and Over, 1996.

53 Sperber, Cara and Girotto, 1995.

54 Cosmides and Tooby, 1992; Cummins, 1996/1999. 코스마이즈와 투비 Cosmides and Tooby의 연구는 많은 다른 가능한 설명을 배제하는 대조 실험을 보여 주었다. 그런데도 우리가 특정 유형의 문제를 해결하기 위한 다윈 알고리즘을 갖추고 있다는 견해에 대해 상당한 저항이 있었다는 점에서 문제가 종결되었다고 말할 수 없다(Evans and Over, 1996).

55 Mealey 외, 1996.

56 Boyd and Richerson, 1991/1992; Calyton and Lerner, 1991.

57 물론 이는 정보 제공자에게 뇌물을 주는 당국에 의해 이용당할 수 있다.

58 Frank, 1988; Irons, 1996; Keller and Edelstein, 1993; Montada, 1993.

59 Harré and Parrott(2000)에 기여하였다.

60 Ekman and Friesen, 1975.

61 Trivers, 1985; Ekman and Friesen, 1975.

62 Tangney, 1995.

63 Tangney 외, 출판 준비 중.

64 바우만Bauman은 홀로코스트에 관한 글을 쓰면서 "수치심의 해방감은 엄청난 역사적 경험의 도덕적 중요성을 회복하는 데 도움이 된다는 점에서 오늘날까지 인간의 양심을 괴롭히고 있는 홀로코스트의 끔찍한 악령을 떨쳐내는 데 도움이 될

수 있다."라고 제안하였다(Bauman, 1989: 205).

65 Frank, 1988; Trivers, 1985.

66 물론, 대부분의 사람은 타인의 시선을 의식하지 않고 이타적인 행위를 한다. 이는 겸손의 미덕에서 기인하는 것으로 이해할 수 있다. 그런 사람한테는 겸손하게 행동하는 자기 자신의 모습을 보고 얻는 보상이 대중의 인정으로부터 얻는 보상보다 더 중요할 수 있다.

67 Hinde, 1997.

68 Zak and Knack, 2001.

69 학회 회의에서는 신뢰의 본질을 '행위자가 그러한 행동을 감시하기 전(또는 감시할 수 있는 그의 능력과 무관하게)에 그리고 자신의 행동에 영향을 미치는 상황에서 다른 행위자나 행위자 집단이 특정 행동을 수행할 것이라고 평가하는 주관적 개연성의 특정 수준'으로 정의하였다.

70 Bowlby, 1973.

71 Tizard and Hodges, 1978.

72 Thompson, 1999.

73 Foa and Foa, 1974; Gambetta, 1988.

74 Eisenstadt, 1956.

75 Pitt-Rivers, 1973.

76 Auhagen, 1991. 많은 사람은 우정이 성관계와 양립 불가능한 것은 아니라고 주장할 것이다.

77 Woodburn, 1982.

78 Blutron Jones, 1984.

79 Kelly, 1995; Boehm, 1999.

80 Hill and Kaplan, 1993.

81 Hawkes, O'Connell and Blurton Jones, 2001.

82 Gurven 외, 2000.

83 Zahavi(2000)을 볼 것.

84 예를 들어 N. Humphrey, 1997.

9장

1 Chapais, 1991.

2 Elias, 1996.

3 Zahavi, 1975/2000. Brown(2000), Frank(1999)를 볼 것.

4 예를 들어 Smith and Bliege Bird(2000)가 한 논의를 볼 것.

5 수렵 채집민들의 음식 공유에 관한 논의(이 책의 166~7쪽)를 볼 것.

6 Bandura, 1989/1992.

7 Betzig, Borgerhoff Mulder and Turke, 1988; Szreter, 1996; Vining, 1986.

8 Milgram, 1974.

9 Bauman, 1989.

10 Rublack, 1999.

11 Cummins, 1999.

12 Bambrough, 1979a/b; Berlin, 1969.

13 Jacobson-Widding, 1997.

14 권리를 언급하는 단어의 의미가 수 세기 동안 변화를 거듭하였기 때문에, 이것은 다소 논쟁의 여지가 있는 문제이다(Tuck, 1979).

15 Warnock, 1998.

16 Hardin, 1968.

17 Slade, 1962.

18 Haney, Banks and Zimbardo, 1973.

19 Bandura, Underwood and Fromson, 1975.

10장

1 예를 들어 Chodorow, 1978; Dinnerstein, 1976.

2 Dixson, 1998.

3 Astuti, 1998.

4 Strathern, 1981/1988. 또한, Poole(1981)와 Ortner and Whitehead(1981)을 볼 것.

5 남성성과 여성성의 평가에 대해서는 Spence and Helmreich(1978)을 볼 것. 대부분의 연구에서 사람들은 남성스러움(남성성이 높고 여성성이 낮음), 여성스러움(여성성이 높고 남성성이 낮음), 구분 안 됨(양쪽이 모두 낮음), 양성의 특징을 가짐(양쪽이 모두 높음) 것으로 분류된다.

6 Eagley and Wood, 1999.

7 예를 들어 Strathern, 1997.

8 Rublack, 1999.

9 Crook and Crook, 1988.

10 Hill and Hurtado, 1996; Beckerman 외, 1998.

11 Hsu, 1998.

12 여기에서 전문 종교인이 반드시 다른 사람들보다 더 이기적임을 의미할 필요는 없지만, 우리가 본 것처럼 모든 사람은 자신의 세계관에서 일관성을 추구한다. 검증할 수 없는 신념은 보유자가 다른 사람과 공유하고 있다고 인식하면 더 쉽게 유지될 수 있으므로 전문 종교인은 개종자를 모집하려고 시도하기 쉽다.

13 Buss, 1995.

14 Ardener, 1993.

15 Schlegel, 1972.

16 Gingrich, 1997.

17 Melhuus, 1997.

18 Rublack, 1999.

19 Buss, 1999.

20 예컨대 바빌로니아 법the Babylonian laws(Roth, 1995)을 볼 것.

21 Gluckman, 1950; Dickeman, 1981. 또한, 음핵 반응은 이전에 여성이 교미의 효율성과 민감성 측면에서 잠재적인 짝을 구별할 수 있는 수단을 제공했으며, 클리토리스 절제술이 짝을 선택하기 위한 이런 증거를 박탈할 수 있다는 제안이 제기되었다(Rowanchilde, 1996을 볼 것).

22 Obermeyer, 1999.

23 Obermeyer, 1999; Shweder, 2000.

24 Ko, 1994/1997.

25 예외에 대해서는 Hill and Hurtado(1996), Hsu(1998)을 볼 것.

26 Buss, 1999.

27 Gilligan, 1982. 더 최근의 논의에 대해서는 Eisenberg and Fabes(1998), Turiel(1998)을 볼 것.

28 Kohlberg, 1984.

29 Walker, 1991.

30 Haste and Baddeley, 1991.

31 Eagly and Crowley, 1986. 코니와 맥키Coney and Mackey(1997)도 기준 집단 내

에서 여자들의 전략은 보살핌이 아니라 독립성을 극대화하기 위해 다른 사람들을 조종하는 것과 관련이 있다고 주장해 왔다. 그러나 제시된 증거가 아주 결정적이지는 않다. 그것은 도덕적 성향보다는 행동에서의 젠더 차이와 관련이 있으며, 우리는 도덕적 신념이 항상 행동으로 실현되는 것은 아니라는 것을 보았다. 또한 그것은 어디까지나 통계이며 각각의 경우 다른 설명에 열려 있다. 예를 들면 다음과 같다.

(1) 범문화적 비교에서, 고등 교육을 받은 여성의 비율은 미혼모의 출산 비율과 긍정적인 상관관계가 있었다. 연구자들은 여성이 아이를 독자적으로 키울 기회가 생기면 미혼모로 출산하며, 자녀 양육에서 아버지를 배제하는 것은 길리간Gilligan이 강조한 보살핌이나 책임과 양립할 수 없다고 결론을 내렸다. 그러나 그들의 증거는 편모들이 교육받은 여성임을 보여 주지 않고 있어, 다른 결론도 가능하다.

(2) 자녀를 가진 여성은 이혼 신청서를 제출할 가능성이 남편보다 더 높다. 연구자들은 이것이 의미하는 바는 곧 여성들이 자녀의 복지보다 그들 자신의 독립에 더 높은 우선성을 부여하는 것이라고 주장한다. 그러나 이혼에는 여러 가지 이유가 있고, (예를 들면) 여자는 폭력적인 남편이 없으면 더 잘 살 수 있으나 독립을 추구하지 않을 수도 있다.

(3) 때때로 어머니는 건강한 자녀에게 질병의 징후가 있는 것처럼 가장한다. 그렇게 함으로써 그녀는 자기 자녀를 희생양으로 삼아 자신이 동정적인 주목을 더 많이 받는다고 한다. 또한, 영아 돌연사 증후군은 산모의 행동에 기인한다고 한다. 그러나 이것들이 일반적인 현상이라고 할 수는 없으며, 여성의 도덕적 성향을 일반화할 수 있는 근거로는 믿음이 가지 않는다.

(4) 여자들은 이전에 억눌렸던 기억을 남자들보다 훨씬 더 자주 보여 준다. 이것은 여자에게 주목과 동정을 불러온다는 주장이 있다. 그러나 물론 많은 다른 설명이 가능하다. 예를 들면, 현대 사회에서 남자들보다 더 많은 여자가 심리 치료를 받아야 할 이유를 가질 수 있다.

(5) 남성의 자살은 여성의 자살보다 흔하지만, 여성의 자살 시도는 남성의 경우보다 실패할 가능성이 더 높다. 이것 또한 주의를 끌기 위한 것으로 여겨지는데, 예를 들어 신체적으로 더 폭력적이고 덜 두려워하는 남성들은 자살 시도에서 더 효율적이거나 덜 두려워할 수 있다.

어쨌든 (2), (4), (5)와 관련하여, 대부분의 사람은 자신이 받는 것보다 더 많은 관심을 원한다. 이건 특히 여성에게 더 해당할 수 있겠지만, 도덕성에 있어서 어떠한 젠더 차이에 대해서는 아무것도 말하지 않는다. 따라서 길리간의 결론에 대한 이 연구자들의 공격은 자신들이 제시한 증거로는 정당화되지 않는 것 같다.

32 Gilligan and Attanucci, 1988; Haste and Baddeley, 1991.

33 Fabes and Eisenberg, 1996. Eisenberg and Fanes(1998)에서 인용함.

34 Walker, 1991.

35 증거가 광범위하기 때문에 단지 몇 가지 대표적인 연구만 인용한다. 참고 자료로 Hind(1997)를 볼 것. 또한, King(1993)을 볼 것.

36 Antill, 1983.

37 Peplau, 2001.

38 Stevenson-Hinde and Shouldice, 1995.

39 Magnusson and Oláh, 1981.

40 Block and Robins, 1993: 919.

41 Van Lange, 2000.

42 Williams and Best, 1982.

43 Eccles, Wigfield and Schiefele, 1997; McClelland, 1961.

44 Hrdy, 1999; Moore, 1988.

45 예를 들어 Dixson, 1998; Low, 2000; Mealey, 2000.

46 Ortner, 1974.

47 Goody, 1997.

48 Ardener, 1993.

49 Buss 외, 1990.

50 Strathern, 1984.

51 James, 1993.

52 Westwood, in Hirschon, 1984.

53 Miller, 1993; Moore, 1988.

54 흥미롭게도, 이 가운데 많은 곳이 모계 사회다. 적어도 산업화 이전 사회에서는 정치적 권력이 남자들에게 더 큰 생식 성공을 불러왔지만, 여자들에게는 기껏해야 간접적인 생식 이득, 즉 자기 아들들의 건강이나 더 큰 부에 의해 매개되는 생물학적 이점을 가져다준다고 주장되어 왔다(Low, 2000).

55 Collins 외, 1971.

56 Strathern, 1981; Hirschon, 1984.

57 Holy, 1985.

58 Carsten, 1997.

선이 좋은 이유 —

59 Spiro, 1993b.

60 Keeler, 1990.

61 Friedl, 1967.

62 여기에 내포된 사회적 영역과 가정적 영역 사이의 차이는 물론 모든 사회에 똑같이 적용되지는 않는다(Moore, 1988). 가사가 사회경제적 영역에서 일하는 것보다 더 못하다는 어떠한 시사 또한 있을 수 없다. 그러나 비록 사회적·정치적 영역과 가정 영역에 대해 사회마다 강조하는 부분이 서로 다르다 하더라도, 다수의 경우에 어느 정도 일반적인 타당성이 있다.

63 Moore, 1986.

64 Menon, 2000: 79.

65 Pina-Cabral in Hirschon, 1984.

66 Hirschon, 1993.

67 이것은 또한 여성을 격리하는 수단으로 해석될 수 있을 것이다.

68 Bray, 1997. 또한, McDermott(1990)를 볼 것.

69 Rublack, 1999.

70 예를 들어 Ortner(1981)의 폴리네시아Polynesia 지역의 성별 관계에 대한 논평을 볼 것.

71 Humphrey, 1993.

72 Strathern(1981)을 볼 것.

73 Hsu, 1998.

74 Goody, 1997.

75 Wright and Wright, 1995.

76 여성이 성관계를 통제한다는 것이 일반적으로 얼마나 사실인지는 분명하지 않다. 그러나 남자들이 아내가 콘돔을 사용하도록 강요하는 것을 허용하지 않을 것이라는 에이즈 연구자들의 보고가 있는 것은 확실하다. Spiro(1993)을 볼 것.

77 Blumstein and Schwartz, 1983. 또한, Collins 외(1971)를 볼 것.

78 Goody, 1997.

79 Murdock and Provost, 1973.

80 우리 사회에서는 다른 한 사람과 맺는 유대가 보통이지만, 아체족에서는 여성이 다수의 남성에 의해 수정되며, 그들 각자는 영아의 양육에 이바지한다(Hill and Hurtado, 1996). 또한, Hrdy(1999)를 볼 것.

81 Coleman, 2000.

82 예를 들어 Hsu, 1998.

83 Buss, 1999.

84 Ortner and Whitehead, 1981.

85 Caplan, 1984.

86 위와 이 책의 218~21쪽 그리고 Hinde(1997)에 있는 논평을 볼 것. 물론, 예외가 있을 수 있다. 오트너Ortner는 폴리네시아의 경우 결혼을 할 때 여자들이 낮은 지위와 자유를 갖지만 이혼하면 자유를 얻고, 여자들과 그들의 자녀는 그들의 친족집단에 의해 보호를 받으며, "여자들은 남편보다 결혼 생활에 덜 헌신할 가능성이 크다."라고 제안하였다(Ortner, 1981: 390).

87 Ruble and Martin, 1998.

88 Buss, 1999.

89 Hawkes, 1993.

90 Short, 1979; Dixson, 1998.

91 예를 들어 Hinde, 1996.

92 Lévi-Strauss, 1963.

93 Ralls, Ballou and Templeton, 1988; Shepher, 1983.

94 Bittles and Neel, 1994; Hamilton, 1980. 다음 비평을 참고할 것. Low, 2000.

95 Bittles, 1994; Grand and Bittles, 1997.

96 Bateson, 1982.

97 Sahlins, 1976; Leach, 1981.

98 Hsu, 1998; Fuller, 1976.

99 Bremner and van der Bosch, 1994; Goody, 2000.

100 Hopkins, 1980.

101 Goody, 1962/2000.

102 Thornhill, 1991.

103 Bevc and Silverman, 2000; Kummer, 1980; Shepher, 1983; Westermarck, 1891; Wolf, 1995.

11장

1 Bauman, 1989.

2 Rabbie, 1991; Tajfel and Turner, 1986.

3   Hogg, 2000.

4   Richerson and Boyd, 1999.

5   Sykes, 1991.

6   "우리 병력을 더 무장시켜 적군을 다시 쳐들어가야 한다면, 여러분은 뭐라고 대
     답해야 한다고 생각하는가? 죽은 자가 아무런 명예를 얻지 못하는 것을 보면서,
     우리는 전장을 택할 것인가? 아니면 우리의 삶을 더 소중하게 생각할 것인가?
     나 자신을 위해, 내가 사는 동안 날마다 조금만 있으면 전적으로 만족할 것이다.
     하지만 나는 내 무덤이 영광스럽게 보이길 바랄 것이다. 그것은 대대로 지속하
     는 찬사이다." Euripides(c. 423 BCE/1998)Ⅱ: 313~20.

7   예를 들어 Smart, 1996.

8   Rapport, 1997.

9   Archetti, 1997: 99.

10   Hinde, 1999.

11   Rublack, 1999.

12   Smart, 1996.

13   Orzech, 1996.

14   Loewe, 1994.

15   James, 1988.

16   Teiser, 1996.

17   Crook and Osmaston, 1994.

18   Betzig 외, 1988.

19   잔인한 전쟁광이었던 모로코 황제 물레이 이스마일Moulay Ismail은 888명의 자녀
     를 가졌다고 한다(Buss, 1999). 아이넌Einon은 이스마일이 자기 자식이라고 주
     장했던 그 모든 아이의 아버지가 될 수 없다고 꼬집어 왔다(Einon, 1998). 굴
     드Gould는 반대 의견을 제시하였다(Gould, 2000).

12장

1   Aiello and Dunbar, 1993.

2   Woodburn, 1982.

3   예를 들어 Boehm 1993/1999/2000a.

4   James, 1988: 146.

5   Richerson and Boyd, 1999.

6   예를 들면 다음을 볼 것. Black, 2000; Boehm, 2000b; Kelly, 1995; Richerson and Boyd, 1999. 또한, Dunbar(1996)을 볼 것.

7   Gardner, 2000.

8   Frank, 1988. 또한, Knauft(1987)를 볼 것.

9   Evans-Pritchard, 1940. 또한, Lewis(1995)를 볼 것.

10 Blundell, 1989. 또한, Exodus 21 xxiii~xxv를 볼 것.

11 George(역자), 1999.

12 Kerrigan, 1996.

13 Black, 2000.

14 Evans-Pritchard, 1940: 151.

15 G. Lewis, 1995: 27.

16 호머Homeros의 시에서 복수는 종종 과도했지만, 고전적인 아테네 체계는 구속과 대중적 여론에 대한 호소의 대체에 긍정적인 가치를 두었다(Herman, 1988).

17 Body and Richerson(1991: 84)을 볼 것.

18 Gurven 외(2000: 76)를 볼 것.

19 Richerson and Boyd, 2000.

20 평등주의와 위계적으로 조직된 집단을 분리하여 고려하는 것은 단지 경험 법칙적 고안일 뿐이며, 그 둘 간의 순차적인 역사적 관계를 함축할 수도 혹은 그렇지 않을 수도 있다는 것을 유념하는 것이 중요하다. 더 나아가, 그것은 적절하게 복잡한 인지 체계가 이미 진화하였음을 가정할 것이다. 인간의 뇌 진화에 관한 영향력 있는 이론은 뇌 발달이 사회적 지능에 대한 그의 결과를 통해 선택되었다고 제안한다(Humphrey, 1976). 초기 인류의 뇌 발달은 계획을 세우고 행동 결과와 선호하는 언어 능력을 통합하는 데 중요한 전전두엽 피질을 포함하였던 것으로 보인다.

21 Roth, 1995. 또한, Driver and Miles(1952)를 볼 것.

22 Richerson and Boyd, 1999.

23 Richerson and Boyd(1998, 1999)는 '해결 방법'으로서 그런 기제를 언급하였다.

24 WLUML(Women Living Under Muslim Laws), 1999.

25 Boyd and Richerson, 1992.

26 Goody, 2000.

27 Tierney, 1982.

28 예를 들어 Rublack, 1999.

29 나는 여기에서 Bottéro(1992)의 해석을 확장하고 있다.

30 Adams, 1876.

31 이것의 잔재는 20세기 초까지 독일과 일부 다른 나라에서 강력한 영향력을 유지하던 결투의 관습에서 볼 수 있다(Elias, 1996).

32 Saltman, 1985. 또한, Megarry and Wade(2000)을 볼 것.

33 Saltman, 1985: 228.

34 Hart, 1961.

35 권력이 초월적 권위로부터 부여되었다고 하고 현세 또는 다른 삶에서 제재를 받을 수 있다고 위협하는 종교적 권위자에 의해 유지되는 도덕률은 이들 중 어떤 것과도 정확히 일치하지는 않으나 (신성한) 권력에 대한 공식화된 승인에 기초를 두고 있다는 점에서 공식 법체계에 더 가까운 것 같다. 심지어 산업화한 서구에서처럼 종교 체계가 더는 과거처럼 그렇게 강력하지 않은 곳에서도 도덕률이 종교적 기반에서 파생되었고, 이를 지지하고 전달하는 많은 사람은 종교적 신념 체계에 의해 영향을 받거나 받았다.

36 Milsom, 1981.

37 Fallers, 1969.

38 Megarry and Wade, 2000.

39 Brown, 2000.

13장

1 예를 들어 Berlin(1997)을 볼 것.

2 Russell, 1929/1988: 10~1.

3 Darley and Latané, 1970.

4 Nisan, 1993.

5 예를 들어 Pugwash, 1994.

6 Segerstråle, 2000.

7 Gambetta, 1993.

8 Milgram, 1974.

9 Bauman, 1989.

10 Latenée and Darley, 1970.

11 Edel, 1955.

12 Badman, 1989.

13 Badnura, 1991.

14 Colby and Damon, 1995. 철학자 중 일반적인 도덕 원리를 추구하고 일반적 복지에 우선성을 부여하는 공리주의자들과 개인은 다수의 이익에 의해 무시될 수 없는 불가침권을 가지고 있다고 주장하는 사람들 사이에는 거의 의견이 일치하지 않는다. 중간적 입장은 더욱 복잡한데, 이 관점은 사회 체계가 원칙적으로 모든 구성원이 자유롭게 받아들일 수 있어야 한다는 것이다(Rawls, 1971).

15 Bevc and Silverman, 2000.

16 Killen and Hart, 1995.

17 Smetana, 1995b.

18 Shweder and Bourne, 1984.

19 Helwig, 1995; McClosky and Brill, 1983; Nisan, 1993.

20 Helwig, 1995.

21 The Independent, 9 September 2000.

22 Warnock, 1998.

23 Nisan, 1993.

24 Goffman, 1961.

25 Fortes, 1987.

26 Ewing, 2000; Sager, 2000.

27 Shweder 외, 1987.

28 Turiel, 1998: 911.

29 Benedict, 1934.

30 Wainryb, 1993.

31 Trivers, 1974.

32 Damon, 1980. 또한, Eisenberg and Fabes(1998)를 볼 것.

33 Lerner, 1974.

34 Lupfer, Weeks, Doan and Houston, 2000.

35 Hunter(1991), Pearce and Littlejohn(1997)에서 인용함. 또한, Lakoff(1996)를 볼 것.

36 Sarat, 2000.

37 Pearce and Littlejohn, 1997: 12~4.

38 중요한 책에서, 레이코프Lakoff는 북아메리카에서 발견되는 다양한 도덕적 세계

관이 사실은 두 가지 유형 — '엄격한 아버지' 도덕성과 '자애로운 부모' 도덕성 — 에서 변형된 것으로 인식하였다(Lakoff, 1996). 그는 보수적 담론과 자유주의적 담론이 무의식적으로 이와 같은 가족의 도덕성 모델에서 비롯된다고 제안한다. '엄격한 아버지' 도덕성은 자기 수양과 책임을 강조하고, '자애로운 부모' 도덕성은 페미니스트 철학자들과 매우 유사한 가치를 추구한다. 이런 방식으로 그는 같은 도덕 원리를 지닌 사람들의 도덕 판단에서 나타나는 차이와 개인들의 판단에서 드러나는 명백한 불일치를 설명할 수 있다.

39 Gustfson, 1996.

40 Bennett and Duke, 1995.

41 Johnson, 1999.

42 Beauchamp, 1994. 또한, Gillon(1994)을 볼 것.

43 신체 기관의 밀거래로 인해 전 세계 여러 지역에서 윤리적 문제가 증가하고 있다. Berlinguer(1999)를 볼 것. Scheper-Hughes, 2000.

44 Warnock, 1998.

45 종교적 전통은 서로 다른 대답을 제공한다. 예를 들면, 로마 가톨릭교회는 생명이 수정에서 시작한다고 주장하고, 유대교의 전통에서는 8주에 시작한다고 주장한다(Holloway, 1999).

46 한 중요한 논문에서 반두라Bandura는 비도덕적 행동이 정당화되는 다양한 방식을 제시한다(Bandura, 1999). 여기에는 완곡한 어법 활용(예를 들어 폭탄 공격은 '초정밀 공습'이다), 더 나쁜 도덕적 행동과의 비교, 상관이나 동료에게 책임의 전위 혹은 확산, 행위 결과에 대한 왜곡, 행위의 목표를 비인간화하기, 타인, 피해자 혹은 환경에 책임을 귀속시키기 등이 포함된다.

14장

1 사실, 생물학적 결정론은 보통 인간의 본성은 고정되나 인간의 행동은 그렇지 않다는 것을 암시한다(Cronin, 개인적 교신). 그러나 이 장에서 논의된 유형에 대한 반대 이유는 여전히 존재한다.

2 예를 들어 Dennett, 1984.

3 Warnock, 1998.

4 위의 책, 1998: 96~7.

5 위의 책: 99.

6   위의 책, 1998: 100.

7   다음 논평을 참고할 것. Blakemire, 1998.

8   Warnock, 1998: 102.

9   Midgley, 1983.

15장

1   또한, Hinde(1999)를 볼 것.

2   Hinde, 1999.

3   그런 경우들이 생물학적 측면에서 이해할 수 있는지 아닌지는 열려 있는 문제
     이다.

4   Bauman, 1989.

5   종교적 경험이 보유한 신념에 의해 착색되는 것과 같은 방식으로 기독교인은
     붓다를 또는 불교도는 그리스도를 거의 접하지 않는다. 이에 대한 논의는
     Hinde(1999)를 볼 것.

6   Boyer, 1994.

참고문헌

Adams, H (1876). *Essays on Anglo-Saxon law.* Boston MA: Little, Brown.

Adler, A. (1931/92). *Wozu leben wir?* Frankfurt: Fischer.

Aiello, L. and Dunbar, R. I. M. (1993). 'Neocortex size, group size, and the evolution of language'. *Current Anthropology*, 34, 184~93.

Ainsworth, M. D. S., Blehar, M. C., Waters, E. and Wall, S. (1974). *Patterns of attachment.* Hillsdale NJ: Erlbaum.

Alexander, R. D. (1979). *Darwinism and human affairs.* Seattle: University of Washington Press.

_____ (1987). *The biology of moral systems.* New York: Aldine de Gruyter.

Anderson, J. G., Kaplan, H. S. and Lancaster, J. B. (1999). 'Paternal care by genetic fathers and stepfathers: 1. Reports from Albuquerque men'. *Evolution & Human Behavior*, 20, 405~32 (또한 다음을 볼 것 433~52).

Antill, J. K. (1983) 'Sex role complementary versus similarity in married couples'. *Journal of Personality and Social Psychology*, 45, 145~55.

Archetti, E. P. (1997). 'The moralities of Argentinian football'. In S. Howell (ed.), *The ethnography of moralities*, 98~126. London: Routledge.

Ardener, S. (1993). 'Introduction: the nature of women in society'. In S. Ardener (ed.), *Defining females*, 1~33. Oxford: Berg.

Arsenio, W. and Lover, A. (1995). 'Children's conceptions of sociomoral affect: happy victimizers, mixed emotions, and other expectancies'. In M. Killen and D. Hart (eds), *Morality in everyday life*, 87~130.

Asch, S. (1956). 'Studies of independence and conformity'. *Psychological Monographs*, 70, 1~70.

Astuti, R. (1998). '"It's a boy", "it's a girl!" Reflections on sex and gender in Madagascar and beyond'. In M. Lambek and A. Strathern (eds), *Bodies and persons*, 29~52. Cambridge: Cambridge University Press.

Auhagen, A. E. (1991). *Freundschaft im Alltag: eine Studie mit dem Doppeltagebuch*. Bern: Huber.

_____ (2000). 'On the psychology of meaning of life'. *Swiss Journal of Psychology*, 59, 34~48.

Axelrod, R. and Hamilton, W. D. (1984). 'The evolution of cooperation'. *Science*, 211, 1390~96.

Backman, C. W. (1988). 'The self: a dialectical approach'. *Advances in Experimental Social Behavior*, 21, 229~60.

Bambrough, R. (1979a). *Reason, truth and God*. London: Methuen.

_____ (1979b). *Moral scepticism and moral knowledge*. London: Routledge & Kegan Paul.

Bandura, A. (1989). 'Human agency in social cognitive theory'. *American Psychologist*, 44, 1175~84.

_____ (1991). 'Social cognitive theory of moral thought and action'. In W. M. Kurtines and J. L. Gewirtz (eds), *Handbook of moral behavior and development*, vol. 1, 45~103. Hillsdale NJ: Erlbaum.

_____ (1992). 'Self-efficacy mechanism in psychobiologic functioning'. In R. Schwarzer (ed.), *Self-efficacy: thought control of action*, 355~94. Washington: Hemisphere Publishing.

_____ (1999). 'Moral disengagement in the perpetration of inhumanities'.

선이 좋은 이유 —

Personality and Social Psychology Review, 3, 193~209.

Bandura, A., Underwood, B. and Fromson, M. E. (1975). 'Disinhibition of aggression through diffusion of responsibility and dehumanization of victims'. *Journal of Research in Personality*, 9, 253~69

Barnett, M. A. (1987). 'Empathy and related responses in children'. In N. Eisenberg and J. Strayer (eds), *Empathy and its development*, 146~62 Cambridge: Cambridge University Press.

Baron-Cohen, S. (1997). 'How to bulid a baby that can read minds: cognitive mechanisms in mindreading'. In S. Baron-Cohen (ed.), *The maladapted mind*, 207~40. Hove: Psychology Press

Baron-Cohen, S., Leslie, A. M. and Frith, U. (1985) 'Does the autistic child have a "theory of mind"?'. *Cognition*, 21, 37~46.

Bateson, P. (1982). 'Preferences for cousins in japanese quail'. *Nature*, 295, 236~67.

Batson, C. D. (2000). '"Unto others": a service … and a disservice'. *Journal of Consciousness Studies*, 7, 185~206.

Bauman, Z. (1989). *Modernity and the Holocaust.* Cambridge: Polity Press.

Baumeister, R. F. (1999). *The self in social psychology.* Philadelphia PA: Psychology Press.

Baumrind, D. (1971). 'Current patterns of parental authority'. *Developmental Psychology Monographs*, 4 (1 and 2).

Beauchamp, T. L. (1994). 'The four principles approach'. In R. Gillon (ed.), *Principles of health care ethics*, 3~12. Chichester: wiley.

Beckerman, S., Lizzarelde, R., Ballew, C., Schroeder, S., Fingelton, C., Garrison, A. and Smith, H. (1998). 'The Bari partible paternity project: preliminary results'. *Current Anthropology*, 39, 164~7.

Benedict, R. (1934). *Patterns of Culture.* Boston: Houghton Mifflin.

Bennett, L. and Duke, J. (1995) 'Research note: decision-making processes, ethical dilemmas and models of care in HIV/AIDS health care provision'. *Sociology of Health and Illness,* 17, 109~19.

Berger, P. L. and Luckman, T. (1966). *The social construction of reality: a treatise in the sociology of knowledge.* New York: Doubleday Anchor Books.

Berlin, I. (1969). *Four essays on liberty.* Oxford: Oxford University Press.

_____ (1997). *The proper study of mankind.* London: Chatto & Windus.

Berlinguer, G. (1999). *The human body, from slavery to the biomarket: an ethical analysis.* Sheffield: European Association for the History of Medicine and Health.

Betzig, L., Borgerhoff Mulder, M. and Turke, P. (eds) (1988). *Human reproductive behavior: a Darwinian perspective.* Cambridge: Cambridge University Press.

Bevc, I and Silverman, I. (2000). 'Early separation and sibling incest: a test of the revised Westermarck theory'. *Evolution and Human Behavior,* 21, 151~61.

Bittles, A. H. (1994). 'The role and significance of consanguinity as a demographic variable'. *Population and Development Review,* 20, 561~84.

Bittles, A. H. and Neel, J. V. (1994). 'The costs of human inbreeding and implications for variations at the DNA level'. *Nature Genetics,* 8, 117~21.

Black, D. (2000). 'On the origin of morality'. *Journal of Consciousness Studies,* 7, 107~19.

Blackmore, C. (1999). *The meme machine.* Oxford: Oxford University Press.

Blair, R. J. (1997). 'A cognitive developmental approach to morality: investigating the psychopath'. In S. Baron-Cohen (ed.), *The maladapted mind,* 85~114. Hove: Psychology Press.

Blakemore, C. (1998). 'How the environment helps to bulid the brain'. In B. Cartledge (ed), *Mind, brain, and the environment,* 28~56. Oxford: Oxford University Press.

Blasi, A. (1993). 'The development of identity: some implications for moral functioning'. In G.G. Noam and T.E. Wren (eds), *The moral self*, 99~122. Cambridge MA: MIT Press.

Block, J. and Robins, R. W. (1993). 'A longitudinal study of consistency and change in self-esteem from early adolescence to early adulthood'. *Child Development*, 64, 909~23.

Blumstein, P. and Schwartz, P. (1983). *American couples*. New York: Morrow.

Blundell, M. W. (1989). *Helping friends and harming enemies*. Cambridge: Cambridge University Press.

Blurton Jones, N. (1984). 'A selfish origin for human food-sharing: tolerated theft'. *Ethology & Sociobiology*, 5, 1~3.

_____ (1986). 'Bushman birth-spacing: a test for optimal interbirth intervals'. *Ethology & Sociobiology*, 7, 91~106.

Bodenhorn, B. (2000). '"He used to be my relative": exploring the bases of relatedness among Inupiat of northern Alaska'. In J. Carsten (ed.), *Cultures of relatedness*, 128~48. Cambridge: Cambridge University Press.

Boehm, C. (1989). 'Ambivalence and compromise in human nature'. *American Anthropologist*, 91, 929~39.

_____ (1993). 'Egalitarian society and reverse dominance hierarchy'. *Current Anthropology*, 34, 227~54.

_____ (1999). 'The natural selection of altruistic traits'. *Human Nature*, 10, 205~52.

_____ (2000a). 'Conflict and the evolution of social control'. *Journal of Consciousness Studies*, 7, 79~101.

_____ (2000b). 'The origin of morality as social control'. *Journal of Consciousness Studies*, 7, 149~83.

Bottéro, J. (1992). *Mesopotamia: writing, reasoning, and the gods*. Chicago IL: University of Chicago Press.

Bowlby, J. (1969/1982). *Attachment and loss*, vol. 1, Attachment. London: Hogarth.

_____ (1973). *Attachment and loss*, vol. 2, Separation. London: Hogarth.

Boyd, R. (1992). 'The evolution of reciprocity when conditions vary'. In A. H. Harcourt and F. B. M. de Waal (eds), *Coalitions and alliances in humans and other animals*, 473~92. Oxford: Oxford University Press.

Boyd, R. and Richerson, P. J. (1991). 'Culture and cooperation'. In R. A. Hinde and J. Groebel (eds), *Cooperation and prosocial behaviour*, 27~48. Cambridge: Cambridge University Press.

_____ (1992). 'Punishment allows evolution of cooperation (or anything else) in sizeable groups'. *Ethology & Sociobiology*, 13, 171~95.

Boyer, P. (1994). *The naturalness of religious ideas*. Berkeley CA: University of California Press.

Bray, F. (1997). *Technology and gender. fabrics of power in late Imperial China*. Berkeley: University of California Press.

Bremner. J. and van der Bosch, L. (eds) (1994). *Between poverty and the pyre: moments in the history of widowhood*. London: Routledge.

Bretherton, I. (1995). 'Attachment theory and developmental psychopathology'. In D. Cicchetti and S. L. Toth (eds), *Emotion, cognition and representation*, 231~6. Rochester NY: University of Rochester Press.

Bretherton, I. and Munholland, K. A. (1999). 'Internal working models in attachment relationships'. In J. Cassidy and P. R. Shaver (eds), *Handbook of attachment*, 89~111. New York: Guilford.

Bretherton, I., Ridgeway, D. and Cassidy, J. (1990). 'Assessing internal working models of the attachment relationship'. In M. D. Greenberg, J. Ciccheti and E. M. Cummings (eds), *Attachment in the preschool years*, 273~308. Chicago IL: Chicago University Press.

Brown, P. F. (2000). 'Behind the walls: the material culture of Venetian élites'. In J. Martin and D. Romano (eds), *Venice reconsidered*, 295~338. Baltimore MD: Johns Hopkins University Press.

Bruner, J. (1986). *Actual minds, possible worlds*. Cambridge MA: Harvard University Press.

Bunyan, J. (1678/1928). *Pilgrim's progress*. London: Noel Douglas.

Burgess, R. L and Drais, A. A. (1999). 'Beyond the "Cinderella effect"'. *Human Nature*, 10, 373~98.

Buss, D. (1995). 'Evolutionary psychology: a new paradigm for psychological science'. *Psychological Inquiry*, 6, 1~30.

_____ (1999). *Evolutionary psychology*. Boston MA: Allyn & Bacon.

Buss, D. M., Abbott, M., Angleitner, A. et al. (1990). 'International preferences in selecting mates: a study of 37 cultures'. *Journal of Cross-Cultural Psychology*, 21, 5~7.

Byrne, R. W. and Whiten, A. (1988). *Machiavellian intelligence: social expertise and the evolution of intellect in monkeys, apes, and humans*. New York: Oxford University Press.

Candland, D. K. (1993). *Feral children and clever animals*. New York: Oxford University Press.

Caplan, P. (1984). 'Cognatic descent, Islamic law and women's property on the East African coast'. In R. Hirschon (ed.), *Women and property: women as property*, 23~43. London: Croon Helm.

Carrithers, M. (1985). 'An alternative social history of the self'. In M. Carrithers, S. Collins and S. Lukes (eds), *The category of the person*, 234~56. Cambridge: Cambridge University Press.

Carsten, J. (1997). *The heat of the hearth*. Oxford: Clarendon Press.

Caspi, A. and Elder, G. H. (1988). 'Emergent family patterns: the intergenerational construction of problem behaviour and relationships. In R. A. Hinde and J. Stevenson-Hinde (eds), *Relationships within families:*

mutual influences, 218~40. Oxford: Clarendon Press.

Chapais, B. (1991). 'Primates and the origins of aggression, power and politics among humans'. In J. D. Loy and C. B. Peter (eds), *Understanding behaviour*, 190~228. Oxford: Oxford University Press.

Cheney, D. L. and Seyfarth, R. M. (1990). *How monkeys see the world*. Chicago IL: Chicago Univercity Press.

Chodorow, N. (1978). *The reproduction of mothering*. Berkeley CA: University of California Press.

Chomsky, N. (1980). *Rules and representations*. New York: Columbia University Press.

Clayton, S. D. and Lerner, M. J. (1991). 'Complications and complexity in the pursuit of justice'. In R. A. Hinde and J. Groebel (eds), *Cooperation and prosocial behaviour*, 173~84. Cambridge: Cambridge University Press.

Colby, A. and Damon, W. (1995). 'The development of extraordinary moral commitment'. In M. Killen and D. Hart (eds), *Morality in everyday life*, 342~70. Cambridge: Cambridge University Press.

Coleman, D. A. (2000). 'Male fertility in industrial countries: theories in search of some evidence'. In C. Bledsoe, S. Lerner and J. I. Guyer (eds), *Fertility and the male life-cycle in the era of fertility decline*, 29~60. Oxford: Oxford University Press.

Coleman, J. S. (1990). *Foundations of social theory*. Cambridge MA: Harvard University Press.

Collins, J., Kreitman, N., Nelson, B. and Troop, J. (1971). 'Neurosis and marital interaction, III'. *British Journal of Psychiatry*, 119, 233~42.

Coney, N. S. and Mackey, W. C. (1997). 'A reexamination of Gilligan's analysis of the female moral system'. *Human Nature*, 8, 247~73.

Cosmides, L. and Tooby and L. Cosmides (eds), *The adapted mind*, 163~228. New York: Oxford University Press.

선이 좋은 이유 —

Count, E. W. (1973). *Being and becoming human*. New York: Van Nostrand Reinhold.

Cronin, H. (1991). *The ant and the peacock: altruism and sexual selection from Darwin to to-day*. Cambridge: Cambridge University Press.

Cronk, L. (1991). 'Human behavioural ecology'. *Annual Review of Anthropology*, 20, 25~53.

Crook, J. H. and Crook, S. J. (1988). 'Tibetan polyandry: problems of adaptation and fitness'. In L. Betzig, M. Borgerhoff Mulder and P. Turke (eds), *Human reproductive behaviour: a Darwinian perspective*, 97~114. New York: Cambridge University Press.

Crook, J. and Osmaston, H. (1994). *Himalayan Buddhist villages*. Bristol: Bristol University.

Cummins, D. D. (1996). 'Evidence of deontic reasoning in 3- and 4- year old children'. *Memory and Cognition*, 24, 823~9.

_____ (1999). 'Cheater detection is modified by social rank: the impact of dominance on the evolution of cognitive functions'. *Evolution and Human Behavior*, 20, 229~48.

Dalai Lama, (1999). *Ethics for the new millennium*. New York: Riverhead Books.

Daily, M and Wilson, M. (1988). *Homicide*. Hawthorne NY: Aldine.

Daily, M and Wilson, M. (1986). 'Violence against stepchildren'. *Current Directions in Psychological Science*, 5, 77~81.

Damasio, A. R. (1994). *Descartes' error*. New York: Putnam.

Damon. W. (1997). *The social world of the child*. San Francisco: Jossey-Bass. (Not consulted).

_____ (1980). 'Patterns of change in children's reasoning: a two-years longitudinal study'. *Child Development*, 51, 1010~17.

_____ (1996). 'The lifelong transformation of moral goals through social influence'. In P. B. Baltes and U.M. Staudinger (eds), *Interactive minds*,

198~220. Cambridge: Cambridge University Press.

Darley, J. M. and Latané, B. (1970). 'Norms and normative behavior: field studies of social interdependence'. In J. MacCaulay and L. Berkowitz (eds), *Altruism and helping behavior*. New York: Academic Press.

Davidson, P. and Youniss, J. (1991). 'Which comes first, morality of identity?'. In W. M. Kurtines and J. L. Gewirtz (eds), *Handbook of moral behavior and development*, 1, 105~21. Hillsdale NJ: Erlbaum.

Davies, C. (1994). 'Crime and the rise and decline of a relational society'. In J. Burnside and N. Baker (eds), *Relational justice*, 31~41.

Dawkins, R. (1976). *The selfish gene*. New York: Oxford University Press.

_____ (1982). *The extended phenotype: the long reach of the gene*. New York: Oxford University Press.

Dennett, D. (1984). *Elbow room*. Oxford University Press.

Dentan, R. K. (2000). 'Puzzling questions, not beyond all conjecture'. *Joural of Consciousness Studies*, 7, 123~7.

Dickemann, M. (1981). 'Paternal confidence and dowry competition: a biocultural analysis of purdah'. In R. D. Alexander and D. W. Tinkle (eds), *Natural selection and social behavior*, 417~38. New York: Chiron Press.

Dinnerstein, D. (1976). *The mermaid and the minotaur: sexual arrangements and the human malaise*. New York: Harper & Row.

Dion, K. K. and Dion, K. L. (1991). 'Psychological individualism and romantic love'. *Journal of Social Behavior and Personality*, 6, 17~33.

Dixson, A. F. (1998). *Primate sexuality*. Oxford: Oxford University Press.

Driver, G. R and Miles, J. C. (1952). *The Babylonian laws*. Oxford: Clarendon.

Dunbar, R. (1996). *Grooming, gossip, and the evolution of language*. London: Faber & Faber.

Dunn, J. (1988). *The beginnings of social understanding*. Cambridge MA: Havard University Press.

선이 좋은 이유 ―

_____ (1999). 'Siblings, friends, and the development of social under-
standing'. In W. A. Collins and B. Laursen (eds), *Relationships as develop-
ment contexts*. Minnesota Symposia on child psychology, 30, 263~79.
Maharah NJ: Erlbaum.

Dunn, J., Brown, J. R. and Maguire, M. (1995). 'The development of child-
ren's moral sensibility: individual differences and moral under-
standing'. *Developmental Psychology*, 31, 649~59.

Dunn, J., Cutting, A. L. and Demetriou, H. (2000). 'Moral sensibility, under-
standing others, and children's friendship interactions in the pre-
school period'. *British Journal of Developmental Psychology*, 18, 159~78.

Dunn, J, and Munn, P. (1985). 'Becoming a family member: family conflict
and the development of social understanding', *Child Development*, 56,
480~92.

_____ (1987). 'Development of justification in disputes with mother and
sibling'. *Developmental Psychology*, 23, 791~8.

Eagly, A. H. and Crowley, M. (1986). 'Gender and helping behavior: a
meta-analytic review of the social psychological literature'.
Psychological Bulletin, 100, 283~308.

Eagly, A. H. and Wood, W. (1999). 'The origins of sex differences in human
behavior'. *American Psychologist*, 54, 408~23.

Eccles, J. S., Wigfield, A. and Schiefele, U. (1997). 'Motivation to succeed'. In
W. Damon and N. Eisenberg (eds), *Handbook of child psychology*, 5th ed.,
vol. 3, 1017~95. New York: Wiley.

Edel, A. (1955). *Ethical judgement*. Glencoe IL: Free Press.

Edel, M. and Edel, A. (1959). *Anthropology and ethics*. Springfield IL: C. C.
Thomas.

Einon, D. (1988). 'How many children can one man have?'. *Evolution and
Human Behaviour*, 19, 413~26.

Eisenberg, N. (1986). *Altruistic emotion, cognition and behavior*. Hillsdale NJ: Erlbaum.

Eisenberg, N. and Fabes, R. A. (1998). 'Prosocial development'. In W. Damon and N. Eisenberg (eds), *Handbook of child psychology*, 5th ed., vol. 3, 701~78. New York: Wiey.

Eisenberg, N. and Strayer, J. (eds) (1987). *Empathy and its development*. New York: Cambridge University Press.

Eisenstadt, S. N. (1956). 'Ritualized personal relations'. *Man*, 56, 90~5.

Ekman, P. and Friesen, W. V. (1975). *Unmasking the face*. Englewood Cliffs NJ: Prentice Hall.

Elias, N. (1996). *The Germans*. Cambridge: Polity Press.

Essock-Vitale, S. M. and McGuire, M. T. (1985). 'Women's lives viewed from an evolutionary perspective. 2. Patterns of helping', *Ethology and Sociobiology*, 6, 155~73.

Euripides (c. 423 BCE/1998). *Hecabe* (trans. John Davie). Harmondsworth: Penguin.

Evans, St. B. T. and Over, D. E. (1996). *Rationality and reasoning*. Hove: Psychology Press.

Evans-Pritchard, E. E. (1940). *The Nuer*. Oxford: Clarendon Press.

Ewing, K. P. (2000). 'Legislating religious freedom: Muslim challenges to the relationship between "church" and "State" in German and France'. *Daedalus*, 129, 31~54.

Fabes, R. A. and Eisenberg, N. (unpublished, 1996). Citied Eisenberg and Fabes, 1998.

Fallers, L. (1969). *Law without precedent*. Chicago IL: Chicago University Press.

Finalyson, S. (1997). *Assertiveness* (course guide). Unpublished.

Flack, J. C. and de Waal, F. B. M. (2000). '"Any animan whatever": Darwinian building blocks of morality in monkeys and apes'. *Journal of*

Consciousness Studies, 7, 1~29.

Flinn, M. V. (1997). 'Culture and the evolution of social learning'. *Evolution and Human Behavior,* 18, 23~67.

Foa, U. G. and Foa, E. B. (1974). *Societal structures of the mind.* Springfield IL: Thomas.

Foley, R. (1996). "The adaptive legacy of human evolution'. *Evolutionary Anthropology,* 4, 194~203.

Forte, M. (1987). 'On the concept of the person among the Tallensi'. In J. Goody (ed.), *Religion, morality, and the person,* 247~86. Cambridge: Cambridge University Press.

Frank, R. H. (1988). *Patterns within reason.* New York: Norton.

_____ (1999). *Luxury fever. why money fails to satisfy in an era of excess.* New York: Free Press.

Friedl, E. (1967). 'The position of women: appearance and reality'. *Anthropological Quarterly,* 40, 98~105.

Fuller, C. J. (1976). *The Nayars today.* Cambirdge: Cambridge University Press.

Gambetta, D. (1988). 'Can we trust trust?', In D. Gambetta (ed.), *Trust,* 213~38. Oxford: Blackwell.

_____ (1993). *The Sicilian Mafia.* Cambridge MA: Havard University Press.

Garcia, J. and Koelling, R. A. (1966). 'Relation of cue to consequence in avoidance learning', *Psychonomic Science,* 4, 123~4.

Gardner, P. M. (2000), 'Which culture traits are primitive?', *Journal of Consciousness Studies,* 7, 128~30.

Geertz, C. (1970). 'The impact of the concept of culture on the concept of man'. In E. A. Hammel (ed.), *Man makes sense.* Boston: Little Brown.

_____ (1973). *The interpretation of cultures.* New York: Basic Books.

_____ (1975). 'On the nature of anthropological understanding'. *American Scientist,* 63, 47~53.

George, A. (translator) (1999). *The epic of Gilgamesh: the Babylonian epic poem and other texts in Akkadian and Sumerian.* London: Allen George.

Gensler, H. J. (1998). *Ethics.* London: Routledge.

Gilligan, C. (1982). *In a different voice: Psychological theory and women's development.* Cambridge MA: Harvard University Press.

Gilligan, C. and Attanucci, J. (1988). 'Two moral orientations: gender differences and similarities'. *Merrill-Palmer Quarterly,* 34, 223~37.

Gillon, R. (1994). 'Medical ethics: four principles plus attention to scope'. *British Medical Journal,* 309, 184~88.

Gingrich, A. (1997). 'Inside an "exhausted community": an essay on case-reconstructive research about peripheral and other moralities'. In S. Howell (ed.), *The ethnography of moralities,* 152~77. London: Routledge.

Gintis, H. (2000). 'Group selection and human prosociality'. *Journel of Consciousness Studies,* 7, 215~19.

Gluckman, M. (1950). 'Kinship and marriage among the Lozi of Northern Rhodesia and the Zulu of Natal'. In A. R. Radcliffe and D. Ford (eds), *African systems of kinship and marriage,* Oxford: Oxford University Press.

Goffman, E. (1961), *Asylums.* Chicago IL: Aldine.

Goody, E. (1982). *Parenthood and social reproduction.* Cambridge: Cambridge University Press.

―――― (1991). 'The learning of prosocial behaviour in small-scale egalitarian societies: an anthropological view'. In R. A. Hinde and J. Groebel (eds), *Cooperation and prosocial behaviour,* 106~28. Cambridge: Cambridge University Press.

―――― (1977). 'Why must might be right? Observations an sexual Herrschaft'. In M. Cole, Y. Engeström and O. Vasquez (eds), *Mind, culture and activity,* 432~72. Cambridge: Cambridge University Press.

_____ (1999). 'Sharing and transferring components of parenthood: the west African case'. In M. Corbier (ed.), *Adoption et fosterage*, 369~87. Paris: De Boccard.

Goody, J. (1962). *Death, property and the ancestors*. London: Tavistock.

_____ (2000). *The European family*. Oxford: Blackwell.

Gould, R. G. (2000). 'How many children could Moulay Ismail have had?'. *Evolution and Human Behavior*, 21, 295~6.

Grand, J. C. and Bittles, A. H. (1997). 'The comparative role of consanguinity in infant and child mortality in Pakistan'. *Annals of Human Genetics*, 61, 143~9.

Grusec, J. E. And Goodnow, J. J. (1994a). 'Impact of parental discipline methods on the child's internalisation of values: a reconceptualisation of current points of view'. *Developmental Psychology*, 30, 4~19.

_____ (1994b). 'Summing up and looking to the future'. *Developmental Psychology*, 30, 29~31.

Gurven, M. Allen-Arave, W., Hill, K and Hurtado, M. (2000). '"It's a wonderful life.": signalling generosity among the Ache of Paraguay'. *Evolution and Human Behavior*, 21, 263~82.

Gustafson, J. M. (1996). *Intersections*. Cleveland OH: Pilgrim Press.

Güth, S. and Güth, W. (2000). 'Morality based on cognition in primates'. *Journal of Consciousness Studies*, 7, 43~6.

Haas, J. (1990). *The anthropology of war*. Cambridge: Cambridge University Press.

Hamilton, W. D. (1964). 'The genetical evolution of social behaviour'. *Journal of Theoretical Biology*, 7, 1~52.

_____ (1975). 'Innate social aptitudes of man'. In R. Fox (ed.), *Biosocial anthropology*, 133~55. New York: Wiley.

_____ (1980). 'Sex versus non-sex versus parasite'. *Oikos*, 35, 282~90.

Haney, C. Banks, C. and Zimbardo, P. (1973). 'Interpersonal dynamics in a simulated prison'. *International Journal of Criminology and Penology*, 1, 69~97.

Hatcourt, A. H. and de Waal, F. B. M. (1992). 'Cooperation in conflict: from ants to anthropoids'. In A. H. Harcourt and F. B. de Waal (eds), *Coalitions and alliances in humans and other animals*, 493~510. Oxford: Oxford University Press.

Hardin, G. (1968). 'The tragedy of the commons'. *Science*, 162, 1243~8.

Hare, B., Call, J. and Tomasello, M. (2001). 'Do chimpanzees know what conspecifics know?'. *Animal Behaviour*, 61, 139~51.

Hare, R. M. (1968). Review of G.J. Warnock, Contemporary maral philosophy. *Mind*, 77, 436~40.

Harré, R. and Parrott, W. G. (2000). *The emotions*. London: Sage.

Harris, P. L. (1989). *Children and emotion: the development of psychological understanding*. Oxford: Blackwell.

Hart, H. A. L. (1961). *The concept of law*. Oxford: Clarendon.

Haste, H. (1993). 'Morality, self, and sociohistorical context: the role of lay social theory'. In G. G. Noam and T. E. Wren (eds), *The moral self*, 175~208.

Haste, H. and Baddeley, J. (1991). 'Moral theory and culture: the case of gender'. In W. M. Kurtines and J. L. Gewirtz (eds), *Handbook of maral behavior and development*, vol. 1, 223~50. Hillsdale NJ: Erlbaum.

Hauert, C. L. and Schuster, H. G. (1997). 'Effects of increasing the number of players and memory size in the iterated Prisoners' Dilemma: a numerical approach'. *Proceedings of the Royal Society of London B*, 264, 513~19.

Hawkes, K. (1993). 'Why hunter-gatherers work: an ancient version of the problem of public goods'. *Current Anthropology*, 34, 341~61.

Hawkes, K., O'Connell, J. F. and Blurton Jones, N. G. (2001). 'Hadza meat sharing'. *Evolution and Human Behavior*, 22, 113~42.

Hay, D. F., Castle, J.. Stimson, C. A. and Davies, L. (1995). 'The social construction of character in toddlerhood'. In M. Killen and D. Hart (eds), *Morality in everyday life*, 23~51. Cambridge: Cambridge University Press.

Heal, J. (1991). 'Altruism'. In R. A. Hinde and J. Groebel (eds), *Cooperation and prosocial behaviour*, 159~72. Cambridge: Cambridge University Press.

Heelas, P. (1981). 'Introduction: indigenous psychologies'. In P. Heelas and A. Lock (eds), *Indigenous psychologies*, 3~18. London: Academic Press.

Helwig, C. C. (1995). 'Adolescents' and young adults' conceptions of civil liberties: freedom of speech and religion'. *Child Development*, 66, 152~66.

Helwig, C. C., Tisak, M. S. and Turiel, E. (1990). Children's social reasoning in context: reply to Gabennesch. *Child Development*, 61, 2068~78.

Henrich, J. and Boyd, R. (1998) 'The evolution of conformist transmission and the emergence of between-group differences'. *Evolution and Human Behavior*, 19, 215~41.

Herman, G. (1998). 'Reciprocity, altruism, and the prisoner's dilemma: the special case of classical Athens'. In C. Gill, N. Postlethwaite and R. Seaford (eds), *Reciprocity in ancient Greece*, 199~225. Oxford: Oxford University Press.

Hetherington, E. M., Henderson, S. H. and Reiss, D. (1999). 'Adolescent siblings in stepfamilies: family functioning and adolescent adjustment'. *Monographs of the Society for Research in Child Development*, 64, 1~221.

Hill, K and Hurtado, M. (1996). *Aché life history: the ecology and demography of a foraging people*, Hawthorne NY: Aldine de Gruyter.

Hill, K. and Kaplan, H. (1993). 'On why male foragers hunt and share food'. *Current Anthropology*, 34, 701~6.

Hinde, R. A. (1987). *Individuals, relationships, and culture*. Cambridge:

Cambridge University Press.

_____ (1991). 'A biologist looks at anthropology'. *Man*, 26, 583~608.

_____ (1996). 'Gender differences in close relationships'. In D. Miell and R. Dallos (eds), *Social interaction and personal relationships*, 324~34. London: Sage.

_____ (1997). *Relationships: a dialectical perspective*. Hove: Psychology Press.

_____ (1999). *Why gods persist*. London: Routledge.

Hinde, R. A., Finkenauer, C. and Auhagen, A. E. (2001). 'Relationships and the self-concept'. *Personal Relationships*, 8, 187~204.

Hinde, R. A. and Stevenson-Hinde, J. (1973) (eds). *Constraints on learning: limitations and predispositions*. London: Academic Press.

Hirschon, R. (1984). *Women and property: women as property*. London: Croon Helm.

_____ (1993). 'Open body/closed space: the transformation of female sexuality'. In S. Ardener (ed.), *Defining females*, 51~72. Oxford: Berg.

Hoffman, M. L. (1981). 'Is altruism part of human nature?'. *Journal of Personality and Social Psychology*, 40, 121~37.

_____ (1984). 'Empathy, its limitations, and its role in a comprehensive moral theory'. In W. M. Kortines and J. L. Gewirtz (eds), *Morality, moral behaviour, and moral development*, 283~302. New York: Wiley.

_____ (2000). *Empathy and moral development: implication for caring and justice*. Cambridge: Cambridge University Press.

Hogg, M. A. (2000). 'Subjective uncertainty reduction through self-categorization: a motivational theory of social identity processes'. *European Review of Social Psychology*, 11, 223~56.

Holloway, R. (1999). *Godless Morality*. Edinburgh: Canongate.

Holy, L. (1985). 'Fire, meat, and children: the Berti myth, male dominance, and female power'. In J. Overing (ed.), *Reason and morality*, 180~99.

London: Tavistock.

Hopkins K. (1980). 'Brother-sister marriage in Roman Egypt'. *Comparative studies in society and history*, 22, 303~54.

Howell, S. (1997). 'Introduction'. In S. Howell (ed.), *The ethnography of moralities*, 1~22. London: Routledge.

Hrdy, S. (1999). *Mother nature*. New York: Pantheon.

Hsu, E. (1998). 'Moso and Naxi: the house'. In M. Oppitz and E. Hsu (eds), *Naxi and Moso ethnography: kin, rites, pictographs*, 67~99. Zurich: Völkerkunde- museum.

Humphrey, C. (1993). 'Women, taboo, and the suppression of attention'. In S. Ardener (ed), *Defining females*, 73~92. Oxford: Berg.

_____ (1997). 'Exemplars and rules: aspects of the discourse of moralities in Mongolia'. In S. Howell (ed.), *The ethnography of moralities*, 25~47. London: Sage.

Humphrey, N. (1976). 'The social function of intellect'. In P. Bateson and R. A. Hinde (eds), *Growing points in ethology*, 303~18. Cambridge: Cambridge University Press.

_____ (1997). 'Varieties of altruism - and the common ground between them'. *Social Research*, 64, 199~209.

Hunter, J. D. (1991). *Culture wars: the struggle to define America*. New York: Harper Collins. (Not consulted; cited Pierce and Littlejohn, 1997).

van IJzendoorn, M. H. and Bakernans-Kranenburg, M. J. (1997). 'Intergenerational transmission of attachment'. In L. Atkinson and K. J. Zucker (eds) *Attachment and psychopathology*, 135~70. London: Guilford.

Ingold, T. (ed.), (1994) *Companion encyclopedia of anthropology*. London: Routledge.

Irons, W. (1991). 'How did morality evolve?'. *Zygon*, 26, 49~89.

_____ (1996). 'In our own self-image: the evolution of morality, deception, and religion'. *Skeptic*, 4, 50~61.

Jacobson-Widding, A. (1997). '"I lied, I farted, I stole...": dignity and morality in African discourses on personhood'. In S. Howell (ed.), *The ethnography of moralities*, 48~73. London: Routledge.

James, W. (1988). *The listening ebony*. Oxford: Clarendon.

_____ (1993). 'Matrifocus on African women'. In S. Ardener (ed.), *Defining females*, 123~45. Oxford: Berg.

Johnson, M. H. (1999). 'The medical ethics of paid egg sharing in the United Kingdom'. *Human Reproduction*, 14, 1912~18.

Kagan, J. (1984). *The nature of the child*. New York: Basic Books.

_____ (1989). *Unstable ideas: temperament, cognition and self*. Cambridge MA: Harvard University Press.

_____ (1998). *Three seductive ideas*. Cambridge MA: Harvard University Press.

_____ (2000). 'Human morality is distinctive'. *Journal of Consciousness Studies*, 7, 46~8.

Keeler, W. (1990). 'Speaking of gender in Java', in J. Atkinson and S. Errington (eds), *Power and difference: gender in island south-east Asia*. Stanford CA: Stanford University Press. (Cited Moore, 1988)

Keller, M. and Edelstein, W. (1993). 'The development of the moral self from childhood to adolescence'. In G. G. Noam and T. E. Wren (eds), *The moral self*, 310~36. Cambridge MA: MIT Press.

Kelley, H. H. (1979). *Personal Relationships*. Hillsdale NJ: Erlbaum.

Kelly, R. L. (1995). *The foraging spectrum: diversity in hunter-gatherer lifeways*. Washington DC: Smithsonian Institution Press. (Cited Boehm, 1999)

Kerrigan, J. (1996). *Revenge tragedy*. Oxford: Clarendon.

Killen, M. and Hart, D. (eds) (1995). *Morality in everyday life*. Cambridge: Cambridge University Press.

Killen, M. and Nucci, L. P. (1995). 'Morality, autonomy, and social conflict'. In M. Killen and D. Hart (eds), *Morality in everyday life*, 52~86. Cambridge: Cambridge University Press.

King, L. A. (1993). 'Emotional expression, ambivalence over emotional expression and marital satisfaction'. *Journal of Social and Personal Relationships*, 10, 601~7.

Knauft, B. M. (1987). 'Reconsidering violence in simple human societies: homicide among the Gebusi of New Guinea'. *Current Anthropology*, 28, 457~500.

Ko, D. (1994). *Teachers of the inner chambers*. Stanford CA: Stanford University Press.

_____ (1997). 'The body as attire: the shifting meaning of foot-binding in seventeenth century China'. *Journal of Women's History*, 8, 8~27.

Kochanska, G. (1993). 'Towards a synthesis of parental socialisation and child temperament in early development of conscience'. *Child Development*, 64, 325~47.

_____ (1994). 'Beyond cognition: expanding the search for the early roots of internalization and conscience'. *Developmental Psychology*, 30, 20~2.

_____ (1997). 'Mutually responsive orientation between mothers and their young children: implications for early socialisation'. *Child Development*, 68, 94~112.

Kohlberg, L. (1984). *Essays on moral development: 2. The psychology of moral development*. San Francisco: Harper & Row.

Krebs, D. (2000). 'As moral as we need to be'. *Journal of Consciousness Studies*, 7, 139~43.

Kummer, H. (1980). 'Analogs of morality among nonhuman primates'. In G. S. Stint (ed.), *Morality as a biological phenomenon*, 31~47. Berkeley CA: University of California Press.

_____ (2000). 'Ways beyond appearances'. *Journal of Consciousness Studies*, 7, 48~52.

Küng, H. and Kuschel, K. -J. (1993). *A global ethic*. London: SCM Press.

Lack, D. (1966). *Population studies of birds*. Oxford: Oxford University Press.

Lakoff, G. (1996). *Moral politics*. Chicago IL: Chicago University Press.

Laland, K., Kumm, J. and Feldman, M. W. (1995). 'Gene-culture coevolutionary theory'. *Current Anthropology*, 36, 131~56.

van Lange, P. A. M. (2000). 'Beyond self-interest: a set of propositions relevant to interpersonal orientations'. In W. Stroebe and M. Hewstone (eds), *European Review of Social Psychology*, 11, 297~331.

Latané. B. and Darley, J. M. (1970). *The unresponsive bystander: why doesn't he help?* New York: Appleton-Crofts.

Leach, E. (1981). 'Biology and social science: wedding or rape?'. *Nature*, 291, 267~8.

Lerner, M. (1974). 'Social psychology of justice and interpersonal attraction'. In T. L. Huston (ed.), *Foundations of interpersonal attraction*, 331~5. New York: Academic Press.

Lévi-Strauss, C. (1963). *The elementary structures of kinship*. Boston MA: Beacon.

Lewis, G. (1995) 'Payback and ritual in war: New Guinea'. In R. A. Hinde and H. Watson (eds), *War: a cruel necessity?*, 24~36. London: Tauris.

Lewis, M. (1992). *Shame: the exposed self*. New York: Free Press.

Lienhardt, G. (1961). *Divinity and experience: the religion of the Dinka*. Oxford: Clarendon Press.

_____ (1985). 'Self: public, private. Some African representations'. In M. Carrithers, S. Collins and S. Lukes (eds), *The category of the person*, 141~55. Cambridge: Cambridge University Press.

Loewe, M. (1994). *Chinese ideas of life and death*. Taipei: SMC Publishing.

Lorenz, K. (1937). 'Über die Bildung des Instinktbegriffes'. *Naturwissenschaften*,

25, 289~300, 307~18, 324~31.

Low, B. S. (2000). *Why sex matters.* Princeton NJ: Princeton University Press.

Lupfer, M. B., Weeks, K. P., Doan, K. A. and Houston, D. A. (2000). 'Folk conceptions of fairness and unfairness'. *European Journal of Social Psychology*, 30, 405~28.

Maccoby, E. E. and Martin, J. A. (1983). 'Socialization in the context of the family: parent-child interaction'. In P. Mussen and E. M. Hetherington (eds), *Handbook of child psychology*, vol. 4, 1~102. New York: Wiley.

MacDonald, K. B. (1988). *Social and Personality Development.* New York: Plenum.

Magnusson, D. and Oláh, A. (1981). *Situation-outcome contingencies.* Reports from the Department of Psychology, University of Stockholm.

Malinowski, B. (1922). *Argonauts of the western Pacific.* London: Routledge & Kegan Paul.

———— (1944/1960). *A scientific theory of culture and other essays.* New York: Oxford University Press.

Marler, P. (1991). 'Differences in behavioural development in closely related species: birdsong'. In P. Bateson (ed.), *The development and integration of behaviour*, 41~70. Cambridge: Cambridge University Press.

Mauss, M. (1950/1954). *The gift* (trans. I. Cunnison). London: Cohen & West.

McClelland, D. C. (1961). *The achieving society.* Princeton NJ: Van Nostrand.

McClosky, M. and Brill, A. (1983). *Dimensions of tolerance: what Americans believe about civil liberties.* New York: Sage.

McLeod, K. C. D. and Yates, R. D. S. (1981). 'Forms of Ch'in law: an annotated translation of the Feng-chen shih'. *Harvard Journal of Asiatic Studies*, 41, 111~63.

McDermott, J. P. (1990). 'The Chinese domestic bursar'. *Asian Cultural Studies*, 11, suppl. vol. 2, 15~31.

Mealey, L. (2000). *Sex differences*. San Diego CA: Academic Press.

Mealey, M., Daood, C. and Krage, M. (1996). 'Enhanced memory for faces of cheaters'. *Ethology and Sociobiology*, 17, 119~28.

Megarry, R. and Wade, W. (2000). *The law of real property* (6th edn, ed. C. Harpum with M. Grant and S. Bridge). London: Sweet & Maxwell.

Melhuus, M. (1997). 'The troubles of virtue: values of violence and suffering in a Mexican context'. In S. Howell (ed.), *The ethnography of moralities*, 178~202. London: Routledge.

Menon, U. (2000). 'Does feminism have universal relevance? The challenges posed by Oriya Hindu family practices'. *Daedalus*, 129, 77~99.

Midgley, M. (1983). *Heart and mind*. Brighton: Harvester.

Milgram, S. (1974). *Obedience to authority*. New York: Harper & Row.

Miller, B. D. (1993). 'The anthropology of sex and gender hierarchies'. In B. D. Miller (ed.), *Sex and gender hierarchies*, 3~31. Cambridge: Cambridge University Press.

Miller, J. G. and Bersoff, D. M. (1995). 'Development in the context of every-day family relationships: culture, interpersonal morality, and adapta-tion'. In M. Killen and D. Hart (eds), *Morality in everyday life*, 259~82. Cambridge: Cambridge University Press.

Milsom, S. F. C. (1981). *Historical foundations of the common law*. London: Butterworth.

Montada, L. (1993). 'Understanding oughts by assessing moral reasoning or moral emotions'. In G. G. Noam and T. E. Wren (eds), *The moral self*, 292~309. Cambridge MA: MIT Press.

Moore, G. E. (1903). *Principia ethica*. Cambridge MA: Cambridge University Press.

Moore, H. L. (1986). *Space, text, and gender*. New York: Guilford.

_____ (1988). *Feminism and anthropology*. Cambridge: Polity Press.

Moore, J. (2000). 'Morality and the elephant'. *Journal of Consciousness Studies*, 7, 52~5.

Morris, C. (1987). *The discovery of the individual, 1050-1200*. Toronto: University of Toronto Press.

Murdock, G. P. (1945). 'The common denominator of cultures'. In R. Linton (ed.), *The science of man in the world crisis*. New York: Columbia University Press.

Murdock, G. P. and Provost, C. (1973). 'Factors in the division of labour by sex'. *Ethnology*, 12, 203~25.

Nagel, T. (1980). 'Ethics as an autonomous theoretical subject'. In G. S. Stent (ed.), *Morality as a biological phenomenon*, 198~207. Berkeley CA: University of California Press.

Neisser, U. (1976). *Cognition and reality*. San Francisco: Freeman,

_____ (1988). 'Five kinds of self-knowledge'. *Philosophical Psychology*, 1, 35~59.

Nesse, R. (2000). 'How selfish genes shape moral passions'. *Journal of Consciousness Studies*, 7, 227~31.

Nisan, M. (1993). 'Balanced identity: morality and other identity values'. In G. G. Noam and T. E. Wren (eds), *The moral self*, 239~67. Cambridge MA: MIT Press.

Noam, G. G. (1993). '"Normative vulnerabilities" of self and their transformations in moral action'. In G. G. Noam and G. Nunner-Winkel (eds), *The moral self*, 209~38. Cambridge, MA: MIT Press.

Nowak, M. A., May, R. M. and Sigmund, K. (1995). 'The arithmetics of mutual help'. *Scientific American*, 272, 50~5.

Nowak, M. A. and Sigmund, K. (1988). 'Evolution of indirect reciprocity by image scanning'. *Nature*, 393, 573~7.

Nucci, L. P. (1996). 'Morality and the personal sphere of action'. In E. Reed,

E. Turiel and T. Brown (eds), *Values and knowledge*, Hillsdale NJ: Erlbaum.

Nucci, L. and Lee, J. (1993). 'Morality and personal autonomy'. In G. G. Noam and T. E. Wren (eds), *The moral self*, 123~48. Cambridge, MA: MIT Press.

Nunner-Winkler, G. (1993). 'The growth of moral motivation'. In G. G. Noam and T. E. Wren (eds), *The moral self*, 269~91. Cambridge MA: MIT Press.

Obermeyer, C. M. (1999). 'Female genital surgeries: the known, the unknown, and the unknowable'. *Medical Anthropology Quarterly*, 13, 79~106.

O'Neill, P. and Petrinovich, L. (1998). 'A preliminary cross-cultural study of moral intuitions'. *Evolution and Human Behavior*, 19, 349~67.

Ortner, S. B. (1974). 'Is female to male as nature is to culture'. In M. Z. Rosaldo and L. Lamphere (eds), *Woman, culture and society*, 67~87. Stanford CA: Stanford University Press.

_____ (1981). 'Gender and sexuality in hierarchical societies'. In S. B. Ortner and H. Whitehead (eds), *Sexual meanings*, 359~409. Cambridge: Cambridge University Press.

Ortner, S. B. and Whitehead, H. (eds) (1981). *Sexual meanings*. Cambridge: Cambridge University Press.

Orzech, C. (1996). '"The scripture on perfect wisdom for humane kings who wish to protect their states"'. In D. S. Lopez (ed.), *Religions of China in practice*, 372~80. Princeton NJ: Princeton University Press.

Oyama, S. (1985). *The ontogeny of information*. Cambridge: Cambridge University Press.

Patterson, G. R. and Dishion, T. J. (1988). 'Multilevel family process models'. In R. A. Hinde and J. Stevenson-Hinde (eds), *Relationships within families: mutual influences*, 283~310. Oxford: Clarendon Press.

Pearce, W. B. and Littlejohn, S. W. (1997). *Moral Conflict*. Thousand Oaks CA: Sage.

Peplau, L. A. (2001). 'Rethinking women's sexual orientation: an inter-disciplinary, relationship-focused approach'. *Personal Relationships*, 8, 1~20.

Pervin, L. A. (1996). *The science of personality*. New York: Wiley.

Piaget, J. (1932/1965). *The moral development of the child*. New York: Free Press.

Pitt-Rivers, J. (1973). 'The kith and the kin'. In J. Goody (ed.), *The character of kinship*, 85~109. Cambridge: Cambridge University Press.

Poland, M. L. (1986). 'Reproductive technology and responsibility'. *International Journal of Moral and Social Studies*, 1, 63~76.

Poole, F. J. P (1981). 'Transforming "natural" woman: female ritual leaders and gender ideology among Bimin-Kuskusmin'. In Ortner, S. B. and Whitehead, H. (eds), *Sexual meanings*, 116~65. Cambridge: Cambridge University Press.

Poole, R. (1991). *Morality and modernity*. London: Routledge.

Porter, E. (1999). *Feminist perspectives on ethics*. London: Longman.

Portes, A. (1998). 'Social capital: its origins and applications in modern so-ciology'. *Annual Review of Sociology*, 24, 1~24.

Prins, K. S., Buunk, B. P. and van Yperen, N. W. (1993). 'Equity, normative disapproval, and extramarital relationships'. *Journal of Social and Personal Relationships*, 10, 39~53.

Pugwash (1994). *Proceedings of the 44th Pugwash conference on science and world affairs*. London: World Scientific.

Pusey, A. E. and Packer, C. (1997). 'The ecology of relationships'. In J. R. Krebs and N. B. Davies (eds), *Behavioural ecology: an evolutionary approach* (4th edn). Oxford: Blackwell Scientific.

Rabbie, J. M. (1991). 'Determinants of instrumental intra-group cooperation'. In R. A. Hinde and J. Groebel (eds), *Cooperation and prosocial behaviour*, 238~62. Cambridge: Cambridge University Press.

Ralls, K., Ballou, J. D. and Templeton, A. (1988). 'Estimates of lethal equivalents and the cost of inbreeding in mammals'. *Conservation Biology*, 2, 185~93

Rapport, N. (1997). 'The morality of locality: on the absolutism of land ownership in an English village'. In S. Howell (ed.), *The ethnography of moralities*, 74~97. London: Routledge.

Rawls, J. (1971). *Theory of justice*. Cambridge MA: Harvard University Press.

Reeve, H. K. (2000). Review of E. Sober and D. S. Wilson, Unto others. *Evolution and Human Behavior*, 21, 65~72.

Rheingold, H. and Hay, D. (1980). 'Prosocial behavior of the very young'. In G. S. Stent (ed.), *Morality as a biological phenomenon*, 93~108. Berkeley: University of California Press.

Richerson, P. J. and Boyd, R. (1998). 'The evolution of human ultrasociality'. In I. Eibesfeldt and F. Salter (eds), *Ideology, warfare, and indoctrinability*, 71~95. London, Berghahn.

———— (1999). 'Complex societies: the evolutionary origins of a crude superorganism'. *Human Nature*, 10, 253~90.

———— (2000). 'Built for speed: Pleistocene climate variation and the origin of human culture'. In F. Tonneau and N. S. Thompson (eds), *Perspectives in ethology*, 13. Evolution, culture, and behavior, 1~46. New York: Kluwer/Plenum.

Ridley, M. (1996). *The origins of virtue*. London: Viking.

Roccas, S., Horenczyk, G and Schwartz, S. H. (2000). 'Acculturation discrepancies and well-being: the moderating role of conformity'. *European Journal of Social Psychology*, 30, 323~34.

Roth, M. T. (1995). *Law collections from Mesopotamia and Asia Minor*. Atlanta GA:

선이 좋은 이유 —

Scholars' Press.

Rowanchilde, R. (1996). 'Male genital modification'. *Human Nature*, 7, 189~215.

Rublack, U. (1999). *The crimes of women in early modern Germany*. Oxford: Clarendon.

Ruble, D. N. and Martin, C. L. (1998). 'Gender development'. In W. Damon and N. Eisenberg (eds), *Handbook of child psychology*, 3, Social, emotional and personality development, 933~1016. New York: Wiley.

Russell, B. (1929/1988). *Marriage and morals*. London: Routledge.

Sager, L. G. (2000). 'The free exercise of culture: some doubts and distinctions'. *Daedalus*, 129, 193~208.

Sahlins, M. D. (1976). *The use and abuse of biology*. Ann Arbor MT: University of Michigan Press.

Saltman, M. (1985). '"The law is an ass": an anthropological appraisal'. In J. Overing (ed.), *Reason and morality*, 226~39. London: Tavistock.

Sarat, A. (2000). 'The micropolitics of identity/difference: recognition and accommodation in everyday life'. *Daedalus*, 129, 147~68.

Schank, R. C. and Abelson, R. P. (1977). *Scripts, plans, goals, and understanding*. Hillsdale, NJ: Erlbaum.

Scheper-Hughes, N. (1992). *Death without weeping: the violence of everyday life in Brazil*. Berkeley CA: University of California Press.

_____ (2000). 'The global traffic in human organs'. *Current Anthropology*, 41, 191~211.

Schlegel, A. (1972). *Male dominance and female autonomy*. New Haven CT: Human Relations Area Press.

Schluter, M. (1994). 'What is relationship justice?'. In J. Burnside and N. Baker (eds), *Relational justice*, 17~27. Winchester: Waterside Press.

Sedikides, C. (1993). 'Assessment, enhancement and verification determinants of the self-evaluation process'. *Journal of Personality and Social Psychology*, 65, 317~38.

Segerstråle, U. (2000). *Defenders of the truth*. Oxford: Oxford University Press.

Seligman, M. E. P. and Hager, J. L. (1972) (eds). *Biological boundaries of learning*. New York: Appleton Century Crofts.

Shepher, J. (1983). *Incest, the biosocial view*. New York: Academic Press.

Short, R. (1979). 'Sexual selection and its component parts, somatic and genital selection, as illustrated by man and the great apes'. *Advances in the Study of Behaviour*, 9, 131~58.

Shrauger, J. S. (1975). 'Responses to evaluation as a function of initial self-perception'. *Psychological Bulletin*, 82, 581~96.

Shrauger, J. S. and Schoeneman, T. J. (1979). 'Symbolic interactionist view of self - concept: through the looking glass darkly'. *Psychological Bulletin*, 86, 549~73.

Shweder, R. A. (2000). 'What about "Female genital mutilation"? And why understanding culture matters in the first place'. *Daedalus*, 129, 209~232.

Shweder, R. and Bourne, E. J. (1984). 'Does the concept of the person vary cross-culturally?'. In R. A. Shweder and R. A. LeVine (eds), *Culture Theory*, 158~99. Cambridge: Cambridge University Press.

Shweder, R. A., Mahapatra, M. and Miller, J. G. (1987). 'Culture and moral development'. In J. Kagan and S. Lamb (eds), *The emergence of morality in young children*, 1~83. Chicago IL: Chicago University Press.

Silk, J. B. (1980). 'Adoption and kinship in Oceania'. *American Anthropologist*, 82, 799~820.

_____ (1990). 'Human adoption in evolutionary perspective'. *Human Nature*, 1, 25~52.

Singh, D. and Bronstad, P. M. (2001). 'Female body odour is a potential cue

선이 좋은 이유 ―

to ovulation'. *Proceedings of the Royal Society of London B*, 268, 797~802.

Skyrms, B. (2000). 'Game theory, rationality, and the evolution of the social contract'. *Journal of Consciousness Studies*, 7, 269~84.

Slade, R. M. (1962). *King Leopold's Congo*. London: Oxford University Press.

Smart, N. (1996). *Dimensions of the sacred*. London: HarperCollins.

Smetana, J. G. (1981). 'Preschoolers' conceptions of moral and social rules'. *Child Development*, 52, 1333~6.

_____ (1995a). 'Morality in context: abstractions, ambiguities, and applications'. In R. Vasta (ed.), *Annals of Child Development*, 10, 83~130. London: Jessica Kingsley.

_____ (1995b). 'Context, conflict, and constraint in adolescent-parent authority relationships'. In M. Killen and D. Hart (eds), *Morality in everyday life: developmental perspectives*, 225~55. Cambridge: Cambridge University Press.

Smith, E. A. and Bliege Bird, R. L. (2000). 'Turtle hunting and tombstone opening: public generosity as costly signalling'. *Evolution and Human Behavior*, 21, 245~61.

Smuts, B. (1999). 'Multilevel selection, cooperation, and altruism. Reflections on Unto Others'. *Human Nature*, 10, 311~27.

Sober, E. and Wilson, D. S. (1998). *Unto others*. Cambridge MA: Harvard University Press.

_____ (2000). 'Morality and Unto others'. *Journal of Consciousness Studies*, 7, 257~68.

Soltis, J., Boyd, R. and Richerson, P. J. (1995). 'Can group-functional behaviors volve by cultural group selection? An empirical test'. *Current Anthropology*, 36, 73~94.

Spence, J. T. and Helmreich, R. L. (1978). *Masculinity and femininity: their psychological dimensions, correlates, and antecedents*. Austin TX: University of

Texas Press.

Sperber, D., Cara, F. and Girotto, V. (1995). 'Relevance theory explains the selection task'. *Cognition*, 57, 31~95.

Spiro, M. (1993a). 'Is the western conception of the self "peculiar" within the context of the world cultures?'. *Ethos*, 21, 107~53.

_____ (1993b). 'Gender hierarchy in Burma: cultural, social and psychological dimensions'. In B. D. Miller (ed.), *Sex and gender hierarchies*, 316~33. Cambridge: Cambridge University Press.

Steele, C. M. (1988). 'The psychology of self-affirmation: sustaining the integrity of the self'. *Advances in Experimental Social Psychology*, 21, 261~302.

Stern, D. N. (1995). *The motherhood constellation*. New York: Basic Books.

Stevenson-Hinde, J. and Shouldice, A. (1995). '4.5 to 7 years. Fearful behaviour, tears and worries'. *Journal of Child Psychology and Psychiatry*, 36, 1027~38.

Strathern, M. (1981). 'Self-interest and the social good: some implications of Hagen gender imagery'. In S. B. Ortner and H. Whitehead (eds), *Sexual meanings*, 166~91. Cambridge: Cambridge University Press.

_____ (1984). 'Subject or object. Women and the circulation of valuables in Highlands New Guinea'. In R. Hirschon (ed.), *Women and property: Women as property*. London: Croon Helm.

_____ (1988). *The gender of the gift: problems with women and problems with society in Melanesia*. Berkeley CA: University of California Press.

_____ (1992). *Reproducing the future: reproduction, kinship, and the new reproductive technologies*. New York: Routledge.

_____ (1997). 'Double standards'. In S. Howell (ed.), *The ethnography of moralities*, 127~51. London: Routledge.

Strawson, P. (1961) 'Philosophy'. In I. T. Ramsey (ed.), *Christian ethics and contemporary philosophy*. London: SCM.

Strawson, P. F. (1974). *Freedom and resentment and other essays*. London: Methuen.

Swann, W. B. Hixon, J. G., Stein-Seriussi, A. and Gilbert, D. T. (1990). 'The fleeting gleam of praise: cognitive processes underlying behavior reactions to self-relevant feedback'. *Journal of Personality and Social Psychology*, 59, 17~26.

Sykes, S. (1991). 'Sacrifice and the ideology of war'. In R. A. Hinde (ed.), *The institution of war*, 87~98.

Symons, D. (1979). *The evolution of human sexuality*. New York: Oxford University Press.

Szreter, S. (1996). *Fertility, class, and gender in Britain, 1860-1940*. Cambridge: Cambridge University Press.

_____ (2000). 'Social capital, the economy, and education in historical perspective'. In S. Baron, J. Field and T. Schuller (eds), *Social capital*, 56~77. Oxford: Oxford University Press.

Tajfel, H. and Turner, J. (1986). 'The social identity theory of intergroup behaviour'. In S. Worschel and WG. Austin (eds), *Psychology of intergroup relationships*, 7~24. Chicago IL: Nelson.

Tangney, J. P. (1995). 'Recent advances in the empirical study of shame and guilt'. *American Behavioral Scientist*, 38, 1132~45.

Tangney, J. P., Boone, A. L., Fee, R. and Reinsmith, C. (in prep.) Individual differences in the propensity to forgive: measurement and implications for psychological and social adjustment.

Teiser, S. F. (1996). 'The spirits of Chinese religion'. In D. S. Lopez (ed.), *Religions of China in practice*, 3~37. Princeton NJ: Princeton University Press.

Temrin, H., Buchmayer, S. and Enquist, M. (2000). 'Step-parents and infanticide: new data contradict evolutionary predictions'. *Proceedings of the Royal Society of London*, B, 267, 943~45.

Thibaut, J. W. and Kelley, H. H. (1959). *The social psychology of groups*. New York: Wiley.

Thompson, R. A. (1999). 'Early attachment and later development'. In J. Cassidy and P. R. Shaver (eds), *Handbook of attachment*, 265~86. New York: Guilford.

Thornhill, N. (1991). 'An evolutionary analysis of rules regulating human in-breeding and marriage'. *Behavior and Brain Sciences*, 14, 247~93.

Thorpe, W. H. (1961). *Bird song*. Cambridge: Cambridge University Press.

Tierney, B. (1982). *Religion, law, and the growth on constitutional thought, 1150-1650*. Cambridge: Cambridge University Press.

Tizard, B. and Hodges, J. (1978). 'The effect of early institutional rearing on the development of eight-year-old children'. *Journal of Child Psychology and Psychiatry*, 19, 99~118.

Tooby, J. and Cosmides, L. (1992). 'The psychological foundations of culture'. In J. Barkow, L. Cosmides and J. Tooby (eds), *The adapted mind*, 19~136. New York: Oxford University Press.

Triandis, H. C. (1991). 'Cross-cultural differences in assertiveness/competition vs. group loyalty/cooperation'. In R. A. Hinde and J. Groebel (eds), *Cooperation and prosocial behaviour*, 78~88. Cambridge: Cambridge University Press.

Trivers, R. (1974). 'Parent-infant conflict'. *American Zoologist*, 14, 249~64.

_____ (1985). *Social Evolution*. Menlo Park CA: Benjamin/Cummings.

Tuck, R. (1979). *Natural rights theories*. Cambridge: Cambridge University Press.

Turiel, E. (1983). *The development of social knowledge: morality and convention*. Cambridge: Cambridge University Press.

_____ (1998). 'The development of morality'. In W. Damon and N.

Eisenberg (eds), *Handbook of child psychology* (5th edn), 863~932. New York: Wiley.

Turner, R. H. (1976). 'The real self: from institution to impulse'. *American Journal of Sociology*, 81, 989~1016.

Vining, D. R. (1986). 'Social versus reproductive success'. *Behavioral and Brain Sciences*, 9, 167~216.

de Vries, M. W. (1984). 'Temperament and infant mortality among the Masai of East Africa'. *American Journal of Psychiatry*, 141, 1189~94.

Vygotsky, L. S. (1981). 'The genesis of higher mental functions5. In J. Wertsch (ed.), *The concept of activity in Soviet psychology*. Armonk NY: M. E. Sharpe, de Waal, F. (1996). Good natured. Cambridge MA: Harvard University Press.

Wainryb, C. (1993). 'The application of moral judgements to other cultures: relativism and universality'. *Child Development*, 64, 924~33.

Walker, L. J. (1991). 'Sex differences in moral reasoning'. In W. M. Kurtines and J. Gewirtz (eds), *Handbook of moral behavior and development*, 2, 333~64. Hillsdale NJ: Erlbaum.

Walker, L. J., Pitts, R. C., Hennig, K. H. and Matsube, M. K. (1995). 'Reasoning about morality and real life problems5. In M. Killen and D. Hart (eds), *Morality in everyday life*, 371~408. Cambridge: Cambridge University Press.

Wallace, G. and Walker, A. D. M. (1970). *The definition of morality*. London: Methuen.

Walster, E., Walster, G. W and Berscheid, E. (1978). *Equity theory and research*. Boston MA: Allyn & Bacon.

Warnock, G. (1967). *Contemporary moral philosophy*. London: Macmillan.

Warnock, M. (1998). *An intelligent persons guide to ethics*. London: Duckworth.

Weber, M. (1930). *The Protestant ethic and the spirit of capitalism*. London George

Allen & Unwin.

Westermarck, E. (1891). *The history of human marriage*. London: Macmillan.

Wilkinson, G. S. (1988). 'Reciprocal altruism in bats and other mammals'. *Ethology and Sociobiology*, 9, 85~100.

Williams, B. (1972). *Morality: an introduction to ethics*. Cambridge: Cambridge University Press.

Williams, G. C. (1966). *Adaptation and natural selection: a critique of some current evolutionary thought*. Princeton, NJ: Princeton University Press.

Williams, J. E. and Best, D. L. (1982). *Measuring sex stereotypes*. Beverly Hills: Sage.

Wilson, D. S. and KnifTen, K. M. (1999). 'Multilevel selection and the social transmission of behavior'. *Human Nature*, 10, 291~310.

Wilson, E. O. (1975). *Sociobiology*. Cambridge MA: Harvard University Press.

_____ (1978). *On human nature*. Cambridge MA: Harvard University Press.

Wolf, A. P. (1995). *Sexual attraction and childhood association: a Chinese brief for Edward Westermarck*. Stanford CA: Stanford University Press.

Wolf, E. S. (1993). 'Self, idealisation, and the development of values'. In G. G. Noam and T. E. Wren (eds), *The moral self*, 56~77. Cambridge MA: MIT Press.

Woodburn, J. (1982). 'Egalitarian societies'. *Man*, 17, 431~51.

WLUML (Women living under Muslim Law) Newssheet XI, No. 2. [Undated, c. 2000.]

Wren, T. E. (1993). 'The open-textured concepts of morality and the self'. In G. G. Noam and T. E. Wren (eds), *The moral self*, 78~97. Cambridge MA: MIT Press.

Wright, P. H. and Wright, K. D. (1995). 'Codependency: personality or relationship distress5. In S. Duck and J. T. Wood (eds), *Confronting relationship challenges*, 109~28. Thousand Oaks CA: Sage.

Wright, R. (1994). *The moral animal.* New York: Random House.

Yang, Lien-Sheng (1957). 'The concept of Pao as a basis for social relations in China9. In J. K. Fairbank (ed.), *Chinese thought and institutions,* 291~309. Chicago IL: Chicago University Press.

YPM (1984). 'Confucianism'. *Encyclopaedia Britannica* (15th edn), vol. 4, 1091~9. Chicago IL: Encyclopaedia Britannica Inc.

Youniss, J. (1980). *Parents and peers in social development: a Sullivan-Piaget perspective.* Chicago IL: University of Chicago Press.

Youniss, J. and Yates, M. (1999). 'Youth service and moral-civic identity: a case for everyday morality'. *Educational Psychology Review,* 11, 361~76.

Zak, P. J. and Knack, S. (2001). 'Trust and growth'. *Economic Journal,* 111, 295~321.

Zahavi, A. (1975) 'Mate selection: a selection for handicap'. *Journal of Theoretical Biology,* 53, 205~14.

———— (2000). Altruism: the unrecognised selfish traits'. *Journal of Consciousness Studies,* 7, 253~6.

인명 색인

인명 색인에는 이 책에서 인용된 인물이나 참고문헌의 저자를 넣었다.

Bevc, I. | 224, 278

Bittles, A. H. | 222

Black, D. | 243, 244

Blackmore, C. | 139

Blair, R. J. | 31

Blakemore, C. | 154, 303

Blasi, A. | 72, 95

Blehar, M. C. | 101

Bliege Bird, R. L. | 174

Block, J. | 198

Blumstein, P. | 211

Blundell, M. W. | 244

Blurton Jones, N. | 120, 166, 168

Bodenhorn, B. | 126

Boehm, C. | 42, 151, 155, 241

Bogerhoff Mulder, M. | 176

van der Bosch, L. | 223

Bottéro, J. | 255

Bourne, E. J. | 81, 274

Bowlby, J. | 83, 96, 162

Boyd, R. | 8, 40, 148, 230

Boyer, P. | 322

Bray, F. | 122, 125, 209

Bremner, J. | 223

Bretherton, I. | 83

Brill, A. | 279

Brown, J. R. | 100, 263

Brown, P. F. | 174

Bruner, J. | 342

Buchmayer, S. | 347

Burgess, R. L. | 347

Buss, D. | 124, 190, 193, 203, 214

Buunk, B. P. | 136

Byrne, E. W. | 98

(C)

Call, J. | 98

Candland, D. K. | 44

Caplan, P. | 214

Cara, F. | 157

Carrithers, M. | 79

Carsten, J. | 125, 127, 206

Caspi, A. | 111

Castle, J. | 108

Chapais, B. | 173

Cheney, D. L. | 145

Chodorow, N. | 185

Clayton, S. D. | 157

Colby, A. | 66

Coleman, D. A. | 69

Collins, J. | 205, 211

Coney, N. S. | 196

Cosmides, L. | 47, 157

Count, E. W. | 51

Cronin, H. | 149, 298

Cronk, L. | 48

Crook, J. H. | 189, 237

Crowley, M. | 196

Cummins, D. D. | 157, 177

Cutting, A. L. | 31, 108

(D)

Dalai Lama | 5, 135

Daly, M. | 124, 129

Damon, W. | 66, 92, 100, 207

Daood, C. | 157

Darley, J. M. | 272, 276

Davidson, P. | 24, 70

Davies, C. | 5

Davies, L. | 108

Dawkins, R. | 6, 117, 149

선이 좋은 이유 ㅡ

Güth, S. and W. | 339

(H)

Haas, J. | 50
Hager, J. L. | 44
Hamilton, W. D. | 117, 147, 221
Haney, C. | 183
Harcourt, A. H. | 145
Hardin, G. | 181
Hare, B. | 98
Harré, R. | 158
Harris, P. L. | 98
Hart, H. A. L. | 92, 257, 278
Haste, H. | 77, 196
Hauert, C. L. | 147
Hawkes, K. | 167, 215
Hay, D. F. | 95, 108
Heal, J. | 137
Heelas, P. | 73, 75
Helmreich, R. L. | 186
Helwig, C. C. | 31, 279
Henderson, S. H. | 123
Hennig, K. H. | 66
Henrich, J. | 154
Herman, G. | 245
Hetherington, E. M. | 124
Hill, K. | 167, 189, 213
Hirschon, R. | 204, 205, 208
Hinde, R. A. | 5, 39, 44, 53
Hixon, J. G. | 79
Hodges, J. | 162
Hoffman, M. L. | 72, 96, 99
Hogg, M. A. | 228
Holloway, R. | 5, 24, 295
Holy, L. | 206
Hopkins, K. | 223

Horenczyk, G. | 155
Houston, D. A. | 289
Howell, S. | 32, 40
Hrdy, S. | 121, 202
Hsu, E. | 189, 194, 209, 214
Humphrey, C. | 32, 112
Humphrey, N. | 152, 167, 209
Hurtado, M. | 187, 195, 213

(I)

Van IJzendoorn, M. H. | 112
Ingold, T. | 32, 40
Irons, W. | 8, 147

(J)

Jacobson-Widding, A. | 32, 80, 178
James, W. | 33, 204, 235
Johnson, M. H. | 292

(K)

Kagan, J. | 50, 92, 99, 113
Kaplan, H. | 124, 167
Keeler, W. | 206
Keller, M. | 86, 93
Kelley, H. H. | 24
Kelly, R. L. | 135, 167, 243
Kerrigan, J. | 137, 244
Killen, M. | 92, 101, 278
King, L. A. | 197
Knack, S. | 162
Knauft, B. M. | 244
Kniffen, K. M. | 150
Ko, D. | 194
Kochanska, G. | 101
Koelling, R. A. | 44
Kohlberg, L. | 106, 195, 272

Noam, G. G. | 154
Nowak, M. A. | 148
Nucci, L. P. | 31, 78
Nunner-Winkler, C. | 107

(O)
Obermeyer, C. M. | 194
O'Connell, J. F. | 198, 167
O'Neill, P. | 128
Ortner, S. B. | 186, 202
Orzech, C. | 235
Osmaston, H. | 237
Over, D. E. | 157
Oyama, S. | 42

(P)
Packer, C. | 145
Parrott, W. G. | 158
Patterson, G. R. | 111, 158
Pearce, W. B. | 87, 290
Peplau, L. A. | 198
Pervin, L. A. | 62
Petrinovich, L. | 128
Piaget, J. | 96, 105
Pitt-Rivers, J. | 78, 163
Pitts, R. C. | 66
Poole, F. J. P. | 186
Poole, R. | 27
Porter, E. | 29
Portes, A. | 68
Prins, K. S. | 74
Provost, C. | 212
Pugwash | 274
Pusey, A. E. | 145

(R)
Ralls, K. | 221
Rapport, N. | 232
Rawls, J. | 25, 277
Reeve, H. K. | 149
Reiss, D. | 124
Rheingold, H. | 95
Richerson, P. J. | 8, 40, 146, 230, 242
Ridley, M. | 146
Robins, R. W. | 198
Roccas, S. | 155
Roth, M. T. | 193, 249
Rowanchilde, R. | 194
Rublack, U. | 5, 123, 177, 189, 209, 254
Ruble, D. N. | 215
Russell, B. | 271

(S)
Sager, L. G. | 286
Sahlins, M. D. | 222
Saltman, M. | 257
Sarat, A. | 291
Schank, R. C. | 83
Scheper-Hughes, N. | 123, 293
Schiefele | 201
Schlegel, A. | 191
Schluter, M. | 76
Schoeneman, T. J. | 81
Schuster, H. G. | 147
Schwartz, P. | 154, 211
Sedikides, C. | 79
Segerstrale, U. | 274
Seligman, M. E. P. | 44
Seyfarth, R. M. | 142

주제 색인

SUBJECT INDEX

선이 좋은 이유 —

선이 좋은 이유
도덕성의 근원

ⓒ 글로벌콘텐츠, 2022

1판 1쇄 인쇄__2022년 01월 20일
1판 1쇄 발행__2022년 01월 30일

지은이__Robert A. Hinde
옮긴이__김태훈

펴낸이__홍정표
펴낸곳__글로벌콘텐츠
　　　　등록__제25100-2008-000024호

공급처__(주)글로벌콘텐츠출판그룹
　　　　대표_홍정표　이사_김미미
　　　　편집_하선연 최한나 권군오 문방희　표지 디자인_김승수　기획·마케팅_김수경 이종훈 홍민지
　　　　주소__서울특별시 강동구 풍성로 87-6
　　　　전화__02) 488-3280　팩스__02) 488-3281
　　　　홈페이지__http://www.gcbook.co.kr
　　　　이메일__edit@gcbook.co.kr

값 20,000원
ISBN 979-11-5852-360-2　93190